yh 3495

Paris
1855

Schiller, Frederich von

Théatre

Tome 1

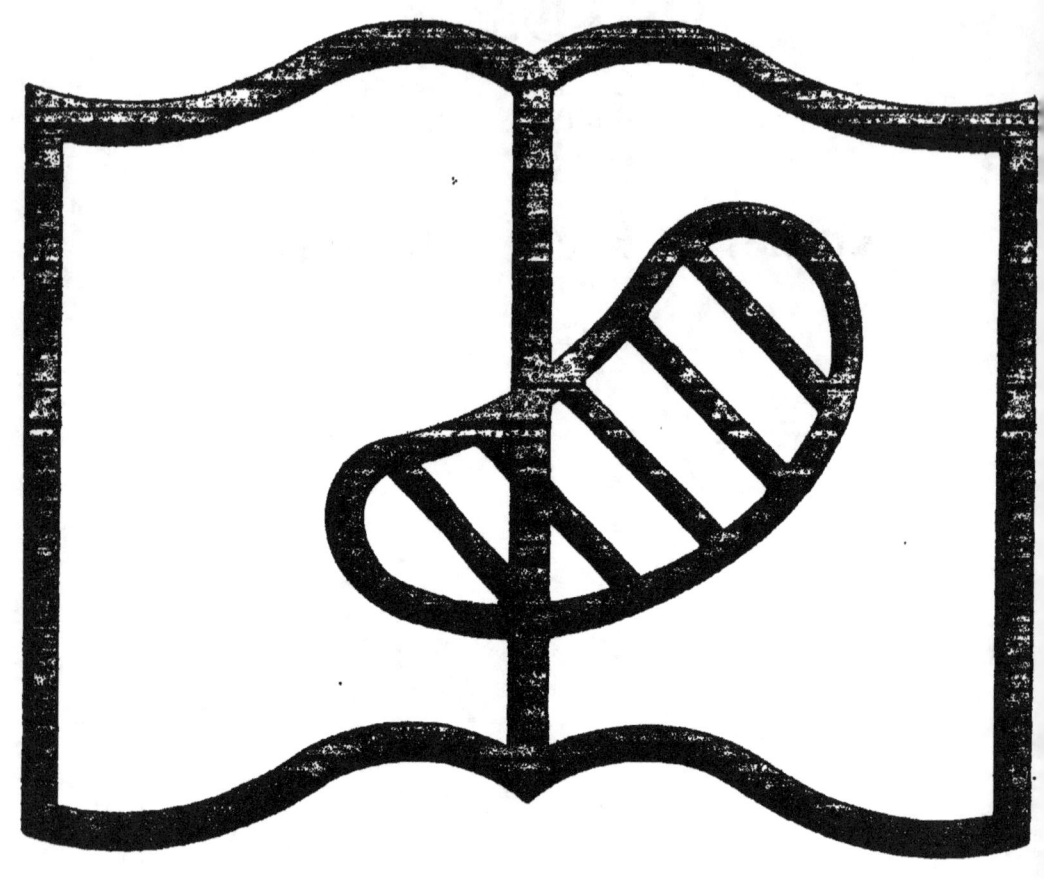

Symbole applicable
pour tout, ou partie
des documents microfilmés

Original illisible

NF Z 43-120-10

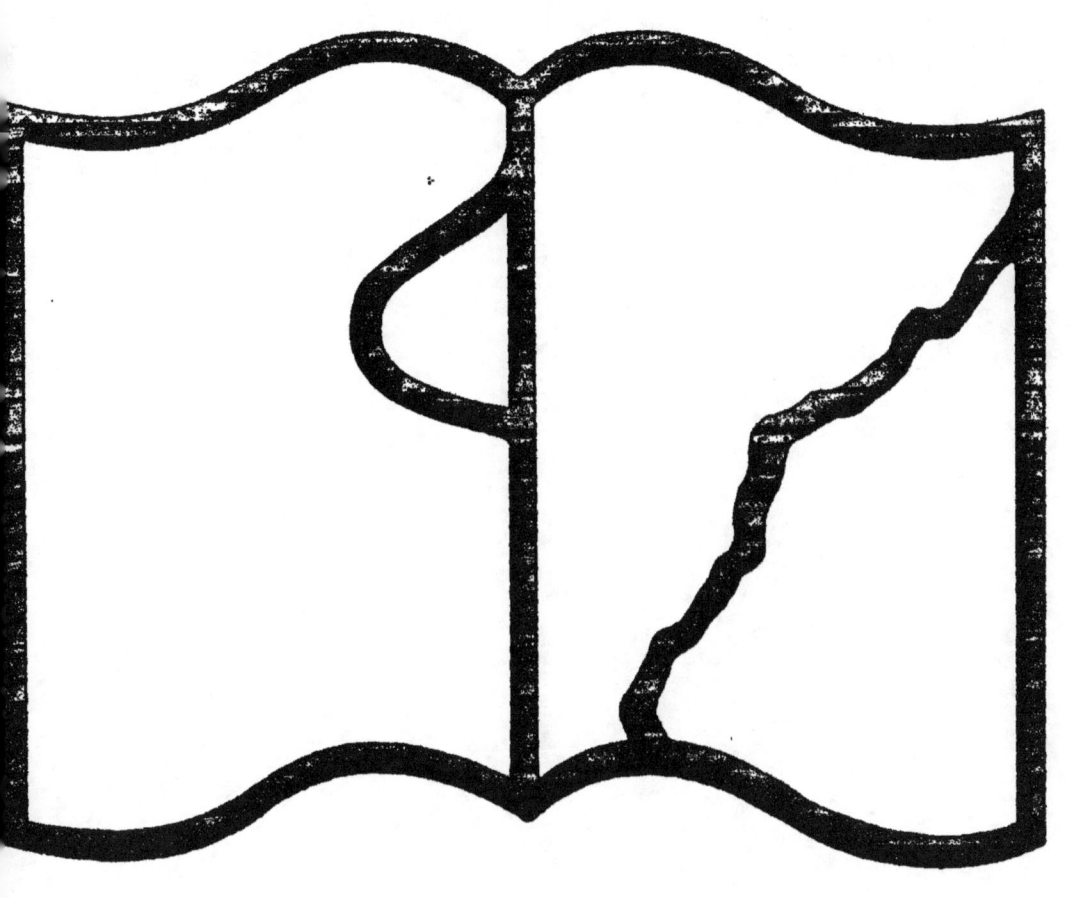

Symbole applicable
pour tout, ou partie
des documents microfilmés

Texte détérioré — reliure défectueuse

NF Z 43-120-11

THÉATRE
DE
SCHILLER

Abbeville. — Imp. de T. Jeunet, rue Saint-Gilles, 108

THÉATRE
DE
SCHILLER

TRADUCTION NOUVELLE

PRÉCÉDÉE D'UNE NOTICE SUR SA VIE ET SES OUVRAGES

PAR M. X. MARMIER.

TROISIÈME ÉDITION

REVUE, CORRIGÉE ET AUGMENTÉE.

PREMIÈRE SÉRIE.

Les Brigands.
La Conjuration de Fiesque.
L'Intrigue et l'Amour.

PARIS.
CHARPENTIER, LIBRAIRE-ÉDITEUR,
39, RUE DE L'UNIVERSITÉ.

1855

NOTICE
SUR SCHILLER.

Jean-Christophe-Frédéric Schiller naquit le 11 novembre 1759[1], à Marbach, jolie petite ville du Wurtemberg, située sur une hauteur qui domine le Neckar. Une tradition populaire, raconte que sur la colline où s'élève aujourd'hui cette cité riante, on n'apercevait autrefois qu'une épaisse forêt habitée par un géant, par une divinité vivante du paganisme, Mars ou Bacchus[2]. « C'était aussi un géant, dit le biographe allemand de Schiller, un géant de la poésie qui venait de naître dans ce lieu consacré déjà par les croyances superstitieuses du peuple ; mais ses yeux s'ouvrirent à la lumière dans une humble demeure, dans la maison de son aïeul maternel Georges Kodweis, qui avait perdu dans une inondation du Neckar la meilleure partie de son petit bien, et qui exerçait alors l'état de boulanger : les premières émotions du poëte furent celles d'une condition obscure, souvent troublée par l'inquiétude des besoins matériels. »

Son père, Jean-Gaspard Schiller, était entré à l'âge de vingt-deux ans dans un régiment de hussards en qualité de chirurgien-barbier. Il parvint dans l'espace de trois ans au grade de sous-officier, fut licencié à la paix d'Aix-la-Chapelle en 1748, et se maria en 1749. Lorsque la guerre de sept ans éclata, il demanda à reprendre du service, et fut admis dans le régiment du prince Louis de Wurtemberg avec le grade d'adjudant. Une maladie contagieuse ayant atteint ce régiment en Bohême, le père de Schiller revint à son premier état de médecin. Il administrait des remèdes aux malades, et, dans son zèle tout chrétien, remplissait en même

---

[1] D'après son acte de baptême, vérifié par G. Schwab.
[2] De là vient le nom de la ville, Marbach (ruisseau de Mars).

temps auprès d'eux les devoirs de prêtre. Il leur faisait réciter leurs prières, et les encourageait dans leurs souffrances par ses exhortations et par le chant des psaumes. De la Bohême il passa avec un autre régiment dans la Hesse et la Thuringe; puis, à la fin de la guerre, il se retira à Louisbourg, et s'y livra à des travaux d'agriculture. Peu de temps après, le duc Charles de Wurtemberg lui confia l'inspection des jardins qu'il venait de faire établir près de Stuttgard, autour du riant château qu'il appelait sa *Solitude*. Ce fut là que Gaspard, revêtu du titre de major, estimé du prince, heureux des devoirs qu'il avait à remplir, termina dans une douce aisance une vie qui avait été souvent flottante et souvent traversée par d'amères inquiétudes. C'était un homme d'une nature ferme, sévère et un peu rude, mais d'un esprit droit, actif et surtout essentiellement pratique. Il avait fait lui-même en grande partie son éducation, et il a écrit sur la culture des arbres et des jardins des livres qui ne sont pas sans mérite. Quand son fils vint au monde, il le prit dans ses bras, et l'élevant vers le ciel : « Dieu tout-puissant ! s'écria-t-il, accorde les lumières de l'esprit à cet enfant, suppléee par ta grâce à l'éducation que je ne pourrai lui donner ! » Il vécut assez pour jouir des succès littéraires de son fils, dont il avait, dans sa pauvreté, salué la naissance avec une joie mêlée d'une tendre sollicitude. Un heureux jour pour le vieillard était celui où il apprenait qu'on devait imprimer à Stuttgard un nouvel ouvrage de son cher Frédéric. Le digne homme s'en allait aussitôt chez l'éditeur, prenait le manuscrit d'une main tremblante, et le lisait avec une vive émotion. Pour mieux comprendre l'esprit de ces compositions poétiques, il abandonnait ses livres sur l'agriculture et lisait des œuvres de littérature, d'histoire et de critique. L'amour paternel lui ouvrait un nouveau monde d'idées où jamais auparavant son âme simple et peu rêveuse n'avait pénétré. De chirurgien il était devenu jardinier; sur la fin de sa vie, de jardinier il se faisait littérateur. Il mourut en 1796. La lettre que Frédéric écrivit à sa mère, en apprenant que son père n'était plus, est le plus bel hommage rendu à sa mémoire : « Quand même, dit-il, je ne songerais pas à tout ce que mon père a été pour moi et pour nous tous, je ne pourrais, sans une douloureuse émotion, penser à la fin de cette vie laborieuse et utile, si pleine de droiture et d'honneur.

Non, en vérité, ce n'est pas une petite chose que de rester si fidèle à soi-même pendant une longue et pénible existence, et de quitter le monde à l'âge de soixante-treize ans, avec un cœur aussi pur et aussi candide. Que ne puis-je, au prix de toutes ses douleurs, finir ma vie aussi innocemment qu'il a fini la sienne ! car la vie est une rude épreuve, et les avantages que la Providence m'a accordés sur lui sont autant de dons périlleux pour le cœur et la vraie tranquillité. Notre père est heureux à présent, nous devons tous le suivre. Jamais son image ne s'effacera de notre cœur, et le regret que nous cause sa perte ne peut que nous lier plus intimement l'un à l'autre. »

La mère de Schiller, Élisabeth Kodweis, était une femme d'une nature tendre et pieuse, qui tempérait par la sérénité de son esprit et la douceur de ses manières ce qu'il y avait de trop rude et de trop inflexible dans le caractère de son mari. Jeune, elle manifestait un vif penchant pour la poésie et la musique. La pauvreté de ses parents ne leur permit pas de lui donner une éducation qui répondît à ces dispositions ; mais elle recherchait avec avidité tout ce qui pouvait entretenir en elle le sentiment poétique, et ses compagnes la regardaient comme une jeune fille enthousiaste et rêveuse. On a conservé d'elle quelques vers qu'elle adressait à son mari, le jour du huitième anniversaire de leur mariage. Traduits dans une autre langue, ces vers ne peuvent être regardés que comme l'expression bien simple d'une pensée assez commune ; mais, dans l'original, ils sont remarquables par la facture de la strophe et l'harmonie du rhythme. « Oh ! si j'avais, dit-elle, trouvé dans la vallée des *vergissmeinnicht* et des roses, je t'aurais tressé avec ces fleurs, pour cette année, une couronne plus belle encore que celle du jour de notre mariage.

» Je m'afflige de voir le froid empire du nord. Chaque petite fleur se glace au sein de la terre refroidie ; mais ce qui ne se glace pas, c'est mon cœur aimant, qui est à toi, qui partage avec toi les joies et les douleurs. »

Nul doute, dit M. G. Schwab, qui le premier a cité ces vers, que Schiller ne dût le sentiment de la forme poétique à sa mère et aux livres choisis dont elle faisait sa lecture habituelle. — Il lui devait aussi les dispositions pieuses qui, dès ses plus jeunes années, se manifestèrent en lui. Jusqu'à l'âge de quatre ans, il resta avec elle à Marbach ; son père était alors retenu à l'armée par la guerre de sept ans, et la pauvre mère soignait avec une touchante tendresse l'enfant qui était venu au monde avec une constitution délicate, et qui souvent tombait malade. En 1763, Gaspard Schiller rentra dans sa patrie ; deux ans après, il alla occuper à Lorch, sur la frontière du Wurtemberg, le poste de capitaine de recrutement. Ce fut là que Frédéric commença ses études. Un digne pasteur, nommé Moser, lui enseigna les éléments du grec et du latin [1]. Sa mère, qui, deux années auparavant, lui avait appris à lire et à écrire, continuait en même temps ses douces leçons. Tantôt elle lui racontait une histoire biblique, que l'enfant écoutait avec une religieuse émotion ; tantôt elle savait le distraire par une de ces naïves et charmantes traditions dont le peuple allemand a si bien gardé la mémoire ; tantôt enfin elle lui faisait lire les plus beaux passages de ses poëtes favoris, les vers solennels de la *Messiade*, dont les trois premiers chants venaient de paraître, les cantiques de Gherard, les fables de Gellert. Quelquefois aussi elle remontait avec lui vers une époque plus reculée, et lui faisait faire, pour ainsi dire, un cours de littérature, en lui apprenant à connaître les poëtes d'une autre école, en lui indiquant leurs qualités et leurs défauts. Il n'est pas rare de trouver en Allemagne des femmes d'une condition obscure qui, n'ayant jamais reçu que les plus simples éléments d'instruction, se développent elles-mêmes dans le cours de leur vie paisible et retirée, et parviennent, par la lecture, à se former le goût, à acquérir des connaissances littéraires étendues, d'autant plus douces à observer qu'elles sont presque toujours alliées à une grande modestie, et complétement dégagées de toute prétention et de toute pédanterie. La mère de Schiller était une de ces femmes. Les dieux du foyer domestique lui avaient révélé dans les heures de repos du dimanche, dans les veillées de l'hiver, l'aimable savoir que d'autres vont inutilement chercher dans l'ambitieux travail des écoles.

Tandis que les leçons classiques du prêtre et les enseignements maternels exerçaient ainsi de bonne heure l'intelligence du jeune Frédéric, l'amour de la nature, cette source

---

[1] C'est sans doute pour rendre hommage à son premier maître, que Schiller a donné le nom de Moser au pasteur qui figure dans *les Brigands*.

adorable de tant de nobles pensées, de tant de salutaires émotions, s'éveillait dans son cœur. Des riantes et fraîches vallées du Neckar qui entourent la jolie ville de Marbach, il se trouvait tout à coup transporté dans une contrée d'un aspect sévère et imposant. Le village de Lorch est bâti au bord d'une plaine silencieuse entourée de pins, au pied d'une colline parsemée de grands arbres au feuillage sombre et couronnée par les murs d'un cloître. Derrière cette colline s'élève une chaîne de montagnes qui donnent à ce romantique paysage un caractère grandiose, et dans le cloître sont les tombeaux des Hohenstaufen. L'histoire d'une époque féconde en traditions poétiques, en traditions chevaleresques, l'histoire d'une race héroïque, ardente, glorieuse, non moins célèbre par ses revers que par ses succès, était là à côté d'une nature agreste et primitive. Quel vaste champ pour une jeune imagination qui commençait à prendre l'essor! Frédéric aimait à errer sous le mélancolique ombrage de ces forêts de sapins, à gravir au sommet de la colline, à s'asseoir pensif au pied des murs du cloître. Son âme se dilatait dans ces émotions intimes et charmantes, inconnues de tous ceux qui n'ont jamais habité que l'enceinte des villes, dans ce bonheur de voir et d'admirer tout ce que l'enfant, avec sa naïve spontanéité d'impressions, comprend bien mieux que l'homme avec sa réflexion et son esprit d'analyse, toutes ces grandes et riantes images d'un beau jour qui se lève sur la montagne, d'une vallée qui s'épanouit comme une corbeille de fleurs aux rayons du soleil, et ce jeu d'ombre et de lumière qui tour à tour voile ou éclaire les profondeurs de la forêt, et cette vie mystérieuse des plantes qui s'élèvent jusque sur les flancs décharnés du roc sauvage, et ces milliers d'êtres qui tourbillonnent dans l'air, flottent sur les eaux, se baignent dans une goutte de rosée ou s'égarent sur un brin d'herbe.

Souvent aussi, le père de Frédéric le conduisait dans le camp où il devait se rendre à différentes époques pour assister aux manœuvres, ou dans quelque vieux château des environs dont il lui racontait l'histoire; et chacune de ces excursions était pour l'enfant une source abondante de souvenirs. Les émotions de l'enfance ont des suites infinies. Pareilles à ces ruisseaux limpides de la Suisse qui coulent inaperçus sous des touffes de gazon et des rameaux d'arbres, elles poursuivent discrètement leur cours au dedans de notre âme, elles se cachent sous nos préoccupations nouvelles ; mais un mot échappé au hasard, un son fugitif, un point de vue accidentel, les dévoile par un charme soudain, les fait revivre à nos yeux, et nous replace sous leur empire. Qui sait si l'histoire dramatique des Hohenstaufen, racontée à Schiller sur le tombeau même de cette famille de chevaliers et d'empereurs, n'imprima pas de bonne heure à son insu une tendance particulière à son esprit, et si les sensations qu'il puisa tout jeune dans son ardent amour pour la nature n'agirent pas plus tard sur sa destinée. « Oh ! qu'on est bien ici ! s'écriait-il un jour qu'il se trouvait seul avec un de ses camarades dans la forêt de Lorch. Je renoncerais volontiers à tout ce que je possède, plutôt qu'à la joie que j'éprouve sous ces beaux arbres verts. » Au même instant, comme pour sanctionner son vœu, un pauvre enfant s'avance, couvert de haillons, et courbé sous le poids d'un lourd fagot. Frédéric court à lui, le regarde avec une tendre pitié, et lui donne tout ce qu'il a dans ses poches, jusqu'à une vieille monnaie d'argent dont son père lui avait fait cadeau le jour anniversaire de sa naissance.

Une autre fois il était sorti par une chaude journée d'été. Vers le soir, des nuages épais s'amoncèlent dans le ciel, l'éclair luit, la tempête éclate, et Frédéric ne paraît pas. Ses parents alarmés courent de côté et d'autre à sa poursuite, et son père le trouve tranquillement assis sur l'un des arbres les plus élevés de la colline. — Que fais-tu donc là, s'écrie-t-il, malheureux enfant? — Je voulais savoir, répond Frédéric, d'où venait le feu du ciel.

Toutes ces émotions d'une vie passée dans les champs ou au foyer de famille, toutes ces études faites sous la direction de sa mère ou du pasteur Moser, s'alliaient en lui à un vif sentiment de religion et de piété. Déjà, quand on l'interrogeait sur ce qu'il deviendrait un jour, il déclarait qu'il se ferait prêtre ; et, dans son ardeur enfantine pour l'état sacerdotal, il lui arrivait souvent de monter sur une chaise, le corps enveloppé d'un tablier en guise de surplis, et de faire sur un texte de la Bible des sermons auxquels il voulait qu'on prêtât une sérieuse attention, et qui, s'il faut en croire les biographes allemands, ne manquaient pas d'une certaine logique.

Cependant la position de ses parents était alors fort pénible et devenait de jour en jour plus intolérable. En sa qualité d'officier de recrutement, son père devait recevoir chaque mois un solde de 19 florins (environ 47 francs), et, pendant trois années de suite, il ne toucha pas un denier de ce modique traitement. Pour pouvoir subsister, il vendit pièce par pièce son petit patrimoine, il invoqua l'assistance de ses parents et amis ; mais enfin, hors d'état de soutenir plus longtemps cette situation, il s'adressa directement au grand-duc, qui, ayant reconnu la validité de ses titres, le fit incorporer dans la garnison de Louisbourg, et lui fit remettre l'arriéré de sa solde. A Louisbourg, Frédéric fut placé sous la direction d'un professeur de latin nommé Jahn, homme dur et froid, qui le premier lui fit sentir les rigueurs d'une vie de discipline et l'amertume du fruit scolastique. De joyeux et confiant qu'il était dans son heureuse retraite de Lorch, l'enfant devint, sous la férule de ce nouveau maître, timide et contraint. Toutefois il faisait des progrès assez notables ; il désirait toujours devenir prêtre, et il subissait régulièrement les examens imposés à ceux qui voulaient quitter le gymnase pour entrer dans les écoles spéciales de théologie. En 1769, à la suite d'un de ces examens, il fut noté ainsi : *Puer bonæ spei, quem nihil impedit quominus inter potentes hujus anni repiciatur.*

Ce fut à Louisbourg que Schiller assista, pour la première fois, à une représentation théâtrale. On jouait un de ces fades opéras mythologiques imités de ceux de Versailles ; mais l'éclat des décorations, le costume des acteurs, la musique, produisirent sur l'enfant, qui jamais n'avait rien imaginé de semblable, une profonde impression. Dès ce moment, il abandonna ses jeux habituels pour dresser un théâtre où il faisait, comme Goëthe, mouvoir des marionnettes. C'est de Louisbourg aussi que date sa première inspiration poétique. Un jour qu'il avait récité plus couramment encore que de coutume sa leçon de catéchisme, son maître lui donna deux kreutzers (un peu moins de deux sous). Un de ses camarades reçut la même récompense. Fiers de leurs succès, riches de leur petit trésor, tous deux se réunirent comme des hommes dignes de marcher ensemble, associèrent leur fortune et résolurent d'aller gaîment la dépenser dans une ferme. Ils arrivent au hameau voisin, ils montrent leur quatre kreutzers et demandent du lait ; mais le fermier ne jugea point à propos de se déranger pour une telle somme, et les renvoya impitoyablement. Ils continuent leur route, ils entrent dans une autre maison, où on leur sert du lait et des fruits en abondance. En retournant à Louisbourg, les deux enfants s'arrêtèrent sur une colline d'où l'on apercevait les deux fermes où ils avaient passé. Là, dans le sentiment de sa déception et de sa reconnaissance, le jeune Frédéric, étendant la main, prononça en stances cadencées une imprécation sur la demeure où leur prière avait été rejetée, et bénit celle où ils avaient reçu l'hospitalité.

En 1770, Gaspard Schiller fut nommé inspecteur du château de *Solitude* et quitta Louisbourg. L'enfant resta dans la maison de Jahn. Ce fut pour lui un douloureux changement. Jusque-là sa vie s'était écoulée doucement au foyer de famille, et son cœur s'était ouvert avec amour aux enseignements de sa mère. Il se trouva dès lors assujetti à la volonté d'un maître rude et impérieux, qui accompagnait ses leçons d'invectives et lui apprenait le catéchisme à coups de fouet. Sa seule consolation était d'aller de temps à autre voir ses parents dans leur nouvelle demeure. Il continuait à se préparer à l'étude de la théologie et espérait bientôt entrer dans une école spéciale. La volonté du grand-duc en disposa autrement. Il venait de fonder une sorte d'académie militaire. Pour la peupler de sujets distingués, il fit prendre des renseignements sur les élèves des gymnases; Jahn lui indiqua le jeune Frédéric, et le duc voulut l'avoir. Cette disposition du prince surprit douloureusement le digne Gaspard et sa femme, qui avaient destiné leur enfant à l'état ecclésiastique, et qui se réjouissaient de le voir bientôt suivre cette carrière. Mais le souverain avait parlé, il fallait obéir; Frédéric entra à l'académie de Charles (*Karl's Academie*).

Pour faire mieux comprendre la nouvelle position de Schiller, et les événements qui en furent la suite, il est nécessaire d'expliquer la nature et l'organisation de cette école. Ce n'était d'abord qu'un établissement d'éducation bien restreint, destiné à recevoir quinze pauvres enfants de soldats qui apprenaient la musique et la danse pour être ensuite employés dans la chapelle ou dans les ballets de la cour. Le duc Charles transporta cet établissement à Stuttgard, et en fit une vaste institution où l'enseignement devait s'étendre, si l'on excepte la théologie, à toutes les branches des connaissances humaines. On lui donna alors le titre d'académie, et elle fut ouverte aux étrangers. L'esprit aristocratique et militaire qui avait présidé à la fondation de cette école éclatait dans tout l'ensemble de son organisation et dans le moindre de ses règlements. Les jeunes gens admis dans cet établissement étaient divisés en deux classes : les fils de nobles ou d'officiers, et les fils de bourgeois ou de soldats. Les premiers portaient le titre de *cavaliers*, les autres celui d'*élèves*. La première classe était en grande partie destinée à l'état militaire, la seconde aux beaux-arts et aux arts mécaniques. Toute cette école était conduite comme un régiment : les maîtres d'études étaient sergents, les professeurs officiers, et le gouverneur était colonel. Tous les exercices se faisaient au son de la trompette et du tambour ; les élèves, rangés sur deux lignes, marchaient par file à droite ou par file à gauche, et se rendaient ainsi à la salle d'étude, à la récréation, au dortoir. Les règlements étaient sévères et les punitions rudes : pour la moindre infraction à la discipline, on infligeait les coups de plat d'épée, la schlague, et il n'était pas rare d'entendre prononcer l'arrêt du châtiment avec cette terrible formule : Que l'élève soit battu jusqu'à ce que le sang vienne [1]

Les mêmes ordonnances qui prescrivaient jusque dans les plus petits détails les mesures de subordination réglaient aussi le costume des élèves. Ceux de la seconde classe n'étaient pas astreints à de grands frais de toilette ; mais ceux de la première portaient un habit bleu clair, avec le collet, les revers et les parements de pluche noire, des culottes blanches, un petit chapeau à trois cornes, deux papillotes de chaque côté et une fausse queue d'une longueur déterminée par les règlements. Il y avait en outre un autre costume pour les jours de fête, et, dans les grandes parades, les élèves de la seconde classe devaient tous être en uniforme comme les cavaliers. Le prince attachait la plus grande importance à ce ridicule costume. On rapporte qu'un jour, en parlant d'un élève dans l'incroyable dialecte mêlé de français et d'allemand qui régnait alors dans les cours d'Allemagne, il lui rendit ce singulier témoignage de satisfaction : « Je déclare que M... est le meilleur élève de l'établissement pour la *conduite* comme pour la *vergette*. »

[1] G. Schwab, *Schiller's Leben*, pag. 30.

En sa qualité de fils d'officier, Schiller fut admis dans la première classe. Il avait le corps maigre et élancé, le cou et les bras longs, les jambes arquées, le visage pâle, parsemé, comme celui de sa mère, de taches de rousseur, le nez fin et allongé, les lèvres minces, le contour des yeux un peu enflammé, et les cheveux tirant sur le roux. Plus tard, quand sa physionomie eut pris un caractère déterminé, on admirait l'expression touchante de son regard, la noblesse de son front, le mouvement énergique de ses lèvres; mais alors il n'était rien moins que beau et élégant. Qu'on se représente l'étrange aspect qu'il devait avoir avec ses cheveux roux et ses jambes effilées, portant un petit chapeau, une queue et des papillotes. Ce n'était là toutefois qu'un des moindres désagréments de sa nouvelle situation. Ce qu'il y eut de douloureux, de cruel pour lui, enfant de la nature, élève chéri d'une mère intelligente et pleine de bonté, ce fut de se voir placé sous le joug de cette discipline militaire, soumis à la baguette d'un sergent, condamné, sous peine d'une rude punition, à ne pas s'écarter d'une ligne des leçons qui lui étaient prescrites, obligé d'avoir recours à la ruse, à la dissimulation, pour écrire une lettre à un ami, ou lire un autre livre que ses livres d'étude. Toute sa nature de jeune homme libre, poétique, enthousiaste, se révolta contre ce régime rigoureux et pédantesque. Son imagination, grossissant encore tout ce qui choquait ou fatiguait sa pensée, donna le nom d'esclavage à ce que d'autres n'auraient peut-être appelé qu'une rigide contrainte, et dès ce moment il amassa dans son cœur cette haine profonde de la servitude qu'il a si souvent et si énergiquement exprimée dans ses drames. Six mois après son entrée à l'école, il écrivait au fils du pasteur Moser, qui était devenu son ami, et lui racontait d'un ton douloureux à quelles lois il était assujetti. Quelques mois plus tard, il lui dit : « Tu crois que je suis enchaîné à cette sotte routine que nos inspecteurs regardent comme une honorable méthode ? Non ; aussi longtemps que mon esprit pourra prendre l'essor, nuls liens ne le feront fléchir. Pour l'homme libre, l'image seule de l'esclavage est un odieux aspect; et il devrait regarder patiemment les chaînes qu'on lui forge !... O Charles ! le monde que nous portons dans notre cœur est tout autre que le monde réel ! Nous connaissons l'idéal et non pas le positif. Souvent je me révolte quand je me vois menacé d'une punition pour un fait dont tout mon être atteste l'innocence. »

Tout en souffrant amèrement du genre de vie qu'il menait à l'école, Schiller étudiait avec zèle, et faisait de rapides progrès dans l'étude du français, de la géographie, de l'histoire et surtout de la philosophie; il n'en était pas de même de la jurisprudence, qui devait être sa partie spéciale. Il était, sous ce rapport, en arrière de tous ses camarades, et ses professeurs en droit n'avaient de lui qu'une très-médiocre opinion ; mais le duc, plus clairvoyant, l'avait deviné : Laissez-le aller, disait-il, on en fera quelque chose.

Frédéric suivait depuis environ un an les cours de jurisprudence, lorsque le duc, qui examinait sans cesse et attentivement l'état de son académie, reconnut que le nombre des élèves en droit était hors de proportion avec celui des autres facultés. Il essaya de le diminuer, et, par suite de cette nouvelle disposition, engagea les parents de Schiller à faire étudier la médecine à leur fils. Ils reçurent à regret cette invitation, car la jurisprudence leur offrait une perspective plus brillante que la médecine ; mais ils étaient dans la dépendance absolue du prince, et ils obéirent ; Frédéric partageait leurs regrets et leurs préventions. Cependant il ne tarda pas à apporter dans ses nouveaux devoirs un zèle et une application qu'il n'avait jamais manifestés dans l'étude du droit. Il commençait à pressentir sa destinée de poëte dramatique, et il lui semblait que la physique, la physiologie, l'anatomie, ne lui seraient pas inutiles pour la conception de ses tragédies. Plus tard, il disait aussi que le poëte devait avoir, en dehors de ses travaux favoris, une science spéciale, une carrière à suivre, n'importe laquelle. « Je crains depuis longtemps, écrivait-il à un de ses amis, et non pas sans raison, que mon feu poétique ne s'éteigne, si la poésie doit être mon unique moyen de subsistance, tandis qu'elle aura pour moi sans cesse de nouveaux attraits, si elle ne devient pas une obligation, si je ne lui consacre que des heures choisies. Alors toute ma force et mon enthousiasme seront appliqués à la poésie, et j'espère que ma passion pour l'art se prolongera pendant tout le cours de ma vie. »

Animé par cet espoir, séduit par la pensée qu'une contrainte passagère lui serait par la suite d'un grand secours, il résolut de consacrer exclusivement toutes ses heures de travail, toutes ses pensées à la médecine, jusqu'à ce qu'il eût acquis dans cette science une assez grande habileté pour pouvoir la mettre en pratique. Aussi, ne tarda-t-il pas à se distinguer entre tous ses condisciples, et il écrivit à deux années de distance deux thèses, l'une sur la physiologie, l'autre sur les rapports de la nature animale avec la nature morale de l'homme, qui, toutes deux, lui firent beaucoup d'honneur.

Mais, en se promettant de se dévouer sans réserve à la médecine, le jeune étudiant s'exagérait à lui-même sa propre force. Enfant, il avait été conduit par sa mère dans le monde poétique, il avait respiré l'air de ces régions enchantées, il avait vu s'ouvrir devant lui ces horizons dorés de la pensée humaine. Toutes ces images vivaient encore dans son esprit, et, à chaque instant, la lecture d'un livre, l'entretien d'un ami, les faisaient reparaître à ses yeux plus éclatantes et plus belles. Quelle que fût la rigidité du cordon militaire établi autour de l'académie, les élèves n'étaient pourtant pas tellement retranchés de la vie sociale, qu'ils n'entendissent parler d'un livre nouveau, d'un succès littéraire. En dépit des officiers et des sergents, ces livres étaient introduits dans l'enceinte classique, on les lisait à la dérobée, on les cachait aux regards des surveillants sous quelque estimable traité de droit ou de médecine, et ils passaient de main en main. C'était le temps où la littérature allemande brisait ses vieilles chaînes et sortait de sa route craintive et routinière pour s'élancer dans l'immense espace qu'elle devait parcourir avec éclat. Du fond de leur école, où ils étaient renfermés comme dans un cloître, les jeunes disciples de la science pressentaient une nouvelle ère et en recherchaient avidement tous les indices. Schiller, qui connaissait déjà les poëtes d'un autre temps, lut avec d'autant plus de fruit les productions récentes, car alors il s'établissait dans son esprit une comparaison entre l'époque ancienne et l'époque naissante ; et, en voyant d'où l'on était parti, il comprenait mieux où l'on pouvait aller. *Gœtz de Berlichingen* et *Werther*, qui venaient de paraître, produisirent sur lui une vive impression ; les œuvres de critique et les drames de Lessing furent une de ses études favorites. Un jour, il entendit réciter à un de ses professeurs un passage de Shakspere, et ce passage l'ébranla jusqu'au fond de l'âme. Dès lors, il n'eut point de repos qu'il ne se fût procuré les œuvres complètes du poëte anglais. Un de ses amis lui donna la traduction de Wieland ; il la lut avec avidité, et la relut encore, et y revint sans cesse. Ses amis disent qu'elle agit puissamment sur lui, et décida de sa vocation. Le jugement qu'il portait plus tard sur ce grand poëte est curieux à noter. « Lorsque, tout jeune encore, j'appris, dit-il, à connaître Shakspere, je fus révolté de la froideur, de l'insensibilité qui lui permettent de plaisanter au milieu du plus grand enthousiasme. Habitué par l'étude des nouveaux poëtes à chercher de prime abord le poëte dans ses œuvres, à rencontrer son cœur, à réfléchir conjointement avec lui sur le sujet qu'il traite, c'était pour moi une chose insupportable de ne pouvoir ici le saisir nulle part : il était déjà depuis plusieurs années l'objet de mon admiration, de mes études, et je n'aimais pas encore son individualité. Dans ce temps-là, je n'étais pas encore capable de comprendre la nature de première main. »

Outre ces œuvres de poëte, Schiller lisait aussi assidûment qu'il le pouvait des livres d'histoire, entre autres Plutarque, des livres de philosophie, et il étudiait sa langue dans la traduction de la Bible de Luther, cet admirable monument de la langue allemande.

Ainsi, toujours séduit par l'attrait des idées poétiques, et détourné à chaque instant des études spéciales qui lui étaient prescrites, Schiller finit par vouloir aussi prendre part à cette vie littéraire qui lui apparaissait de loin, à travers les barrières de l'école, comme une vaste et riante contrée à travers les fenêtres d'une prison. Il s'associa avec quelques-uns de ses camarades qui avaient les mêmes penchants que lui, et ils formèrent une sorte de concile académique où l'on discutait gravement sur les questions d'art et de poésie et sur les titres réels des écrivains les plus illustres. Dans leur jeune et naïve ambition, les membres de ce petit congrès n'aspiraient à rien moins qu'à sortir de l'école avec des œuvres qui étonneraient le monde. L'un d'eux devait écrire un roman à la *Werther*, un autre un drame larmoyant, un troisième une tragédie chevaleresque dans le genre de *Gœtz de Berlichingen*. Quant à Schiller, il cherchait un sujet de pièce dramatique, et il disait parfois en riant qu'il donnerait bien son dernier habit et sa dernière chemise pour le trouver. Il crut le découvrir dans le récit du suicide d'un étudiant, et écrivit un drame intitulé *l'Etudiant de Nassau*, dont il n'est rien resté. Plus tard il en fit un autre, dont Cosme de Médicis était le principal personnage, et qui a été détruit comme le premier. Ses amis disent qu'il y avait là plusieurs scènes vraiment dramatiques et des passages très-remarquables.

Tout en composant ainsi des plans de tragédies, Schiller s'essayait dans un autre genre. La plus ancienne composition qui nous ait été conservée de lui est une ode intitulée *le Soir*. C'est une œuvre de souvenir plutôt que d'inspiration première, une sorte de rapsodie écrite sous l'impression des lectures favorites du poëte. Le rédacteur du *Magasin souabe* la jugea pourtant digne d'être publiée, et y ajouta une note ainsi conçue : « L'auteur de ces vers est un jeune homme de seize ans. Il nous semble qu'il a déjà lu de bons auteurs, et qu'il pourra avoir avec le temps *os magna sonaturum.* »

En 1777, une seconde pièce de Schiller fut publiée dans le même recueil, et suivie de cette observation du rédacteur : « Ces vers sont d'un jeune homme qui lit tout en vue de Klopstock, et ne voit et ne sent que par lui. Nous ne voulons pas étouffer son ardeur, mais la modérer. Il y a dans cette pièce des non-sens, de l'obscurité et des images outrées. Si l'auteur parvient à se corriger de ces défauts, il pourra avoir une place assez distinguée et faire honneur à sa patrie. »

Il est de fait qu'il y avait dans cette nouvelle composition moins d'originalité encore que dans la première. C'était, pour le fond comme pour la forme, une imitation servile de Klopstock. « Dans ce temps-là, dit plus tard Schiller, j'étais encore un esclave de Klopstock. » Du reste, la manière même dont il travaillait à cette époque n'annonçait guère avec quelle facilité il écrirait un jour. « Qu'on ne s'imagine pas, dit un de ses amis, que ces premières poésies fussent le fruit d'une imagination toujours riche et toujours abondante, ou l'inspiration d'une muse amie. Non pas vraiment. Ce ne fut qu'après avoir longtemps recueilli et classé ses impressions, après avoir amassé des remarques, des idées, des images, après maint essai avorté et anéanti, qu'il parvint, à peu près vers l'année 1777, à s'élever assez haut pour que des juges clairvoyants pressentissent en lui le poëte futur, plutôt cependant d'après des observations assez minimes que d'après des œuvres importantes. »

Cependant toutes ces études en dehors des devoirs classiques, la surveillance rigoureuse exercée par les maîtres, la punition qui suivait de près la menace, ne faisaient que rendre plus odieux à Schiller le séjour de l'école. Une fois il avait projeté sérieusement de s'enfuir ; mais la crainte que le mécontentement du duc ne rejaillît sur ses parents le retint, et il resta. Il resta pour être sans cesse en lutte avec lui-même, pour subir ce rude combat des désirs de l'âme aux prises avec la nécessité matérielle. S'il voulait lire un autre livre que ceux qui étaient prescrits par les règlements, il fallait qu'il se réfugiât dans le coin le plus obscur de sa chambre à coucher, qu'il se cachât dans le jardin, derrière un arbre. Pour pouvoir écrire ses vers, il en était de même ; pour les communiquer à ses camarades, il en était de même aussi. Quelquefois il feignait d'être malade. Alors il lui était permis d'avoir le soir une lampe près de son lit, et je laisse à penser quelle joie c'était pour le pauvre étudiant altéré de science et de poésie de pouvoir lire à son aise, et sans crainte d'être arrêté aux plus beaux passages, ses livres favoris. Mais tous ces innocents artifices d'une jeune âme contrainte et arrêtée dans ses penchants échouaient encore devant l'incessante surveillance d'un maître d'études. Un jour un des camarades de Schiller le trouva assis tout seul dans sa chambre et pleurant ; on venait de lui enlever son Shakspere et tous ses autres livres de littérature.

Ce fut dans les sentiments de révolte, de colère, de résignation forcée où le jetaient sans cesse les habitudes de l'école qu'il écrivit ses *Brigands*. Le fait principal était emprunté au *Magasin souabe*, qui racontait l'histoire d'un vieillard délivré par le fils qu'il avait repoussé loin de lui. Chaque scène de ce drame terrible était le résultat d'une imagination ardente péniblement réprimée, d'un sentiment de haine profond pour toute espèce de contrainte, de servitude, d'une foule d'idées étranges, exagérées, sur l'état d'une société où il n'avait jamais vécu, et d'un génie puissant qui devinait une partie des choses qu'il n'avait jamais éprouvées, donnait à celle qu'il rêvait la vie, le mouvement, la réalité. Cinq à six ans après, l'auteur, examinant avec plus de calme cette première œuvre de jeunesse, expliquait parfaitement les dispositions d'esprit dans lesquelles il la composa. Nous ne pouvons mieux faire que de citer ses propres paroles. « J'écris, dit-il, comme un citoyen du monde qui n'est au service d'aucun prince. J'ai de bonne heure perdu ma patrie pour l'échanger contre le vaste monde que je ne connaissais que par les verres d'un télescope. Une erreur de la nature m'a condamné à être poëte dans le lieu même de ma naissance. Le penchant pour la poésie blessait les lois de l'établissement où j'étais élevé, et contrariait les plans de son fondateur. Pendant huit années, mon enthousiasme a été en lutte avec les réglements militaires ; la passion pour la poésie est ardente et forte, comme le premier amour : ce qui devait l'étouffer ne fit que lui donner plus d'ardeur. Pour échapper à la situation qui me torturait, mon cœur s'élança vers un monde idéal. Mais je ne connaissais pas le monde réel, dont j'étais séparé par des barrières de fer ; je ne connaissais pas les hommes, car les quatre cents créatures qui m'entouraient n'étaient qu'une même créature, une fidèle copie d'un seul et même modèle, dont la nature plastique se dégageait solennellement. Je ne connaissais pas le libre penchant d'un être qui s'abandonne à lui-même, car un seul penchant a mûri en moi, et celui-là je ne veux pas le nommer à présent. Chaque autre force de volonté s'assoupissait, tandis que celle-là se développait convulsivement. Chaque particularité, chaque image entraînante de la nature si riche et si variée se perdaient dans le mouvement uniforme de l'organisation à laquelle j'étais soumis. Je ne connaissais pas le beau sexe, car on entre, dans l'établissement où j'étais enfermé, avant que les femmes soient intéressantes, et l'on en sort quand elles cessèrent de l'être. Dans cette ignorance des hommes et de la destinée des hommes, la ligne de démarcation entre l'ange et le démon devait nécessairement échapper à mon pinceau. Il devait produire un monstre, qui par bonheur n'a jamais existé dans le monde, et que je voudrais seulement perpétuer comme l'exemple d'une création enfantée par l'alliance monstrueuse de la subordination et du génie. Je veux parler des *Brigands*. Cette pièce a paru. Le monde moral tout entier accuse l'auteur d'avoir offensé sa majesté. Le climat sous lequel cette œuvre a reçu le jour est sa seule justification. De toutes les innombrables récriminations soulevées par les *Brigands* une seule me touche : c'est que j'ai osé peindre les hommes deux années avant d'en avoir rencontré aucun[1]. »

Cette pièce fut écrite à la dérobée comme les autres essais de Schiller, et lue par fragments à ses amis, qui l'accueil-

[1] *Rheinische Thalia* (1784).

lirent avec enthousiasme. Elle était terminée quand l'auteur quitta l'école pour entrer dans le régiment Ange en qualité de chirurgien. Il avait alors vingt-un ans.

Sa nouvelle position n'était rien moins que brillante. Ses appointements ne s'élevaient pas à plus de 18 florins (45 francs par mois.) Il était astreint à une régularité de service très-rigide ; il fallait en outre qu'il assistât aux revues, aux parades, et il faisait une assez triste figure avec son uniforme prussien, ses cheveux roulés de chaque côté et sa longue queue. Mais pour la première fois il entrait dans ce monde qu'il avait si souvent appelé de tous ses vœux ; il était libre, et le premier usage qu'il fit de sa liberté effraya ceux qui l'aimaient. Affranchi tout à coup de la rude contrainte qu'il avait subie pendant tant d'années, il se laissa prendre aux premières séductions de la vie. Il passa avec l'emportement de sa nature fougueuse d'un extrême à l'autre, de la servitude à la licence. Par malheur pour lui, il demeurait avec un jeune lieutenant dont le cœur était depuis longtemps vicié par une conduite fort irrégulière. Cet homme n'eut pas de peine à s'emparer de l'esprit inexpérimenté de Schiller, et il exerça sur lui une fatale influence. Dans la même maison demeurait la veuve d'un officier qui n'était plus ni jeune ni jolie, et dont la réputation était en outre fort équivoque. Mais c'était la première femme que le poëte rencontrait sur sa route, une réalité à la suite d'un long rêve, une image vivante après tant d'images vagues et indécises qui avaient passé comme des ombres fugitives dans sa pensée. Schiller se prosterna à ses pieds dans toute la ferveur d'un premier amour, l'adora et la chanta. Ce fut elle à qui il donna le nom de Laure ; c'était à elle qu'il adressait ces odes rêveuses et idéales où les grandes images de la destinée humaine et de la nature se mêlent à l'expression enthousiaste de l'amour. Si cette femme comprit et apprécia une telle exaltation, c'est ce que nous ne saurions dire. A en croire le témoignage des amis de Schiller, ce premier amour était purement platonique et fut toujours contenu dans les bornes du respect.

L'entraînement funeste, les folles dissipations du jeune chirurgien furent heureusement de courte durée. Près de cette belle et dangereuse ville de Stuttgard qui, comme une courtisane, attirait dans ses perfides séductions l'âme candide et crédule de Schiller, s'élevait la douce retraite de *Solitude*.

Près des écueils où il avait lancé témérairement sa barque fragile, était le foyer de famille avec la tendre remontrance et le doux enseignement de l'amour maternel. Ce fut là ce qui le sauva. Il s'était jeté avec impétuosité au-devant de toutes les émotions dont il était altéré. Quelques jours de calme passés au milieu des siens, l'aspect d'une vie simple et pleine de joies sans trouble, de désirs sans remords, amortirent son ardeur et lui firent voir le péril auquel il s'était livré. Il s'éloigna des relations blâmables qu'il avait formées, et rentra dans la ligne de ses devoirs.

Cependant ces quelques mois passés dans le tourbillon du monde avaient dérangé l'état de ses finances, et il faut avouer qu'un budget de 45 fr. par mois n'est pas difficile à mettre en désordre. Schiller tenait en réserve son drame ; c'était la pierre de touche qu'il voulait employer pour essayer la véritable valeur de son génie. C'était là-dessus aussi qu'il comptait pour réparer les brèches faites à son modique revenu. « Si le poëte souabe Standlin, écrivait-il à un de ses amis, reçoit pour ses vers un ducat par feuille, ne puis-je pas en espérer autant pour une tragédie ? Au-dessus de cent florins, le reste est à toi. »

Cent florins pour cette grande œuvre du jeune poëte! En vérité, la demande était modeste. Ses amis qui, depuis le temps qu'ils avaient passé avec lui à l'école, étaient habitués à le regarder avec une haute considération, et qui étaient bien plus que lui charmés de son drame, l'engagèrent vivement à le mettre au jour, et voulurent coopérer à la publication. L'un d'eux en fit une analyse détaillée ; un autre dessina, comme symbole de ce drame de colère, un lion en fureur avec cette devise : *In tyrannos*. Mais, quand Schiller en vint à chercher un éditeur, il éprouva toutes les angoisses et toutes les agitations d'un pauvre auteur dont le nom ignoré n'offre encore aucune garantie aux spéculateurs. Au lieu de recevoir cent florins de sa pièce, il fut obligé de la faire lui-même imprimer à ses frais. Un de ses amis lui servit de caution pour cent cinquante florins, et *les Brigands* parurent imprimés en vieux caractères sur un mauvais papier gris. Schiller en envoya quelques exemplaires au libraire Schwann, de Manheim, en le priant de vouloir bien chercher à répandre l'ouvrage. Et quelle ne fut pas la joie du poëte, lorsqu'un jour il reçut une lettre de Schwann qui lui annonçait qu'il avait montré ce drame au baron Dalberg, directeur du théâtre de Manheim, et que Dalberg désirait le faire représenter, si l'auteur voulait en modifier certains passages! C'était là un résultat que Schiller n'avait pas osé espérer, un résultat d'autant plus heureux, que le théâtre de Manheim, habilement dirigé et possédant des acteurs tels que Bock et Iffland, passait alors pour un des premiers théâtres de l'Allemagne.

Schiller entra immédiatement en correspondance avec Dalberg, qui lui indiqua plusieurs scènes à changer, et diverses nuances de caractère à adoucir. Après maint essai et mainte correction, la pièce fut agréée, et l'on convint de part et d'autre de la faire jouer prochainement.

En même temps que Schiller travaillait ainsi à réformer son drame, il préparait l'*Anthologie poétique*, qui fut publiée en 1782. C'était un recueil de différentes poésies lyriques, composées pour la plupart par des jeunes gens : celles de Schiller étaient signées de diverses initiales ; elles sont aujourd'hui extrêmement rares, et nous ne les avons jamais lues ; mais les critiques allemands s'accordent à les représenter comme des compositions de fort peu de valeur, et l'auteur lui-même les a condamnées, en les retranchant de ses œuvres complètes.

Le 13 janvier de la même année, on lisait au coin des rues de Manheim une affiche portant en gros caractères : *Les Brigands, drame en cinq actes, arrangé pour la scène par M. Schiller*. Dalberg avait fait joindre à cette annonce une longue explication, dans le genre de celle que les acteurs de mystères prononçaient jadis sur la scène pour faire comprendre au public la marche des événements et la moralité de la pièce. La représentation de ce drame, annoncée depuis longtemps, avait attiré à Manheim un nombreux concours de spectateurs. De Heidelberg, de Francfort, de Mayence, de toutes les villes voisines, les curieux arrivèrent à pied, à cheval, en voiture. Dès le matin, les avenues du théâtre étaient occupées par la foule. La représentation devait commencer à cinq heures et finir à dix.

Schiller avait demandé la permission de venir à Manheim, mais elle lui fut refusée, et on lui dit même assez sèchement qu'il eût à s'occuper davantage de ses devoirs de médecin, s'il ne voulait attirer sur lui des mesures de rigueur. Cette menace ne pouvait l'effrayer dans une circonstance aussi importante : il partit en secret, assista à la représentation de son drame, qui fut fort bien joué, entendit les applaudissements de la foule, et s'en revint enivré de son succès.

L'impression produite par sa pièce se propageait de ville en ville; de toutes parts, son nom était répété par la foule, son œuvre était le sujet de tous les entretiens. Bientôt l'Allemagne fut inondée d'une quantité de drames dont les héros étaient d'aimables voleurs de grands chemins, et l'on découvrit à Leipzig une association de jeunes gens qui avaient formé le projet de se retirer dans les forêts de la Bohême, pour y exercer le noble métier de brigands. En même temps Schiller vit arriver chez lui cette nuée d'oisifs et de curieux qui courent de ville en ville à la recherche d'une distraction, et pensent ennoblir leur désœuvrement en contemplant une célébrité. Chaque jour, il recevait une nouvelle visite : tantôt c'était un élégant touriste qui voulait retracer dans les salons la figure, les manières, le costume du jeune poëte; tantôt c'était une femme sentimentale qui criait à l'injustice, à la cruauté du sort, en voyant la pauvre chambre et le misérable mobilier de celui qui savait si bien faire couler de douces larmes.

Si ces hommages stériles flattaient la vanité de Schiller, il devait bientôt les expier. Déjà *les Brigands* lui avaient imposé le fardeau d'une dette qu'il ne savait comment acquitter. L'édition entière était vendue, mais les bénéfices étaient pour le libraire. La publication de l'*Anthologie* venait d'accroître encore cette dette, et ce qu'il y avait de plus triste, c'est que le grand-duc, de qui Schiller dépendait entièrement, ainsi que sa famille, n'avait été frappé, dans toute la rumeur produite par l'apparition des *Brigands*, que du reproche d'immoralité adressé à cette pièce. Des hommes malveillants lui firent entendre aussi qu'elle renfermait plusieurs allusions offensantes à l'état de sa cour. Schiller l'avait déjà mécontenté par une ode écrite sur la mort d'un officier. Deux lignes fort innocentes des *Brigands* firent éclater son humeur. Au second acte, Spiegelberg, en racontant ses prouesses, dit à un de ses camarades : « Va dans le pays des Grisons, c'est l'Athènes actuelle des filous. » Un Grison écrivit à ce sujet un violent article dans le *Correspondant de Hambourg*. Un nommé Walter, ennemi particulier de Schiller, qui espérait obtenir le droit de bourgeoisie parmi les Grisons, se mêla de l'affaire, et la présenta au grand-duc sous les couleurs les plus fausses. Le duc, irrité, ordonna à Schiller, sous peine de prison, de ne plus faire imprimer aucun ouvrage, à moins que ce ne fût un ouvrage de médecine, de n'entretenir aucune relation au dehors, et de s'astreindre au strict accomplissement de ses devoirs.

Cet ordre frappa le pauvre écrivain comme un coup de foudre. Animé par le succès de ses *Brigands*, il rêvait alors de nouvelles œuvres ; il avait entrepris, avec deux de ses amis, la publication d'un recueil littéraire, il écrivait des élégies et des dissertations critiques : il commençait déjà à parler à Dalberg du drame qu'il lui présenterait bientôt : *la Conjuration de Fiesque* ; et tout-à-coup le voilà soumis à une censure sans restriction et sans examen, condamné à étouffer en lui sa pensée, à renoncer à tout ce qui faisait sa gloire, sa joie, son espérance, pour s'enfermer servilement dans le cercle étroit d'une occupation monotone !

Peu de temps après, il aggrave encore sa situation, en faisant de nouveau à la dérobée le voyage de Manheim. Cette fois le duc le sut et le mit aux arrêts, en lui adressant de vives réprimandes. Schiller se tourna avec anxiété du côté du baron Dalberg. Il espérait que cet homme qui, par sa naissance, par sa position, avait de l'influence, pourrait intercéder pour lui auprès du prince, et adoucir l'arrêt qui lui défendait d'écrire. Il adressa dans ce sens une longue et touchante lettre au baron, et reçut une réponse polie, mais qui ne promettait rien. Schiller écrivit une seconde fois d'une manière plus pressante. Il témoignait le désir d'aller à Manheim ; il annonçait aussi qu'il pensait à choisir don Carlos pour sujet d'un nouveau drame. Le noble directeur de théâtre ne daigna pas, à ce qu'il paraît, répondre à cette lettre, et Schiller, privé de tout appui, désespérant de faire revenir le prince sur sa décision, tremblant d'être enfermé, comme le poëte Schubart [1], à la forteresse de Hohenasperg, s'il avait encore l'audace d'écrire, incapable pourtant de renoncer à la seule carrière qu'il ambitionnait, résolut, pour mettre un terme à toutes ses craintes

---

[1] Schubart, auteur de la ballade du *Juif errant* et de plusieurs poésies lyriques assez estimées. Il fut enfermé pendant dix ans par l'ordre du duc de Wurtemberg, sous le prétexte le plus frivole. Il rédigeait à Augsbourg la *Chronique allemande*, et c'est de lui que le bourguemestre de cette ville disait un jour, au milieu du Sénat : « Il y a par là un vagabond qui demande pour sa feuille impie plein son chapeau de liberté anglaise ; il n'en aura pas plein une coquille de noix. »

et à toutes ses souffrances morales, d'aller lui-même solliciter l'intervention de Dalberg, et préparer, par des négociations, son retour à Stuttgard. Dans le cas où sa demande à cet égard ne serait pas accueillie, il espérait pouvoir se fixer à Manheim, et y suivre librement ses penchants littéraires.

Il communiqua ce projet à un de ses amis, nommé Streicher, qui voulait aller étudier la musique à Hambourg, et qui résolut de partir avec lui. Streicher était libre, mais Schiller ne pouvait quitter Stuttgard sans s'exposer à être arrêté comme déserteur. Une circonstance favorisa ses projets de fuite. Le grand-duc de Russie allait venir visiter le Wurtemberg. On préparait des fêtes pompeuses pour le recevoir, et Schiller choisit ce moment pour s'échapper. Il n'avait pas voulu mettre son père dans le secret, afin de lui laisser plus de liberté dans ses réponses, si le duc le faisait interroger; mais il alla dire adieu à sa mère, qui pleura et n'osa pourtant le retenir. Puis, le jour du départ étant venu, Streicher se charge lui-même des préparatifs, rassemble les livres et les effets de Schiller; car, pendant ce temps, le poëte, enthousiasmé par une ode qu'il venait de lire, ne songeait plus ni à son voyage ni à ses projets, et se promenait de long en large dans la chambre, abandonné aux rêves de son imagination. A dix heures du soir, une voiture s'arrête à la porte de Streicher. Les deux amis y montent. Ils passent par les rues les plus obscures, ils arrivent avec anxiété à la porte de la ville. Le factionnaire les arrête et appelle le sous-officier de garde. — Qui est là? demanda celui-ci. — Le docteur Ritter et le docteur Wolff allant à Esslingen. — Laissez passer. — La voiture franchit la barrière, et les amis respirent.

Au même instant une lumière éclatante apparaît du côté de Louisbourg; c'était celle des édifices illuminés, celle de la forêt, où le grand-duc faisait une chasse aux flambeaux. Une lueur de pourpre se répand à l'horizon, un jour nouveau éclaire la contrée; à un mille de distance, Schiller aperçoit dans cette soudaine clarté le château de *Solitude*. — Ma pauvre mère! murmura-t-il doucement. — Puis il continua sa route en silence.

Le lendemain, les deux voyageurs arrivaient à Manheim. Dalberg était parti pour Stuttgard; mais Meier, le régisseur du théâtre, les reçut avec empressement. Le premier soin de Schiller fut d'écrire à son souverain une lettre soumise et respectueuse, dans laquelle il expliquait la raison qui l'avait porté à fuir Stuttgard, et demandait du ton le plus humble la permission de suivre sa vocation littéraire, promettant de retourner alors dans son pays et de ne donner lieu à aucune nouvelle plainte contre lui. Il envoya sa lettre à son colonel, et il lui fut répondu, en quelques mots fort secs, que, s'il voulait retourner à Stuttgard, on ne le punirait pas de sa désertion. Ce n'était point là ce que le poëte avait osé espérer, ce qu'il désirait. Il vit que toute transaction était impossible, et il resta.

Il apportait avec lui le manuscrit de *Fiesque*, auquel il avait travaillé depuis quelque temps toutes les nuits. Les comédiens se réunirent chez Meier pour en entendre la lecture. A la fin du premier acte, personne ne dit mot; au second, les auditeurs bâillent, et quelques-uns d'entre eux s'esquivent; à la fin de la pièce, d'autres s'éloignent encore sans murmurer le moindre éloge, et ceux qui restent se mettent à parler des nouvelles du jour. Schiller s'en alla chez lui désespéré. Alors Meier tire son compagnon de voyage à l'écart, et lui dit: « Est-ce vraiment Schiller, qui a écrit *les Brigands* ?—Mais sans doute. Pourquoi cette question ? — C'est que je ne puis croire que l'auteur d'une pièce qui a eu un si grand succès puisse être l'auteur du misérable drame qui vient de nous être lu. »

Le soir pourtant, Meier, se ravisant, voulut lui-même voir cette nouvelle pièce; et à peine l'avait-il lue, qu'il courut trouver Streicher. « Je me suis trompé! s'écria-t-il; *Fiesque* est un excellent drame et bien mieux écrit que *les Brigands*; mais Schiller nous le rendait insupportable en le lisant avec son ton déclamatoire et son accent souabe. »

Il fut convenu alors que la pièce serait représentée dès qu'elle aurait été soumise au jugement de Dalberg, et que l'auteur y aurait fait quelques corrections. Sur ces entrefaites arrive madame Meier, qui avait assisté aux fêtes de Stuttgard, qui raconte que la fuite de Schiller a fait beaucoup de bruit, et qui l'engage à se cacher. Les deux amis prennent la résolution de s'éloigner de Manheim, où il était trop facile de les atteindre, et de se retirer à Francfort. Ils partent à pied, car ils n'avaient plus qu'une très-petite somme d'argent. Ils s'en vont par des chemins détournés, Schiller poursuivant toujours ses rêves de poëte, tantôt saisi d'un abattement profond, tantôt enthousiasmé par quelques vers, et le fidèle Streicher le suivant, le guidant, le soutenant comme un enfant malade.

A Francfort, Schiller écrit une lettre à Dalberg; il lui exprime, dans des termes touchants, sa douloureuse position, l'anxiété qui le poursuit, la misère qui le menace. Il le prie de lui donner une faible somme à compte sur les représentations de *Fiesque*. Après quelques jours d'attente, de perplexité, il retourne à la poste, et n'y trouve rien; il y retourne encore, et reçoit un paquet à son adresse, revient chez lui, l'ouvre d'une main tremblante, et n'y trouve rien, rien que de vains encouragements de Meier et une froide lettre de celui qu'il regardait comme un protecteur, et qui n'était qu'un plat courtisan, avare et égoïste.

La position du poète à Francfort n'était plus soutenable. En mesurant avec la plus stricte parcimonie ce qui lui restait d'argent, il n'avait pas de quoi vivre plus de huit jours. Heureusement, Streicher reçut de sa mère trente florins qu'il avait demandés pour se rendre à Hambourg, et, au lieu de faire ce voyage, il voulut partager son modique trésor avec son ami. Par mesure d'économie, tous deux se décidèrent à retourner aux environs de Manheim, où la vie était moins chère qu'à Francfort. Meier leur loua un petit logement à Oggersheim; ce fut là que Schiller corrigea *Fiesque* et commença à écrire *l'Amour et l'Intrigue*. Il y vivait fort isolé, et prenait de plus en plus l'habitude de travailler pendant la nuit, habitude dont il abusa plus tard, et qui ne contribua pas peu à altérer ses forces et à détruire sa santé.

Au mois de novembre, il présenta à Dalberg *Fiesque* dans sa nouvelle forme, et attendit avec impatience la décision qui devait être prise à l'égard de cette pièce; mais le lâche baron, qui craignait de se compromettre en donnant une marque d'intérêt au pauvre fugitif, ne se pressait pas de lui répondre. Après des instances réitérées, Schiller obtint enfin une solution, hélas! et elle trompait toutes ses espérances. Iffland avait en vain demandé que *Fiesque* fût reçu au théâtre; Dalberg déclara qu'il n'accepterait cette pièce que lorsqu'elle aurait été refaite en grande partie. Schiller, en désespoir de cause, s'estima très-heureux de la vendre au libraire Schwann pour un louis par feuille. Avec l'argent qu'il reçut, il paya sa pension, et il lui resta juste ce qui lui était nécessaire pour aller à Bauerbach, où une noble femme, la mère d'un de ses compagnons d'étude, madame de Wollzogen, lui avait offert un généreux asile. Streicher vint le reconduire jusqu'à Worms; là, quand l'heure des adieux sonna, les deux amis ne versèrent pas une larme, n'exprimèrent pas une seule plainte; ils s'embrassèrent en silence, puis partirent, et cet adieu muet de deux âmes tendres, qui avaient si longtemps partagé les mêmes joies et les mêmes angoisses, en disait plus que les gémissements et les sanglots.

A Bauerbach, Schiller passa une heureuse vie de rêves et de travail. Il était seul, dans une riante demeure, au milieu de ce beau pays parsemé de fraîches vallées, entouré de forêts. Il était près de Rudolstadt, l'une des plus jolies petites villes de l'Allemagne, près de Meiningen, et y trouva un ami, le bibliothécaire Rheinwald, qui, plus tard, épousa sa sœur. Au mois de janvier, madame de Wollzogen, qui habitait ordinairement Stuttgard pour y surveiller l'éducation de ses fils, vint, avec sa fille, passer quelques jours à Bauerbach. L'aspect de cette jeune fille éveilla dans le cœur de Schiller un sentiment d'amour tendre, pur et idéal; mais il apprit que mademoiselle de Wollzogen était déjà en quelque sorte promise à un autre, et cette nouvelle éveilla en lui un sentiment passionné de jalousie. Tantôt il voulait quitter Bauerbach pour ne plus la rencontrer, tantôt il espérait la ravir à son rival par le succès de ses œuvres. « Je ferai, disait-il, toutes les années une tragédie de plus; j'écrirai sur la première page: *Tragédie pour Charlotte*. » Puis les désirs de l'amour, les rêves d'une vie paisible et enchantée par le charme d'une douce union l'emportaient dans sa pensée sur l'ambition poétique, et il écrivait à la mère de Charlotte: « Il fut un temps où l'espérance d'une gloire impérissable me séduisait comme une robe de bal séduit une jeune femme; à présent, je n'y attache plus de prix, je vous donne mes lauriers poétiques pour les employer la première fois que vous ferez du bœuf à la mode, et je vous renvoie ma muse tragique pour être votre servante. Oh! que la plus grande élévation du poëte est petite, comparée à la pensée de vivre heureux! C'en est fait de mes anciens plans, et malheur à moi si je devais renoncer aussi à ceux que je projette maintenant! Il est bien entendu que je reste auprès de vous. La question est seulement de savoir de quelle manière je puis assurer près de vous la durée de mon bonheur; mais je veux l'assurer ou mourir; et, quand je compare la force de mon cœur aux obstacles qui m'arrêtent, je me dis que je les surmonterai. »

Charlotte revint avec sa mère à Bauerbach, et Schiller, sachant qu'elle ne pouvait être à lui, eut la force de réprimer sa passion. Il écrivait, quelques jours après avoir revu cette jeune fille, à son ami Wollzogen, qui la lui avait recommandée, cette lettre charmante : « J'ai reconnu ici pour la première fois combien il faut peu pour être heureux. Un cœur noble et ardent est le premier élément du bonheur, un ami en est l'accomplissement. Pendant huit années, nous avons vécu ensemble, et nous étions alors indifférents l'un à l'autre ; nous voilà séparés, et nous nous recherchons. Qui de nous deux a le premier pressenti de loin les liens secrets qui devaient nous unir éternellement ? C'est vous, mon ami, qui avez fait le premier pas, et je rougis devant vous. J'ai toujours été moins habile à me faire de nouveaux amis qu'à conserver les anciens. Vous m'avez confié votre Charlotte, que je connais ; je vous remercie de cette grande preuve d'affection, et je vous envie cette aimable sœur. C'est une âme innocente encore, comme si elle sortait des mains du Créateur, belle, riche, sensible. Le souffle de la corruption générale n'a pas encore terni le pur miroir de sa pensée. Oh ! malheur à celui qui attirerait un nuage sur cette âme sans tache ! Comptez sur la sollicitude avec laquelle je lui donnerai des leçons. Je crains seulement d'entreprendre cette tâche, car d'un sentiment d'estime et de vif intérêt à d'autres sensations la distance est bientôt franchie. Votre mère m'a confié son projet, qui doit décider du sort de Charlotte ; elle m'a aussi fait connaître votre manière de voir à ce sujet. Je connais M. de... Quelques petites mésintelligences se sont élevées entre nous ; mais je n'en garde point rancune, et je vous le dis avec sincérité, il n'est pas indigne de votre sœur. Je l'estime réellement, quoique je ne puisse me dire son ami. Il aime votre Charlotte noblement, et votre Charlotte l'aime comme une jeune fille qui aime pour la première fois. Je n'ai pas besoin d'en dire plus ; d'ailleurs, il a d'autres ressources que son grade, et je réponds qu'il fera son chemin. »

Cette Charlotte tant aimée ne sut jamais combien elle avait jeté d'émotions dans l'âme du poëte, et n'éprouva pour lui qu'une innocente amitié. Elle épousa un autre jeune homme que celui qui lui était d'abord destiné, et mourut un an après.

A part les jours que madame de Vollzogen venait passer à Bauerbach, Schiller vivait fort retiré. Il ne voyait que Reinwald, qui lui procurait des livres, et le régisseur du château, qui ne savait pas son vrai nom, et jouait de temps à autre aux échecs avec lui. Il faisait de longues promenades solitaires à travers les bois, les vallées, rêvant à son drame de *l'Amour et l'Intrigue*, auquel il travaillait avec ardeur, et à *Don Carlos*, qui le jetait dans des dispositions d'esprit bien plus lyriques que dramatiques. « Au milieu de cet air frais du matin, écrivait-il à un de ses amis, je pense à vous et à mon Carlos. Mon âme contemple la nature dans un miroir brillant et sans nuages, et il me semble que mes pensées sont vraies. » Plus loin il ajoute : « La poésie n'est autre chose qu'une amitié enthousiaste ou un amour platonique pour une créature de notre imagination. Un grand poëte doit être au moins capable d'éprouver une grande amitié. Nous devons être les amis de nos héros, car nous devons trembler, agir, pleurer et nous désespérer avec eux. Ainsi je porte Carlos dans mon rêve, j'erre avec lui à travers la contrée. Il a l'âme de l'Hamlet de Shakspere, le sang et les nerfs du Jules de Leisewitz, la vie et l'impulsion de moi. »

Au milieu de tous ces travaux poétiques, la situation matérielle de Schiller ne s'améliorait pas. Entraîné par les fascinations de la poésie, égaré dans le paradis des rêves, il oubliait la réalité. Reinwald, dont l'esprit était plus positif, voulait l'emmener à Weimar et le présenter à Goëthe, à Wieland, qui sans doute lui auraient donné d'utiles conseils, et lui auraient peut-être offert l'appui dont il avait besoin ; mais une voix de sirène, comme l'appelait Schiller, fit échouer ce projet.

Cette voix de sirène, c'était celle du baron Dalberg, qui, voyant que le duc de Wurtemberg ne faisait pas poursuivre Schiller, et ayant besoin du jeune poëte, revenait à lui sans autre formalité. « Il faut, écrivait alors Schiller, qu'il soit arrivé un malheur au théâtre de Manheim, puisque je reçois une lettre de Dalberg. » Cependant il se laissa séduire encore par les paroles flatteuses de cet homme sans cœur, et partit pour Manheim. Dalberg le reçut avec empressement, promit de faire reprendre *les Brigands*, de faire jouer bientôt *Fiesque*, *l'Amour et l'Intrigue*, et demanda à conclure avec lui un traité pour le fixer à Manheim. Schiller s'engagea pour un an. Il donnait au théâtre ses deux pièces, en promettait une troisième, et recevait pour le tout 500 florins (environ 1,200 francs). Cette position parut d'abord satisfaire tous ses vœux. Il retrouvait à Manheim son fidèle Streicher, il se rapprochait de sa famille, et revit sur les frontières du Wurtemberg sa mère et sa sœur ; il était libre d'écrire, de suivre cette douce et entraînante vocation littéraire, combattue par les règlements d'une école et la volonté d'un souverain ; enfin il allait voir jouer ses deux derniers drames, et il en attendait un nouveau succès et un nouvel encouragement pour l'avenir. Déjà chaque jour, dans la maison de Dalberg et dans celle du libraire Schwann, il goûtait le fruit de ses premières œuvres ; il se trouvait sans cesse en contact avec des hommes distingués, qui aimaient à le voir et qui rendaient hommage à son génie.

Au commencement de 1784, *Fiesque* fut représenté, mais ne produisit pas l'effet qu'on en espérait. Schiller dit que le public n'avait pas compris cette pièce : « La liberté républicaine, écrivait-il, est ici un vain son, un mot vide de sens. Dans les veines des habitants de ce pays, il n'y a point de sang romain. » Ce drame obtint plus de succès à Francfort et à Berlin, où il fut joué quinze fois dans l'espace de trois semaines. Il eut aussi un assez grand retentissement en France à une époque où le mot de république était sur toutes les lèvres et agitait tous les esprits. Le *Moniteur* de 1792 l'appelait *le plus beau triomphe du républicanisme en théorie et dans le fait*. *Fiesque* valut à Schiller le titre de citoyen français. Lorsque son brevet lui parvint, il remarqua, dit M. de Barante, que « de tous les membres de la convention qui l'avaient signé, il n'y en avait pas un qui depuis n'eût péri d'une mort violente, et le décret n'avait pas trois ans de date ! Ce n'était pas ainsi qu'il avait compris la liberté et la république[1]. »

Trois mois après la représentation de *Fiesque*, le public de Manheim assistait à celle de *l'Amour et l'Intrigue*, et cette fois ce fut un beau et éclatant succès. Tous les spectateurs en masse applaudirent avec enthousiasme, et se tournèrent vers la loge où était le poëte pour le saluer. Mais à ces heures de

---

[1] En 1789, Schiller apprit dans un salon la nouvelle de la prise de la Bastille. Tous ceux qui se trouvaient là écoutaient avec enthousiasme le récit de ce mémorable événement. Schiller seul restait froid. « Les Français, dit-il, ne pourront jamais s'approprier les véritables opinions républicaines. » Lorsqu'en 1792 on lui annonça que Louis XVI était mis en jugement, sa première pensée fut d'écrire en sa faveur, d'aller le défendre à Paris. Il en parlait sérieusement à son ami Kœrner ; les événements l'empêchèrent d'exécuter ce projet.

triomphe succédèrent bientôt les heures de doute et de tristesse. Dans son ignorance des choses positives, Schiller s'était imaginé qu'un traitement de 500 florins était un trésor inépuisable. Il ne tarda pas à reconnaître qu'au milieu d'une grande ville, avec les relations étendues qu'il avait formées, cette somme pouvait à peine subvenir à ses besoins. Il se trouva de nouveau gêné, obligé de faire des dettes. Celle qu'il avait contractée à Stuttgard pour l'impression des *Brigands* et de l'*Anthologie* lui fut réclamée instamment. Pour l'acquitter, il emprunta. En même temps ses rapports avec les acteurs lui firent prendre des habitudes de dissipation contre lesquelles la nature élevée de son esprit protestait vivement, et dans lesquelles il retombait encore après des heures de méditation et de repentir. Quelques années plus tard, le souvenir de ses jours de trouble, de regret et de fausses joies n'était pas encore effacé de sa mémoire. Il écrivait avec une courageuse franchise à celle qu'il devait épouser : « Cette ville de Manheim me rappelle bien des folies dont je me suis rendu coupable, il est vrai, avant de vous connaître, mais dont je suis pourtant coupable. Ce n'est pas sans un sentiment de honte que je vous conduirai dans ces lieux où je me suis égaré, pauvre insensé, avec une misérable passion dans le cœur. »

Le terme de son engagement avec le théâtre étant expiré, Dalberg ne se soucia plus de le renouveler, et, dans son froid égoïsme, au lieu de tendre une main secourable au poète, il l'engagea à quitter la carrière littéraire et à reprendre ses études de médecine. Schiller, qui craignait toujours que son ardeur poétique ne vînt à s'éteindre s'il n'avait pas d'autre moyen d'existence, n'était pas éloigné de suivre cet avis ; il demandait seulement que la direction du théâtre, en faisant avec lui un nouveau contrat, lui donnât le moyen d'aller passer une année à l'université de Heidelberg. Dalberg s'y refusa.

Schiller passa encore l'hiver de 1785 à Manheim. Il avait entrepris de publier un journal de critique dramatique. Dans le prospectus de ce recueil, il racontait sa fuite du Wurtemberg, sa situation, puis il ajoutait : « Le public est maintenant tout pour moi. C'est mon étude, mon souverain, mon confident. C'est à lui que j'appartiens tout entier. C'est l'unique tribunal devant lequel je me placerai. C'est le seul que je craigne et que je respecte. Il y a pour moi quelque chose de grand dans l'idée de ne plus être soumis à d'autres liens qu'à la sentence du monde, et de ne pas en appeler à un autre trône qu'à l'âme humaine. »

Ce journal, dont l'idée plaisait à Dalberg et à d'autres hommes plus distingués, aggrava encore la situation de Schiller, qui, ne se laissant arrêter par aucune considération personnelle dans cette œuvre de conscience, attaqua vivement tout ce qu'il trouvait de répréhensible dans le jeu et l'accent des acteurs de Manheim, et suscita parmi eux une violente colère. Les choses en vinrent au point que l'un de ces acteurs l'insulta un jour de la façon la plus grossière. Schiller résolut alors de quitter cette ville, où il ne pouvait dire la vérité, où celui qui promettait de lui assurer une existence honorable l'avait une seconde fois trompé. Ses œuvres lui avaient fait des amis à Leipzig. Ce fut vers cette ville de savoir et de poésie qu'il tourna ses regards. En quittant Manheim, il emportait cependant deux titres qui ne devaient pas lui être inutiles. Il avait été nommé membre de la société allemande du Palatinat, et le duc de Weimar, dans un voyage qu'il fit à Manheim, lui avait conféré le titre de conseiller. Ce titre était purement honorifique ; mais, dans un pays comme l'Allemagne, où l'on attache encore tant d'importance à ces vaines dénominations, M. le conseiller Schiller pouvait, aux yeux de biens des gens, passer pour un personnage plus considérable que Frédéric Schiller, auteur de trois grands drames.

Au mois de mars 1785, Schiller écrivit à son ami Huber, à Leipzig : « Je ne veux pas être moi-même chargé de régler mes comptes, et je ne veux plus demeurer seul. Il m'en coûte moins de conduire une affaire d'État et toute une conspiration que de diriger mes affaires matérielles. Nulle part, vous le savez vous-même, la poésie n'est plus dangereuse que dans les calculs matériels. Mon âme n'aime pas à se partager, et je tombe du haut de mon monde idéal, si un bas déchiré me rappelle au monde réel. En second lieu, j'ai besoin, pour être infiniment heureux, d'un ami de cœur qui soit toujours près de moi, comme mon ange, et auquel je puisse communiquer mes pensées au moment où elles naissent, sans avoir besoin de lui écrire ou de lui faire une visite. L'idée seule que cet ami ne demeure pas sous les mêmes lambris que moi, qu'il faut traverser la rue pour le trouver, m'habiller, etc., anéantit la jouissance que j'aurais à le voir. Ce sont là des minuties, mais les minuties ont souvent bien du poids dans le cours de notre vie. Je me connais mieux que des milliers d'autres hommes ne se connaissent eux-mêmes. Je sais tout ce qu'il me faut et combien peu il me faut pour être entièrement heureux. Si je puis partager votre demeure, tous mes soucis disparaissent. Je ne suis pas un mauvais voisin, vous pouvez le croire. J'ai assez de flexibilité pour m'accommoder au caractère d'un autre, et une certaine habileté, comme dit Yorick, pour l'aider à devenir meilleur et à s'égayer. Je n'ai besoin, du reste, que d'une chambre à coucher qui me serve en même temps de cabinet de travail, et d'une autre chambre pour recevoir des visites. Il me faudrait une commode, un secrétaire, un lit et un canapé, une table et quelques chaises. Je ne veux pas demeurer au rez-de-chaussée, ni sous le toit, et je ne voudrais pas non plus avoir devant moi l'aspect d'un cimetière. J'aime les hommes et le mouvement de la foule. »

En partant pour Leipzig, Schiller avait sérieusement l'intention de se créer une existence en dehors de la vie littéraire. Il voulait étudier le droit à l'université de cette ville, et ce projet faisait déjà naître en lui de nouvelles idées d'ambition. Quand Streicher et lui se quittèrent, les deux amis convinrent de ne s'écrire que quand l'un d'eux serait devenu ministre et l'autre maître de chapelle.

Ce qui contribuait sans doute alors à ramener ses idées du côté de la vie positive, c'était le sentiment d'amour qu'il éprouvait pour la fille du libraire Schwann, sentiment secret, timide, mais noble, et sérieux, auquel il désirait pouvoir donner un jour la sanction du mariage. Quelque temps après avoir quitté Manheim, il écrivit à Schwann pour lui exprimer ses vœux et lui demander la main de sa fille. Schwann lui fit un refus tendre et amical, mais c'était un refus ; et, dans le premier mouvement de surprise douloureuse que lui causa cette réponse, le poëte écrivit l'une de ses plus touchantes et solennelles élégies, celle qui a pour titre : *Résignation*. Du reste, il ne cessa pas d'être en relation avec Schwann, et ne lui retira pas son amitié.

A son arrivée à Leipzig, Schiller demeura, comme il l'avait désiré, avec Huber, puis le quitta on ne sait pourquoi, et se retira dans une pauvre chambre d'étudiant. Il était alors dans un état de gêne presque constante, n'ayant pour toute ressource que le produit incertain de son journal dramatique et de son *Don Carlos*, dont il publia d'abord les trois premiers actes. Son nom faisait pourtant grand bruit de tous côtés, et la moindre composition qui lui échappait était reproduite à l'instant par des milliers de plumes, et connue du public longtemps avant d'être imprimée. Beaucoup de familles riches et considérées enviaient le bonheur de le voir, et eussent été fières de l'attirer dans leur intérieur et de le produire dans leur cercle ; mais il préférait à toutes ces grandes réunions, où il n'eût reçu que de vains hommages, les causeries intimes de l'amitié, les rêves de la solitude.

A une demi-lieue de Leipzig, dans cette grande plaine arrosée par tant de sang, et consacrée par tant de funérailles, on aperçoit un frais et riant village, parsemé d'arbres, de vergers, où nos soldats cernés de toutes parts, soutinrent en 1813 une lutte acharnée. C'est Gohlis. On y arrive par un vert sentier qui serpente au bord de la rivière, par une des avenues imposantes du Rosenthal, cette belle et grande forêt si souvent chantée par les poëtes d'Allemagne. Ce fut là que Schiller alla chercher un refuge pour mûrir ses pensées, pour achever les œuvres qu'il avait entreprises. Un jour qu'il faisait sa promenade solitaire le long de la rivière, il entendit quelques mots prononcés près de lui à voix basse ; et il aperçut un jeune homme à demi déshabillé qui allait se jeter dans l'eau et priait Dieu de lui pardonner. Schiller s'approche, l'interroge avec bonté, et le jeune homme, qui était un étudiant, lui avoue que la misère le pousse au suicide. A l'instant même, le poëte lui donne tout ce qu'il avait alors d'argent sur lui, le console, l'encourage, et promet de venir bientôt à son secours. Quelques jours après, il se trouvait au milieu d'une nombreuse société ; il raconte avec émotion et chaleur la scène dont il avait été témoin, puis prend une assiette sur la table, fait le tour du salon, adressant à chacun sa pieuse requête, et le soir le malheureux étudiant recevait une somme assez considérable pour être longtemps à l'abri du besoin. Le succès de cette bonne œuvre inspira à Schiller une de ses plus belles odes, une ode qui jouit en Allemagne d'une grande popularité, et dont on chante souvent le refrain dans les fêtes et les grandes réunions ; c'est celle qui a pour titre : *La joie (Die Freude.)*

Tout en suivant le cours de ses inspirations poétiques, Schiller consacrait encore une grande partie de son temps à l'étude de la philosophie, à celle de Kant surtout, qui le séduisait par son côté spiritualiste, et il prenait un goût sérieux pour l'histoire, cette source profonde de philosophie et de poésie. Il entreprit avec quelques-uns de ses amis la publication d'un vaste ouvrage, l'*Histoire des principales révolutions et conjurations du moyen âge et des temps modernes*. Lui-même traduisit pour ce recueil la conjuration du marquis de Belmar contre la république de Venise ; puis les recherches qu'il avait faites pour *Don Carlos* l'amenèrent à écrire l'*Histoire des révolutions des Pays-Bas*. Plus tard, par cette association de la poésie et de l'histoire, un autre drame lui fit écrire le récit de la guerre de trente ans.

Pendant qu'il était livré à ses travaux, un de ses amis, le conseiller Kœrner, le père du chevaleresque poëte Théodore Kœrner, l'emmena à Dresde. Heureux s'il n'eût trouvé là que les séductions de l'amitié ! Mais il y trouva celles de l'amour, d'un faux et mauvais amour, indigne de lui. Il rencontra par hasard une jeune fille d'une beauté charmante, mais coquette et rusée, gouvernée d'ailleurs par une mère intrigante, qui faisait acheter cher aux galants le plaisir de fréquenter son salon. La tournure, les manières, la physionomie de Schiller, pour ceux qui ne savaient pas en comprendre la vive et noble expression, n'étaient rien moins que séduisantes. Il se présentait ordinairement dans le monde avec une vieille redingote grise, le col découvert, les cheveux épars et le visage barbouillé de tabac. Sa réputation, déjà étendue et toujours croissante, flattait la mère de la jeune fille ; elle s'en servait pour donner plus de prestige à sa maison. Mais ce n'était pas assez. Il fallut que le pauvre Schiller payât comme les autres en complaisances infinies, en présents de toute sorte, parfois même en argent comptant, le droit d'adresser quelques compliments à des femmes qui se jouaient de sa bonne foi et de sa poésie. Ses amis l'arrachèrent à cette malheureuse relation. On dit qu'au moment où elle le vit partir, la jeune fille, attendrie, pleura. Étaient-ce les larmes du repentir, ou celles de la coquetterie ? Quoi qu'il en soit, Schiller, profondément ému, jura de revenir voir sa bien-aimée ou de mourir.

Le séjour de Weimar, et les occupations d'esprit qui l'attendaient dans cette ville célèbre, surnommée alors l'Athènes de l'Allemagne, lui firent oublier son perfide amour et son serment. Il trouva à Weimar Herder, pour qui il avait une grande estime ; Wieland, dont il avait déjà reçu plusieurs lettres aimables, et qui lui donna l'utile conseil d'étudier les anciens. Goëthe était alors en Italie. Schiller passa là quelques mois d'une existence studieuse et retirée, ne voyant que les hommes dont la conversation lui offrait un véritable intérêt, enfermé le reste du temps avec ses livres, et d'ailleurs vivant fort économiquement, car, à cette époque encore, il n'était rien moins que riche.

Au mois de novembre 1787, il fit un voyage à Rudolstadt pour voir son ami Reinwald, qui était devenu son beau-frère. Ce voyage acheva de fixer sa destinée. Il vit chez son ancienne bienfaitrice, madame de Wollzogen, une jeune personne d'une famille noble, d'une nature douce et affectueuse, d'un esprit éclairé, et l'aima sans oser d'abord le dire. Mais cet amour devait être plus heureux que les autres ; Charlotte de Lengefeld devait être sa femme.

Ce fut chez la mère de cette jeune fille qu'il rencontra Goëthe pour la première fois. Les deux grands poëtes s'abordèrent avec une réserve qui ressemblait beaucoup à de la froideur ; et, à les voir l'un en face de l'autre dans cette première entrevue, personne, sans doute, n'aurait pu présager la liaison qui s'établit entre eux plus tard. Schiller écrivait alors à son ami Kœrner : « La grande idée que je m'étais faite de Goëthe n'a pas été amoindrie par cette rencontre ; mais je doute qu'il puisse jamais y avoir entre nous un grand lien. Beaucoup de choses qui m'intéressent encore, qui occupent mes désirs et mes espérances, sont déjà épuisées pour lui. Dès son point de départ, sa nature est tout autre que la mienne, son monde n'est pas le mien, et nos manières de voir diffèrent essentiellement. Cependant on ne saurait tirer aucune conséquence certaine de cette première entrevue. Nous verrons plus tard ce qui en résultera. »

Schiller revint à Weimar très-épris de mademoiselle de Lengefeld, très-occupé en même temps de l'étude d'Homère et des tragiques grecs. « Les anciens, écrivait-il, à un de ses amis, me donnent une vraie jouissance ; j'ai besoin d'eux pour corriger mon goût, qui, par la subtilité, la recherche, le raffinement, commençait à s'éloigner beaucoup de la véritable simplicité. Plus loin, en parlant d'Euripide, il ajoute : « Il y a pour moi un intérêt psychologique à reconnaître que toujours les hommes se ressemblent ; ce sont toujours les mêmes passions, les mêmes luttes du cœur et le même langage. »

A la suite de cette étude, il traduisit l'*Iphigénie* d'Euripide et *les Phéniciennes*. Plus tard, elle fut aussi un de ses principaux mobiles, lorsqu'il écrivit *la Fiancée de Messine*.

Pendant un second séjour à Weimar, il revit mademoiselle de Lengefeld, et les sentiments qu'il avait conçus pour elle se fortifièrent. Il retourna passer quelques semaines auprès d'elle, et s'en revint avec l'espoir de ne pas lui être indifférent. Le désir qu'il avait souvent exprimé de retrouver le calme, les joies de la vie de famille, s'éveilla alors plus fortement dans son cœur. « Jusqu'à présent, écrivait-il dans une de ses lettres, j'ai vécu isolé et pour ainsi dire étranger dans le monde ; j'ai erré à travers la nature, et n'ai rien eu à moi ; j'aspire à la vie domestique et bourgeoise. Depuis bien des années, je n'ai pas éprouvé un bonheur complet, non que les occasions d'être heureux me manquent, mais parce que je surprends seulement la joie et ne la savoure pas, parce que je suis privé des douces et paisibles sensations que donne le calme de la vie de famille. »

Sa position, si brillante qu'elle fût, n'était pourtant pas alors assez assurée et ne présentait pas assez de garanties positives pour qu'il osât demander la main de celle qu'il aimait. Le duc de Weimar lui offrit un moyen de la consolider, en le nommant professeur d'histoire à l'université d'Iéna. Cette nomination, qui devait l'aider à réaliser ses vœux les plus tendres, mais qui lui imposait un devoir régulier, ne lui causa d'abord qu'une joie médiocre, tant il craignait de perdre sa chère liberté. « Il est toujours triste et difficile, disait-il, de dire adieu aux belles et aimables muses, et les muses qui sont femmes, ont l'esprit rancunier ; elles veulent bien nous quitter, mais elles ne veulent pas qu'on les quitte. Quand une fois nous leur avons tourné le dos, elles ne reviennent plus à notre appel. » Puis il ajoutait en riant : « Il me semble que je vais faire une drôle de figure dans ma nouvelle position. Beaucoup d'étudiants sont déjà plus savants en histoire que M. le professeur ; mais je me rappelle les paroles de Sancho Pança : « Quand Dieu nous donne un emploi, il nous donne aussi l'intelligence nécessaire pour le remplir. Que j'aie seulement mon île, et je saurai bien la gouverner. »

Il commença son cours au mois de mai 1789, et obtint un grand succès. Plus de quatre cents auditeurs se pressaient autour de lui et lui donnaient journellement les témoignages d'estime et de respect dûs à son noble caractère et à son grand nom. Cependant il n'avait point encore de traitement fixe : le tribut payé par ses élèves était son seul revenu. Le duc de Weimar lui accorda enfin 200 thalers par an (800 francs). Charles de Dalberg, coadjuteur de Mayence, frère du baron Dalberg qui avait si froidement abandonné le poëte dans les premières années de sa vie littéraire, manifesta l'intention de lui assurer une pension de 4,000 florins. Alors Schiller crut avoir surmonté les obstacles matériels qui s'opposaient à son mariage. Le 20 mai 1790, il épousa Charlotte de Lengefeld, et quelque temps après cette union il écrivait : « La vie est pourtant tout autre aux côtés d'une femme chérie que lorsqu'on reste seul et abanbonné. A présent je jouis réellement pour la première fois de la belle nature, et je vis en elle. Je promène ma pensée joyeuse autour de moi, et mon cœur trouve toujours au dehors une douce satisfaction, et mon esprit a son aliment et son repos. Tout mon être est dans une harmonie parfaite ; mes jours ne sont plus agités par la passion, ils s'écoulent dans la paix et la sérénité, et je regarde galment ma destinée future. Maintenant que je suis arrivé au but, je suis surpris de voir comme tout a dépassé mon attente. Le sort a lui-même surmonté pour moi les entraves, il m'a porté paisiblement au but. J'espère tout de l'avenir : encore quelques années, et j'aurai la pleine jouissance de mon esprit ; oui, je l'espère, je reprendrai ma jeunesse, et elle me rendra ma vie intime de poëte. »

La situation de Schiller était vraiment alors pleine de charmes. Marié à une jeune femme d'une nature excellente, dégagé de tous soucis matériels qui l'avaient si longtemps attristé, entouré d'amis, d'hommages, de considération, quand il parlait de son bonheur, il ne se faisait pas illusion à lui-même, il était heureux ; et l'une de ses plus grandes joies était encore de pouvoir suivre avec calme le cours de ses travaux et de ses conceptions poétiques. Il étudiait tout à la fois avec ardeur et la philosophie de Kant et l'histoire. Il songeait à faire de Frédéric II le héros d'une épopée ; il écrivait des articles pour la *Gazette littéraire*, pour la *Thalie* et l'*Histoire de la guerre de trente ans*.

Mais l'excès du travail et les veilles trop prolongées altérèrent et minèrent sa santé. Souvent il écrivait pendant toute la nuit, se levait dans l'après-midi, passait le reste du jour tantôt à faire sa correspondance, tantôt à causer ou à lire, et, pour ranimer ses forces épuisées par une continuelle tension d'esprit, par la privation de sommeil, il avait recours à des moyens de surexcitation funestes[1].

En 1791, il tomba si gravement malade, qu'on désespéra presque de lui, et que le bruit de sa mort se répandit en Allemagne et jusqu'en Danemark. On le conduisit aux bains de Carlsbad : là, forcé d'interrompre ses travaux, ses leçons, et n'ayant plus que son misérable traitement de 200 écus, il se voyait menacé de retomber dans toutes les inquiétudes matérielles qu'il avait eu tant de peine à surmonter, et l'Allemagne, qui le lisait avec enthousiasme, qui était fière de son nom et de ses œuvres, oubliait ses souffrances. Ce fut un étranger qui vint à son secours. Le prince d'Augustembourg, sur la demande du célèbre écrivain danois Baggesen, offrit au poëte malade et délaissé une pension de 1,000 écus. Les termes honorables et délicats dans lesquels cette offre était faite lui donnaient encore plus de prix. Schiller l'accepta[2].

De retour à Iéna, il se remit au travail comme par le passé, et bientôt la prudence lui ordonna de s'éloigner une seconde fois de ses livres, de faire un nouveau voyage. Il éprouvait depuis longtemps un vif désir de revoir sa patrie, sa famille. Ce fut de ce côté qu'il dirigea ses pas. Sa mauvaise santé le força d'abord de s'arrêter à Heilbronn ; il écrivit de là à Stuttgard, pour savoir s'il pourrait se présenter sans inconvénient, dans cette ville. Le duc fit répondre qu'il ignorerait son arrivée. D'après cette assurance, Schiller partit. Oh! ce fut une grande joie pour lui de rentrer librement dans cette cité qu'il avait fuie avec angoisse, de retrouver, après dix ans d'absence, sa pauvre mère qui pleurait tant à son départ, son père qui se plaignait de sa désertion et qui le revoyait entouré d'une auréole de gloire, sa jeune sœur qui récitait avec enthousiasme ses vers, et tous ses compagnons d'étude, ses amis, qui se pressaient joyeux autour de lui et parlaient en riant des anciennes chaînes de l'école ! Il visita successivement les lieux où il avait vécu, et chaque site, chaque sentier connu, chaque pas qu'il

---

[1] Carlyle, *Leben Schillers*.

[2] Ce n'est pas la seule fois que l'Allemagne s'est montrée ainsi ingrate envers ses grands hommes. Quarante ans auparavant, c'est déjà un prince de Danemark qui tendait à Klopstock une main généreuse, et lui donnait le moyen d'achever sa *Messiade*.

faisait sur ce sol consacré par les souvenirs de son enfance, éveillaient dans son âme de tendres émotions. Il alla voir aussi ceux de ses anciens professeurs qui vivaient encore, et même le vieux Jahn, qui était bien fier alors de lui avoir donné des leçons. Une partie de son temps se passait ainsi en entretiens affectueux, en bons souvenirs; il employait l'autre à lire, à étudier, à écrire son *Wallenstein*. Pendant qu'il était à Stuttgard, il éprouva encore un autre bonheur : il devint père pour la première fois. On eût dit qu'après tant de jours de lutte et de souffrance, une divinité bienfaisante l'avait ramené dans sa patrie pour lui faire savourer en même temps les plus douces joies de la vie humaine, les souvenirs du passé et les espérances de l'avenir. Mais ces joies de l'âme ne devaient plus se renouveler; il ne devait plus revoir une autre fois ni son pays natal, ni sa famille bien-aimée [1].

Ce voyage fut du reste fort utile à ses intérêts. Pendant son séjour à Stuttgard, Schiller entra en relations avec Cotta, qui devint plus tard son unique éditeur, et qui lui proposa la rédaction d'un recueil littéraire mensuel. A son retour à Iéna, il publia le prospectus de ce recueil intitulé *les Heures* (*Die Horen*), et appela tous les hommes distingués de l'Allemagne à y concourir. Peu de temps après, le premier numéro parut; mais, malgré les efforts de l'éditeur, les articles favorables de la *Gazette littéraire*, et les noms illustres qui le recommandaient au public, ce journal produisit peu d'effet et n'eut qu'une courte durée.

De cette époque datent ses relations plus intimes avec Goëthe. Les deux poètes avaient compris que, par la différence même de leur nature et de leur manière de vivre, ils pouvaient se rendre utiles l'un à l'autre. Ils marchaient parallèlement sur deux lignes séparées; mais ils se rejoignaient à la sommité de l'art. Il s'établit entre eux une correspondance suivie, sérieuse, savante, et qui de jour en jour prit un caractère plus amical. Schiller en avait en même temps commencé une autre avec Guillaume de Humboldt, qui était de même consacrée à l'examen des plus hautes questions de philosophie et d'esthétique. Ainsi soutenu par deux hommes éminents, éclairé par leurs conseils, animé par leurs encouragements,

[1] Son père et sa jeune sœur moururent en 1796, sa mère en 1802.

il suivait avec une noble audace sa carrière, et se jetait sans cesse intrépidement dans de nouveaux travaux.

En 1795, il entreprit la publication d'un *Almanach des Muses*, qui obtint un grand succès. Il y mit quelques-unes de ses plus charmantes poésies lyriques, et Goëthe plusieurs ballades. Ce fut dans ce même recueil que les deux poëtes firent insérer aussi ces petits distiques si connus en Allemagne sous le nom de *xenies*. C'étaient autant d'épigrammes mordantes dirigées contre une foule de livres et d'écrivains. Elles mirent tout le monde littéraire en rumeur, et produisirent chez ceux qu'elles atteignaient une vive animosité. Le bon Schiller s'attendrit sur les blessures qu'il avait faites et se repentit d'avoir été si loin.

D'autres travaux plus importants vinrent bientôt distraire son esprit de cette guerre d'épigrammes. Il travaillait toujours à son *Wallenstein*. En 1798, il fit représenter la première partie de cette vaste trilogie, la plus belle, la plus imposante de ses œuvres. A cette magnifique composition qui avait si longtemps occupé sa pensée et ses veilles, succéda immédiatement *Marie Stuart*, puis *Jeanne d'Arc*, qui fut jouée en 1801, sur le théâtre de Leipzig. Le poëte assistait lui-même à cette représentation, et fut reconduit en triomphe chez lui aux cris mille fois répétés de *vive Schiller! vive le grand Schiller!* Deux ans après parut *la Fiancée de Messine*, puis, en 1804, *Guillaume Tell*. A voir la rapidité avec laquelle toutes ces grandes compositions se succédaient, on eût dit que Schiller pressentait sa fin prochaine et se hâtait de léguer au monde les plus beaux fruits de son génie.

Il se trouvait à Berlin lorsqu'on joua son *Guillaume Tell*. La reine Louise voulut le voir, et lui fit offrir une pension annuelle de trois mille thalers, une place à l'académie, et la jouissance d'une voiture de la cour, s'il voulait se fixer à Berlin; mais il était retenu par les liens du cœur dans le duché de Weimar, et il y retourna. Depuis 1798, il avait quitté Iéna pour habiter Weimar. Il était là près de Goëthe, qui exerçait une heureuse influence sur lui, près de Wieland, qui l'avait toujours traité avec une sincère affection, et près du théâtre.

Le grand-duc lui témoignait une considération toute particulière. La princesse Caroline, mère de madame la duchesse d'Orléans, aimait à le voir, à s'entretenir avec lui. C'était, au dire de tous ceux qui l'ont connue, une femme d'un esprit élevé et d'une bonté de cœur angélique [1]. Schiller éprouvait pour elle un sentiment de vénération et de reconnaissance qui seul aurait suffi pour l'attacher à Weimar, s'il n'y avait été fixé d'ailleurs par d'autres liens. Le grand-duc, en lui permettant de venir habiter cette ville, lui avait assuré une pension de 1,000 écus. Peu de temps après il demanda à l'empereur d'Autriche et obtint pour lui un titre de noblesse. C'était une singulière faveur pour celui qui n'avait jamais chanté que la démocratie; mais Schiller ne vit là qu'une aimable intention et en fut reconnaissant [2].

Malheureusement sa santé allait toujours en déclinant. Plus d'une fois déjà il avait donné de sérieuses inquiétudes à ses amis; il avait lui-même été ébranlé par l'idée d'une mort prochaine. Puis son énergie morale, luttant contre ses douleurs physiques, lui rendait une apparence de vie, puis il retombait dans une nouvelle faiblesse. En 1805, il fut atteint d'une fièvre catarrhale, qui d'abord ne présentait aucun caractère alarmant, mais qui bientôt empira d'une manière effrayante. Tous ceux qui le connaissaient et qui l'aimaient, car le connaître c'était l'aimer, furent consternés de cette nouvelle. Mais lui ne montra nulle frayeur : il fut, jusqu'à son dernier jour, bon et affectueux envers ceux qui l'entouraient, comme il l'avait été toute sa vie. Sa plus grande crainte était que sa femme se trouvât près de lui lorsqu'il pressentait quelque crise violente. Dans les moments où il était mieux, il se faisait lire des traditions populaires, des contes de chevalerie; puis il parlait avec calme et douceur de sa femme, de ses enfants, et de son drame de *Démétrius*, auquel il essayait encore, mais en vain, de travailler. Le 8 mai, il demanda à voir sa plus jeune fille, la prit par la main, la regarda avec une profonde douleur; puis, tout-à-coup, se détournant d'elle, cacha sa tête dans son oreiller et pleura amèrement [3]. Le soir sa belle-sœur lui demanda comment il se trouvait : « Toujours mieux,

---

[1] *Ein himmlisches Gemüth*, un caractère céleste, dit Gustave Schwab. — Elle épousa en 1810 le grand-duc de Mecklembourg, et mourut en 1816.

[2] « Vous allez rire, écrivait-il à Humboldt, en apprenant ma nouvelle dignité. C'est notre duc qui en a eu l'idée, et, puisque la chose est faite, j'accepte avec plaisir pour ma femme et mes enfants. »

[3] Schiller laissait après lui un fils et deux filles, que la grande-duchesse de Weimar se chargea généreusement de faire élever. Le fils est aujourd'hui conseiller d'appellation à Cologne; une des filles a été mariée au baron de Gleichen, l'autre au conseiller Junot de la Thuringe.

répondit-il, toujours plus tranquille. » Il la pria d'ouvrir les rideaux, contempla d'un regard serein les rayons du soleil couchant, qui projetait encore sur ses fenêtres une lueur pâle et mélancolique, puis il dit adieu du fond de l'âme à cette belle nature qu'il avait tant aimée. Le lendemain il était mort. Il n'avait pas quarante-six ans.

La nouvelle de sa mort produisit dans toute l'Allemagne un sentiment de désolation. A Weimar, où il n'était pas seulement connu par ses œuvres, où tout le monde l'aimait comme homme en l'admirant comme écrivain, le théâtre fut fermé; les habitants prirent le deuil. On s'abordait avec tristesse, et, dans la maison du riche comme dans celle du plus humble bourgeois, l'unique sujet des entretiens, c'était la mort de Schiller et le récit de ses derniers moments. Il fut enterré au milieu de la nuit. Douze jeunes gens des premières familles de la ville avaient brigué l'honneur de le porter. La journée avait été orageuse, et des nuages noirs voilaient la surface du ciel; mais, au moment où l'on allait descendre le cercueil dans la fosse, on raconte que tout-à-coup les nuages s'entr'ouvrirent, la lune apparut, et un doux rayon éclaira la tombe du poëte.

X. Marmier.

LES BRIGANDS,

DRAME EN CINQ ACTES.

PERSONNAGES.

MAXIMILIEN, comte de Moor.
CHARLES, \
FRANZ, / ses fils.
AMÉLIE D'ÉDELRICH.
SPIEGELBERG,
SCHWEIZER,
GRIMM,
RAZMANN,   libertins, puis bandits.
SCHUFTERLE,
ROLLER,
KOSINSKY,
SCHWARZ.
HERMANN, bâtard d'un gentilhomme.
DANIEL, valet de la maison du comte Moor.
MOSER, pasteur.
UN RELIGIEUX.
BANDES DE BRIGANDS.
PERSONNAGES SECONDAIRES.

ACTE PREMIER.

SCÈNE I.

Une salle du château de Moor.

FRANZ, *le vieux* **MOOR.**

FRANZ. Mais, mon père, vous trouvez-vous bien? Vous êtes si pâle!

Le vieux MOOR. Tout à fait bien, mon fils. Qu'avais-tu à me dire?

FRANZ. La poste est arrivée... Une lettre de notre correspondant de Leipzig.

Le vieux MOOR, *avec empressement*. Des nouvelles de mon fils Charles?

FRANZ. Hum! hum! Oui, il y en a. Mais je crains...

je ne sais si... votre santé... Êtes-vous vraiment tout à fait bien, mon père?

MOOR. Comme le poisson dans l'eau... Il parle de mon fils?... D'où vient ta sollicitude? Tu m'as fait deux fois la même question.

FRANZ. Si vous êtes malade... ou si vous avez seulement la plus légère crainte de le devenir... laissez-moi, je vous parlerai dans un temps plus opportun. Cette nouvelle n'est pas faite pour un corps impressionnable.

MOOR. Dieu! Dieu! que vais-je entendre?

FRANZ. Laissez-moi d'abord me retirer à l'écart et verser une larme de compassion sur la perte de mon frère. Je devrais me taire à jamais, car il est votre fils. Je devrais à jamais cacher sa honte, car il est mon frère... Mais vous obéir est mon premier, mon douloureux devoir. Ainsi pardonnez-moi.

MOOR. O Charles! Charles, si tu savais comme ta conduite torture le cœur de ton père! Si tu savais comme quelque bonne nouvelle de toi prolongerait de dix ans ma vie et me rajeunirait... tandis que maintenant, hélas! chacune de celles que je reçois me rapproche d'un pas vers la tombe.

FRANZ. S'il en est ainsi, vieillard, laissons cela. Nous nous arracherions tous aujourd'hui les cheveux sur votre cercueil.

MOOR. Reste. Il n'y a plus qu'un petit pas à faire. Laisse-le suivre sa volonté... Les fautes de nos pères sont poursuivies jusqu'à la troisième et quatrième génération... Laisse-le accomplir cette fatale sentence.

FRANZ, *tirant la lettre de sa poche.* Vous connaissez notre correspondant. Voyez. Je donnerais un doigt de ma main droite pour pouvoir déclarer que c'est un imposteur, un menteur infâme et venimeux. Contenez-vous, et pardonnez-moi si je ne vous laisse pas lire vous-même cette lettre. Vous ne devez pas savoir tout ce qu'elle renferme.

MOOR. Tout, tout, mon fils. Tu m'épargnes les béquilles...

FRANZ *lit* : « Leipzig, 1ᵉʳ mai. Si je n'étais lié, mon cher ami, par une promesse inviolable qui ne me permet pas de te rien cacher de ce que je puis apprendre sur le sort de ton frère, ma plume innocente ne te tourmenterait plus jamais. Je devine par cent lettres de toi quel déchirement ton cœur fraternel doit éprouver en apprenant des nouvelles de cette sorte. Il me semble que je te vois verser sur ce vaurien, sur ce misérable » (*le vieux Moor cache son visage*). Voyez, mon père, je ne vous lis que le plus doux, « ... verser sur ce misérable des milliers de larmes. Hélas! elles ont coulé, elles se sont précipitées par torrent sur mes joues. Il me semble que je vois ton vieux et vénérable père pâle comme la mort. » — Jésus Maria! vous voilà déjà ainsi avant d'avoir rien appris.

MOOR. Continue, continue.

FRANZ. « Pâle comme la mort, retomber en chancelant dans son fauteuil, et maudire le jour où le nom de père lui fut balbutié pour la première fois. On n'a pas pu tout me découvrir, et je ne te dis encore qu'une petite part du peu que je sais. Ton frère paraît avoir comblé la mesure de l'ignominie. Je ne vois pas ce qu'il pourrait faire de plus, à moins que son génie en cela ne dépasse le mien. Après avoir contracté une dette de quarante mille ducats, — une jolie petite somme, mon père, — après avoir déshonoré la fille d'un riche banquier, et blessé mortellement en duel un brave et honnête jeune homme qui lui faisait la cour, hier, à minuit, il avait formé le projet d'échapper aux poursuites de la justice avec sept autres jeunes gens qu'il a entraînés dans sa vie honteuse. » — Mon père, au nom de Dieu, mon père, comment vous trouvez-vous?

MOOR. C'est assez. Laisse cela, mon fils.

FRANZ. Je vous épargne... « On a envoyé son signalement. Les offensés demandent hautement satisfaction. Sa tête est mise à prix... Le nom de Moor... Non mes lèvres tremblantes ne feront pas mourir un père. » (*Il déchire la lettre.*) — Ne croyez pas cela, mon père, n'en croyez pas un mot.

MOOR, *pleurant amèrement*. Mon nom ! mon nom honoré de tous !

FRANZ, *lui sautant au cou*. Infâme, trois fois infâme Charles ! N'en avais-je pas le pressentiment, lorsque tout enfant encore il aimait à suivre les jeunes filles, à courir par monts et par vaux avec de petits vagabonds, lorsqu'il fuyait l'aspect de l'église comme le coupable celui de la prison, lorsqu'il s'en allait jeter dans le chapeau du premier mendiant les deniers qu'il était parvenu à vous extorquer, tandis que nous, nous cherchions à édifier notre esprit avec de pieuses prières et des livres de sermons ! N'en avais-je pas le pressentiment quand il se plaisait à lire les aventures de Jules César, d'Alexandre le Grand et de je ne sais quels autres ténébreux païens, plutôt que l'histoire de Tobie et de sa pénitence ! Ne vous ai-je pas dit cent fois, car mon affection pour lui était toujours subordonnée à mon devoir filial, cet enfant nous jettera tous dans la honte et la douleur ! Oh ! si du moins il ne portait pas le nom de Moor ! Si mon cœur ne battait pas aussi ardemment pour lui ! L'affection impie que je ne puis anéantir me fera accuser un jour devant le tribunal de Dieu.

MOOR. O mes projets !... mes rêves d'or !...

FRANZ. Je le sais bien. C'est là précisément ce que je disais. L'esprit de feu, disiez-vous toujours, qui éclate dans cet enfant, qui le rend si sensible à l'attrait du beau, du grand ; cette franchise ouverte avec laquelle son âme se reflète dans ses yeux ; cette tendresse de sentiment qui lui fait verser des larmes de sympathie à l'aspect de chaque souffrance ; cette mâle ardeur qui le porte à grimper au sommet des chênes séculaires, qui l'entraîne à traverser les fossés, les palissades et les torrents ; cette ambition enfantine, cette opiniâtreté inflexible, toutes ces belles et brillantes qualités qui germent dans l'âme de ce fils chéri, feront de lui quelque jour un ami dévoué, un excellent citoyen, un héros, un grand homme, oui, un grand homme! Et maintenant vous le voyez, mon père, cet esprit de feu s'est développé, étendu, et il a porté des fruits précieux. Voyez comme cette franchise a dégénéré en effronterie; voyez cette tendresse de sentiment, comme elle roucoule doucement pour les coquettes! comme elle s'émeut aux charmes d'une Phryné! Voyez ce génie de feu, comme il a, dans l'espace de six petites années, si bien consumé la substance de sa vie qu'il ressemble à un cadavre ambulant, et alors arrivent des gens qui n'ont pas honte de dire : « C'est l'amour qui a fait ça. » Voyez cette tête hardie et entreprenante, comme elle combine et exécute des plans qui effacent les actions héroïques d'un Cartouche, d'un Howard! — Et quand ces magnifiques germes seront parvenus à leur complète maturité (car que peut-on attendre de complet d'un âge si tendre?), peut-être alors, mon père, aurez-vous la joie de voir votre fils à la tête d'une de ces troupes qui habitent dans le silence sacré des forêts et délivrent de la moitié de son fardeau le voyageur fatigué. Peut-être aussi, avant de descendre dans le tombeau, pourrez-vous faire un pélerinage à son monument élevé entre ciel et terre. Peut-être... ô mon père, mon père, mon père! — cherchez un autre nom, autrement vous courez risque d'être montré au doigt par les merciers et les coureurs de rues qui auront vu à Leipzig la figure de votre fils sur la place du Marché.

MOOR. Et toi aussi, mon Franz, et toi aussi? O mes enfants! comme vous lancez vos traits contre mon cœur!

FRANZ. Vous le voyez, je puis être spirituel aussi. Mais mon esprit a l'aiguillon du scorpion. A présent voyez ce Franz vulgaire et froid, cette âme de bois, comme vous vous plaisez à l'appeler alors que le contraste entre son frère et lui pouvait vous suggérer tous ces jolis surnoms quand il s'asseyait sur vos genoux ou qu'il vous pinçait les joues. — Il mourra, lui, dans les limites de son domaine, il pourrira ; il sera oublié, tandis que la réputation de cette tête universelle volera d'un pôle à l'autre. O ciel ! le froid, le sec, le dur Franz te remercie, les mains jointes, de ne pas lui ressembler.

MOOR. Pardonne-moi, mon enfant. Ne t'irrite pas contre un père qui s'est trompé dans ses projets. Dieu, qui m'envoie des larmes par Charles, me les fera essuyer par toi.

FRANZ. Oui, mon père, il les essuiera. Votre Franz emploiera sa vie à prolonger la vôtre. C'est le bonheur de votre vie que je consulterai comme un oracle dans toutes mes actions, le miroir dans lequel je regarderai tout ce que je dois entreprendre. Pas un devoir n'est assez sacré pour que je ne le viole lorsqu'il s'agira de votre vie. — Me croyez-vous ?

MOOR. Tu as encore de grands devoirs à remplir, mon fils. Que Dieu te récompense de tout ce que tu fus pour moi, de tout ce que tu seras encore !

FRANZ. Maintenant dites-moi, si vous ne deviez pas nommer ce jeune homme votre fils, vous seriez heureux.

MOOR. Tais-toi, tais-toi. Quand la sage-femme me l'apporta, je le levai vers le ciel, et je m'écriai : « Ne suis-je pas un homme heureux ? »

FRANZ. Vous le dites en vérité ! Mais cette parole s'est-elle réalisée ? Vous enviez au dernier de nos paysans le bonheur de n'être pas le père d'un tel fils. Votre douleur vivra aussi longtemps que vous aurez ce fils. Cette douleur grandira avec lui, cette douleur minera votre vie.

MOOR. Oh ! elle a fait de moi un vieillard de quatre-vingts ans.

FRANZ. Eh bien ! si vous vous sépariez entièrement de lui ?

MOOR. Franz! Franz! Que dis-tu?

FRANZ. N'est-ce pas votre amour pour lui qui fait votre douleur? Sans cet amour, il n'est plus rien pour vous; sans ce répréhensible, ce condamnable amour, il est mort pour vous, — il est pour vous comme s'il n'était pas né. Ce n'est pas le sang et la chair, c'est le cœur qui fait de nous des pères et des fils. Cessez de l'aimer, et cet être dégénéré cesse d'être votre fils, quand même il serait taillé dans votre chair. Il a été jusqu'à présent comme la prunelle de vos yeux; mais l'Écriture n'a-t-elle pas dit : Si votre œil vous scandalise, arrachez-le? Il vaut mieux entrer borgne dans le ciel que de descendre avec deux yeux dans les enfers. Il vaut mieux aller au ciel sans enfants que de tomber, père et fils, dans l'abîme. Ainsi parle la Divinité.

MOOR. Tu veux que je maudisse mon fils?

FRANZ. Non pas, non pas. Ce n'est point votre fils que vous maudirez. — Qui appelez-vous votre fils? Celui à qui vous avez donné la vie et qui s'efforce par tous les moyens imaginables d'abréger la vôtre!

MOOR. Oh! cela n'est que trop vrai. C'est une sentence portée contre moi, et c'est par lui que le Seigneur la fait exécuter.

FRANZ. Voyez comme l'enfant chéri de votre cœur se conduit envers vous. C'est par votre sentiment paternel qu'il vous oppresse, par votre amour qu'il vous égorge, par votre cœur qu'il vous poignarde, qu'il vous anéantit. Du moment où vous cessez de vivre, le voilà seigneur de vos biens, maître de ses actions. La digue a disparu, et le torrent peut mugir et suivre son cours en liberté. Mettez-vous un instant à sa place. Que de fois il a dû désirer la mort de son père (que de fois celle de son frère), qui, debout sur son chemin, met un obstacle inébranlable à ses désordres! Est-ce donc là l'amour qui doit répondre à l'amour? Est-ce là une reconnaissance filiale pour tant de bonté paternelle? Si, pour satisfaire au caprice d'un instant, il sacrifie dix années de votre vie, s'il joue dans une minute de volupté le nom de ses pères qui est resté sans tache pendant sept siècles, l'appellerez-vous votre fils? Répondez : Est-ce là un fils?

MOOR. C'est un cruel enfant. Mais c'est mon enfant pourtant, c'est mon enfant pourtant!

FRANZ. Un aimable, un précieux enfant dont la constante étude est de n'avoir plus de père. Oh! si vous pouviez enfin comprendre cette situation! Si les écailles pouvaient tomber de vos yeux! Mais votre indulgence l'affermira dans ses folies, et votre conduite le justifiera. Vous éloignerez la malédiction de sa tête, et la malédiction éternelle tombera sur vous.

MOOR. C'est juste, c'est bien juste. La faute en est à moi, à moi seul!

FRANZ. Combien de milliers d'hommes, après avoir bu jusqu'à l'ivresse à la coupe de la volupté, se sont améliorés par la souffrance. Cette douleur physique, qui accompagne chaque excès, n'est-elle pas un signe de la volonté divine? L'homme doit-il par une tendresse funeste renverser cette volonté? Le père doit-il entraîner à jamais dans l'abîme le dépôt qui lui fut confié? Pensez-y, mon père! Si vous le laissez pour quelque temps en proie à sa misère, ne servira-t-elle pas à le changer, à le rendre meilleur; et si dans cette grande école du malheur il continue à être un scélérat... alors, malheur au père qui par une fausse délicatesse viole les décrets de l'éternelle sagesse!... Eh bien! mon père?

MOOR. Je veux lui écrire que je retire ma main de lui.

FRANZ. Ce sera de votre part une action juste et sage.

MOOR. Qu'il ne reparaisse jamais devant moi.

FRANZ. Cette décision produira un effet salutaire.

MOOR, *avec tendresse*. Jusqu'à ce qu'il soit changé.

FRANZ. Très-bien, très-bien. Mais s'il vient avec le masque de l'hypocrisie pleurer pour obtenir votre pitié, solliciter par des flatteries votre pardon, et que le len-

ACTE I, SCÈNE I.

demain il s'en aille rire de votre faiblesse dans les bras de ses filles de joie... Non, mon père, il reviendra de lui-même quand il se sentira la conscience nette.

MOOR. Je vais donc lui écrire à l'instant.

FRANZ. Arrêtez. Encore un mot, mon père. Votre indignation pourrait, j'en ai peur, vous faire employer des expressions qui lui déchireraient le cœur. — Et, d'un autre côté, — ne croyez-vous pas qu'il regarderait déjà comme un indice de pardon une lettre écrite de votre main ? Il vaut donc mieux que vous me laissiez le soin de lui écrire.

MOOR. Oui, mon fils, charge-toi de cette tâche. Hélas ! elle m'eût brisé le cœur. Ecris-lui !

FRANZ, *avec vivacité*. Ainsi, voilà qui est décidé.

MOOR. Ecris-lui que des larmes de sang, que des milliers de nuits sans sommeil... mais ne jette pas mon fils dans le désespoir.

FRANZ. Ne voulez-vous pas vous mettre au lit, mon père ! Vous êtes si cruellement affecté.

MOOR. Ecris-lui que le sein paternel... Mais je te le répète, ne jette pas mon fils dans le désespoir.

Il sort avec tristesse.

FRANZ, *le regardant en riant*. Rassure-toi, vieillard, tu ne le serreras jamais sur ta poitrine. Le chemin qui l'y ramènerait lui est fermé comme le ciel à l'enfer. — Il était arraché de tes bras, quand tu ignorais encore toi-même que tu pourrais le vouloir. Je serais vraiment un pitoyable novice, si je ne pouvais détacher un fils du cœur de son père, lors même qu'il y serait rivé par des chaînes d'airain. — J'ai tracé autour de toi un cercle magique, un cercle de malédiction qu'il ne franchira pas. — Courage, Franz ! Voilà l'enfant chéri mis à l'écart. Nous commençons à y voir plus clair. Il faut que je ramasse tous ces lambeaux de papier, on pourrait facilement reconnaître mon écriture. (*Il reprend les fragments de la lettre qu'il a déchirée.*) Bientôt le chagrin emportera aussi le vieux ; et, quant à elle, je lui arracherai aussi ce Charles du cœur, dût-elle y perdre la moitié de sa vie.

J'ai bien le droit d'accuser la nature, et sur mon honneur je le ferai valoir. Pourquoi ne suis-je pas sorti le premier des entrailles de ma mère? Pourquoi pas le seul ? Pourquoi m'a-t-elle imposé à moi, et justement à moi, le fardeau de la laideur? comme si, en me donnant le jour, elle n'avait eu qu'un reste à mettre au monde ! — Pourquoi m'est-il échu, précisément à moi, ce nez de Lapon, cette bouche d'Africain, ces yeux de Hottentot? En vérité, je crois qu'elle a réuni ce qu'il y a de hideux dans les différentes races d'hommes pour me pétrir. Meurtre et mort! Qui lui a donné le pouvoir de favoriser l'un et de nuire à l'autre? Quelqu'un pouvait-il gagner ses bonnes grâces avant d'exister, ou l'offenser avant de naître? Pourquoi donc une telle partialité dans ses œuvres ?

Non, non. Je suis injuste envers elle. Elle nous donna à tous deux l'esprit d'invention, elle nous déposa pauvres et nus au bord de cet océan du monde. Que celui qui peut nager nage, et que celui qui ne sait comment s'y prendre se noie. Elle ne m'a rien accordé de plus. C'est maintenant à moi à voir comment je me tirerai d'affaire. Chacun a des droits égaux aux plus grandes comme aux plus petites parts. Les prétentions sont anéanties par les prétentions, les tentatives par les tentatives, la force par la force. Le bon droit appartient à celui qui l'emporte sur les autres, et la limite de notre force fait notre loi.

On a bien conclu, il est vrai, certains pactes sociaux pour mener le train du monde. Beau langage! riche monnaie dont on retire un gain splendide pour peu qu'on sache la placer. Conscience! oui, vraiment excellent épouvantail pour éloigner les moineaux des cerisiers, — lettre de change fort bien écrite qui aide aussi le banqueroutier à se tirer d'affaire.

Du reste, ce sont là tout autant d'institutions louables pour tenir les sots en respect et maîtriser le peuple, afin que les gens habiles soient plus à leur aise. Vues de près, ce sont pourtant de plaisantes institutions. Elles ressemblent, pour moi, à ces haies que nos paysans plantent prudemment autour de leurs champs, afin qu'aucun lièvre ne puisse y entrer, et il est de fait qu'aucun lièvre ne passe par là. — Mais leur gracieux seigneur donne un coup d'éperon à son cheval, et galope à travers la moisson.

Pauvre lièvre! C'est cependant un triste rôle à remplir que celui de lièvre dans ce monde. — Mais le gracieux seigneur fait servir le lièvre à son usage.

Ainsi, courage. Marchons. Celui qui ne craint rien n'est pas moins puissant que celui qui est craint de tous. C'est maintenant la mode de porter à son pantalon des boucles que l'on peut relâcher ou serrer à volonté. Que ceux qui le trouvent mauvais s'en plaignent au tailleur! Il nous plaît d'avoir une conscience à la dernière mode, une conscience que nous puissions déboucler tout à notre aise quand nous en aurons besoin. J'ai entendu discuter au long et au large sur de certaines affections qui sont dans le sang et montent volontiers à la tête des bons bourgeois. — Voilà ton frère; autrement dit, voilà un homme qui est sorti du même four que toi, il en résulte que sa personne sera pour toi sacrée. Voyez-vous cette étrange conséquence, ce ridicule raisonnement en vertu duquel il faudrait admettre que l'harmonie des esprits est la conséquence du rapprochement des corps, que la même patrie donne les mêmes sensations, et la même nourriture les mêmes penchants. Mais allons plus loin : voici ton père; il t'a donné la vie; tu es sa chair et son sang. Il doit être sacré pour toi; c'est encore là une habile conséquence. Mais je demanderai : Pourquoi m'a-t-il fait? Ce n'est sans doute pas par amour pour moi, car il fallait d'abord que je devinsse un moi. M'a-t-il connu avant de me faire? a-t-il pensé à moi? m'a-t-il désiré au moment où il me faisait? savait-il ce que je serais? Je ne le souhaite pas pour lui, car alors je pourrais le punir de m'avoir fait. Dois-je le remercier de ce que je suis homme? non, pas plus que je ne pourrais lui faire un reproche s'il avait fait de moi une femme. Puis-je reconnaître un amour qui ne se fonde pas sur la considération envers moi-même? et cette considération envers moi-même avant que j'existasse moi-même? Où gît donc à présent le sentiment sacré? Sans doute dans l'acte même qui m'a formé? Comme si cet acte n'était pas l'effet d'une impulsion animale pour apaiser un désir animal. Le caractère sacré est-il dans le résultat de cet acte? Mais c'est là une nécessité inflexible, un résultat que nous voudrions tous éloigner, s'il n'y allait de notre chair et de notre sang. Lui accorderai-je plus de droits parce qu'il m'aime? C'est une vanité de sa part, c'est le péché favori de tous les artistes, qui se mirent dans leur ouvrage quand il serait aussi laid que moi. Voilà donc toute cette sorcellerie que vous enveloppez dans un nuage sacré pour nous faire peur et abuser de notre peur. Faut-il que par tous ces préjugés, je me laisse aussi conduire à la lisière comme un enfant?

A l'œuvre donc! Courage! je veux anéantir autour de moi tout ce qui m'empêche d'être le maître. Je serai le maître. J'enlèverai par la violence ce que je ne puis obtenir par le don de me faire aimer.

SCÈNE II.

Une auberge sur les frontières de la Saxe.

CARL MOOR, *plongé dans une lecture*; SPIEGELBERG, *buvant à une table.*

CARL MOOR. Quand je lis dans mon Plutarque la vie des grands hommes, je prends en dégoût ce siècle altéré d'encre.

ACTE I, SCÈNE II.

SPIEGELBERG, *lui présentant un verre et buvant.* Tu devrais lire Joseph.

MOOR. L'étincelle brillante de Prométhée est consumée ; on a recours à présent aux feux d'artifice, aux feux de théâtre, qui ne pourraient pas allumer une pipe de tabac. Ils sont là qui se remuent comme des souris sur la massue d'Hercule. Un abbé français enseigne qu'Alexandre n'était qu'un poltron ; un professeur pulmonique se met, à chaque parole qu'il prononce, un flacon de vinaigre sous le nez, et disserte sur la force. Des drôles qui tombent en défaillance après avoir fait un enfant discutent sur la tactique d'Annibal ; des marmots enfilent des phrases sur la bataille de Cannes, et geignent sur les victoires de Scipion, parce qu'ils doivent les expliquer.

SPIEGELBERG. Tu viens de faire là une véritable élégie alexandrienne.

MOOR. Quelle belle récompense de vos fatigues sur le champ de bataille, que de vivre dans un collége et de voir votre immortalité dûment enfermée dans la courroie qui enveloppe des livres ! Quelle compensation pour tant de sang versé que de servir à envelopper les pains d'épice d'un marchand de Nuremberg, — ou, si le bonheur vous favorise, d'être porté sur des échasses par un rimeur de tragédies françaises et mis en mouvement par un ressort de marionnettes ! ah ! ah !

SPIEGELBERG, *buvant.* Lis donc Joseph, je t'en prie.

MOOR. Fi ! Fi ! de ce siècle de castrats qui ne fait que remâcher les actions du passé, rapetisser les héros de l'antiquité par ses commentaires, et les dénaturer par ses tragédies. La moelle de ses os est tarie, et c'est la bière maintenant qui aide l'homme à se reproduire.

SPIEGELBERG. Le thé, frère ! le thé.

MOOR. Ils barricadent la saine nature dans un cercle de fades conventions. Ils n'ont pas le courage de vider un verre de vin, pour y boire la santé. On les verra ramper devant le décrotteur qui peut les protéger auprès de

Son Excellence, tourmenter le pauvre diable dont ils n'ont rien à craindre. Ils s'adorent l'un l'autre pour un dîner ; ils s'empoisonneraient l'un l'autre pour un chiffon qui leur aura été enlevé dans une enchère. Ils condamnent le saducéen qui ne fréquente pas assidûment l'église, et viennent devant l'autel compter le fruit de leur usure. — Ils se prosternent dans la nef pour montrer la poussière qu'ils emportent à leurs genoux. — Ils ont leurs regards fixés sur le prêtre pour voir comment sa perruque est frisée. — Ils s'évanouiront en regardant couler le sang d'une oie, et battront des mains en apprenant à la bourse la banqueroute d'un de leurs concurrents... et moi qui leur pressais la main avec tant de chaleur ! Encore un jour, disais-je, — inutile. A ton trou, chien ! — Prières, larmes, serments... (*Frappant du pied*). Enfer et démon !

SPIEGELBERG. Et cela pour quelques milliers de misérables ducats ?

MOOR. Non, je n'y puis penser. Emprisonner mon corps dans un corset, et soumettre ma volonté à l'étreinte de la loi. Non. La loi a réduit à la lenteur de la limace ce qui aurait eu le vol de l'aigle. La loi n'a jamais fait un grand homme. C'est la liberté qui enfante des colosses et des choses extraordinaires. — Oh ! si l'esprit de Hermann se ranimait dans sa cendre ! Qu'on me mette à la tête d'une troupe d'hommes tels que moi, et je veux faire de l'Allemagne une république auprès de laquelle Rome et Sparte ressembleraient à des couvents de nonnes. (*Il jette son épée sur la table et se lève.*)

SPIEGELBERG, *se levant précipitamment*. Bravo ! bravissimo. Tu m'amènes juste à point sur ce chapitre. Je veux te dire quelque chose à l'oreille, Moor, quelque chose qui tourne depuis longtemps dans mon esprit. Tu es précisément l'homme qui convient pour cela. — Bois donc, frère, bois. — Qu'en dis-tu ? si nous nous faisions juifs, et si nous remettions leur royaume sur le tapis ?

Dis-moi, n'est-ce pas là une habile et énergique conception ? Nous expédions un manifeste dans les quatre parties du monde, et nous appelons en Palestine tout ce qui ne mange pas de chair de porc. Moi, je démontre, par des documents authentiques, qu'Hérode le tétrarque était mon aïeul. Ce serait là une victoire que de remettre les juifs sur l'eau, et de rebâtir Jérusalem ! Alors, guerre aux Turcs d'Asie. Battons le fer tandis qu'il est chaud ; les cèdres tombent du Liban, les navires sont construits, et la nation entière fait le commerce de vieux habits et de vieux galons. Pendant ce temps...

MOOR, *le prenant en riant par la main.* Camarade, c'en est fait à présent de notre temps de folies.

SPIEGELBERG. Fi ! tu ne veux pourtant pas jouer le rôle de l'enfant prodigue ; un gaillard comme toi qui as balafré plus de figures avec son épée que trois substituts n'ont griffonné d'arrêts dans une année bissextile ! Faut-il que je te raconte encore les pompeuses funérailles de ton chien ? Ah ! si plus rien ne te ranime, je n'ai besoin que d'évoquer devant toi ta propre image pour souffler le feu dans tes veines. Te rappelles-tu le jour où ces messieurs du collége firent casser une patte à ton chien, et où tu ordonnas, toi, pour te venger, un jeûne général dans la ville ? On se moquait d'abord de ton édit. Mais tu fis acheter tout ce qu'il y avait de viande à Leipzig. Huit heures après, on n'aurait pas trouvé un os à ronger dans la banlieue. Le prix du poisson augmenta. Les magistrats et les bourgeois ne respiraient que vengeance. Nous autres étudiants nous nous rassemblâmes au nombre de sept cents, et toi, à notre tête, et les bouchers, les tailleurs, les merciers, les barbiers, et toutes les corporations derrière, nous jurâmes de donner l'assaut à la ville, si l'on touchait seulement un cheveu sur la tête d'un étudiant. Notre menace eut un plein succès, et les bonnes gens se retirèrent avec un pied de nez. Après cela, tu assemblas un concile de docteurs, et tu offris trois ducats à celui qui te donnerait un remède pour ton chien. Nous avions peur que ces messieurs, retenus par le point d'honneur, ne refusassent ton offre, et déjà nous nous préparions à vaincre leurs scrupules. Mais c'était inutile. Les dignes docteurs se récrièrent sur les trois ducats. Le prix de la recette descendit à trois batz (neuf sous). Dans l'espace d'une heure, nous eûmes douze consultations écrites, si bien que la pauvre bête creva sur-le-champ.

MOOR. Indignes gueux!

SPIEGELBERG. Rien ne manqua à la pompe du convoi. La foule attristée chantait des complaintes sur la mort de ton chien. Nous sortîmes dans la nuit, au nombre de mille, tenant une lanterne d'une main, une épée nue de l'autre, et nous nous en allâmes à travers la ville au son des cloches et des carillons, jusqu'à ce que le chien fût déposé dans sa tombe ; puis un grand banquet qui dura jusqu'au jour. Alors tu te sentis ému d'une généreuse compassion pour nos messieurs, et tu fis vendre la viande à moitié prix. Mort de ma vie! Dans ce moment on nous respectait comme les soldats d'une garnison dans une forteresse conquise.

MOOR. Et tu n'as pas honte de célébrer encore tout cela! et tu n'as pas assez de pudeur pour rougir d'une pareille folie!

SPIEGELBERG. Va, va, tu n'es plus Moor. Te souvient-il encore que dix fois, que mille fois, tenant la bouteille d'une main, et de l'autre tirant ton vieux feutre, tu t'es écrié : Grapille, épargne, tout me passera par le gosier. Sais-tu encore, sais-tu encore, ô misérable fanfaron, que c'était là ce qui s'appelle parler en homme et en gentilhomme? Mais...

MOOR. Malédiction sur toi pour m'avoir rappelé ces paroles! malédiction sur moi pour les avoir prononcées! Mais c'était dans les vapeurs du vin, et mon cœur n'entendait pas les forfanteries de ma langue.

SPIEGELBERG, *secouant la tête*. Non, non, cela ne peut

pas être. Impossible, frère, ce ne peut pas être sérieusement. Dis-moi, petit frère, n'est-ce pas le besoin qui te met à ce diapason ? Viens, laisse-moi te raconter une historiette de mes années d'école. Il y avait près de la maison que j'habitais un fossé de huit pieds de large, sur lequel nous nous excitions à sauter, mes camarades et moi. Mais nos essais étaient inutiles. On tombait au beau milieu, on devenait l'objet de la risée générale, et les boules de neige pleuvaient sur vous. Près de la même maison, il y avait un chien de chasseur attaché à une chaîne, une méchante bête qui s'élançait comme l'éclair sur la robe des jeunes filles quand elles passaient trop près de lui. Je n'avais pas de plus grande joie que d'agacer ce chien de toutes les façons, et je crevais de rire en le voyant écumer de rage, et prêt à se jeter sur moi s'il avait pu. Mais qu'arriva-t-il ? Un jour, je reviens de nouveau l'attaquer. Je lui jette si rudement une pierre sur les côtes, que, dans sa fureur, il brise sa chaîne et s'élance sur moi. Me voilà de courir comme le tonnerre de Dieu. Mais, mille misères ! j'arrive au maudit fossé ! Que faire ? le chien hurle sur mes talons. Je n'ai pas le temps de la réflexion ; je prends mon élan, je saute. Me voilà de l'autre côté. Je dus à ce saut ma peau et ma vie. L'animal m'aurait mis en morceaux !

MOOR. Mais où veux-tu en venir ?

SPIEGELBERG. A te montrer que nos forces s'accroissent par la nécessité. Ainsi, je ne me laisse pas effrayer quand j'en suis réduit à l'extrémité. Le courage augmente avec le danger, la vigueur avec la contrainte. Le destin veut sans doute faire de moi un grand homme, puisqu'il me barre ainsi la route.

MOOR, *avec douleur*. Je ne sais pas en quoi nous pourrions montrer du courage, et dans quelle occasion nous en avons manqué.

SPIEGELBERG. Bien ! Et tu veux ainsi laisser s'anéantir tes facultés, enfouir tes moyens. Penses-tu que tes drôleries de Leipzig forment la limite de l'esprit humain ? Allons, allons dans le grand monde, à Paris et à Londres, où vous méritez des soufflets en saluant quelqu'un du nom d'honnête homme ; là c'est une jubilation de faire les choses en grand. Tu seras tout ébahi, tu ouvriras de grands yeux. Attends un peu, et tu verras comme on contrefait l'écriture, comme on pipe les dés, comme on brise les serrures, et comme on vide les entrailles d'un coffre-fort. Attends ; Spiegelberg t'apprendra tout cela. Il faut pendre à la première, à la meilleure potence, la canaille qui se laisse mourir de faim quand elle peut se servir de ses doigts.

MOOR, *distrait*. Comment ! tu es allé encore plus loin ?

SPIEGELBERG. Je crois, ma parole, que tu te défies de moi ! Laisse-moi seulement me mettre en action ; tu verras des choses prodigieuses. Ta petite cervelle tournera dans ton crâne, à voir mon esprit ingénieux entrer en enfantement. (*Il se lève avec vivacité*). Comme tout s'éclaircit en moi ! De grandes pensées commencent à poindre dans mon âme. Des plans gigantesques se déroulent dans mon cerveau créateur. Maudite somnolence (*se frappant la tête*) qui jusqu'ici avait enchaîné mes forces, arrêté et contenu mes projets ! Je m'éveille. Je sens ce que je suis et ce que je puis être.

MOOR. Tu es un fou. Le vice fermente dans ton cerveau.

SPIEGELBERG, *avec plus de vivacité*. Spiegelberg, dira-t-on, es-tu sorcier Spiegelberg ? C'est dommage, Spiegelberg, dira le roi, que tu ne sois pas devenu général ; tu aurais fait passer l'Autriche par une boutonnière. D'un autre côté, j'entends les docteurs s'écrier : Cet homme est impardonnable de n'avoir pas étudié la médecine ; il aurait découvert une nouvelle poudre pour le goître. Hélas ! diront les Sully dans leur cabinet, que ne s'est-il livré à l'étude des finances, il aurait tiré des louis d'or de la pierre. Et de l'Orient à l'Occident, on entendra répéter le nom de Spiegelberg, et vous resterez dans la crotte, vous autres poltrons, vous autres crapauds, tandis que Spiegelberg, les ailes déployées, volera vers le temple de la renommée.

MOOR. Grand bien te fasse ! Monte sur les piliers de la honte au faîte de la gloire. Pour moi, une noble joie m'appelle dans les champs paternels, dans les bras d'Amélie. La semaine passée, j'ai écrit à mon père pour lui demander pardon. Je ne lui ai pas caché la moindre de mes fautes. Là où est la sincérité, là doit se trouver aide et miséricorde. Disons-nous donc adieu, Maurice. Nous nous voyons aujourd'hui pour la dernière fois. La poste est arrivée. Le pardon de mon père est déjà dans les murs de cette ville.

Entrent Schweizer, Grimm, Roller, Schufterle, Razmann.

ROLLER. Savez-vous ce qu'on nous annonce ?

GRIMM. Que nous ne sommes pas sûrs un instant de n'être pas arrêtés.

MOOR. Cela ne m'étonne pas. Mais qu'il en soit ce qu'on voudra. N'avez-vous pas vu Schwarz ? N'a-t-il pas dit qu'il avait une lettre pour moi ?

ROLLER. Il y a longtemps qu'il te cherche. Je présume qu'il a en effet quelque chose pour toi.

MOOR. Où est-il ? Où donc ? où ? (*Il veut sortir.*)

ROLLER. Reste. Nous lui avons dit de venir ici. Tu trembles ?

MOOR. Je ne tremble pas. Pourquoi tremblerais-je ? Camarades, cette lettre... Réjouissez-vous avec moi. Pas un homme sous le soleil n'est plus heureux que moi. Pourquoi tremblerais-je ?

Schwarz entre.

MOOR, *courant au-devant de lui.* Frère, frère, la lettre ! la lettre !

SCHWARZ, *après lui avoir donné la lettre, que Moor ouvre précipitamment.* Qu'as-tu donc ? Tu deviens blanc comme la muraille.

MOOR. L'écriture de mon frère !

SCHWARZ. Que fait donc Spiegelberg ?

GRIMM. Le drôle est fou. Il gesticule comme à la danse de Saint-Gui.

SCHUFTERLE. Son cerveau bat la breloque. Je crois qu'il fait des vers.

RAZMANN. Spiegelberg ! Ohé, Spiegelberg ! L'animal n'entend pas.

GRIMM, *le secouant*. Allons, insensé, rêves-tu ? ou...

(*Spiegelberg, qui pendant tout ce temps s'est tenu dans un coin de la chambre, en exécutant la pantomime d'un faiseur de projets, se lève tout à coup en criant : La bourse ou la vie, et saisit par la ceinture Schweiser, qui le jette contre la muraille. Moor laisse tomber la lettre et se précipite hors de l'appartement. Tous se lèvent.*)

ROLLER. Moor, où vas-tu ? Que veux-tu faire ?

GRIMM. Qu'a-t-il donc ? qu'a-t-il donc ? Il est pâle comme un mort.

SCHWEIZER. Il faut qu'il ait reçu de jolies nouvelles. Voyons.

ROLLER, *ramassant la lettre et la lisant* : « Malheureux frère ! » Le commencement a une agréable tournure. — « Je dois t'annoncer en deux mots que ton espérance est vaine. Mon père te fait dire que tu peux aller où te mèneront tes actions honteuses ; qu'en te jetant à ses pieds et gémissant tu ne comptes pas obtenir jamais ta grâce, à moins que tu ne sois prêt à te laisser enfermer dans le plus profond de ses cachots, à vivre de pain et d'eau jusqu'à ce que tes cheveux croissent comme les plumes de l'aigle, et tes ongles comme les griffes des oiseaux. Ce sont là ses propres paroles. Il m'ordonne de clore la lettre. Adieu pour toujours. Je te plains.

» FRANZ DE MOOR. »

ACTE I, SCÈNE II.

SCHWEIZER. Un gentil petit frère, sur ma foi! Et Franz est le nom de cette canaille.

SPIEGELBERG, *s'avançant doucement*. Il est question de pain et d'eau, une jolie existence! J'ai arrangé pour vous quelque chose de mieux. Ne vous disais-je pas qu'à la fin il faudrait me charger de vous tous?

SCHWEIZER. Que dit cette tête de mouton? L'animal veut se charger de nous?

SPIEGELBERG. Vous êtes tous des lièvres, des infirmes, des chiens, si vous n'avez pas le courage de tenter quelque grande entreprise.

ROLLER. Oui, tu aurais raison; s'il en était ainsi; mais ton entreprise nous arrachera-t-elle à notre maudite situation? Réponds.

SPIEGELBERG, *avec un dédaigneux sourire*. Pauvre hère! Vous arracher à cette situation! Ah! ah! vous arracher à cette situation! Et ton étroite cervelle n'imagine rien de plus, et là-dessus ton coursier rentre à l'écurie? Spiegelberg ne serait qu'un misérable drôle s'il s'arrêtait avec vous au commencement de la route. Il fera de vous des héros, des barons, des princes, des dieux!

RAZMANN. C'est beaucoup dire d'une fois, en vérité! Mais c'est sans doute une œuvre de casse-cou. On y laissera tout au moins sa tête.

SPIEGELBERG. Elle ne demande que du courage. Quant à ce qui nécessite de l'esprit, je m'en charge. Du courage donc, Schweiser. Du courage, Roller, Grimm, Razmann, Schufterle, du courage!

SCHWEIZER. Du courage? s'il ne faut que cela!... J'ai assez de courage pour descendre pieds nus dans l'enfer.

SCHUFTERLE. Moi, j'en ai assez pour disputer sous le gibet un pauvre pêcheur au diable lui-même.

SPIEGELBERG. Voilà qui me plaît. Donc, si vous avez du courage, que l'un de vous s'avance et dise qu'il a encore quelque chose à perdre et qu'il n'a pas tout à gagner.

schwarz. En vérité, j'aurais beaucoup à perdre si je voulais perdre tout ce qui me reste à gagner.

razmann. Oui, par le diable! et j'aurais beaucoup à gagner si je devais gagner tout ce que je ne puis perdre.

schufterle. Si seulement il me fallait perdre tout ce que j'ai d'emprunt sur le corps, je n'aurais certainement plus rien à perdre demain.

spiegelberg. Ainsi donc (*il se place au milieu d'eux, et leur dit en les conjurant*), s'il y a encore dans vos veines une goutte de sang des héros allemands, venez. Nous allons nous retirer dans les forêts de la Bohême, former une troupe de brigands... et... Pourquoi me regardez-vous ainsi? Votre petit brin de courage est-il déjà étouffé?

roller. Tu n'es pas le premier coquin qui ait porté ses regards par delà le gibet... Et cependant... si nous avions un autre choix à faire?

spiegelberg. Un autre choix? Comment? vous n'avez plus rien à choisir? Voulez-vous être enfermés dans la prison pour dettes, et gémir là jusqu'à ce que la trompette du jugement dernier résonne? Voulez-vous employer la pelle et la bêche pour gagner un misérable morceau de pain sec? Voulez-vous aller chanter sous les fenêtres pour qu'on vous jette une maigre aumône, ou voulez-vous porter le havre-sac (et la question encore est de savoir si votre figure inspirerait quelque confiance), et faire d'avance votre purgatoire en vous soumettant à la mauvaise humeur d'un caporal impérieux, et vous promener au son du tambour tandis qu'on battra la mesure sur vos épaules, ou traîner dans le paradis des galères tout le magasin de fer de Vulcain? Voyez, vous pouvez choisir. Je viens de rassembler tout ce que vous pouvez choisir.

roller. Ce que dit Spiegelberg n'est pas si mal. De mon côté, j'ai aussi formé mes projets. Mais ils se réduisent à un seul : ce serait de nous réunir pour publier un manuel, un almanach, ou quelque chose de semblable, et de faire de la critique pour quelques sous, comme c'est aujourd'hui la mode.

SCHUFTERLE. Que le bourreau t'emporte! Vos idées se rapprochent des miennes. Je pensais, à part moi, que nous pourrions nous faire piétistes, et donner, chaque semaine, des leçons d'édification.

GRIMM. Très-bien; et si cela ne réussit pas, athées! nous tombons sur les quatre évangélistes. Notre livre est brûlé par les mains du bourreau, et nous obtenons un prodigieux succès.

RAZMANN. Ou bien nous faisons une campagne contre les Français... Je connais un docteur qui s'est bâti une maison tout entière avec Mercure, comme on peut s'en assurer par l'inscription placée sur la porte.

SCHWEIZER, *se levant et tendant la main à Spiegelberg.* Maurice, tu es un grand homme, ou c'est un porc aveugle qui a trouvé un gland.

SCHWARZ. Admirables plans! Honnête industrie! Voyez pourtant comme les beaux esprits se rencontrent. Il ne nous manque plus que de nous faire femmes et entremetteuses.

SPIEGELBERG. Plaisanterie! plaisanterie! Et qui empêche que vous ne réunissiez tout en une personne? Mon projet vous élèvera très-haut, et vous aurez en outre la gloire et l'immortalité. Voyez, pauvres diables : voilà jusqu'où l'on doit étendre ses vues, jusqu'à la gloire, ce doux sentiment de l'immortalité.

ROLLER. Et là-haut être inscrit sur la liste des honnêtes gens. Tu es un maître rhéteur, Spiegelberg, quand il faut faire d'un honnête homme un coquin. Mais, dites-moi, où est donc Moor.

SPIEGELBERG. Honnête, dis-tu? Penses-tu que tu sois moins honnête après que tu l'étais avant? Qu'appelles-tu honnête homme? Débarrasser un vieux ladre d'un tiers des soucis qui chassent loin de lui le sommeil doré, mettre en circulation l'or que l'on tenait caché, rétablir la balance des biens, en un mot faire renaître l'âge d'or, délivrer le bon Dieu de maint lourd pensionnaire, lui épargner la guerre, la peste, la disette et les docteurs : — voilà ce que je nomme honnête ; voilà ce que j'appelle être un digne instrument dans la main de la Providence ; et à chaque morceau que l'on mange, avoir cette pensée flatteuse que tout cela on l'a gagné à l'aide de son fusil, de son courage de lion, de ses veilles... Etre respecté des grands et des petits...

ROLLER. Enfin, voyager tout vivant vers le ciel, et, malgré le vent, malgré l'orage, malgré l'appétit glouton du vieux Saturne, se balancer sous le soleil, la lune et les étoiles, dans la région où les oiseaux du ciel, attirés par une noble convoitise, exécutent leur concert céleste, où les anges au pied fourchu tiennent leur solennel conciliabule. N'est-ce pas ? et, tandis que les monarques et les potentats sont rongés par les mites et les vers, avoir l'honneur d'être visité par le royal oiseau de Jupiter?... Maurice, Maurice, Maurice ! prends garde à la bête à trois pattes !

SPIEGELBERG. Et cela t'effraie, cœur de lièvre ? Plus d'un génie universel qui aurait pu réformer le monde a déjà pourri à la voirie. Et l'on parle de lui pendant un siècle, pendant un millier d'années ; tandis que plus d'un roi et d'un électeur serait omis dans l'histoire, si un historiographe n'avait pas peur de laisser une lacune dans l'échelle de succession, et si en parlant de lui il n'avait pas l'avantage d'ajouter à son livre deux ou trois pages que le libraire lui paye argent comptant. — Et quand le voyageur te verra ainsi flotter au gré du vent, il dira dans sa barbe — Celui-là n'avait pas d'eau dans la cervelle ; et il soupirera sur la misère du temps.

SCHWEIZER, *lui frappant sur l'épaule.* Paroles de maître, Spiegelberg, paroles de maître ! Comment diable ! vous êtes là, et vous hésitez?

SCHWARZ. Qu'on appelle cette mort un déshonneur, que s'en suit-il ? — Ne peut-on pas, en cas de besoin, avoir toujours sur soi une petite drogue qui vous emporte tranquillement un homme au delà de l'Achéron dans un lieu où nul coq ne crie? Non, frère Maurice, ta proposition est bonne. Mon catéchisme parle comme le tien.

SCHUFTERLE. Tonnerre! et le mien aussi, Spiegelberg, tu m'as conquis.

RAZMANN. Tu as, comme un autre Orphée, apaisé en moi les beuglements de cet animal qu'on appelle conscience. Prends-moi tel que je suis-là!

GRIMM. *Si omnes consentiunt, ego non dissentio.* Remarquez cela. Il se fait un encan dans ma tête : piétistes, mercure, critiques et coquins ; je suis à celui qui offre le plus. Prends ma main, Maurice.

ROLLER. Et toi aussi, Schweizer. (*Donnant à Spiegelberg la main droite.*) J'engage donc mon âme au diable.

SPIEGELBERG. Et ton nom à la célébrité. Que nous importe où l'âme s'en va? Quand nous aurons expédié des troupes de courriers pour annoncer notre arrivée, Satan revêtira ses habits de fête, enlèvera la suie attachée à ses paupières depuis mille ans, et des myriades de têtes cornues s'élèveront au-dessus de l'ouverture enfumée de leur cheminée de soufre pour nous voir entrer. Camarades, en avant! Rien dans le monde vaut-il cette ivresse de l'enthousiasme? Venez, camarades!

ROLLER. Doucement, doucement, enfants! Et d'abord où allons-nous? La bête doit avoir une tête.

SPIEGELBERG, *avec colère.* Que dit ce trouble-fête? La tête n'existait-elle pas avant qu'aucun membre se fût remué? Camarades, suivez-moi!

ROLLER. Doucement, vous dis-je. La liberté doit aussi avoir son maître. Sans chefs, Rome et Sparte auraient succombé.

SPIEGELBERG, *s'adoucissant.* Oui, attendez, Roller a raison, ce doit être une tête intelligente, entendez-vous, une fine tête politique. Oui, quand je songe à ce que vous étiez il y a une heure, et à ce que vous êtes devenus par une seule pensée heureuse. Oui, vraiment, vous devez avoir un chef. Et celui à qui cette idée est venue n'a-t-il pas une tête intelligente et politique ?

ROLLER. Si j'osais l'espérer... le rêver... Mais je crains qu'il ne veuille pas.

SPIEGELBERG. Pourquoi pas? Parle hardiment, ami. C'est une rude tâche que de conduire un navire contre l'effort du vent. C'est un lourd fardeau que celui de la couronne. Cependant, Roller, parle sans crainte; peut-être le voudra-t-il.

ROLLER. Et s'il ne le veut pas, tout notre projet n'est qu'un jeu. Sans Moor, nous ne sommes qu'un corps sans âme.

SPIEGELBERG, *s'éloignant de lui.* Lourdaud !

MOOR *entre dans une violente agitation, et court de long en large dans la chambre se parlant à lui-même.* Hommes ! hommes! Race fausse et hypocrite, race de crocodiles! Leurs yeux sont mouillés de pleurs, et leur âme est d'airain. Le baiser sur les lèvres et l'épée dans la poitrine ! Les lions et les léopards nourrissent leurs petits, les corbeaux donnent aux leurs la chair des cadavres. Et lui... lui !... J'ai appris à souffrir la méchanceté, et je puis rire quand mon ennemi juré boit le plus pur de mon sang; — mais quand les liens du sang se changent en piéges, quand la tendresse paternelle devient une mégère oh ! alors, que le feu emporte la patience humaine, que l'agneau devienne un tigre furieux, et que chaque fibre soit tendue par la colère et la destruction.

ROLLER. Ecoute, Moor, que dis-tu de cela ? vivre de la vie de brigands vaut pourtant mieux que d'être enfermé avec du pain et de l'eau dans les caveaux d'une tour?

MOOR. Pourquoi mon esprit ne peut-il passer dans le corps d'un tigre qui, dans ses morsures cruelles, déchire la chair humaine? Est-donc là la foi paternelle? Est-ce là amour pour amour? Je voudrais être un ours et soulever les ours du Nord contre cette race meurtrière... Le repentir et point de pardon! Oh! si je pouvais empoisonner l'Océan, afin que les hommes puisent la mort à toutes les sources! Confiance, abandon sans bornes, et point de pitié!

ROLLER. Écoute donc, Moor, ce que je te dis.

MOOR. C'est incroyable, c'est un rêve, une illusion! Une prière si touchante! Une peinture si vive de la misère et du remords! — Les bêtes féroces en auraient été émues de compassion! Les pierres auraient versé des larmes! On croirait que je fais un ignoble pamphlet sur l'humanité, si je disais... Et cependant, et cependant, oh! que ne puis-je faire résonner dans la nature entière la trompette de la révolte et mettre l'air, la terre, la mer aux prises avec cette race d'hyènes.

GRIMM. Écoute donc, écoute donc! La fureur t'empêche d'écouter.

MOOR. Loin de moi, loin de moi! Ne portes-tu pas le nom d'homme? N'est-ce pas une femme qui t'a enfanté? — Retire-toi de mes yeux avec ta face d'homme! Je l'ai pourtant aimé d'une affection si inexprimable! Un fils n'aime pas ainsi. J'aurais donné pour lui mille vies. (*Frappant la terre du pied avec colère.*) Oh! qui me donnera une épée pour faire une plaie brûlante à cette race de vipères! qui me dira où je peux atteindre, briser, anéantir l'âme de leur vie... Qu'il soit mon ami celui-là, qu'il soit mon ange, mon ange, mon Dieu. Je veux l'adorer à genoux.

ROLLER. Nous voulons précisément être ces amis. Laisse-nous donc te montrer...

SCHWARZ. Viens avec nous dans les forêts de la Bohême. Nous voulons former une bande de brigands, et toi...

Moor le regarde fixement.

SCHWEIZER. Tu seras notre capitaine! Tu seras notre capitaine!

SPIEGELBERG, *se jetant avec fureur sur une chaise.* Esclaves et poltrons.

MOOR. Qui t'a soufflé ce mot? Dis-moi. (*Il saisit Roller.*) Tu ne l'as point puisé dans ton âme d'homme. Qui t'a soufflé ce mot? Oui, par la mort aux mille bras, c'est là ce que nous voulons, c'est là ce que nous devons faire! Cette pensée mérite l'apothéose. — Brigands et meurtriers, aussi vrai que mon âme vit, je suis votre capitaine.

TOUS *à grands cris.* Vive notre capitaine!

SPIEGELBERG, *à part.* Jusqu'à ce que je le seconde.

MOOR. Voilà que le bandeau me tombe des yeux. Que j'étais fou de vouloir retourner dans ma cage! Mon esprit a soif d'action, — ma poitrine aspire la liberté. — Meurtrier, brigand! avec ces mots je foule la loi à mes pieds. Les hommes, quand je l'invoquais, m'ont caché l'humanité. Loin de moi donc toute sympathie et toute pitié! Je n'ai plus de père, plus d'amour. Le sang et la mort doivent me faire oublier que quelque chose me fut jadis cher. Venez, venez! Oh! je veux me donner une terrible distraction. C'est convenu, je suis votre capitaine. Heureux celui d'entre vous qui allumera le plus grand incendie et commettra le plus cruel assassinat! car, je vous le dis, il sera royalement récompensé. Que chacun de vous s'avance et me jure fidélité et obéissance jusqu'à la mort! Jurez par cette mâle main droite.

TOUS, *lui donnant la main.* Nous te jurons fidélité et obéissance jusqu'à la mort.

MOOR. Bien. A présent, par cette même main, je jure ici d'être votre fidèle, votre ferme capitaine jusqu'à la mort. Ce bras fera à l'instant un cadavre de celui qui pourrait s'arrêter, douter ou se retirer en arrière! Que chacun de vous ait le même droit sur moi si je manque à mon serment. Êtes-vous satisfaits? (*Spiegelberg arpente la scène en furieux.*)

TOUS, *jetant leur chapeau en l'air.* Nous sommes satisfaits !

MOOR. Maintenant, partons. N'ayez peur ni de la mort ni du danger, car une destinée inflexible plane sur nous. Chacun arrive à son dernier jour, soit sur les moelleux coussins d'édredon, soit dans le tumulte du combat, soit sur la roue ou la potence. Un de ces genres de morts sera le nôtre.

Ils sortent.

SPIEGELBERG, *le regardant après un moment de silence.* Il y une lacune dans ton énumération : tu as oublié le poison.

SCÈNE III.

Le château de Moor. La chambre d'Amélie.

FRANZ, AMÉLIE.

FRANZ. Tu détournes tes regards, Amélie? Ne vaux-je donc pas celui qui a été maudit par mon père?

AMÉLIE. Loin d'ici! Quel père tendre et compatissant que celui qui peut ainsi livrer son fils pour pâture aux loups! Pendant que son noble, son généreux fils languit dans le besoin, lui pourtant s'abreuve de vins précieux et repose sur l'édredon ses membres amollis. — Honte à vous, êtres barbares, honte à vous, cœurs de dragons, opprobres de l'humanité!... Son fils unique!...

FRANZ. Je croyais qu'il en avait deux.

AMÉLIE. Oui, il méritait d'avoir deux fils tels que toi. Sur son lit de mort, il étendra ses mains desséchées vers son Charles, et les retirera avec effroi en sentant la main glacée de Franz. — Oh! il est doux, il est vraiment doux d'être maudit de ton père. — Dis-moi, Franz, chère âme fraternelle, que doit-on faire pour mériter cette malédiction?

FRANZ. Tu délires, ma chère, tu es à plaindre.

AMÉLIE. Oh! je t'en prie... Plains-tu ton frère? Non, cruel! tu le hais. Tu me hais donc aussi?

FRANZ. Je t'aime comme moi-même, Amélie.

AMÉLIE. Si tu m'aimes, peux-tu me refuser une prière?

FRANZ. Aucune, aucune, si tu ne me demandes pas plus que la vie.

AMÉLIE. S'il en est ainsi, c'est une faveur qui te sera facile et que tu m'accorderas volontiers. (*Avec fierté.*) Hais-moi. Je me sentirais rougir de honte si, lorsque je pense à Charles, l'idée pouvait me venir que tu ne me hais pas. Tu me le promets, n'est-ce pas? Maintenant va, laisse-moi. Je suis si heureuse d'être seule.

FRANZ. Charmante rêveuse! Comme j'admire la douce et aimable nature de ton cœur! (*Lui frappant sur la poitrine.*) Là, là Charles régnait comme un Dieu dans son temple. Charles était devant toi dans tes veilles, il dominait tes songes. La nature entière semblait se concentrer en un seul être. Lui seul souriait à tes yeux ; lui seul te faisait entendre sa voix.

AMÉLIE, *émue*. Oui, vraiment; je vous l'avoue. Je veux l'avouer devant le monde entier pour vous braver, barbares. Je l'aime.

FRANZ. Inhumain! barbare! Récompenser ainsi cet amour, l'oublier!

AMÉLIE, *avec vivacité*. Comment, m'oublier moi?

FRANZ. Ne lui avais-tu pas mis au doigt un anneau en diamant pour gage de ta foi?... Mais vraiment! comment un jeune homme pourrait-il résister aux charmes d'une courtisane? Qui pourrait lui en faire un reproche, s'il n'avait du reste plus rien à lui donner? Et ne l'a-t-elle pas payé largement avec ses caresses et ses embrassements?

AMÉLIE, *irritée*. Mon anneau à une courtisane?

FRANZ. Fi! fi! c'est honteux! Et encore si c'était tout... Un anneau, si précieux qu'il soit au fond, peut toujours être retiré de la main d'un juif. Peut-être n'a-t-il pas voulu s'en donner la peine, ou peut-être en a-t-il acheté un plus beau?

AMÉLIE, *avec violence.* Mais mon anneau, mon anneau ! dis-je.

FRANZ. Oui, le tien, Amélie... — Ah ! un tel bijou à mon doigt et de la part d'Amélie, la mort n'aurait pas pu l'arracher de là. N'est-ce pas, Amélie ? ce n'est ni l'éclat du diamant ni l'art de l'ouvrier, c'est l'amour qui lui donne sa valeur..... Chère enfant, tu pleures ! Malheur à celui qui peut faire couler ces larmes précieuses de ces yeux célestes ! Hélas ! et si tu savais tout ! si tu le voyais lui-même, si tu le voyais avec sa figure actuelle...

AMÉLIE. Monstre ! Comment ? quelle figure ?

FRANZ. Paix, paix ! âme chérie, ne m'interroge pas ! (*Comme s'il se parlait à lui-même, mais assez haut.*) Si du moins le vice hideux avait un voile pour se cacher aux yeux du monde; mais il éclate d'une façon terrible par la couleur jaune qui entoure ses paupières ; il se trahit par ce visage pâle et décomposé, par cette affreuse saillie des os, par cette voix altérée qui bégaye, par ces cris rauques qui s'échappent d'un squelette tremblant; il pénètre jusque dans la moelle de ses os, et brise la force virile de la jeunesse. Fi ! fi ! cela me dégoûte. Le nez, les yeux, les oreilles tombent en lambeaux. Tu as vu, Amélie, dans notre hôpital, ce malheureux qui exhala son dernier soupir : un sentiment de honte te força de détourner tes regards de lui ; tu te récriais sur cet infortuné. Rappelle cette image dans ta mémoire, et Charles est devant toi. Ses baisers sont comme la peste, ses lèvres empoisonneraient les tiennes.

AMÉLIE, *le frappant.* Infâme calomniateur !

FRANZ. Tu as peur de ce Charles, et cette pâle peinture te dégoûte. Va ! regarde ton beau, ton angélique, ton divin Charles ! Va ! respire son souffle embaumé ; plonge-toi dans le parfum et l'ambroisie que sa bouche exhale. Son souffle seul produira en toi ce sombre et mortel vertige que donne l'odeur des cadavres corrompus et l'aspect des champs de morts. (*Amélie détourne son visage.*) Quel transport d'amour! quels baisers voluptueux! Mais n'est-il pas injuste de condamner un homme pour cet extérieur maladif. Dans le misérable corps mutilé d'un Ésope, il peut y avoir une âme pleine d'attraits, comme un rubis qui brille dans la fange. (*Souriant avec méchanceté.*) Et sur des lèvres livides l'amour peut aussi... Vraiment! mais quand le vice ébranle la fermeté du caractère, quand la vertu s'enfuit avec la pudeur, comme le parfum qui abandonne les roses fanées; quand l'esprit tombe en décrépitude comme le corps...

AMÉLIE, *se levant avec joie.* Ah! Charles! à présent je te retrouve. Tu es toi, toi tout entier. Ceci n'est qu'un mensonge. Ne sais-tu pas, misérable, qu'il est impossible que Charles soit ce que tu dis. (*Franz reste un instant pensif, et fait un mouvement subit comme pour s'éloigner.*) Où t'en vas-tu si vite? Fuis-tu devant ta propre honte?

FRANZ, *le visage caché entre ses mains.* Laisse-moi! laisse-moi donner un libre cours à mes larmes. Père cruel! abandonner ainsi le meilleur de tes fils à la misère, à la honte qui l'entoure... Laisse-moi, Amélie: je veux tomber à ses pieds, le conjurer à genoux de reporter sur moi, sur moi seul, la malédiction qu'il a prononcée, de me déshériter, de m'enlever mon sang, ma vie, tout!

AMÉLIE, *se jetant à son cou.* Frère de mon Charles, bon, cher Franz!

FRANZ. O Amélie! que je t'aime pour cette inébranlable fidélité envers mon frère. Pardonne si j'ai osé mettre ton amour à cette rude épreuve. Comme tu as bien répondu à mes souhaits, avec ces larmes, ces soupirs, cette divine colère... Et moi aussi... Nos âmes s'entendaient si bien ensemble!

AMÉLIE. Oh! non, jamais!

FRANZ. Oui, elles s'accordaient si harmonieusement! J'ai toujours pensé que nous devions être jumeaux; et sans cette fatale différence extérieure qui donne l'avantage à Charles, on nous aurait pris dix fois l'un pour l'autre. Tu es, me disais-je souvent à moi-même, tu es Charles tout entier, son écho, son image.

AMÉLIE, *secouant la tête.* Non, non ! par cette chaste lumière du ciel, il n'y a pas la plus petite fibre de lui, pas la plus petite étincelle de sa pensée...

FRANZ. Tant de similitude dans nos penchants !... La rose était sa fleur favorite, je ne préfère aucune fleur à la rose ; il aimait la musique d'une façon inexprimable, et vous êtes témoins, étoiles du ciel, que vous m'avez souvent vu assis à mon clavier, dans le silence de la nuit, quand tout autour de moi était enseveli dans l'ombre et le sommeil. Et peux-tu encore en douter, Amélie ? quand notre amour s'est rencontré dans une même perfection, quand cet amour est le même, comment ceux qui en sont pénétrés pourraient-ils dégénérer ? (*Amélie le regarde avec surprise.*) C'était par une douce et paisible soirée, la dernière avant son départ pour Leipzig : il m'emmena sous ce bosquet, où nous nous étions souvent assis dans les rêves de l'amour. Nous restâmes un instant muets. Enfin il me prit la main, et me dit à voix basse, en pleurant : Je quitte Amélie... Je ne sais... j'ai comme un pressentiment que c'est pour toujours... Ne l'abandonne pas, frère, sois son ami !... son Charles !... si Charles ne revient jamais. (*Il se précipite à genoux devant elle, et lui baise la main avec vivacité.*) Il ne reviendra jamais, jamais, jamais ! Et moi je me suis engagé par un serment sacré.

AMÉLIE, *se rejetant en arrière.* Traître ! je te reconnais ! Sous ce même bosquet, il me conjura de ne pas accepter un autre amour, s'il venait à mourir. Vois-tu comme tu es impie et abominable ? Retire-toi de mes yeux !

FRANZ. Tu ne me connais pas, Amélie ! tu ne me connais pas du tout !

AMÉLIE. Oh! je te connais! Dès maintenant, je te connais! Et tu voudrais lui ressembler? Et c'est devant toi qu'il aurait pleuré sur moi! devant toi? Il aurait plutôt écrit mon nom sur la potence. Va-t'en sur-le-champ.

FRANZ. Tu m'offenses.

AMÉLIE. Va, te dis-je; tu m'as volé une heure précieuse, qu'elle soit reprise sur ta vie.

FRANZ. Tu me hais!

AMÉLIE. Je te méprise. Va.

FRANZ, *frappant du pied.* Attends! tu trembleras devant moi! Me sacrifier à un mendiant!

AMÉLIE. Va, misérable! Maintenant je suis avec Charles... Mendiant! dit-il; le monde est donc renversé; les mendiants sont rois et les rois sont mendiants. Je ne voudrais pas échanger les haillons qu'il porte contre la pourpre des têtes couronnées. Le regard avec lequel il mendie doit être un grand, un royal regard, un regard devant qui s'efface la splendeur, l'éclat, le triomphe des grands et des riches. Tombe dans la poussière, brillante parure! (*Elle arrache les perles de son cou.*) A vous, vous tous, riches et grands, l'or et l'argent et ces bijoux que vous êtes condamnés à porter, à vous ces repas somptueux auxquels vous vous livrez, à vous ces couches moelleuses où vous abandonnez vos membres à la volupté! Charles, Charles, ainsi je suis digne de toi!

ACTE DEUXIÈME.

SCÈNE I.

FRANZ DE MOOR, *rêvant dans sa chambre.* Cela dure trop longtemps! Le docteur dit qu'il s'affaisse... la vie d'un vieillard est donc une éternité!... et dire qu'un libre chemin m'est ouvert en ce moment... jusqu'à ce fâcheux et tenace lambeau de chair, qui, de même que le chien magique dans les contes de fées, m'empêche d'arriver à mes trésors.

Mais mes projets seront-ils assujettis au joug de fer de cette entrave mécanique? Le vol élevé de mon esprit se laissera-t-il arrêter par la marche paresseuse de la matière? Souffler une lampe qui use si lentement sa dernière goutte d'huile... voilà tout! Et cependant, par respect humain, je ne voudrais pas avoir fait cela! je ne voudrais pas l'avoir tué, mais l'empêcher de vivre. Je voudrais agir comme un médecin habile, seulement en sens inverse; ne pas couper brusquement le chemin à la nature, mais, au contraire, l'aider dans sa propre pente; et puisque nous pouvons allonger les conditions de la vie, pourquoi ne pourrions-nous pas aussi les raccourcir?

Les philosophes et les médecins m'enseignent comment les dispositions de l'esprit s'accordent avec les mouvements de la machine. Les émotions douloureuses sont toujours accompagnées d'un désaccord dans l'impulsion mécanique. Les passions nuisent à la force vitale. L'esprit accablé écrase son enveloppe... et maintenant, voyons! N'y aurait-il pas moyen de frayer à la mort ce chemin dans le château fort de la vie? perdre le corps par l'âme... Oh! une œuvre originale... celui qui saurait l'accomplir... une œuvre sans pareille... penses-y, Moor! c'est là un art qui mériterait de t'avoir pour inventeur. On a presque rangé l'empoisonnement dans l'ordre des sciences exactes; on a contraint la nature par mainte expérience à ouvrir ses bornes, et l'on peut maintenant calculer plusieurs années d'avance les battements du cœur, et dire au pouls : Tu iras jusqu'ici et pas plus loin. Pourquoi ne pas tenter encore un autre essai?

Comment m'y prendrai-je pour détruire cette douce et paisible harmonie de l'âme et du corps? Quelle sorte de sensation dois-je choisir? Quelles sont celles qui agissent le plus vivement sur la fleur de la vie? La colère... ce loup affamé se rassasie trop vite... Le chagrin? ce ver ronge trop lentement... La douleur? cette vipère, selon moi, a la marche trop paresseuse... La crainte? l'espérance l'empêche de saisir sa proie. Comment! sont-ce là tous les bourreaux de l'homme? l'arsenal de la mort est-il si vite épuisé? (*Dans une réflexion profonde.*) Quoi! maintenant... Non... Ah! (*avec vivacité*) l'effroi! quelle n'est pas la puissance de l'effroi? que peut la religion, le jugement, contre l'étreinte glaciale de ce géant?... et pourtant s'il résistait encore à cet assaut... s'il... Oh! alors viens à mon secours, chagrin, et toi, repentir. Euménides infernales, vipères dévorantes qui remâchez votre proie et vous repaissez de vos propres excréments; vous qui perdez sans cesse et recomposez sans cesse votre poison! Et toi, remords hurlant, qui ravages ta propre demeure et déchires ta propre mère!... Et venez aussi à mon secours, Grâces bienfaisantes, passé aux doux sourire! Avenir fleuri, avec ta coupe pleine! montrez-lui dans votre miroir les joies du ciel, tandis que d'un pied fugitif vous échapperez à ses bras avides. Ainsi, je porte coup sur coup, assaut sur assaut à cette vie débile, jusqu'à ce que la troupe des furies se termine par le désespoir... Victoire! victoire! mon plan est achevé, pas un n'était plus difficile, pas un n'est plus artistement conçu; il est sûr et sans danger, car (*ironiquement*) le scalpel de l'anatomiste n'y trouvera pas une trace de blessure ni de poison corrosif. Eh bien! allons! (*Hermann entre.*) Ha! *Deus ex machinâ*, Hermann!

HERMANN. A votre service, mon digne gentilhomme.

FRANZ, *lui donnant la main.* Tu n'obliges pas un ingrat.

HERMANN. J'en ai la preuve.

FRANZ. Tu dois en avoir une meilleure bientôt; bientôt, Hermann. J'ai quelque chose à te dire.

HERMANN. J'ai mille oreilles pour vous entendre.

FRANZ. Je te connais ; tu es un garçon résolu, un cœur de soldat, du poil jusque sur la langue... Mon père t'a bien offensé, Hermann.

HERMANN. Le diable m'emporte si je l'oublie !

FRANZ. C'est là le ton d'un homme. La vengeance convient à un cœur viril. Tu me plais Hermann ; prends cette bourse, elle serait plus lourde si j'étais le maître.

HERMANN. C'est là mon perpétuel désir, mon digne seigneur. Je vous remercie.

FRANZ. Vraiment, Hermann? vraiment, désires-tu que je sois le maître?... Mon père a dans les os de la moelle de lion, et je suis son fils cadet.

HERMANN. Je voudrais que vous fussiez l'aîné, et que votre père eût la moelle d'une jeune fille poitrinaire.

FRANZ. Ah! comme l'aîné te récompenserait, comme il te tirerait de cette situation ignoble qui convient si peu à ta noblesse, à ton esprit! Comme il saurait te produire... tu t'en irais couvert d'or, comme les rois... avec quatre chevaux. En vérité, voilà comme tu serais... Mais j'oublie ce dont je voulais te parler, Hermann! As-tu oublié mademoiselle d'Edelreich? Hermann.

HERMANN. Tonnerre ! que me rappelez-vous là ?

FRANZ. Mon frère te l'a soufflée.

HERMANN. Il s'en repentira.

FRANZ. Elle t'a envoyé promener, je crois même que lui te jeta en bas de l'escalier.

HERMANN. Et pour cela je le jetterai dans l'enfer !

FRANZ. Il disait que, d'après la rumeur commune, ton père ne pouvait te voir sans se frapper la poitrine et sans murmurer : Mon Dieu, pardonnez-moi, pauvre pécheur!

HERMANN, *avec une expression féroce*. Éclairs, grêle et tonnerre, taisez-vous.

FRANZ. Il te conseilla de vendre tes lettres de noblesse à l'encan pour faire rapiécéter tes bas.

HERMANN. Par tous les diables! je lui arracherai les yeux avec les ongles.

FRANZ. Comment, tu te fâches? Pourquoi te fâches-tu contre lui? quel mal peux-tu lui faire? que peut un rat contre un lion? Ta colère ne fait que lui rendre plus doux son triomphe. Tu ne peux que grincer des dents et apaiser ta rage sur un morceau de pain sec.

HERMANN, *frappant du pied*. Je veux le réduire en poudre.

FRANZ, *lui frappant sur l'épaule*. Fi, Hermann! tu es un gentilhomme, tu ne dois pas dévorer cet affront; tu ne dois pas te laisser enlever la jeune fille. Non! pour le monde entier, tu ne le dois pas! Orage des éléments! j'en viendrais à la dernière extrémité, si j'étais à ta place!

HERMANN. Je ne serai pas tranquille avant de l'avoir mis sous terre.

FRANZ. Pas tant de violence, Hermann! Apaise-toi, tu auras Amélie.

HERMANN. Je l'aurai en dépit du diable!

FRANZ. Tu l'auras, te dis-je, et de ma main. Approche-toi, te dis-je! Tu ne sais peut-être pas que Charles est comme déshérité.

HERMANN, *s'approchant*. Inconcevable! voilà le premier mot que j'en entends.

FRANZ. Tranquillise-toi! Écoute : tu en apprendras plus long une autre fois... C'est comme je te le dis... banni depuis onze mois. Mais déjà le vieux se repent de la mesure précipitée qu'il n'a pourtant pas, je l'espère (*en souriant*) prise par lui-même. Chaque jour, d'ailleurs, Amélie le poursuit de ses plaintes et de ses reproches. Tôt ou tard il le fera chercher dans les quatre parties du monde, et s'il le trouve, alors, Hermann, bonsoir! Tu pourras en toute humilité te tenir près de son carrosse, quand il ira à l'église célébrer son mariage.

HERMANN. Je l'égorgerai devant le crucifix.

FRANZ. Son père lui abandonnera bientôt sa seigneurie pour vivre en paix dans ses châteaux. Alors l'orgueilleux tiendra les rênes en mains, il se moquera de ses ennemis et de ses envieux ; et moi qui voulais faire de toi un homme important, moi-même, Hermann, il voudra que je m'incline profondément sur le seuil de sa porte.

HERMANN, *en colère*. Non ! aussi vrai que je m'appelle Hermann, il n'en sera pas ainsi ! S'il y a encore un rayon d'intelligence dans ce cerveau, il n'en sera pas ainsi !

FRANZ. Peux-tu l'empêcher ? Il te fera sentir aussi, mon cher Hermann, les coups de fouet ; s'il te rencontre dans la rue, il te crachera au visage, et malheur à toi si tu hausses les épaules ou si tu fais la grimace !... Voilà où en est ta demande en mariage, voilà où en sont tes projets et tes espérances.

HERMANN. Dites-moi donc ce que je dois faire.

FRANZ. Écoute, et tu vas voir que je m'associe de cœur à ta destinée, comme un véritable ami. Va-t-en prendre d'autres vêtements, rends-toi entièrement méconnaissable, fais-toi annoncer chez le vieux, dis que tu viens de la Bohême, que tu étais avec mon frère au combat de Prague, et que tu lui as vu rendre l'esprit sur le champ de bataille.

HERMANN. Me croira-t-on ?

FRANZ. Ho, ho ! Laisse-moi ce soin. Prends ce paquet ; tu y trouveras ta commission expliquée en détail ; de plus, des documents qui persuaderaient le doute lui-même. Tâche seulement de sortir sans être vu. Dérobe-toi par la porte de derrière de la cour, et par le mur du jardin. Je me charge du dénouement de cette tragi-comédie.

HERMANN. Lequel dénouement sera : Vive le nouveau seigneur François de Moor !

FRANZ, *lui donnant un petit coup sur la joue.* Que tu es fin... Vois-tu, de cette façon, nous atteignons tous et bientôt notre but. Amélie perd les espérances qu'elle avait fondées sur lui ; le vieillard s'accuse de la mort de son fils et dépérit... Une maison vacillante n'a pas besoin d'un tremblement de terre pour s'écrouler... il ne survivra pas à cette nouvelle. Alors je suis son fils unique, Amélie a perdu son soutien, je dispose d'elle comme je veux, et tu l'imagines facilement... Bref ! tout va selon nos désirs. Mais il ne faut pas que tu manques à ta parole.

HERMANN. Que dites-vous ? (*Éclatant de joie.*) La balle reviendrait plutôt en arrière déchirer les entrailles de celui qui l'a lancée. — Comptez sur moi ; laissez-moi faire ! Adieu.

FRANZ, *le rappelant.* La moisson est pour toi, cher Hermann. (*Seul.*) Quand le bœuf a traîné le char de blé dans la grange, on lui donne du foin pour régal. Une vachère pour toi et point d'Amélie.

SCÈNE II.

La chambre à coucher du vieux Moor.

LE VIEUX MOOR, *endormi dans un fauteuil*, et AMÉLIE.

AMÉLIE, *s'avançant d'un pas léger.* Doucement ! il repose. (*Elle se place devant lui.*) Qu'il est beau et vénérable, vénérable comme on nous peint les saints. Non, je ne puis être irritée contre lui ; je ne puis faire des reproches à ces cheveux blancs. Dors en paix ! réveille-toi content ; moi seule je veux veiller et souffrir.

LE VIEUX MOOR, *rêvant.* Mon fils, mon fils, mon fils !

AMÉLIE, *lui prenant la main.* Écoutons ! son fils est dans son rêve.

LE VIEUX MOOR. Es-tu là ? es-tu vraiment là ? Oh ! que tu sembles misérable ! Ne me regarde donc pas de ce regard plein de douleur ! je suis assez malheureux.

AMÉLIE, *l'éveillant.* Éveillez-vous, père, vous rêviez : remettez-vous !

LE VIEUX MOOR, *à demi-éveillé.* N'était-il donc point là ? Ne pressais-je pas ses mains ? Méchant François, veux-tu aussi l'arracher à mes rêves.

AMÉLIE. Remarques-tu cela, Amélie.

LE VIEUX MOOR, *réveillé.* Où est-il ? où suis-je ? Toi ici, Amélie !

AMÉLIE. Comment vous trouvez-vous ? Ce sommeil vous a reposé.

MOOR. Je rêvais de mon fils ; pourquoi n'ai-je pas rêvé plus longtemps ? peut-être aurais-je obtenu le pardon de sa bouche.

AMÉLIE. Les anges n'ont point de rancune : il vous pardonne. (*Elle prend sa main avec douleur.*) Père de mon Charles ! je vous pardonne.

MOOR. Non, ma fille ! cette pâleur de ton visage me condamne. Pauvre enfant ! je t'ai enlevé la joie de ta jeunesse. Oh ! ne me maudis pas !

AMÉLIE, *baisant sa main avec tendresse.* Vous !

MOOR. Connais-tu cette image, ma fille ?

AMÉLIE. L'image de Charles.

MOOR. C'est ainsi qu'il était à seize ans. A présent, il n'est plus le même ! Oh ! le désordre est dans mon âme... Cette douceur s'est changée en indignation, ce sourire en désespoir... N'est-ce pas, Amélie ? c'était au jour anniversaire de sa naissance que tu le peignis dans le bosquet de jasmin ? Oh ! ma fille ! — votre amour me rendait si heureux !

AMÉLIE, *les yeux toujours fixés sur le portrait.* Non ! non, ce n'est pas lui ! Par le ciel, ce n'est pas Charles ! ici ! ici, (*montrant son cœur et sa tête*) il est tout autre. La couleur grossière ne peut rendre l'esprit céleste qui brille dans ses regards de feu. Loin de moi cette image ! elle est trop terrestre ! j'étais une écolière.

MOOR. Ce doux et chaleureux regard, s'il pouvait apparaître devant mon lit, il me ferait vivre au milieu de la mort. Jamais, jamais je ne serais mort!

AMÉLIE. Jamais, jamais vous ne seriez mort! La mort n'eût été qu'un passage d'une pensée à une autre. Ce regard vous aurait éclairé sur votre tombeau ; il vous aurait conduit jusqu'aux astres.

MOOR. C'est pénible, c'est triste ; je meurs, et mon fils Charles n'est pas ici. Je serai enseveli, et il ne pleurera pas sur ma tombe... Qu'il est doux d'être bercé dans le sommeil de la mort par les prières d'un fils.

AMÉLIE, *rêvant.* Oui, c'est une chose douce, une chose céleste que d'être bercée dans le sommeil de la mort par le chant de son bien-aimé. Peut-être rêve-t-on encore dans le tombeau... un rêve de Charles, long, éternel, infini! jusqu'à ce que la cloche de la résurrection sonne (*se levant avec enthousiasme*), et dès lors dans ses bras pour toujours.

Après un moment de silence, elle va au clavier et chante :

« Hector, veux-tu me quitter à jamais? veux-tu t'en
» aller aux lieux où le fer meurtrier des Æacides offre
» à Patrocle un horrible sacrifice? Qui apprendra dé-
» sormais à tes enfants à lancer le javelot, à honorer
» les dieux, si le Xante en ses flots t'engloutit? »

MOOR. Une jolie chanson, ma fille! il faut que tu me la chantes avant que je meure!

AMÉLIE. C'est l'adieu d'Andromaque et d'Hector. Charles et moi nous l'avons souvent chantée ensemble. (*Elle continue à jouer.*)

« Ma chère compagne, va! apporte-moi la lance
» meurtrière. Laisse-moi m'élancer dans le tumulte
» de la bataille. La destinée d'Ilion repose sur moi.
» Que les dieux veillent sur Astyanax! Si Hector suc-
» combe, c'est pour sauver la patrie, et nous nous
» reverrons dans l'Élysée. »

Daniel entre.

DANIEL. Il y a là un homme qui désire vous voir. Il

demande instamment à être introduit ; il a une nouvelle importante à vous communiquer.

MOOR. Il n'y a pour moi qu'une chose importante au monde, tu le sais, Amélie. Est-ce un malheureux qui a besoin de mon secours ? Qu'il ne s'en aille pas d'ici en gémissant.

AMÉLIE. Est-ce un mendiant ? qu'il entre à l'instant.

Daniel sort.

MOOR. Amélie, Amélie, épargne-moi.

Amélie continue à chanter.

« Jamais je n'entendrai le bruit de tes armes ; ton » glaive reposera seul dans la salle. La race héroïque » de Priam est perdue. Tu vas où nul jour ne brille, » où le Cocyte gémit dans le désert ; ton amour meurt » dans le Léthé. — Mes désirs, mes pensées se perdront dans les sombres flots du Léthé, mais non pas » mon amour. Écoute ! le guerrier furieux gronde au » pieds des murailles. Ceins-moi mon épée. Laisse-» là la tristesse ; l'amour d'Hector ne s'éteint point » dans le Léthé. »

Franz, Hermann déguisé, Daniel.

FRANZ. Voici l'homme. Il a pour vous, dit-il, de terribles nouvelles : pouvez-vous les entendre ?

MOOR. Je ne connais qu'une terrible nouvelle. Avance, mon ami, et ne me cache rien. Qu'on lui donne une coupe de vin.

HERMANN, *déguisant sa voix*. Noble seigneur, pardonnez à un pauvre homme, c'est malgré lui qu'il vous déchire le cœur. Je suis un étranger dans ce pays, mais je vous connais bien. Vous êtes le père de Charles de Moor.

MOOR. Comment sais-tu cela ?

AMÉLIE, *se levant*. Il vit ! il vit ! Tu le connais ?... Où est-il ? où est-il ? (*Elle veut sortir.*)

MOOR. Tu sais quelque chose de mon fils ?

HERRMANN. Il étudiait à Leipzig. De là il s'en alla je ne sais où. Il parcourut l'Allemagne entière, et, comme il me l'a dit lui-même, la tête nue, les pieds nus, mendiant son pain de porte en porte. Cinq mois après éclata la malheureuse guerre entre la Prusse et l'Autriche ; et, comme il ne savait plus quel parti prendre au monde, le son des tambours victorieux de Frédéric l'emmena en Bohême. « Permettez-moi, dit-il, au grand Schwerin, de mourir au champ d'honneur ; je n'ai plus de père. »

MOOR. Ne me regarde pas, Amélie.

HERMANN. On lui donna un étendard. Il suivit la marche victorieuse des Prussiens. Nous couchions sous la même tente. Il parlait beaucoup de son vieux père et des jours passés, de jours meilleurs et d'espérances déçues. En l'écoutant, les larmes nous venaient aux yeux.

MOOR, *se cachant le visage dans son coussin.* Tais-toi! oh! tais-toi!

HERMANN. A huit jours de là, arriva la chaude affaire de Prague. Je puis vous dire que votre fils se conduisit comme un brave soldat. Il fit des miracles aux yeux de l'armée. Cinq régiments se succédèrent près de lui. Il ne bronchait pas. Les balles tombaient à droite et à gauche ; lui ne bronchait pas. Une balle lui fracassa la main droite ; il prit l'étendard de la main gauche, et ne broncha pas.

AMÉLIE, *avec enthousiasme.* Hector! Hector! l'entendez-vous? Il ne broncha pas!

HERMANN. Je le trouvai, le soir de la bataille, abattu par les balles ; de la main gauche il tâchait d'arrêter son sang ; la droite était ensevelie dans le sol. « Frère! me cria-t-il, le bruit s'est répandu dans les rangs de l'armée que le général était mort il y a une heure? » Il est mort, dis-je ; et toi? maintenant, s'écria-t-il en laissant tomber sa main gauche, que celui qui est un brave suive comme moi son général! Bientôt après, sa grande âme alla rejoindre celle du héros.

FRANZ, *se précipitant avec colère sur Hermann.* Que la mort paralyse ta langue maudite! Es-tu venu ici pour porter à notre père le coup mortel? Mon père! Amélie! mon père!

HERMANN. Voici quelle fut la dernière volonté de mon camarade mourant : Prends cette épée, dit-il, et porte-la à mon vieux père. Le voilà vengé! Le sang de son fils couvre ce glaive, qu'il s'en repaisse! Dis-lui que sa malédiction m'a conduit au combat et à la mort; que j'ai succombé en désespéré. Son dernier soupir fut Amélie.

AMÉLIE, *comme si elle sortait du sommeil de la mort.* Son dernier soupir! — Amélie!

MOOR, *poussant des cris affreux et s'arrachant les cheveux.* Ma malédiction l'a conduit au trépas! mort en désespérant.

FRANZ, *courant à travers la chambre.* Oh! qu'avez-vous fait mon père! Mon Charles, mon frère!

HERMANN. Voici son épée, et voici un portrait qu'il tira en même temps de son sein. Il ressemble trait pour trait à mademoiselle. Tu le donneras à mon frère Franz, dit-il... Je ne sais ce qu'il voulut dire.

FRANZ, *avec une surprise feinte.* A moi? le portrait d'Amélie! A moi, Charles, Amélie? à moi?

AMÉLIE, *se jetant sur Hermann.* Menteur, indigne mercenaire! (*Elle le saisit rudement.*)

HERMANN. Je ne mens pas, noble demoiselle. Voyez vous-même si ce n'est pas là votre portrait, que vous lui avez donné.

FRANZ. Vrai Dieu, Amélie, c'est le tien! c'est réellement le tien.

AMÉLIE, *lui rendant le portrait.* Le mien! le mien! O ciel et terre!

MOOR, *criant et se déchirant le visage.* Malheur! malheur! Ma malédiction l'a conduit à la mort! il a succombé au désespoir!

FRANZ. Il pensait à moi au moment cruel du départ!

A moi! âme d'ange, lorsque déjà la noire bannière de la mort s'étendait sur lui... A moi !

MOOR, *sanglotant.* Ma malédiction l'a conduit à la mort ! il a succombé au désespoir !

HERMANN. Je ne peux supporter une telle affliction. Adieu, vénérable seigneur. (*A voix basse à Franz.*) Pourquoi avez-vous fait cela, jeune homme ?

Il sort à la hâte.

AMÉLIE, *courant après lui.* Reste, reste ! Quelles furent ses dernières paroles ?

HERMANN. Son dernier soupir fut Amélie.

Il s'éloigne.

AMÉLIE. Son dernier soupir fut Amélie... Non, tu n'es pas un imposteur. Ainsi, c'est donc vrai. Il est mort ! Il est mort ! (*Elle chancelle et tombe.*) Il est mort ! Charles est mort !

FRANZ. Que vois-je ? qu'y a-t-il là d'écrit sur cette épée avec du sang ? Amélie ?

AMÉLIE. De lui ?

FRANZ. Ai-je bien vu ? Est-ce un rêve ? Regarde cette inscription sanglante : Franz, n'abandonne pas mon Amélie. Vois donc, vois donc ; et de l'autre côté : Amélie, la mort toute-puissante a rompu ton serment. Vois-tu maintenant : il a écrit ces mots d'une main déjà glacée, il les a écrits avec le sang généreux de son cœur, il les a écrits sur la limite solennelle de l'éternité. Son âme, prête à prendre son essor, s'est arrêtée pour unir Franz et Amélie.

AMÉLIE. Dieu de bonté, c'est sa main ! Il ne m'a jamais aimée !

Elle sort.

FRANZ, *frappant du pied.* Désespoir ! tout mon art échoue contre cette tête obstinée !

MOOR. Malheur ! malheur ! Ne m'abandonne pas, ma fille. Franz, Franz, rends-moi mon fils !

FRANZ. Qui lui a donné sa malédiction ? Qui l'a con-

ACTE II, SCÈNE II.

duit au combat, à la mort, au désespoir? Oh! c'était un ange, une perle du ciel. Malédiction sur ses bourreaux! malédiction sur vous-même!

MOOR, *se frappant la tête et la poitrine.* C'était un ange, une perle du ciel. Malédiction, malédiction sur moi! Perdition! Je suis le père qui a tué son noble fils. Il m'aima jusque dans la mort. Il courut au combat et à la mort pour me venger. Monstre! monstre! (*Il se frappe encore.*)

FRANZ. Il n'est plus. A quoi servent ces plaintes tardives? (*Avec un rire ironique.*) Il est plus facile de tuer que de donner la vie. Vous ne le retirerez jamais de son tombeau.

MOOR. Jamais je ne le retirerai de son tombeau... Perdu pour toujours! pour toujours! Et c'est toi qui m'as arraché du cœur cette malédiction! C'est toi! Rends-moi mon fils!

FRANZ. N'excitez pas ma colère! Je vous laisse dans la mort.

MOOR. Monstre! monstre! Rends-moi mon fils!

Il se lève de son fauteuil et veut prendre Franz à la gorge. Celui-ci le rejette en arrière.

FRANZ. Muscles impuissants, vous osiez... Meurs et désespère!

Il sort.

MOOR. Que mille malédictions te suivent comme le tonnerre! Tu as ravi mon fils à mes bras! (*Il tombe dans son fauteuil.*) Malheur! malheur! Se désespérer et ne pas mourir! Ils fuient, mes bons anges, ils s'éloignent de moi; ils m'abandonnent dans la mort. Les saints s'écartent du meurtrier à cheveux blancs!... Malheur! malheur! Personne ne viendra-t-il soutenir ma tête? Personne ne délivrera-t-il mon âme de sa lutte? Point de fils, point de fille, point d'amis... Des hommes seulement... Pas un ne veut-il?... Seul...

délaissé... Malheur ! malheur ! Se désespérer et ne pas mourir !...

Amélie entre les yeux baignés de larmes.

MOOR. Amélie, messager du ciel, viens-tu délivrer mon âme ?

AMÉLIE, *avec douceur.* Vous avez perdu un digne fils.

MOOR. Je l'ai tué, veux-tu dire. Je comparaîtrai avec le fardeau de cette pensée devant le tribunal de Dieu.

AMÉLIE. Non, malheureux vieillard. C'est notre père céleste qui l'a rappelé à lui. Nous aurions été trop heureux dans ce monde. Là-haut, là-haut, au-delà des soleils... nous nous reverrons.

MOOR. Se revoir ! se revoir ! Oh ! c'est alors qu'un glaive me fendra l'âme... Si moi-même, admis au nombre des saints, je le retrouve un jour parmi les saints ! C'est alors qu'au milieu du ciel je ressentirai toutes les terreurs de l'enfer. Et que dans la contemplation de l'infini, je serai accablé sous le poids de ce souvenir : J'ai tué mon fils !

AMÉLIE. Oh ! son sourire dissipera dans votre âme ce souvenir de douleur. Redevenez calme, cher père, moi je le suis tout-à-fait. N'a-t-il pas déjà sur sa harpe séraphique chanté le nom d'Amélie aux chœurs célestes, et les chœurs célestes l'ont murmuré après lui. Amélie fut son dernier soupir. Amélie ne sera-t-elle pas aussi sa première joie ?

MOOR. La consolation divine coule de tes lèvres. Il me sourira, dis-tu, il me pardonnera ? Reste près de moi quand je mourrai, ô toi la bien-aimée de mon Charles !

AMÉLIE. Mourir, c'est voler dans ses bras. Vous êtes heureux, et je vous porte envie ! Pourquoi ces os ne sont-ils pas desséchés ? Pourquoi ces cheveux ne sont-ils pas blancs ? Impitoyable force de la jeunesse ! Sois la bienvenue, vieillesse débile qui me rapprochera du ciel et de mon Charles.

Entre Franz.

MOOR. Avance, mon fils, pardonne-moi si tantôt j'ai été trop rude envers toi. Je te pardonne tout. Je voudrais rendre l'âme en paix.

FRANZ. Avez-vous assez pleuré votre fils? Autant que je puis voir, vous en avez encore un.

MOOR. Jacob avait douze fils, mais il répandit sur son Joseph des larmes de sang.

FRANZ. Hum !

MOOR. Ma fille, va me chercher la Bible et lis-moi l'histoire de Jacob et de Joseph. Elle m'a toujours attendri, et cependant alors je ne ressemblais pas encore à Jacob.

AMÉLIE. Que dois-je vous lire? (*Elle feuillette la Bible.*)

MOOR. Lis-moi la douleur du père lorsqu'il ne trouve plus Joseph parmi ses enfants et qu'il le cherche en vain au milieu des onze autres... et ses plaintes quand il apprend que son Joseph lui est à jamais enlevé.

AMÉLIE *lit*. « Et ils prirent la robe de Joseph, et ayant tué un bouc, ils trempèrent sa robe dans le sang ; et ils emportèrent la robe colorée et la présentèrent à leur père et lui dirent : Nous avons trouvé cette robe, vois si cette robe est celle de ton fils ou non. (*Franz sort à la hâte.*) Il la reconnut, et dit : C'est la robe de mon fils ; une mauvaise bête l'a déchiré, une bête féroce a dévoré Joseph. »

MOOR, *retombant en arrière*. Une bête féroce a dévoré Joseph !

AMÉLIE *continue*. « Et Jacob déchira ses vêtements, et il mit un sac sur ses reins, et il souffrit pour son fils longtemps ; et ses fils, ses filles vinrent pour le consoler, mais il ne voulait pas être consolé ; et il disait : Je descendrai sous terre avec ma douleur. »

MOOR. Arrête ! arrête ! Je souffre beaucoup !

AMÉLIE *se lève et laisse tomber le livre*. Secours-nous, Dieu du ciel ! Qu'est-ce donc?

MOOR. C'est la mort... Une ombre noire... flotte devant... mes yeux... Je t'en prie... appelle le prêtre pour qu'il me donne la communion... Où est... mon fils Franz ?

AMÉLIE. Il s'est enfui. Que Dieu ait pitié de nous !

MOOR. Enfui... enfui du lit du mourant... Et tout cela, tout... De deux fils pleins d'espérances... Tu me les as donnés... tu me les as... ôtés... Que ton nom soit...

AMÉLIE, *avec un cri soudain*. Mort! tout est mort!

Elle sort.

FRANZ *rentre sautant et le visage joyeux.* Mort, disent-ils, mort! Je suis le maître. Ce cri de mort retentit dans tout le château. Mais comment? Peut-être dort-il!... Ah! vraiment, c'est là un sommeil après lequel il n'y a plus jamais de bonjour. Le sommeil et la mort sont jumeaux. Changeons seulement une fois leur nom. Beau, agréable sommeil, nous voulons t'appeler la mort! (*Il lui ferme les yeux.*) Qui osera venir maintenant me sommer de comparaître devant la justice? Qui osera me dire en face : Tu es un coquin? Loin de moi donc ce masque pesant de mansuétude et de vertu. A présent, vous allez voir Franz à découvert, et vous en serez épouvantés. Mon père emmiellait ses ordres. Il faisait de son empire une sorte de cercle de famille ; il s'asseyait devant la porte avec le sourire de la bienveillance sur les lèvres, et saluait ses gens comme des frères et des enfants... Mes sourcils doivent s'abaisser sur vous comme les nuages de la tempête; mon nom de maître sera comme la comète menaçante qui s'élève sur ces montagnes ; mon front sera votre thermomètre. Il flattait et caressait l'homme rebelle qui résistait à son pouvoir. Flatter et caresser n'est pas mon affaire. Je vous sillonnerai la chair avec mes éperons, et j'essaierai sur vous la pesanteur de mon fouet. — J'en arriverai à ce point dans mon domaine que les pommes de terre et la petite bière seront le régal des jours de fête; et malheur à celui qui apparaîtra devant moi les joues roses et pleines ! La pâleur de l'indigence et la crainte servile, voilà mes couleurs. J'entends qu'on endosse cette livrée !

Il sort.

SCÈNE III.

Les Forêts de la Bohême.

SPIEGELBERG, RAZMANN, *troupe de brigands.*

RAZMANN. Est-ce toi, est-ce bien toi ? Viens que je t'embrasse à t'étouffer, cher frère Maurice. Sois le bienvenu dans les forêts de la Bohême ! Te voilà gros et gras ! Et quel brillant bataillon ! Tu nous amènes une troupe de recrues, excellent embaucheur !

SPIEGELBERG. N'est-ce pas, frère, n'est-ce pas ? Et de bons gaillards par-dessus le marché. Tu ne me croiras peut-être pas. La bénédiction de Dieu est visiblement avec moi. Je n'étais qu'un pauvre niais affamé, je n'avais que mon bâton quand je franchis le Jourdain ; et maintenant me voilà avec soixante-dix-huit hommes, la plupart merciers ruinés, magistrats et commis renvoyés des provinces de Souabe. Ce sont là des hommes, frère, des drôles délicieux, te dis-je, qui se volent l'un l'autre les boutons de leur culotte, et près desquels on est en sûreté quand on a son fusil chargé. Et ils se distinguent, et ils ont une renommée à quarante milles à la ronde ; c'est inconcevable. Pas un journal où tu ne trouves un petit article sur cette fine tête de Spiegelberg. Ils m'ont dépeint de la tête aux pieds... C'est comme si tu me voyais... Jusqu'aux boutons de ma redingote qu'ils n'ont pas même oubliés. Mais nous nous sommes impitoyablement joués d'eux. Dernièrement, j'entre dans une imprimerie ; je dis que j'ai vu le fameux Spiegelberg, et je dicte au scribe qui était assis là le signalement complet d'un certain médecin du lieu. Après cela, on se met à l'œuvre ; le drôle est arrêté, mis à la question, et, dans son angoisse et dans sa bêtise, il avoue, le diable m'emporte, qu'il est Spiegelberg. Orage et tonnerre ! j'étais sur le point d'aller me rendre aux magistrats pour empêcher cette canaille de profaner mon nom... Depuis trois mois, il est pendu. Je humai une fameuse prise de tabac lorsqu'en passant près du gibet je vis le faux Spiegelberg se pavaner dans sa gloire ; et, pendant que Spiegelberg était pendu, Spiegelberg se retirait tout doucement du lacet, et faisait dire sous main à la sage justice que c'était une pitié.

RAZMANN *rit*. Tu es toujours le même.

SPIEGELBERG. Oui, je suis, comme tu vois, bon de corps et d'âme. Il faut pourtant que je te raconte encore un tour que j'ai joué récemment au cloître de Sainte-Cécile. Dans le cours de mon pèlerinage, j'arrive près de ce cloître vers le soir ; et comme justement ce jour-là je n'avais encore tiré sur personne, tu sais que je hais à mort le *diem perdidi*, je voulais illustrer cette nuit par quelque bon coup, quand il m'en aurait, par le diable, coûté une oreille. Nous nous tenons tranquilles jusque très-avant dans la nuit. On aurait entendu marcher une souris. Les lumières disparaissent. Nous pensons que les nonnes doivent être au lit. Je prends avec moi mon camarade Grimm ; j'ordonne aux autres de m'attendre devant la porte jusqu'à ce qu'ils entendent mon sifflet. Je m'assure du concierge du couvent, je lui prends ses clefs, je me glisse dans le dortoir des filles de service, je leur enlève leurs vêtements et les jette dehors. Nous allons ensuite de cellule en cellule, prenant à chaque nonne ses vêtements, et enfin nous emportons aussi ceux de l'abbesse. Alors je siffle. Les hommes qui étaient dehors accourent et escaladent le couvent avec un tintamarre comme si c'eût été le jugement dernier. Ils se précipitent dans les cellules des religieuses... Ah ! ah ! il aurait fallu voir cette chasse : les pauvres colombes cherchant leurs robes dans l'obscurité et se démenant d'une façon pitoyable comme si elles étaient au pouvoir du diable, et nous qui étions là à les poursuivre comme la grêle. Les unes, dans leur stupéfaction et leur effroi, s'enveloppaient dans leurs draps de lit ; d'autres se glissaient comme des chats sous le poêle, et les cris pitoyables et les lamentations ; et enfin la vieille matronne, la dame abbesse!... Tu sais, frère, que sur cette boule de terre pas une créature ne m'est plus antipathique que l'araignée et la vieille femme... Maintenant, représente-toi cette figure noire, ridée, velue, se trémoussant autour de moi et me conjurant au nom de sa pudeur virginale. Par tous les diables ! j'avais déjà posé mon coude sur elle, et m'apprêtais à lui... J'eus bientôt pris mon parti. On me livrerait l'argenterie, les trésors du cloître et tous les écus sonnants, ou... mes hommes m'avaient déjà compris... Bref ! j'ai emporté de ce cloître pour plus de deux mille écus de butin ; et je me suis amusé, et mes drôles ont laissé aux religieuses un souvenir qu'elles garderont neuf mois.

RAZMANN. Tonnerre ! Et je n'étais pas là !

SPIEGELBERG. Vois-tu, n'est-ce pas là une joyeuse vie ? Et l'on est frais et robuste, et le corps engraisse à chaque instant comme le ventre d'un prélat. Je ne sais... mais il faut que j'aie quelque vertu magnétique qui attire tous les mauvais sujets de la terre, car ils viennent à moi comme le fer va à l'aimant.

RAZMANN. Une belle vertu que tu as là ! Mais je voudrais bien savoir cependant quelle est ta sorcellerie.

SPIEGELBERG. Sorcellerie ! Je n'emploie aucune sorcellerie. Seulement il faut avoir de la tête, un certain jugement pratique qui, à la vérité, ne s'acquiert pas en mâchant de l'orge... Car, vois-tu... J'ai coutume de dire : On peut faire un honnête homme du premier bâton d'osier, mais pour faire un coquin il faut du grain. Il y a de plus un certain génie national, une sorte de climat particulier aux coquins.

RAZMANN. On m'a beaucoup vanté l'Italie.

SPIEGELBERG. Oui, oui, il faut être juste envers chacun. L'Italie a ses hommes, et si l'Allemagne continue à suivre la voie où elle est maintenant, et si la Bible y règne complètement comme il y a tout lieu de l'espérer, on fera aussi de l'Alllemage quelque chose de bien. — Du reste, je dois te le dire, le climat n'est pas la chose essentielle ; ce qui passe avant tout, c'est le génie... Quant au reste, frère..., une pomme, tu le sais, dans le jardin même du paradis, ne deviendrait pas un ananas... Mais, voyons que je continue, où en suis-je resté !

RAZMANN. A tes artifices.

SPIEGELBERG. Oui, juste à mes artifices. D'abord, en arrivant dans une ville, tu t'en vas chercher des renseignements auprès des archers, des hommes du guet, des geôliers, et tu t'informes de ceux qui les fréquentent le plus assidûment. Ensuite, tu pénètres dans les cafés, les cabarets et les mauvais lieux ; tu observes, tu épies celui qui crie le plus haut que tout est pour rien, que l'argent se donne à cinq pour cent, que l'atroce police fait tous les jours des progrès, celui qui insulte le gouvernement et qui se met en colère contre les physionomistes et les savants du même genre. C'est là le vrai point à attaquer. Là, l'honneur branle comme une dent creuse ; il ne s'agit que d'y appliquer l'instrument... Ou, pour en venir plus vite et mieux à ton but, tu laisses tomber une bourse dans la rue et tu te caches, et tu remarques celui qui la ramasse. Un instant après, tu cours après lui en criant, en ayant l'air de chercher, et tu lui dis : Monsieur, n'auriez-vous pas trouvé par hasard une bourse ? S'il te dit oui, te voilà berné par le diable ; mais s'il te répond : Non, monsieur, excusez... je ne saurais me souvenir... je regrette... *(avec joie)* alors, frère, victoire ! victoire ! Eteins ta lanterne, habile Diogène, tu as trouvé ton homme.

RAZMANN. Tu es un praticien fini.

SPIEGELBERG. Pardieu ! Comme si j'en avais jamais douté !... A présent que ton homme a mordu à l'hameçon, il faut agir avec finesse pour l'enlever... Vois-tu, mon fils, voici comment je m'y prends. Aussitôt que j'ai découvert mon candidat, je m'attache à lui comme la teigne ; je m'établis avec lui en buvant dans un état de confraternité, et *nota bene* qu'il faut l'entretenir gratis. Pour cela, il en coûte bien quelque chose, mais on n'y fait pas attention... Tu vas plus loin : tu le conduis dans les sociétés de jeux et parmi les mauvais sujets; tu l'engages dans des querelles et de mauvaises actions jusqu'à ce qu'il soit épuisé de santé, de force, d'argent, de conscience, et qu'il fasse banqueroute à l'honneur. Car, soit dit en passant, ton œuvre n'est pas achevée tant que tu n'as pas perdu l'âme et le corps. Crois-moi, frère, dans le cours de mes expériences j'ai reconnu plus de cinquante fois que lorsqu'une fois l'honnête homme est chassé de son nid, le diable est le maître. Et alors le dernier pas est facile, aussi facile que la transition d'une catin à une coquine... Écoute donc... quel est ce bruit ?

RAZMANN. Il a tonné... Continue...

SPIEGELBERG. Il y a encore un moyen plus prompt et meilleur : c'est de dépouiller ton homme corps et biens, tellement qu'il ne lui reste pas une chemise : alors il vient de lui-même à toi... Ah ! frère, tu ne m'apprendras point de finesse... Demande un peu à cette figure de cuivre que tu vois là. Celui-là je l'ai joliment pris dans mes filets. Je lui offre quarante ducats s'il veut m'apporter l'empreinte en cire des clefs de son maître. Et figure-toi, frère, l'imbécile m'apporte les clefs, et, le diable m'emporte ! veut avoir l'argent... Monsieur, lui dis-je, n'ignore peut-être pas que je puis à l'instant même porter ces clés au lieutenant de police et lui procurer une place au gibet. Mille sacrements ! il fallait voir le malheureux ouvrir de grands yeux et trembler comme un barbet qui sort de l'eau... — Au nom du ciel! s'écria-t-il, avez-vous vraiment l'intention?... Je veux... je veux... Que voulez-vous? voulez-vous sur-le-champ prendre votre parti et vous en aller avec moi au diable? — De grand cœur... avec joie. — Ah! ah! le bon apôtre! avec du lard on prend des souris. Moque-toi donc un peu de lui, frère! — Ah! ah!

RAZMANN. Oui, oui, je l'avoue : j'écrirai cette leçon en caractère d'or dans mon cerveau... Satan doit connaître son monde, puisqu'il t'a choisi pour agent.

SPIEGELBERG. N'est-ce pas, frère? Et je pense que quand je lui en aurai donné dix, il me laissera bien aller. Chaque éditeur donne à ses correspondants le dixième exemplaire en sus, pourquoi le diable serait-il plus juif?... Razmann, je sens la poudre.

RAZMANN. Sur ma foi, je la sens aussi depuis longtemps. Attention! Il se passe quelque chose dans le voisinage... Oui, oui, c'est comme je te le dis, Maurice; avec tes recrues tu seras le bienvenu de notre capitaine... Il a aussi embauché de bons gaillards.

SPIEGELBERG. Mais les miens!... les miens... Bah!

RAZMANN. Sans doute ; ils peuvent avoir les doigts bien exercés. Mais la renommée de notre capitaine a séduit aussi de braves gens.

SPIEGELBERG. Je n'espère pas...

RAZMANN. Sans plaisanterie! Et ils n'ont pas honte de servir sous lui. Il ne tue pas comme nous pour piller; il paraît ne plus se soucier d'argent depuis qu'il peut en avoir en quantité. Aussitôt qu'il a reçu le tiers du butin qui lui revient de droit, il le donne aux orphelins ou l'emploie à faire étudier des jeunes gens pauvres qui donnent des espérances. Mais s'il s'agit d'écorcher un gentillâtre qui traite ses paysans comme des animaux, ou de faire tomber sous les coups un coquin couvert de galons d'or, qui, avec de l'argent, élude la loi et corrompt la justice, ou s'il rencontre quelque autre petit monsieur de ce calibre,.. alors il est dans son élément, alors il s'emporte comme le diable, comme si chacune de ses fibres était une furie.

SPIEGELBERG. Hum! hum!

RAZMANN. Dernièrement nous apprîmes dans une auberge qu'un riche comte de Ratisbonne, qui avait gagné un procès d'un million par les friponneries de son avocat, allait venir. Le capitaine était alors assis à table et dînait. — Combien sommes-nous? me demanda-t-il en se levant précipitamment. Je le vis qui se mordait la lèvre inférieure, ce qu'il ne fait que lorsqu'il est très en colère. — Seulement cinq, répondis-je. — C'est assez, me dit-il. Il jeta à l'aubergiste de l'argent sur la table, laissa sans y toucher le vin qu'il s'était fait servir, et nous voilà en route... Tout le long du chemin il ne prononça pas un mot, il courait seul à l'écart. De temps en temps il nous demandait si nous ne voyions rien, et nous ordonnait de mettre notre oreille contre terre. Enfin, arrive le comte dans une voiture chargée de bagages, l'avocat assis à ses côtés, un cavalier en avant et deux valets derrière... Alors tu aurais dû voir comme notre capitaine s'élance avec un pistolet dans chaque main au-devant du char, et la voix avec laquelle il crie : Halte!... Le cocher, qui ne voulait pas s'arrêter, est jeté à bas de son siége; le comte se précipite hors de la voiture; les cavaliers s'enfuient. — Ton argent, canaille? s'écrie-t-il d'une voix de tonnerre... Le comte était comme le taureau sous la hache. Et toi, es-tu le coquin qui fait de la justice une prostituée? L'avocat tremblait et ses dents claquaient. Le poignard s'enfonça dans son ventre comme un pieu dans la vigne... J'ai fait ma tâche, dit-il en s'éloignant fièrement de nous. Le pillage vous regarde. Et à l'instant il disparut dans la forêt.

SPIEGELBERG. Hum! hum! Frère, ce que je t'ai raconté reste entre nous. Il n'a pas besoin de le savoir. Tu comprends?

RAZMANN. Bien, bien. Je comprends.

SPIEGELBERG. Tu le connais ; il a ses idées à lui... Tu m'entends.

RAZMANN. J'entends, j'entends. (*Schwarz arrive en courant*) : Qui est là? qu'y a-t-il? Des voyageurs dans la forêt?

SCHWARZ. Vite, vite! Où sont les autres? Mille diables! vous vous arrêtez là à causer? Ne savez-vous donc pas? ne savez-vous donc pas? Et Roller?

RAZMANN. Quoi donc? quoi donc?

SCHWARZ. Roller est pendu, et quatre autres avec lui.

RAZMANN. Roller? quel malheur! Depuis quand? d'où sais-tu?...

SCHWARZ. Déjà depuis trois semaines il était pris, et nous n'en savions rien. Déjà il avait comparu trois fois devant le tribunal, et nous n'en savions rien. On l'a mis à la torture pour lui faire révéler la retraite du capitaine. Le brave garçon n'a rien avoué... Hier, sa condamnation a été prononcée, et ce matin on l'a dépêché vers le diable en courrier extraordinaire.

RAZMANN. Malédiction! le capitaine le sait-il?

SCHWARZ. Il ne l'a appris que hier. Il écumait comme un sanglier. Tu sais qu'il a toujours eu de l'attachement pour Roller, et voilà que la torture... d'abord on a voulu employer les cordes et les échelles pour le tirer de la tour; mais c'était inutile... alors le capitaine, couvert d'une robe de capucin, s'est introduit dans la prison et a voulu prendre sa place. Roller s'y est refusé opiniâtrément. A présent il a fait un serment à nous glacer de terreur jusqu'aux os : il a dit qu'il lui allumerait un cierge funéraire comme on n'en avait encore vu aux obsèques d'aucun roi, un cierge qui leur brûlerait la peau et la rendrait bleue et brune. J'ai peur pour cette ville. Il a déjà depuis longtemps une rancune contre elle, parce qu'elle est si indignement bigote... Et tu sais que quand il dit : Je ferai cela, c'est comme si l'un de nous disait : Je l'ai fait.

RAZMANN. C'est vrai. Je connais le capitaine. S'il avait donné au diable sa parole d'aller en enfer, il ne prierait pas, dût-il être sauvé par la moitié d'un *Pater noster*. Mais, hélas! le pauvre Roller! le pauvre Roller!

SPIEGELBERG. *Memento mori*. Mais cela ne m'émeut guère. (*Il chante une chanson.*)

« Si je passe devant le gibet, je cligne de l'œil et je me dis : celui-là est pendu. Qui de lui ou de moi est le plus sot? »

RAZMANN. Écoute... un coup de fusil...

On entend des coups de fusil et du bruit.

SPIEGELBERG. Encore un!

RAZMANN. Encore un. Le capitaine!

On entend chanter derrière la scène.

« Les Nurembergeois ne pendent personne avant de l'avoir pris. »

SCHWEIZER. Roller! (*derrière la scène*) Holà, ho! holà, ho!

RAZMANN. Roller! Roller! Que dix diables m'emportent!

SCHWEIZER. Roller! (*derrière la scène*) Razmann! Schwarz! Spiegelberg!

RAZMANN. Roller! Schweizer! Éclair et tonnerre! grêle et tempête!

Ils courent au devant de lui.

Moor, à cheval, Schweizer, Roller, Grimm, Schufterle. Troupe de brigands couverts de boue et de poussière.

MOOR, *se jetant à bas de son cheval*. Liberté! liberté! Te voilà sauvé, Roller. Emmène mon cheval, Schweizer, et lave-le avec du vin. (*Il se jette par terre.*) Il l'a bien mérité.

RAZMANN, *à Roller*. Ah ça, par la cuisine de Pluton! tu es donc sorti vivant de la roue?

schweizer. Es-tu l'esprit de Roller, ou suis-je fou ? Ou est-tu bien Roller lui-même ?

roller, *essoufflé*. C'est bien moi... moi en personne. D'où crois-tu que je vienne !

schwarz. Suis-je une sorcière ? ton jugement était déjà prononcé.

roller. Oui, vraiment, et plus encore : je viens en droite ligne de la potence... Laisse-moi seulement respirer. Schweizer te racontera cela. Donnez-moi un verre d'eau-de-vie... Et te voilà aussi de retour, Maurice ; je pensais te revoir dans quelque autre lieu. Mais donnez-moi donc un verre d'eau-de-vie... mes os ne tiennent pas ensemble. O mon capitaine ! où est mon capitaine ?

schwarz. De suite, de suite. Mais voyons, cause donc, raconte-nous... D'où viens-tu? Comment se fait-il que nous te revoyons? la tête me tourne. De la potence, dis-tu ?

roller *engloutit une bouteille d'eau-de-vie*. Ah! c'est bon ; cela brûle. En droite ligne de la potence, te dis-je ! Vous êtes là debout, tous stupéfaits, et vous ne pouvez vous figurer... Je n'étais plus qu'à trois pas de cette maudite échelle qui devait me conduire dans le sein d'Abraham... si près ! si près ! — mais ma tête et ma peau étaient réservées pour l'anatomie. Tu n'aurais pas donné une prise de tabac de ma vie. C'est au capitaine que je dois le jour, la liberté, la vie.

schweizer. C'est une drôle d'histoire. La veille, nous avions eu vent par nos espions que Roller était serré dans le piége, et qu'à moins que le ciel ne tombât à point, il devait s'en aller le lendemain, par conséquent aujourd'hui, par le chemin où s'en va toute créature humaine. — « A l'œuvre ! nous dit le capitaine ; que ne tente-t-on pas pour un ami? Nous le sauverons, ou nous ne le sauverons pas. Quoi qu'il en soit, nous lui allumerons un cierge funéraire tel qu'on n'en a encore vu aux obsèques d'aucun roi, un cierge qui leur brûlera la peau et la rendra bleue et brune. » Toute la bande est convoquée, et nous lui envoyons un émissaire qui lui jette un petit billet dans sa soupe.

ROLLER. Je désespérais du succès.

SCHWEIZER. Nous attendîmes jusqu'à ce que les rues fussent vides. La ville entière accourait à ce spectacle, à pied, à cheval, en voiture. Le bruit et le psaume de la potence retentissaient au loin. A présent, dit le capitaine, allumez, allumez. Nos hommes volent comme des flèches, mettent le feu à trente-six endroits, jettent des torches enflammées dans le voisinage de la poudrière, dans les églises et les granges. Morbleu! moins d'un quart d'heure après, le vent du nord-est, qui doit avoir aussi une dent contre la ville, vient à notre aide d'une merveilleuse façon et chasse la flamme jusqu'aux faîtes les plus élevés. Pendant ce temps, nous courons de rue en rue comme des furies, en criant au feu! au feu! à travers toute la ville... et les gémissements, et les exclamations, le tapage... le tocsin qui commence à sonner, la poudrière qui saute en l'air, comme si la terre venait de se fendre en deux, comme si le ciel se déchirait et que l'enfer tombât de dix mille brasses plus bas!...

ROLLER. Alors voilà mon escorte qui regarde en arrière. La ville brûlait comme Gomorrhe et Sodome. L'horizon entier n'était que feu, soufre et fumée. Quarante montagnes retentissaient à la ronde de la rumeur infernale... une terreur panique les renverse tous... Je profite de l'instant, je fuis comme le vent... J'étais déjà délivré de mes liens, tant nous étions près... Pendant que mes conducteurs, pétrifiés comme la femme de Loth, regardent en arrière, je cours, je traverse la foule... Me voilà délivré. A soixante pas de là, j'ôte mes vêtements, je me jette dans le fleuve, je nage entre deux eaux jusqu'à ce que je me croie hors de leur vue... Mon capitaine m'attendait avec un cheval et des habits...

Et je suis délivré! Moor, Moor! puisses-tu aussi bientôt te trouver dans l'embarras, afin que je te rende la pareille!

RAZMANN. Voilà un souhait stupide pour lequel tu mériterais d'être pendu... Mais quelle excellente histoire... Il y a de quoi crever de rire.

ROLLER. C'était le secours dans le besoin. Vous ne pouvez pas l'apprécier. Il aurait fallu avoir comme moi la corde autour du cou, marcher comme moi vivant à la mort, voir ce maudit attirail, ces cérémonies de bourreau, et chaque pas que je faisais en avant, d'un pied craintif, me rapprocher de cette effroyable machine où je devais être logé, et qui se montrait debout au rayon matinal d'un horrible soleil... et les valets du bourreau qui vous épient, et cette désolante musique qui retentit encore à mon oreille... et le cri des corbeaux affamés, dont une trentaine étaient encore attachés au cadavre à demi corrompu de mon prédécesseur... et par-dessus tout cela, l'avant-goût de la félicité dont j'allais jouir... frère, frère, et tout d'un coup être sauvé, être libre!... C'était un bruit comme si les cercles du ciel s'étaient rompus... Ecoutez, canailles, je vous le dis : tomber tout à coup d'un four ardent dans une mer glacée n'est pas une transition aussi grande que celle que j'ai sentie lorsque je suis arrivé de l'autre côté du fleuve.

SPIEGELBERG *rit*. Pauvre garçon! A présent, te voilà consolé! (*Il boit.*) A ton heureuse résurrection!

ROLLER *jette son verre*. Non, pour tous les trésors de Mammon, je ne voudrais pas éprouver cela une seconde fois. La mort est quelque chose de plus qu'un saut d'Arlequin, et l'angoisse de la mort est plus triste que la mort.

SPIEGELBERG. Et la poudrière qui saute!.. Vois-tu cela, Razmann? C'est pour cela qu'à une lieue à la ronde, l'air était imprégné de soufre comme si on avait exposé au vent toute la garde-robe de Moloch... C'est là un coup de maître, capitaine; je te l'envie.

SCHWEIZER. Comment diable! quand la ville se réjouissait de voir mon camarade mis en lambeaux comme un cochon rôti, devions-nous nous faire un cas de conscience de sacrifier la ville pour délivrer notre camarade? Sans compter que nos compagnons ont eu là l'occasion de faire du butin et de piller le vieil empereur... Voyons, dites-moi, qu'avez-vous pris?

UN HOMME DE LA BANDE. Pendant le tumulte, je me suis glissé dans l'église de Saint-Etienne, et j'ai enlevé les galons de l'autel. Le bon Dieu, me suis-je dit, est un riche compère, et peut faire un fil d'or d'une ficelle de trois sous.

SCHWEIZER. Tu as bien fait! quel mal y a-t-il à piller une église? Ils vont offrir leur friperie au Créateur, qui s'en moque, et ils laissent ses créatures mourir de faim. Et toi, Spiegelberg, qu'as-tu tiré du nid?

UN SECOND. Bugel et moi, nous avons dévalisé une boutique, et nous rapportons assez de drap pour habiller cinquante hommes.

UN TROISIÈME. Moi, je me suis emparé de deux montres en or et d'une douzaine de cuillers en argent.

SCHWEIZER. Bien, bien. Et nous leur avons allumé un incendie qu'ils n'éteindront pas avant quinze jours. Pour se préserver du feu, ils seront obligés d'inonder leur ville. Sais-tu, Schufterle, combien il en est mort?

SCHUFTERLE. Quatre-vingt-trois, dit-on. La poudrière seule en a anéanti soixante.

MOOR, *d'un air sérieux.* Roller, tu es chèrement payé.

SCHUFTERLE. Bah, bah! qu'est-ce que cela? Si c'étaient des hommes, je comprends... Mais des enfants au maillot, des marmots malpropres, de petites mères occupées à éloigner d'eux les mouches, des vieillards desséchés accroupis près du poêle, et qui ne pouvaient plus trouver la porte... des malades soupirant après le médecin qui suivait le cortége avec sa grave allure... Tout ce qui avait le pied léger était accouru à la comédie, et les culs-de-jatte seuls gardaient la ville.

MOOR. Oh! les pauvres malheureux! Des malades, dis-tu? des vieillards et des enfants?

SCHUFTERLE. Oui, par le diable! et des femmes en couches, et des femmes avancées dans leur grossesse qui avaient peur de faire une fausse couche sous le gibet, et des jeunes femmes qui craignaient d'avoir l'esprit frappé de l'œuvre du bourreau et d'imprimer dans leurs entrailles une potence sur le corps de leur enfant... de pauvres poètes privés de souliers parce qu'ils avaient donné leur unique paire à rapiéceter, et un tas de racaille du même genre, et qui ne vaut pas la peine qu'on en parle. En passant, par hasard, près d'une baraque, j'entends un gémissement ; je regarde à la clarté de la flamme, et que vois-je? un enfant encore sain et sauf, couché par terre sous la table? et la table allait s'allumer... Pauvre petit être, dis-je, tu gèles ici... et je le jetai dans le feu.

MOOR. Vraiment, Schufterle? Eh bien! que ce feu brûle dans ton sein jusqu'au jour de l'éternité! Loin de moi, monstre! Ne reparais plus dans ma troupe... Vous murmurez... vous raisonnez... Qui oserait murmurer quand je donne un ordre?... Qu'il s'éloigne! dis-je. Il y en a d'autres encore parmi vous qui sont mûrs pour ma colère. Je te connais, Spiegelberg. Je passerai prochainement dans vos rangs, et je ferai un terrible exemple... (*Ils s'éloignent en tremblant. — Moor va et vient avec agitation.*) Ne les écoute pas, vengeur céleste! Que puis-je à cela? Que peux-tu, toi, quand ta peste, ta disette, tes inondations font périr le juste avec le méchant? Qui peut ordonner à la flamme de ne pas dévaster la moisson bénie, quand elle ne devrait consumer que le nid des frelons? Oh! honte à ces meurtriers d'enfants, à ces meurtriers de femmes, à ces meurtriers de malades! Comme une telle action m'humilie! elle a empoisonné ma plus belle œuvre! L'enfant est là, à la face du ciel, honteux et ridicule. Il voulait jouer avec la massue de Jupiter, écraser les Titans, et il renverse des Pygmées... Va, va, tu n'es pas l'homme qui doit diriger le glaive actif de la justice suprême. Tu succombes au premier coup... Je renonce à mon plan téméraire; je vais m'enfouir dans une caverne, où je puisse cacher ma honte au jour.

Il veut fuir.

UN BRIGAND *accourt.* Prends garde à toi, capitaine; il y a ici des revenants; des escadrons de cavaliers courent à travers la forêt. Il faut que quelque infernal espion nous ait trahis.

D'AUTRES BRIGANDS. Capitaine, capitaine! ils sont sur nos traces. En voilà bien quelques milliers qui forment un cordon au milieu de la forêt.

D'AUTRES BRIGANDS. Malheur, malheur, malheur! Nous sommes pris, roués, écartelés. Des milliers de hussards, de dragons, de chasseurs, gravissent les hauteurs et ferment les défilés.

Moor s'éloigne.
Schweizer, Grimm, Roller, Schwarz, Schufterle, Spiegelberg, Razmann. Troupe de brigands.

SCHWEIZER. Nous les avons fait sortir de leur lit. Réjouis-toi, Roller. Pour moi, il y a longtemps que je désire sabrer ces culottes de peau. Où est le capitaine? Toute la troupe est-elle réunie? Nous avons assez de poudre, j'espère?

RAZMANN. De la poudre en abondance. Mais nous ne sommes en tout que quatre-vingts, à peine un contre vingt.

SCHWEIZER. Tant mieux! Je voudrais qu'ils fussent cinquante contre mon pouce. Ils ont attendu jusqu'à ce que nous leur brûlions de la paille au derrière. Frère, frère, il n'y a pas de danger. Ils exposent leur vie pour dix sous, tandis que nous, nous combattons pour notre tête et notre liberté. Nous allons nous jeter sur eux comme le déluge, et faire tomber sur leurs têtes des coups de feu comme des éclairs... Mais où diable est le capitaine?

SPIEGELBERG. Il nous abandonne au moment du danger. Ne pouvons-nous donc plus échapper?

SCHWEIZER. Nous échapper?

SPIEGELBERG. Oh! que ne suis-je resté à Jérusalem!

SCHWEIZER. Je voudrais que tu fusses étouffé dans un égout, âme de boue. Au milieu des nonnes nues, tu fais le fanfaron, et quand tu vois deux poignets!... Lâche! tâche de te bien conduire, ou je te fais coudre dans une peau de sanglier et déchirer par les chiens.

RAZMANN. Le capitaine! le capitaine!

MOOR *marche lentement. A part.* Je les ai fait entièrement envelopper. Maintenant il faut qu'ils se battent comme des désespérés. (*Haut.*) Enfants! voici notre alternative : ou nous sommes perdus, ou il faut se défendre comme des sangliers blessés.

SCHWEIZER. Ah! je veux leur fendre le ventre avec mon coutelas, de telle sorte que leurs tripes tombent sur leurs souliers. Conduis-nous, capitaine, nous te suivrons jusque dans la gueule de la mort.

MOOR. Chargez vos armes! nous ne manquons pas de poudre.

SCHWEIZER. Il y a assez de poudre pour faire sauter la terre jusqu'à la lune.

RAZMANN. Chacun de nous a cinq paires de pistolets chargés, et de plus trois carabines.

MOOR. Une partie des hommes montera sur les arbres, ou se cachera dans les broussailles pour faire feu sur eux en embuscade.

SCHWEIZER. C'est là ta place, Spiegelberg.

MOOR. Nous autres, nous tombons sur leurs flancs comme des furies.

SCHWEIZER. J'en suis, moi, j'en suis!

MOOR. En même temps, chacun fera résonner son sifflet et courra à travers la forêt pour faire paraître le nombre de notre troupe plus terrible. Il faut aussi lâcher tous les chiens, les agacer, afin qu'ils se séparent, se dispersent et courent dans leurs rangs. Nous trois, Roller, Schweizer et moi, nous combattrons dans la mêlée.

SCHWEIZER. Très-bien! parfait! Nous les entourerons comme l'orage, en sorte qu'ils ne sauront pas d'où leur tombent les coups. Laisse-les venir!

Schufterle pousse Schweizer, qui prend le capitaine à part et lui parle à voix basse.

MOOR. Silence!

SCHWEIZER. Je t'en prie!

MOOR. Non. Qu'il rende grâce à son infamie; c'est elle qui le sauve. Il ne doit pas mourir quand mon Schweizer et mon Roller et moi nous allons mourir. Fais-lui enlever ses habits. Je dirai que c'est un voyageur que j'ai volé. Sois tranquille, Schweizer; je te jure qu'il sera pourtant pendu.

Entre un religieux.

LE RELIGIEUX, *à part.* Voilà donc le repaire du dragon!... Avec votre permission, messieurs, je suis un serviteur de l'Église, et il y a là sept cents hommes qui gardent chacun des cheveux de ma tête.

SCHWEIZER. Bravo! bravo! C'est bien dit pour se tenir l'estomac chaud.

MOOR. Tais-toi, camarade... Dites-moi en deux mots, père, que venez-vous faire ici?

LE RELIGIEUX. C'est la justice suprême qui prononce sur la vie et la mort. Vous êtes des voleurs, des incendiaires, des scélérats. Une race de vipères empoisonnées qui se glissent dans l'ombre et mordent à la dérobée... Le rebut de l'humanité... La progéniture de l'enfer... digne pâture réservée aux insectes et aux corbeaux... Colonie de la roue et de la potence!

SCHWEIZER. Chien! cesse tes injures, ou...

Il lui met la crosse de sa carabine sous le nez.

moor. Fi donc Schweizer ! tu lui fais perdre la suite de son programme. Il avait si bien appris cette prédication... Continuez, monsieur. — De la roue et de la potence...

le religieux. Et toi, galant capitaine, duc des coupeurs de bourse, roi des escrocs, grand Mogol de tous les fripons de la terre, pareil en tout à ce premier, à cet horrible chef de la rébellion qui entraîna avec lui des milliers de légions d'anges innocents dans le feu de la révolte et le profond abîme de la damnation... Les lamentations des mères délaissées retentissent sur tes pas. Tu bois du sang comme de l'eau, et sur ton poignard meurtrier la vie des hommes ne pèse pas autant qu'une bulle de savon.

moor. Très-vrai, très-vrai ! Continuez.

le religieux. Comment ! très-vrai, très-vrai ! Est-ce là une réponse ?

moor. Quoi ! monsieur, n'y étiez-vous pas préparé ? Continuez seulement, continuez. Que vous reste-t-il à dire ?

le religieux, *avec chaleur*. Homme effroyable ! éloigne-toi de moi. Le sang du comte de l'Empire que tu as égorgé n'est-il pas encore gluant sur tes doigts maudits ? N'as-tu pas de ta main de voleur brisé le sanctuaire de Dieu et enlevé les vases sacrés de la communion ? Quoi ! n'as-tu pas incendié notre ville pieuse et fait tomber la tour des poudres sur la tête des vrais chrétiens ? (*Les mains jointes.*) Horrible, horrible crime qui montera jusqu'au ciel, qui armera au dernier jour la justice céleste pour qu'elle t'anéantisse ! crime mûr pour le châtiment, crime qui appelle la trompette du jugement dernier !

moor. Jusqu'ici, c'est parler en maître. Mais, au fait, qu'avez-vous à m'annoncer de la part des vénérables magistrats ?

le religieux. Une grâce que tu n'es pas digne de recevoir. Jette les yeux autour de toi, incendiaire. De quelque côté que tu tournes tes regards, tu es cerné par nos cavaliers... Pas un endroit pour t'échapper. Ces chênes porteront des cerises, ces sapins porteront des pêches avant que vous puissiez vous retirer sains et saufs de ces chênes et de ces sapins.

MOOR. Entends-tu bien, Schweizer? Mais continuez.

LE RELIGIEUX. Ecoute donc, et vois avec quelle bonté et quelle magnanimité la justice se conduit envers toi, scélérat! Si tu veux te prosterner sur-le-champ devant la croix et demander grâce et miséricorde, la sévérité se changera pour toi en compassion, la justice sera une mère tendre... elle fermera les yeux sur la moitié de tes crimes et te fera, penses-y bien... tout simplement mourir sur la roue.

SCHWEIZER. As-tu entendu, capitaine? ne dois-je pas prendre au gosier ce chien de basse-cour et le serrer de façon à ce que le sang lui sorte par tous les pores?

ROLLER. Capitaine! orage et enfer, capitaine! Comme il mord entre ses dents sa lèvre inférieure! Faut-il que je dresse ce drôle-là comme une quille, les pieds vers le ciel?

SCHWEIZER. A moi, à moi! je t'en supplie à genoux. Laisse-moi le plaisir de le broyer comme de la bouillie. (*Le Religieux pousse un cri.*)

MOOR. Éloignez-vous de lui. Que personne ne se hasarde à le toucher! (*Au Religieux, en tirant son épée.*) Voyez mon père, voici soixante et dix-neuf hommes dont je suis le capitaine. Pas un ne sait obéir à un signal ou à un commandement, ni danser à la musique du canon, et là-bas il y a sept cents soldats qui ont vieilli sous le mousquet. Eh bien! écoutez: voici les paroles de Moor, le capitaine des incendiaires: il est vrai que j'ai tué le comte de l'Empire, que j'ai incendié et pillé l'église de Saint-Dominique, que j'ai mis le feu à votre ville bigote, et fait crouler la tour aux poudres sur la tête des fidèles chrétiens. Mais ce n'est pas là tout; j'ai fait plus encore. (*Il tire sa main droite.*) Voyez-vous ces quatre anneaux précieux que je porte à chaque doigt? Remarquez bien et rapportez point pour point aux juges du tribunal qui prononcent sur la vie et la mort ce que vous aurez vu et entendu. Ce rubis, je l'enlevai à la main d'un ministre que je renversai à la chasse aux pieds de son prince. Il s'était, par ses courtisaneries, élevé des rangs de la populace à celui de premier favori. La chute de son voisin avait servi de marchepied à sa fortune... Les larmes de l'orphelin l'avaient soulevé vers le pouvoir. —Ce diamant, je l'arrachai à un conseiller des finances qui vendait à l'enchère les places et les dignités, et repoussait de sa porte l'honnête homme affligé. — Cette agate, je la porte en mémoire d'un prêtre de votre espèce que j'ai moi-même étranglé de ma main en l'entendant pleurer en chaire la ruine de l'inquisition. —Je pourrais encore vous raconter quelques histoires sur mes anneaux, si je ne regrettais déjà le peu de mots que j'ai perdus avec vous.

LE RELIGIEUX. O Pharaon ! Pharaon !

MOOR. L'entendez-vous? Avez-vous fait attention à ses soupirs? Ne semble-t-il pas qu'il veuille faire tomber le feu du ciel sur la troupe de Coré, nous juger par un mouvement d'épaule, nous condamner par un hélas chrétien ? Comment se fait-il que l'homme soit si aveugle? Comment lui, qui a les cent yeux d'Argus pour distinguer les taches de ses voisins, ne peut-il reconnaître les siennes? Ils font tonner du milieu de leurs nuages les mots de douceur, de patience, et portent au Dieu de l'amour des sacrifices d'hommes comme à un Moloch aux bras de feu. Ils prêchent l'amour du prochain, et repoussent avec des malédictions le vieillard aveugle de leur porte. Ils crient contre l'avarice, et ils ont dépeuplé le Pérou pour ses lingots d'or, et attelé à leurs chars les païens comme des animaux. Ils se rompent la tête pour savoir comment il est possible que la nature ait pu former un Iscariote ; et celui d'entre eux qui vendrait la Trinité pour dix écus ne serait certainement pas le plus mauvais. Malédiction sur vous, pharisiens, faux monnayeurs de la vérité, singes de la Divinité! Vous n'avez pas peur de vous agenouiller devant l'autel et la croix, de vous meurtrir la peau avec des lanières, de tourmenter votre corps par le jeûne, et avec toutes ces misérables jongleries vous croyez éblouir, insensés, celui que vous nommez l'être qui sait tout. Vous agissez envers lui comme envers les grands, dont on se moque cruellement lorsqu'on les flatte en leur disant qu'ils n'aiment pas la flatterie. Vous vous vantez de votre droiture, de votre conduite exemplaire, et Dieu, qui lit au fond de votre cœur, s'irriterait contre le Créateur, si ce n'était lui-même, lui qui a créé aussi les monstres du Nil... Qu'on l'éloigne de mes yeux!

LE RELIGIEUX. Dire qu'un scélérat peut être encore si orgueilleux!

MOOR. Ce n'est pas tout... A présent je parlerai avec orgueil. Va et dis au vénérable tribunal qui prononce sur la vie et la mort que je ne suis pas un voleur qui conspire dans la nuit et le sommeil et s'enorgueillit de monter à une échelle. Ce que j'ai fait, je le lirai sans doute un jour dans le livre céleste, où les fautes humaines sont inscrites; mais je ne veux pas perdre une parole avec ceux qui croient en avoir la direction. Dis-leur que mon métier est d'appliquer la loi du talion... et que ma profession est la vengeance. (*Il lui tourne le dos.*)

LE RELIGIEUX. Tu ne veux donc ni grâce ni miséricorde? Bien; à présent j'ai fini ma tâche avec toi. (*Il se tourne du côté de la troupe.*) Écoutez donc, vous autres, ce que la justice me charge de vous annoncer. Voulez-vous sur-le-champ garrotter et livrer ce malfaiteur condamné, la punition de vos crimes vous sera remise; la sainte Église vous recevra avec un nouvel amour dans son sein maternel comme des brebis égarées, et chacun de vous aura la route ouverte à quelque emploi honorable. (*Avec un sourire triomphant.*) Eh bien, eh bien! comment cela plaît-il à Votre Majesté! A l'œuvre donc. Liez-le, et vous êtes libres...

MOOR. L'entendez-vous? l'entendez-vous? Qui vous arrête? Pourquoi cette hésitation? Ils vous offrent la liberté, et réellement vous êtes déjà leurs prisonniers. Ils vous font grâce de la vie, et ce n'est point de leur part une forfanterie, car vous êtes déjà jugés. Ils vous promettent des emplois honorables, et à supposer que vous remportiez la victoire, que pouvez-vous en attendre, si ce n'est la honte, la malédiction et la persécution? Ils vous garantissent le pardon du ciel, et vous êtes damnés. Il n'y a pas sur la tête d'un seul d'entre vous un seul cheveu qui ne soit destiné à l'enfer. Et vous réfléchissez encore? et vous raillez encore! Est-ce donc chose si difficile que de choisir entre le ciel et l'enfer? Aidez-moi, mon père.

LE RELIGIEUX, *à part.* Cet homme est-il fou? (*Haut.*) Si vous craignez peut-être que mes paroles ne soient un piége pour vous prendre vivants... lisez vous-même... voilà le pardon général signé. (*Il donne à Schweizer un papier.*) Pouvez-vous encore douter?

MOOR. Voyez, voyez; que désirez-vous de plus? L'acte est signé de leur propre main. C'est une grâce au-delà de toute limite... Avez-vous peur qu'ils ne manquent à leur parole, parce que vous avez entendu dire qu'on ne tient pas sa parole envers les traîtres? Oh! soyez sans crainte, la politique les forcerait à tenir leur parole, quand ils l'auraient donnée à Satan. Autrement, qui pourrait désormais avoir confiance en eux? Et comment pourraient-ils une seconde fois employer le même artifice? Ils savent que c'est moi qui vous ai envenimés et entraînés à la révolte, il vous tiennent pour innocents. Vos crimes passent à leurs yeux pour des fautes de jeunesse, pour des actes irréfléchis. C'est moi seul qu'ils veulent avoir, moi seul qui dois tout expier, n'est-il pas vrai, mon père?

ACTE II, SCÈNE III.

LE RELIGIEUX. Comment s'appelle le diable qui parle par sa bouche? Oui, sans doute, c'est vrai... Cet homme me donne le vertige.

MOOR. Quoi! point de réponse? Pensez-vous encore à vous tirer d'ici avec vos armes? Mais regardez autour de vous, regardez autour de vous; vous ne pouvez pas avoir une telle pensée, ce serait une présomption d'enfant. Ou vous flattez-vous par hasard de tomber comme des héros, parce que vous avez vu que je me réjouissais du tumulte de la bataille? Ne vous figurez point cela, car vous n'êtes pas Moor; vous êtes de méchants bandits, de misérables instruments de mes grands projets; vous êtes pour moi ce qu'est la corde entre les mains du bourreau. Des voleurs ne peuvent pas mourir comme des héros; la vie est le seul bien du voleur; ce qui arrive après doit l'épouvanter : les voleurs ont le droit de trembler devant la mort. Écoutez comme leurs cornets sonnent; voyez l'éclat de leurs sabres menaçants... Eh bien! encore irrésolus? êtes-vous fous? êtes-vous dans le délire?... Oui, c'est impardonnable ; je ne vous sais point gré de me laisser la vie; j'ai honte de votre sacrifice.

LE RELIGIEUX, *très-étonné*. J'en perdrai la raison ; je me sauve. A-t-on jamais rien entendu de semblable?

MOOR. Ou bien craignez-vous que je ne me tue moi-même et que j'anéantisse par ce suicide le traité qui n'a de valeur que si vous me livrez vivant ? Non, enfants, c'est là une crainte inutile. Je jette loin de moi mon poignard et mes pistolets, et ce poison qui devait m'être précieux. Je suis si malheureux que je n'ai même plus de pouvoir sur ma vie... Quoi donc! encore irrésolus?... Croyez-vous peut-être que je veuille me défendre si vous tentez de me garrotter? Voyez, je lie moi-même ma main à ce rameau de chêne. Me voilà sans défense ; un enfant peut me renverser... Quel est donc le premier qui abandonnera son capitaine dans le danger ?

ROLLER, *avec un mouvement de fureur.* Et quand l'enfer nous entourerait neuf fois!... (*Il agite son épée.*) Quiconque n'est pas un chien sauve son capitaine!

SCHWEIZER *déchire le pardon et en jette les morceaux à la figure du Religieux.* Le pardon est dans nos balles. Loin d'ici, canaille! dis au sénat qui t'a envoyé que dans la bande de Moor tu n'as pas trouvé un seul traître... Sauvez, sauvez le capitaine!

TOUS, *à grands cris.* Sauvez, sauvez, sauvez le capitaine!

MOOR, *se déliant avec joie.* A présent nous sommes libres. Camarades, je sens une armée dans mon bras! La mort ou la liberté! au moins ils n'en prendront pas un vivant.

On sonne l'attaque. Bruit et tumulte. Ils s'éloignent l'épée nue.

ACTE TROISIÈME.

SCÈNE I.

AMÉLIE, *dans le jardin, chante et joue du luth.* « Il
» était beau par-dessus tous les jeunes hommes, beau
» comme un ange ivre des joies du Walhalla. Son re-
» gard avait la couleur céleste d'un rayon de soleil qui
» se reflète dans la vague bleue des mers.

» Son étreinte... ravissante extase! le cœur ardent
» palpitant avec force contre le cœur!... l'oreille et les
» lèvres enchaînées!... la nuit devant nos regards et
» l'esprit fasciné s'envolant vers le ciel!

» Ses baisers... Sensation divine! comme deux rayons
» de lumière qui se rejoignent, comme les sons d'une
» harpe qui se confondent dans une sublime harmo-
» nie!

ACTE III, SCÈNE I.

» Son esprit et le mien s'unissaient et prenaient leur
» essor ensemble. Nos lèvres et nos joues brûlantes
» tremblaient. L'âme pénétrait dans l'âme, et le ciel et
» la terre flottaient autour de nous.

» Il n'est plus. En vain, hélas ! en vain je le rap-
» pelle dans mes soupirs inquiets. Il n'est plus et tou-
» tes les joies de la vie s'évanouissent dans un inutile
» gémissement. »

FRANZ. Déjà de retour ici, rêveuse obstinée. Tu t'es
échappée du banquet joyeux, et tu as troublé la gaîté
des convives.

AMÉLIE. Grand dommage pour cette innocente gaîté !
Le chant des morts qui retentissait sur la tombe de ton
père doit encore résonner à ton oreille.

FRANZ. Veux-tu donc éternellement gémir ? Laisse
dormir les morts et donne le bonheur aux vivants. Je
viens...

AMÉLIE. Et quand t'en iras-tu ?

FRANZ. O malheur ! Ne me montre pas cette figure
sombre et dédaigneuse. Tu m'affliges, Amélie, Je viens
te dire...

AMÉLIE. Il faut bien que j'apprenne que Franz de
Moor est devenu mon clément seigneur.

FRANZ. Précisément, c'est ce que je voulais te faire
entendre. Maximilien est allé dormir dans la sépulture
de ses aïeux. Je suis le maître ; mais je voudrais l'être
entièrement, Amélie. — Tu sais ce que tu as été dans
notre maison ; tu fus traitée comme la fille de Moor,
sa tendresse pour toi lui a même survécu. Tu ne l'ou-
blieras jamais, n'est-ce pas ?

AMÉLIE. Jamais, jamais ! Qui pourrait être assez léger
pour dissiper ce souvenir dans de joyeux festins ?

FRANZ. L'amour de mon père, tu dois le récompenser dans ses fils. Et Charles est mort. Tu t'étonnes ? tu
te troubles ? Oui, vraiment, cette pensée est si flatteuse, si élevée, qu'elle surprend même l'orgueil d'une
femme. Franz foule à ses pieds les espérances des plus

nobles jeunes filles, Franz s'avance et offre à une pauvre orpheline sans appui son cœur, sa main, ses trésors, ses châteaux et ses forêts. — Franz, que l'on envie, que l'on craint, se déclare volontairement l'esclave d'Amélie.

AMÉLIE. Pourquoi la foudre ne déchire-t-elle pas la langue qui ose prononcer un tel blasphême? Tu as tué mon bien-aimé, et Amélie te nommerait son époux... toi!...

FRANZ. Pas tant de violence, gracieuse princesse. — Il est vrai que Franz ne se courbe pas devant toi en roucoulant comme un Céladon; il est vrai qu'il n'a pas appris, comme le languissant berger d'Arcadie, à faire retentir l'écho de la grotte et les rochers des gémissements de son amour. — Franz parle, et si l'on ne répond pas, il commande.

AMÉLIE. Ver de terre! toi commander... me commander, à moi? Et si l'on repousse tes ordres avec le sourire du dédain?

FRANZ. Tu ne l'oserais pas. Je connais bien le moyen de faire joliment plier l'orgueil d'une tête vaniteuse et opiniâtre... Le cloître et les murailles...

AMÉLIE. Bravo! à merveille... Etre à tout jamais délivrée par le cloître et les murailles de ton regard de basilic, libre de penser, de rester attachée à Charles... Sois le bienvenu avec ton cloître, grâces te soient rendues pour tes murailles!

FRANZ. Ah! ah! c'est ainsi que tu le prends. Eh bien! écoute. Tu m'as révélé l'art de te tourmenter. Cet éternel souvenir de Charles, mon aspect pareil à celui d'une furie aux cheveux flamboyants le chassera de ta tête. Derrière l'image de ton galant tu verras apparaître l'image terrible de Franz, comme celle du chien magique qui garde les trésors souterrains. Je te traînerai dans la chapelle par les cheveux; l'épée à la main, j'arracherai le serment conjugal de ta bouche, j'entrerai de force dans ton lit virginal, et je vaincrai ton orgueilleuse pudeur par un orgueil plus grand encore.

AMÉLIE, *lui donnant un soufflet.* Prends d'abord ceci pour dot.

FRANZ, *en colère.* Ah! comme je me vengerai de ceci dix fois et encore dix fois! tu ne seras pas mon épouse... tu n'auras pas cet honneur... tu seras ma maîtresse. Les honnêtes femmes des paysans te montreront au doigt quand tu te hasarderas à passer dans la rue. Oui, grince des dents, lance par ton regard le feu et la mort. La colère d'une femme me réjouit. La tienne te rend plus belle et plus désirable. Viens; — cette résistance parera mon triomphe, et les baisers pris par la violence augmenteront ma volupté. Viens avec moi dans cette chambre... je brûle de désirs... A présent il faut que tu me suives.

Il veut l'entraîner.

AMÉLIE *se jette à son cou.* Pardonne-moi, Franz. (*Au moment où il veut l'embrasser elle lui arrache son épée et d'un bond se retire en arrière.*) Vois-tu scélérat, ce que je puis faire de toi à présent! Je suis une femme, mais une femme furieuse. Encore un pas! et ce fer traversera ton infâme poitrine. L'esprit de mon oncle conduira ma main. Fuis à l'instant! (*Elle le chasse.*) Ah! quel bien-être j'éprouve. A présent je puis respirer en liberté. Je me sens forte comme le coursier que l'ardeur enflamme, furieuse comme la tigresse qui s'élance après le ravisseur de ses petits... Un cloître, dis-tu; merci pour cette heureuse découverte... Maintenant l'amour déçu a trouvé un refuge... le cloître... La croix de notre Rédempteur, voilà le refuge de l'amour sans espoir.

Elle va sortir. Hermann entre d'un air craintif.

HERMANN. Mademoiselle Amélie! mademoiselle Amélie.

AMÉLIE. Malheureux! pourquoi viens-tu me troubler?

HERMANN. Il faut que j'enlève ce poids de mon âme, avant qu'elle devienne la proie de l'enfer. Pardon,

pardon ! je vous ai cruellement offensée, mademoiselle Amélie.

AMÉLIE. Lève-toi ; va, je ne veux rien savoir. (*Elle veut s'éloigner.*)

HERMANN *la retient*. Non, demeurez, au nom de Dieu ; au nom du Dieu éternel ! il faut que vous sachiez tout.

AMÉLIE. Pas une syllabe de plus. Je te pardonne ; éloigne-toi en paix.

HERMANN. Ecoutez donc seulement un mot ; il vous rendra tout votre repos.

AMÉLIE *revient et le regarde étonnée*. Comment, ami ? Qui, dans le Ciel et sur la terre, peut me rendre mon repos ?

HERMANN. Un seul mot de ma bouche. — Ecoutez donc.

AMÉLIE, *prenant sa main avec pitié*. Pauvre homme, un mot de ta bouche peut-il ouvrir les portes de l'éternité ?

HERMANN *se lève*. Charles vit encore.

AMÉLIE, *poussant un cri*. Malheureux !

HERMANN. C'est vrai... Encore un mot... Votre oncle...

AMÉLIE, *le repoussant*. Tu mens !

HERMANN. Votre oncle...

AMÉLIE. Charles vit encore ?

HERMANN. Et votre oncle aussi... Ne me trahissez pas.

Il se précipite dehors.

AMÉLIE, *comme pétrifiée, puis se ravisant comme en délire et courant après lui*. Charles vit encore !

SCÈNE II.

Les bords du Danube. — Les brigands campés sur une hauteur entre les arbres. — Les chevaux paissent sur la colline.

MOOR. Il faut que je me repose ici. (*Il se jette sur la terre.*) Mes membres sont rompus. Ma langue est sèche comme une brique. (*Schweizer s'éloigne sans être aperçu.*) Je voudrais bien vous prier d'aller me chercher dans ce torrent de l'eau plein la main, mais vous êtes tous mortellement abattus.

SCHWARZ. Et tout le vin est dans nos outres.

MOOR. Voyez donc comme la moisson est belle. Les arbres se brisent presque sous le poids de leurs fruits... la vigne donne de grandes espérances.

GRIMM. Ce sera une féconde année.

MOOR. Crois-tu ! Il y aurait donc dans le monde une sueur qui recevrait sa récompense... une... Mais la grêle peut tomber cette nuit et renverser tout.

SCHWARZ. C'est bien possible. Tout peut périr quelques heures avant la récolte.

MOOR. Oui, je le dis, tout périra. Pourquoi l'homme réussirait-il dans ce qu'il a de plus semblable à la fourmi, tandis qu'il échoue dans ce qui le rend semblable aux dieux? Ou est-ce là le champ de sa destinée?

SCHWARZ. Je ne le connais pas.

MOOR. Tu dis bien, et tu as encore mieux agi si tu n'as jamais désiré le connaître. — Frère, j'ai vu les hommes avec leurs soucis d'abeilles et leurs projets de géants, avec leurs plans divins et leurs affaires de souris, avec leur étrange course au clocher à la poursuite du bonheur. Celui-ci se fie au galop de son cheval, — celui-là au nez de son âne, — cet autre à ses propres jambes. Loto bigarré de la vie où beaucoup jouent leur innocence, — d'autres leur part du ciel pour gagner un lot. Mais il n'en sort que des zéros, et à la fin point de lot. C'est un spectacle, frère, qui peut au même instant tirer les larmes de tes yeux, et chatouiller ton diaphragme au point de te faire rire.

SCHWARZ. Comme le soleil se couche là-bas majestueusement.

MOOR, *absorbé dans cette contemplation*. Ainsi meurt un héros !... Adorable...

GRIMM. Tu parais très-ému.

MOOR. Lorsque j'étais encore enfant, mon rêve favori était de vivre comme lui, de mourir comme lui. (*Avec une douleur contrainte.*) C'était un rêve d'enfant.

GRIMM. Je l'espère.

MOOR *abaisse son chapeau sur son visage.* Il fut un temps... Laissez-moi seul, camarades.

SCHWARZ. Moor, Moor ! Que diable ! comme il change de couleur.

GRIMM. Mille démons ! qu'a-t-il ? Se trouve-t-il mal ?

MOOR. Il fut un temps où je ne pouvais dormir quand j'avais oublié de faire ma prière du soir.

GRIMM. Es-tu fou ? Veux-tu te laisser régenter par tes années d'enfance ?

MOOR *place sa tête sur la poitrine de Grimm.* Frère ! frère !

GRIMM. Allons, ne fais donc pas l'enfant, je te prie.

MOOR. Que ne le suis-je encore... que ne puis-je le redevenir !...

GRIMM. Fi ! fi !

SCHWARZ. Reprends ta gaîté... Vois ce paysage pittoresque... ce beau soir...

MOOR. Oui amis, ce monde est beau.

SCHWARZ. Voilà ce qui s'appelle bien parler.

MOOR. Cette terre est magnifique.

GRIMM. Bon, bon, j'aime à t'entendre parler ainsi.

MOOR, *retombant.* Et moi, si haïssable dans ce monde si beau ! un monstre sur cette terre magnifique !

GRIMM. O malheur ! malheur !

MOOR. Mon innocence !... mon innocence !... Voyez, tout s'élance au dehors pour se soleiller aux doux rayons du printemps. Pourquoi suis-je le seul à respirer les douleurs de l'enfer dans les joies du ciel ? Tout est si heureux. L'esprit de paix étend partout la confraternité. Le monde entier n'est qu'une famille qui a son père là-haut. Mais ce n'est pas mon père. Moi seul je suis repoussé, je suis rejeté du rang des justes... moi, je ne connais plus le doux nom d'enfant, je ne trouverai plus jamais le regard tendre d'une mère bien-aimée, ni l'étreinte d'un ami de cœur (*se reculant avec colère*); entouré d'assassins, enlacé par des vipères, enchaîné au crime par des chaînes de fer, vacillant au bord du gouffre de la perdition, sans autre appui pour me retenir que le frêle roseau du vice... Abaddonna désolé au milieu des fleurs de ce fortuné monde.

SCHWARZ, *aux autres*. Inconcevable! Je ne l'ai jamais vu ainsi.

MOOR, *avec douleur*. Ah! que ne puis-je rentrer dans le sein de ma mère! que ne puis-je naître mendiant?... Non, je ne voudrais plus, ô ciel! Oh! si je pouvais être un de ces ouvriers... Oh! je voudrais travailler, au prix d'une sueur de sang acheter la volupté d'un instant de sommeil à midi, le bonheur d'une seule larme...

GRIMM, *aux autres*. Patience, le paroxysme commence à tomber.

MOOR. Il fut un temps où elles coulaient si facilement... Ô jours de paix! château de mon père, frais vallons peuplés de rêves! ô scènes du paradis de mon enfance ne reparaîtrez-vous jamais? Jamais un souffle bienfaisant ne rafraîchira-t-il le feu qui brûle dans mon sein?... Pleure avec moi, nature! Elles ne reparaîtront jamais, jamais pour rafraîchir le feu qui brûle dans mon sein. Passé! passé! sans retour!

SCHWEIZER *revient avec de l'eau dans son chapeau*. Bois, capitaine, voilà de l'eau en assez grande quantité et fraîche comme de la glace.

SCHWARZ. Tu saignes... Qu'as-tu donc fait?

SCHWEIZER. Une plaisanterie qui pouvait me coûter les deux jambes et le cou. Comme je m'en allais sur le sable de la colline, du côté du fleuve, le sol s'est écroulé sous moi et je suis tombé de dix pieds de haut. Je suis resté couché sur la place, et, comme je reprenais mes sens, voilà que j'aperçois dans le gravier l'eau la plus limpide. Assez dansé pour cette fois, me suis-je dit, voici qui fera du bien au capitaine.

moor *lui rend son chapeau et essuie la sueur de son visage.* Sans cela on ne verrait pas les blessures que les cavaliers bohêmes t'ont faites au front... Ton eau était bonne, Schweizer... ces cicatrices te vont bien.

schweizer. Bah! il y a encore là de la place pour trente autres.

moor. Oui, enfant...c'était une chaude soirée...Et nous n'avons perdu qu'un homme... Mon Roller est mort d'une belle mort... On lui élèverait un monument de marbre s'il n'était pas mort pour moi... Contente-toi de celui-ci. (*Il s'essuie les yeux.*) Combien nos ennemis ont ils laissé d'hommes sur place?

schweizer. Cent soixante hussards, quatre-vingt-treize dragons, environ quarante chasseurs ; en tout, trois cents.

moor. Trois cents pour un! chacun de vous a des droits sur cette tête. (*Il se découvre la tête.*) Je vous le jure par mon poignard, aussi vrai que mon âme existe, je ne vous abandonnerai jamais.

schweizer. Ne jure pas. Tu ne sais pas si tu ne reviendras pas heureux, et si tu ne t'en repentiras pas.

moor. Par les os de mon Roller, je ne vous abandonnerai jamais.

Entre Kosinsky.

kosinsky, *à part.* C'est dans cet endroit ou aux environs, m'ont-ils dit, que je le rencontrerai... Ah! holà!... Qu'est-ce que ces figures?... Ce doit être... Si c'était... Ce sont eux, ce sont eux! Je veux leur parler.

schwarz. Attention! qui vient là?

kosinsky. Messieurs, pardonnez. Je ne sais si je me trompe ou si j'ai raison.

moor. Et qui devons-nous être si vous avez raison.

kosinsky. Des hommes.

schweizer. L'avons-nous prouvé, capitaine?

kosinsky. Je cherche des hommes qui regardent la mort en face, qui jouent avec le péril comme avec un serpent apprivoisé, qui estiment plus la liberté que l'honneur et la vie, des hommes dont le nom chéri du pauvre et de l'opprimé soit la terreur des plus hardis et fasse pâlir les tyrans.

SCHWEIZER, *au capitaine*. Ce garçon me plaît... Ecoute, ami, tu as trouvé tes hommes.

KOZINSKY. Je le crois, et j'espère qu'ils seront bientôt mes frères... Mais pouvez-vous me montrer mon homme véritable, car je cherche votre capitaine, l'illustre comte de Moor?

SCHWEIZER *lui serre la main avec chaleur*. Cher jeune homme, nous nous dirons *tu* et *toi*.

MOOR *s'approche*. Connaissez-vous aussi le capitaine?

KOSINSKY. C'est toi... Avec cette physionomie... qui pourrait te voir et en chercher un autre? (*Il le fixe longtemps des yeux.*) J'ai toujours désiré voir l'homme au regard foudroyant qui s'assit sur les ruines de Carthage... A présent, je ne le désire plus.

SCHWEIZER. Un gaillard vif comme l'éclair.

MOOR. Et qui vous amène vers moi?

KOSINSKY. O capitaine, ma destinée plus que cruelle. J'ai fait naufrage sur l'orageux océan de ce monde. J'ai vu mes espérances se perdre dans l'abîme. Il ne me reste plus que le souvenir déchirant de cette perte, qui me rendrait fou si je ne cherchais à l'étouffer en donnant une autre tendance à mon activité.

MOOR. Encore un qui se plaint de la Divinité. Continue.

KOSINSKY. Je me fis soldat. Le malheur me suivit encore dans cette carrière... Je partis pour les Indes orientales ; mon navire se brisa contre les écueils... rien que des projets déçus et renversés! Enfin, j'entends parler au long et au large de tes actions, de tes meurtres et de tes incendies comme ils les appellent, et j'ai fait trente milles avec la ferme résolution de servir sous toi si tu veux accepter mes services... Je t'en prie, digne capitaine, ne me repousse pas !

SCHWEIZER, *sautant.* Heysa! heysa! Voilà notre Roller dix mille fois remplacé; — un camarade parfait pour notre bande.

MOOR. Comment te nommes-tu?

KOSINSKY. Kosinsky.

MOOR. Eh bien! Kosinsky, sais-tu que tu es un enfant étourdi, et que tu mets ta vie au jeu aussi inconsidérément qu'une folle fillette? Ici tu ne joueras pas au ballon ni aux quilles, comme tu te le figures.

KOSINSKY. Je comprends ce que tu veux dire... Je n'ai que vingt-quatre ans, mais j'ai vu étinceler le glaive et entendu siffler les balles autour de moi.

MOOR. Bien! jeune homme. Et n'as-tu appris à combattre que pour renverser un pauvre voyageur par terre et lui enlever un écu, ou pour poignarder les femmes par derrière? Va, va, tu as fui devant ta nourrice, parce qu'elle voulait te donner le fouet.

SCHWEIZER. Que diable! Capitaine, à quoi penses-tu? veux-tu renvoyer cet hercule? N'a-t-il pas une mine à chasser le maréchal de Saxe jusqu'au delà du Gange, avec une cuiller à pot?

MOOR. Parce que tes petites entreprises n'ont pas réussi, tu viens à nous et tu veux être un fripon, un meurtrier? Le meurtre! enfant, comprends-tu bien ce mot! tu peux aller dormir tranquille quand tu as abattu une tête de pavot; mais porter un meurtre sur la conscience!

KOSINSKY. Je prends sur moi la responsabilité de chaque meurtre que tu m'ordonneras.

MOOR. Comment! es-tu si habile? Veux-tu te hasarder à prendre un homme par la flatterie? Qui t'a dit que je n'ai point de mauvais rêves et que je ne pâlirai pas sur mon lit de mort? As-tu déjà fait beaucoup de choses dont tu aies songé à prendre la responsabilité?

KOSINSKY. Très-peu, il est vrai; mais ce voyage pour venir à toi, noble comte?

MOOR. Ton précepteur t'a-t-il laissé jouer avec l'histoire de Robin Hood?... Cette canaille imprévoyante devrait être enchaînée aux galères... Cela t'aura peut-être échauffé l'imagination, et t'aura donné la folle envie de devenir un grand homme... Les idées de renommée et d'honneur chatouillent ton esprit. Tu veux acquérir l'immortalité par le meurtre? Prends-y garde, ambitieux jeune homme! le laurier ne verdit pas pour les assassins... Pour les victoires des bandits il n'y a point de triomphe... mais la malédiction, le péril, la mort, la honte... vois-tu ce gibet là-haut sur la colline?

SPIEGELBERG, *mécontent, va et vient.* Que cela est sot, affreux, impardonnable! Ce n'est pas là le moyen; moi je m'y prends d'une autre façon.

KOSINSKY. Celui qui ne craint pas la mort que peut-il craindre!

MOOR. Bravo! incomparable! Tu as été studieux à l'école, tu as parfaitement appris ton Sénèque. — Mais, mon jeune ami, avec de pareilles sentences tu ne tromperas pas la nature souffrante, tu n'émousseras jamais les traits de la douleur. Réfléchis bien, mon fils! (*il lui prend la main*) réfléchis; songe que je te donne ici les conseils d'un père. Avant de vouloir te précipiter dans l'abîme, apprends à en connaître la profondeur... S'il y a encore dans le monde une joie que tu puisses atteindre... il peut venir un moment où tu... te réveillerais, et alors il serait trop tard... Ici tu sors du cercle de l'humanité; il faut que tu sois un homme plus élevé ou un diable... Encore une fois, mon fils, si quelque part un rayon d'espérance brille à tes yeux, quitte cette effroyable association qui conduit au désespoir, si une sagesse suprême ne l'a pas formée... On peut se tromper. Crois-moi, on peut prendre pour de la force d'esprit ce qui n'est que du désespoir; crois-moi, crois-moi et promptement éloigne-toi d'ici.

KOSINSKY. Non, je ne m'en irai plus. Si mes prières ne te touchent pas, écoute l'histoire de mon infor-

ne... tu me forceras toi-même à prendre le poignard...
tu me... Asseyez-vous par terre, et écoutez-moi attentivement.

MOOR. J'écoute.

KOSINSKY. Vous saurez d'abord que je suis un gentilhomme de Bohême, et qu'à la mort prématurée de mon père je devins seigneur d'un fief considérable... La contrée était un paradis... elle renfermait une jeune fille parée de tous les charmes de la jeunesse et pure comme la lumière du ciel. Mais à qui dis-je cela ? Ces paroles sont perdues pour votre oreille ; vous n'avez jamais aimé, vous n'avez jamais été aimé...

SCHWEIZER. Doucement, doucement. Notre capitaine devient rouge comme le feu.

MOOR. Arrête; je t'écouterai un autre jour... demain... bientôt, on... quand j'aurai vu du sang.

KOSINSKY. Du sang, du sang! Écoute donc : le sang, te dis-je, inondera ton âme. Elle était d'une naissance bourgeoise... et allemande, mais son regard dissipait tous les préjugés de la noblesse. Elle reçut de ma main avec une modestie craintive l'anneau des fiançailles ; le lendemain je devais conduire mon Amélie à l'autel. (*Moor se lève précipitamment.*) Dans le transport de mon bonheur prochain, au milieu des préparatifs de mon mariage, je reçois par un exprès l'ordre de me rendre à la cour. J'arrive. On me montre des lettres pleines de trahison et que l'on m'attribue... Je rougis de cette indignité. On me prend mon épée, on me jette en prison... J'avais perdu tout sentiment.

SCHWEIZER. Et pendant ce temps... Continue ; je flaire ce qui va arriver.

KOSINSKY. Je restai un mois sur mon lit, sans savoir ce que je devenais. Je tremblais pour mon Amélie, à qui ma destinée devait faire souffrir à chaque minute des tortures mortelles. Enfin, paraît le premier ministre de la cour, qui me félicite en termes mielleux de la découverte de mon innocence, me donne un ordre de mise en liberté et me rend mon épée. J'accours triomphant dans mon château ; je veux voler dans les bras d'Amélie... elle a disparu. A minuit elle avait été emmenée, personne ne savait où ; et, depuis, personne ne l'avait revue. Je pars comme l'éclair ; je cours à la ville, je m'informe à la cour... Tous les regards étaient fixés sur moi... personne ne voulait me répondre... Enfin je la découvre dans le palais, derrière une grille secrète... Elle me jette un petit billet...

SCHWEIZER. Ne l'avais-je pas dit ?

KOSINSKY. Enfer, mort et diable ! Elle était là. On lui avait offert ou de me voir mourir, ou de devenir la maîtresse du prince. Dans ce combat entre l'amour et et l'honneur, l'amour l'emporta, et... (*il rit*) je fus sauvé.

SCHWEIZER. Que fis-tu ?

KOSINSKY. Je restai là comme frappé par mille tonnerres. Du sang fut ma première, du sang ma dernière pensée. Écumant de rage, je cours dans ma demeure, je prends une épée bien affilée, je me dirige en toute hâte vers la demeure du ministre, car lui seul... lui seul avait été l'intremetteur infernal... On m'avait sans doute remarqué dans la rue, car lorsque je fus au haut de l'escalier toutes les portes étaient fermées. Je cherche, je questionne ; on me dit qu'il est allé chez le prince. J'y cours ; mais là personne ne l'avait vu. Je reviens ; j'enfonce les portes. J'allais... lorsque cinq à six valets, postés en embuscade, s'élancent sur moi et me désarment.

SCHWEIZER, *frappant du pied*. Et il ne reçut rien, et tu t'en revins ainsi ?

KOSINSKY. Je fus arrêté, mis en accusation, poursuivi criminellement, déclaré infâme, et, voyez-vous... par une grâce spéciale, banni des frontières. Mes biens furent confisqués au profit du ministre. Mon Amélie, dans les griffes du tigre, passe une vie de deuil et de soupirs, tandis qu'il faut que je souffre le jeûne de la vengeance, et que je reste courbé sous le joug du despotisme.

SCHWEIZER, *se levant et agitant son épée.* Voilà de l'eau à notre moulin, capitaine! Il y a là quelque chose à allumer.

MOOR, *qui jusque-là a marché avec une violente agitation, s'élance tout à coup vers les brigands.* Je veux la voir! Alerte! rassemblez-vous... Kosinsky, tu restes avec nous... Dépêchez-vous !

LES BRIGANDS. Où? comment?

MOOR. Où? Qui demande où ? (*Avec violence à Schweizer.*) Traître! tu veux me retenir; mais, par l'espérance du ciel...

SCHWEIZER. Moi, traître! Va en enfer, je te suivrai.

MOOR *lui saute au cou.* Cœur de frère! tu me suivras... Elle pleure, elle pleure... elle mène une vie de deuil... Allons... vite... allons tous en Franconie. Dans huit jours nous serons là.

Ils s'éloignent.

ACTE QUATRIÈME.

SCÈNE I.

Les environs du château de Moor.

MOOR, KOSINSKY, *dans le fond.*

MOOR. Va en avant et m'annonce. Tu sais tout ce que tu dois dire.

KOSINSKY. Vous êtes le comte de Brand qui arrive du Mecklembourg. Moi, je suis votre écuyer. N'ayez pas peur ; je saurai jouer mon rôle. Adieu.

Il s'éloigne.

MOOR. Salut à toi, terre de ma patrie (*il baise la terre*), ciel de ma patrie, soleil de ma patrie! Vallées et collines, fleuves et forêts, salut à vous de cœur ! Que cet air des montagnes natales est doux ! Quelle joie salutaire vous répandez sur le pauvre fugitif ! Élysée, monde poétique... Arrête, Moor! ton pied foule un temple sacré. (*Il s'approche.*) Voilà encore les nids d'hirondelles dans la cour du château, et la petite porte du jardin, et le coin de la haie où souvent je me mettais en embuscade, et là-bas la vallée où je faisais Alexandre le Grand conduisant ses Macédoniens à la bataille d'Arbelles ; près de là le côteau couvert de gazon où je renversais le satrape perse, et où flottait mon étendard victorieux. (*Il sourit.*) Les années d'or, les années de mai de l'enfance, revivent dans l'âme des misérables. J'étais si heureux alors !... Je jouissais d'un calme si complet, si dégagé de nuages !... Et maintenant, voilà les débris de tes projets... Ici, tu devais être un jour un homme illustre, honoré, considérable... Ici, tu devais voir se renouveler ta vie d'enfant dans les enfants d'Amélie... Ici, ici... idolâtré de ton peuple... Mais le démon a détruit tout cela. (*Il s'arrête.*) Pourquoi suis-je venu ici ?... Pour éprouver ce qu'éprouve le prisonnier quand le bruit de ses chaînes chasse ses rêves de liberté... Non, je retourne dans ma misère... Le prisonnier avait oublié la lumière du jour, mais son rêve de liberté a fait passer sur lui un éclair qui, en disparaissant, rend sa nuit plus sombre... Adieu, vallées natales ; vous vîtes autrefois Charles enfant, et Charles était un enfant heureux... Vous le voyez homme, et il est au désespoir. (*Il fait un mouvement rapide pour s'éloigner, puis s'arrête tout à coup et regarde avec douleur le château.*) Ne pas la voir... pas un regard... et il n'y aura eu qu'un mur entre Amélie et moi... Non, il faut que je la voie... que je le voie, lui aussi... dussé-je être écrasé !... (*Il se retourne.*) Mon père, mon père ! ton fils s'approche... Éloigne-toi de moi, noire vapeur de sang... Éloigne-toi, regard creux, regard tremblant et terrible de la mort... Accorde-moi seulement cette heure de liberté. Amélie, mon père ! ton Charles s'approche. (*Il s'avance rapidement vers le château.*) Tourmente-moi au réveil du jour. N'abandonne pas ta proie, quand viendra la nuit. Tourmente-moi par des rêves horribles... Seulement, n'empoisonne pas cette unique volupté. (*Il s'arrête à la porte.*) Quelle émotion ! Qu'as-tu donc, Moor ? Sois homme... Frisson de la mort... pressentiment terrible !

(*Il entre.*)

SCÈNE II.

La galerie du château.

MOOR, AMÉLIE, *entrant ensemble.*

AMÉLIE. Et vous croyez pouvoir reconnaître son image parmi ces peintures ?

MOOR. Certainement. Son image est toujours restée vivante dans mon souvenir. (*Regardant les tableaux.*) Ce n'est pas ceci...

AMÉLIE. Non ; c'est l'aïeul et la tige de cette maison de comtes. Il fut anobli par Barberousse, qu'il avait secondé dans une expédition contre les pirates.

MOOR. Ce n'est pas ce tableau-ci, ni celui-là, ni cet autre... Son portrait n'est point là.

AMÉLIE. Comment ! Regardez donc avec plus d'attention. Je croyais que vous le connaissiez.

MOOR. Je ne connais pas mieux mon père ! Je ne vois pas sur ce portrait la douce expression de la bouche qui le rendrait reconnaissable entre mille... Ce n'est pas lui.

AMÉLIE. Je suis surprise. Quoi ! il y a dix-huit ans que vous ne l'avez vu, et vous pouvez encore...

MOOR, *tout à coup et avec une rougeur rapide.* Le voilà ! (*Il reste comme frappé par la foudre.*)

AMÉLIE. Un excellent homme !

MOOR, *absorbé dans cette contemplation.* Mon père,

mon père ! pardonnez-moi... Oui, un excellent homme !
(*Il s'essuie les yeux.*) Un homme divin !

AMÉLIE. Vous me paraissez prendre un vif intérêt à lui.

MOOR. Oh ! un excellent homme ! Et il est mort ?

AMÉLIE. Il est allé où vont nos meilleurs amis. (*Avec douceur, lui prenant la main.*) Cher comte, aucun bonheur ne s'épanouit sous le soleil.

MOOR. Très-vrai, très-vrai. En auriez-vous déjà fait la triste expérience ? Vous n'avez pas plus de vingt-trois ans ?

AMÉLIE. Oui, j'en ai fait l'expérience. Tout ne vit que pour mourir tristement. Nous ne nous intéressons à une chose, et nous ne l'acquérons que pour la perdre avec douleur.

MOOR. Vous avez déjà perdu quelque chose ?

AMÉLIE. Rien. Tout. Rien. Voulez-vous que nous allions plus loin, monsieur le comte ?

MOOR. Si vite ! Quel est ce portrait à droite ? il me semble que c'est une malheureuse physionomie.

AMÉLIE. Le portrait à gauche représente le fils du comte... le seigneur actuel... Venez, venez.

MOOR. Mais ce portrait à droite ?

AMÉLIE. Ne voulez-vous pas descendre au jardin ?

MOOR. Mais ce portrait à droite... Tu pleures, Amélie ? (*Amélie se sauve.*) Elle m'aime ! elle m'aime ! Tout son être se révoltait contre cette contrainte. Les larmes la trahissaient et coulaient sur ses joues. Elle m'aime. Malheureux ! l'as-tu mérité ? Ne suis-je pas ici comme un condamné devant le billot mortel ? Est-ce là le sofa où, suspendu à son cou, je savourais le bonheur ? Sont-ce là les salles paternelles ? (*Saisi par l'aspect de son père*) Toi... toi... La flamme jaillit de tes yeux... Malédiction ! malédiction ! réprobation ! Où suis-je ? La nuit est devant mes yeux... Dieu de terreur, je l'ai, je l'ai tué ! (*Il s'éloigne précipitamment.*)

FRANZ DE MOOR, *dans une profonde réflexion.* Loin de

moi cette image, loin de moi! Indigne poltron! pourquoi trembles-tu, et devant qui? Depuis le peu d'heures que le comte est ici, ne me semble-t-il pas que je suis poursuivi par un espion de l'enfer? Je dois le connaître; il y a dans sa figure farouche et brunie par le soleil quelque chose de grand que j'ai déjà vu et qui me fait trembler... Amélie aussi ne le voit pas avec indifférence. Ne laisserait-elle pas s'égarer sur lui ses regards languissants dont elle est du reste si avare envers le monde entier? Ne l'ai-je pas vue laisser tomber à la dérobée deux larmes dans le vin qu'il a bu si précipitamment derrière moi, qu'on eût dit qu'il voulait en même temps avaler le verre? Oui, j'ai vu cela dans la glace; je l'ai vu de mes propres yeux. Holà, Franz! prends garde à toi! Il y a là derrière quelque monstre qui porte la ruine dans ses flancs. (*Il s'arrête en face du portrait de Charles.*) Son grand cou, ses yeux noirs et flamboyants,.. Hum, hum! ses longs cils épais et sombres... (*Avec un cri subit.*) Enfer! dans ta joie du mal, est-ce toi qui me donnes ce pressentiment? C'est Charles. Oui, ses traits reparaissent vivants en moi. C'est lui... Malgré son déguisement, c'est lui... c'est lui... Mort et damnation! (*Il se promène avec agitation.*) Ai-je donc pour cela employé tant de nuits, enlevé des rochers, comblé des abîmes? Ai-je donc été rebelle à tous les instincts de l'humanité, pour qu'à la fin un vagabond renverse mon ingénieux édifice? Doucement, doucement; il ne nous reste qu'à continuer le jeu. Je suis déjà enfoncé jusqu'aux oreilles dans le péché mortel. Ce serait une folie de nager en arrière, quand le rivage est si loin de moi. Il n'y a plus à penser au retour. La grâce elle-même serait réduite à la besace, et la miséricorde infinie ferait banqueroute si elle voulait faire honneur à toutes mes dettes. Ainsi donc, en avant comme un homme. (*Il sonne.*) Qu'il aille se réunir à l'esprit de son père, et marchons! Je me moque des morts... Daniel! hé! Daniel!... Qu'y a-t-il donc? L'a-t-on déjà soulevé contre moi? Il paraît si mystérieux !

DANIEL. Qu'ordonnez-vous, mon maître?

FRANZ. Rien, va. Remplis cette coupe de vin, mais vite. (*Daniel sort.*) Attends, vieillard, je saurai bien te prendre; je veux te fixer tellement dans les yeux que ta conscience troublée pâlira sous ton masque. Il mourra ! Il n'y a qu'un sot qui, après avoir fait la moitié de sa tâche, l'abandonne et regarde paisiblement ce qu'il en arrivera. (*Daniel avec le vin.*) Mets-le là. Regarde-moi en face. Comme tes genoux vacillent! Comme tu trembles ! Parle, vieillard, qu'as-tu fait?

DANIEL. Rien, mon digne seigneur. Aussi vrai que Dieu et ma pauvre âme existent.

FRANZ. Bois ce vin. Comment! tu trembles? Parle vite. Qu'as-tu jeté dans ce vin ?

DANIEL. Que Dieu me secoure ! Quoi ! moi, dans ce vin ?

FRANZ. Tu as jeté du poison. N'es-tu pas blanc comme la neige? qui te l'a donné? c'est le comte, n'est-ce pas? C'est le comte qui te l'a donné?

DANIEL. Le comte ! Jésus Marie ! Le comte ne m'a rien donné.

FRANZ *le saisit rudement.* Je te serrerai la gorge jusqu'à ce que tu en deviennes bleu, menteur à cheveux blancs! Rien! Et que tramez-vous donc ensemble, lui, toi et Amélie? Et que chuchotez-vous toujours? Parle, quels secrets, quels secrets t'a-t-il confiés ?

DANIEL. Le Dieu qui sait tout sait qu'il ne m'a confié aucun secret.

FRANZ. Tu veux le nier? Quel complot avez-vous formé pour vous débarrasser de moi? C'est de m'étrangler dans mon sommeil, n'est-ce pas? ou de me couper la gorge avec un rasoir, ou de me faire prendre du poison dans du vin ou du chocolat?... Allons, parle... ou de me gratifier du sommeil éternel avec de la soupe? Parle donc ! Je sais tout.

DANIEL. Que Dieu m'abandonne au jour du danger, si je ne vous dis pas la pure et exacte vérité.

FRANZ. Cette fois, je te pardonne. Mais n'importe, il t'a mis de l'argent dans la bourse. Il t'a serré la main plus fort qu'on ne la serre de coutume... à peu près comme on la serre à une ancienne connaissance?

DANIEL. Jamais, mon maître.

FRANZ. Il t'a dit, je suppose, qu'il te connaît déjà quelque peu, que tu dois presque le connaître... qu'un jour le bandeau tomberait de tes yeux... que... Comment! il ne t'a jamais dit cela?

DANIEL. Pas le moindre mot.

FRANZ. Que certaines circonstances l'arrêtaient... que souvent il faut prendre un masque pour aller à la rencontre de ses ennemis... qu'il voulait se venger... se venger atrocement?

DANIEL. Pas une syllabe de tout cela.

FRANZ. Comment! rien du tout... réfléchis... Qu'il avait bien connu le vieux seigneur... qu'il l'aimait... qu'il l'aimait beaucoup... comme un fils aime?...

DANIEL. Je me souviens, en effet, de l'avoir entendu dire quelque chose de semblable.

FRANZ, *pâle*. A-t-il, a-t-il réellement?... Quoi? Raconte-moi donc; il disait... qu'il était mon frère?

DANIEL, *surpris*. Comment, mon maître? Non, il ne disait pas cela. Mais quand mademoiselle l'amena dans la galerie, j'étais là occupé à épousseter les tableaux; — il s'arrêta tout à coup devant le portrait de mon défunt maître, comme s'il avait été frappé par la foudre. Mademoiselle lui montra le portrait, et dit : Un excellent homme! — Oui, un excellent homme! répondit-il en s'essuyant les yeux.

FRANZ. Écoute, Daniel, tu sais que j'ai toujours été bon envers toi. Je t'ai nourri et habillé, j'ai ménagé la faiblesse de ton âge en toute espèce de travaux.

DANIEL. Que Dieu vous en récompense, mon bon seigneur! Moi, je vous ai toujours loyalement servi.

FRANZ. C'est précisément ce que je voulais dire. Tu ne m'as pas contredit une fois dans ta vie, parce que tu sais bien que tu me dois obéissance en tout ce que je te commande.

DANIEL. En tout, de grand cœur, si je n'agis ni contre Dieu, ni contre ma conscience.

FRANZ. Plaisanterie! plaisanterie! N'as-tu pas honte! un vieillard comme toi croire à ces contes de Noël! Va, Daniel, c'est une sotte pensée! Je suis ton maître; c'est moi que Dieu et la conscience puniront, s'il y a un Dieu et une conscience.

DANIEL, *joignant les mains.* Dieu de miséricorde!

FRANZ. Par ton obéissance! comprends-tu aussi ce mot? Par ton obéissance, je t'ordonne de faire en sorte que le comte, demain matin, ne soit plus du nombre des vivants.

DANIEL. Viens à mon aide, Dieu puissant! Et pourquoi?

FRANZ. Par ton aveugle obéissance! — et je te soutiendrai.

DANIEL. Moi! à mon secours, sainte mère de Dieu! moi, pauvre vieillard! Quel mal ai-je donc fait?

FRANZ. Il n'y a pas ici de temps pour réfléchir! ton sort est entre mes mains. Veux-tu traîner languissamment le reste de ta vie dans le souterrain le plus profond d'une de mes tours où la faim te forcera à ronger tes os, et la soif à boire ton urine? ou veux-tu manger ton pain tranquillement et goûter le repos dans ta vieillesse?

DANIEL. Comment, maître? la tranquillité et le repos dans ma vieillesse... et devenir un assassin?

FRANZ. Réponds à ma question.

DANIEL. Mes cheveux blancs! mes cheveux blancs!

FRANZ. Oui ou non?

DANIEL. Non. Que Dieu ait pitié de moi!

FRANZ, *comme s'il allait sortir.* Bien; tu expieras cela. (*Daniel le retient et tombe devant lui.*)

DANIEL. Pitié, maître! pitié!

FRANZ. Oui, ou non?

DANIEL. Monseigneur, j'ai aujourd'hui soixante et dix ans. J'ai honoré mon père et ma mère. De ma vie je n'ai fait à personne, autant que je le sache, tort d'un denier. Je suis resté fidèle à ma croyance, et pendant quarante-quatre ans j'ai servi honnêtement, fidèlement votre maison : à présent j'attends une fin paisible et heureuse. Hélas! seigneur, seigneur! (*il embrasse ses genoux*) et vous voulez m'enlever à l'heure de la mort la dernière consolation. Vous voulez que le ver rongeur de la conscience m'ôte ma dernière prière, que je m'endorme comme un monstre aux yeux de Dieu et des hommes! Non, non, mon cher, mon doux, mon clément seigneur, vous ne le voulez pas, vous ne pouvez pas le vouloir d'un vieillard de soixante et dix ans.

FRANZ. Oui ou non? Que signifie ce bavardage?

DANIEL. Je veux vous servir avec plus de zèle encore. Je veux employer, comme un manœuvre, mes muscles desséchés à votre service; je me lèverai plus tôt, je me coucherai plus tard. Je mêlerai votre nom à ma prière du matin et du soir, et Dieu ne rejettera pas la prière d'un vieillard.

FRANZ. L'obéissance vaut mieux que le sacrifice. As-tu jamais entendu dire que le bourreau fît des façons quand il devait exécuter une sentence?

DANIEL. Hélas, sans doute... Mais égorger un innocent... un...

FRANZ. Dois-je te rendre compte de quelque chose? La hache demande-t-elle au bourreau pourquoi elle tombe ici plutôt que là? Mais vois comme je suis généreux : je t'offre une récompense pour ce que tu es tenu de faire par devoir.

DANIEL. Mais j'espérais rester chrétien en remplissant mes devoirs envers vous.

FRANZ. Point de contradiction. Je te donne un jour tout entier pour réfléchir. Penses-y bien ; c'est le bonheur ou l'infortune, entends-tu? comprends-tu? le plus grand bonheur ou la plus complète infortune. J'inventerai des supplices dont tu ne te doutes pas.

DANIEL, *après quelques réflexions.* Je le ferai; demain je le ferai.

Il sort.

FRANZ. La tentation est forte, et celui-là n'était pas né pour être le martyr de sa croyance. Eh bien ! cela marche, monsieur le comte. Selon toute apparence, demain soir vous aurez votre festin de mort. Tout dépend de la manière dont on prend les choses, et celui-là est un fou, qui agit contre ses intérêts. Le père qui peut-être a bu une bouteille de vin de trop éprouve une certaine velléité : il en résulte un homme, et cet homme était certainement la dernière chose à laquelle on pensât dans tout ce travail d'Hercule. Maintenant, moi j'éprouve aussi cette excitation : la mort d'un homme en est le résultat, et certainement il y a ici plus de jugement et de prévoyance qu'il n'y en eut dans sa création. L'existence de la plupart des hommes n'est-elle pas le plus souvent la conséquence d'une heure de canicule, de l'aspect séduisant d'un lit, de la position d'une grâce de cuisine endormie ou d'une lumière éteinte ? Si la naissance de l'homme n'est que l'œuvre d'un mouvement animal, d'un hasard, qui oserait croire que la négation de son existence soit quelque chose de plus considérable ? Maudite soit la folie de nos bonnes et de nos nourrices qui corrompent notre imagination avec leurs contes effrayants, qui font entrer dans nos faibles cerveaux l'épouvantable image d'une justice vengeresse, de telle sorte qu'un frisson involontaire, une angoisse glaciale agitent les membres de l'homme, — que nos résolutions les plus hardies sont entravées, et que notre jugement, au moment où il s'éveille, est enlacé par les chaînes d'une sombre superstition ! Le meurtre ! comme si toutes les furies de l'enfer devaient voltiger autour de ce mot !... Mais, supposons que la nature a oublié de faire un homme de plus, que l'on a oublié de nouer le cordon de l'enfant, que le père s'est trouvé impuissant le jour de son mariage, et toute la fantasmagorie disparaît : c'était quelque chose, et ce n'est rien. N'est-ce pas comme si l'on disait : Ce n'était rien et ce n'est rien ? Pourquoi donc échanger des paroles sur rien ? L'homme sort de la fange, barbotte un instant dans la fange, et retourne fermenter dans la fange jusqu'à ce qu'enfin il salisse la semelle des souliers de son petit-fils. C'est là la fin de la chanson, le cercle de la fange de la destinée humaine. Ainsi, bon voyage, monsieur mon frère. Le moraliste chagrin et podagre peut chasser, au nom de la conscience, des femmes ridées d'une maison de joie, et torturer des usuriers sur un lit de mort ;—il n'aura jamais accès auprès de moi.

Il sort.

SCÈNE III.

Une autre chambre du château.

MOOR *entre d'un côté*, DANIEL *de l'autre.*

MOOR, *avec vivacité*. Où est mademoiselle Amélie ?
DANIEL. Monseigneur, permettez à un pauvre homme de vous adresser une prière.
MOOR. Elle est exaucée ; que veux-tu ?
DANIEL. Pas beaucoup et tout. C'est si peu, et c'est une si grande chose ; laissez-moi vous baiser la main.
MOOR. Non, mon bon vieillard (*il l'embrasse*) : toi que je pourrais nommer mon père !
DANIEL. Votre main, votre main, je vous prie.
MOOR. Non, tu ne dois pas...
DANIEL. Je le dois. (*Il la saisit, la regarde, et tombe à genoux.*) Mon bon, mon cher Charles !
MOOR *pousse un cri, puis se remet avec froideur*. Ami, que dis-tu ? Je ne te comprends pas.
DANIEL. Oui, vous pouvez le nier, déguisez-vous. Bien, bien ! vous n'en serez pas moins toujours mon

excellent et précieux jeune maître. Dieu de bonté! que dans ma vieillesse j'aie pu avoir encore cette joie!... Pauvre sot que je suis, de n'avoir pas de suite... ô Dieu du ciel!... Ainsi vous voilà revenu, et mon vieux maître est sous terre, et vous voilà revenu... Quelle âme aveugle j'étais pourtant! (*se frappant la tête*) de n'avoir pas à la première minute... Ah! pauvre homme, qui aurait pu rêver cela?... moi qui le demandais avec des larmes!... Jésus-Christ!... le voilà de nouveau en personne dans la vieille chambre!

MOOR. Qu'est-ce que ce langage? Êtes-vous agité par une fièvre ardente, ou voulez-vous essayer avec moi un rôle de comédie?

DANIEL. Fi donc! fi donc! Ce n'est pas bien de se moquer ainsi d'un vieux serviteur... Cette cicatrice! vous rappelez-vous encore?... Grand Dieu!... quelle anxiété vous me donnâtes alors!... moi qui vous ai toujours tant aimé!... quel mal vous me fîtes ce jour là!... Vous étiez assis sur mes genoux... vous vous en souvenez encore!... là-bas dans la salle ronde... n'est-ce pas? Vous l'avez peut-être oublié, ainsi que ce coucou que vous aimiez tant à entendre?... Pensez donc, voilà que le coucou est brisé et jeté par terre. C'est la vieille Suzanne qui l'a fait tomber en balayant la chambre. Oui, vraiment, et alors vous étiez assis sur mes genoux; vous criez : Dada, et moi je cours vous chercher votre dada... Jésus mon Dieu! pourquoi me vint-il l'idée de courir, à moi, vieil âne, et quelle chaleur brûlante je sentis courir dans mes veines, quand j'entendis du dehors votre gémissement!... j'entre... le sang coulait, et il y en avait par terre, et vous aviez... Sainte mère de Dieu!... c'était comme si on m'avait versé sur le cou un seau d'eau glacée... Mais voilà ce qui arrive quand on perd un instant de vue les enfants. Grand Dieu! si c'était entré dans l'œil!... c'était à la main droite... Aussi longtemps que je vivrai, me suis-je dit, pas un enfant n'aura entre les mains un couteau ou des ciseaux, ou un instrument aigu... Heureusement que notre maître et notre maîtresse étaient en voyage... Oui, oui, me dis-je, cela me servira d'avertissement pour le reste de ma vie... Hélas! hélas! j'aurais pu être renvoyé du service... j'aurais pu... Que Dieu vous pardonne, méchant enfant... Mais, grâces au ciel... cela se guérit... et il ne reste que cette cicatrice.

MOOR. Je ne comprends pas un mot à tout ce que tu dis.

DANIEL. Bon! bon! n'importe. Ah! c'était là un heureux temps! Combien de morceaux de sucre, de biscuits et de macarons je vous ai donnés! Ah! je vous ai toujours bien gâté. Et vous rappelez-vous ce que vous me disiez une fois dans l'écurie, quand je vous asseyais sur l'alezan de mon vieux maître, et que je vous faisais trotter autour de la grande prairie? Daniel, disiez-vous, attends seulement que je sois grand, alors tu seras mon intendant, et tu te promèneras avec moi dans la voiture... Oui, vous répondais-je en riant, si Dieu nous donne la vie et la santé, et que vous ne rougissiez pas de votre vieux Daniel, je veux vous prier de m'accorder la petite maison du village qui est déjà depuis un bon bout de temps inhabitée. Là j'apporterai une vingtaine de barriques de vin, et je tiendrai auberge dans mes vieux jours... Oui, riez seulement, riez mon jeune seigneur, vous me ferez croire que vous avez oublié tout cela? On ne veut plus reconnaître le vieux Daniel; on lui fait une mine hautaine; on le traite comme un étranger... Oh! vous êtes pourtant mon jeune maître chéri. Il faut avouer qu'alors vous étiez un peu léger... excusez ces paroles... comme la plupart des jeunes gens ont coutume d'être. A la fin, tout s'arrange.

MOOR, *lui sautant au cou.* Non, Daniel, je ne veux plus te le cacher : je suis ton Charles, ton Charles que tu as perdu... Que fait mon Amélie?

DANIEL *commence à pleurer.* Et que moi, pauvre pécheur, j'aie encore la joie, et mon défunt maître a vainement pleuré! A présent, à présent, cerveau blanchi, muscles desséchés, descendez avec joie dans la tombe; mon seigneur et maître vit; mes yeux l'ont vu!

MOOR. Et il tiendra ses promesses. Prends ceci, honnête vieillard, pour les courses sur l'alezan. (*Il lui donne une lourde bourse.*) Je n'ai pas oublié le vieux Daniel.

DANIEL. Comment? que faites-vous? C'est trop; vous vous trompez.

MOOR. Je ne me trompe pas, Daniel. (*Daniel veut tomber à ses genoux.*) Lève-toi, et dis-moi ce que fait mon Amélie.

DANIEL. Justice de Dieu! justice de Dieu!... Ah! votre Amélie n'y survivra pas; elle mourra de joie.

MOOR, *avec vivacité.* Elle ne m'a pas oublié?

DANIEL. Oublié!... Que dites-vous là? Vous oublier? Ah! vous auriez dû être ici, vous auriez dû voir sa figure quand on apprit que vous étiez mort, et quand mon maître fit répandre cette nouvelle.

MOOR. Que dis-tu? mon frère...

DANIEL. Oui, votre frère, mon maître, votre frère. Je vous en raconterai plus long une autre fois, quand nous aurons le temps... Et comme elle le traitait d'une jolie façon quand il venait, chaque jour que Dieu nous envoie, lui faire ses offres, et qu'il voulait l'épouser. Oh! il faut, il faut que j'aille lui annoncer... (*Il va pour sortir.*)

MOOR. Arrête... arrête... elle ne doit pas savoir... Personne ne doit savoir... Mon frère non plus...

DANIEL. Votre frère! non, restez... Il ne doit rien savoir, lui! s'il n'en sait déjà pas plus qu'il ne devrait... Oh! je vous le dis : il y a de méchants hommes, de méchants frères, de méchants maîtres... Mais, pour tout l'or de mon seigneur, je ne voudrais pas être un méchant valet... Mon maître vous croyait mort...

MOOR. Hum! que murmures-tu donc?

DANIEL, *plus bas.* Et vraiment, quand on ressuscite

ainsi, sans en être prié... Votre frère était l'unique héritier de mon défunt seigneur.

MOOR. Vieillard, que murmures-tu là entre tes dents, comme s'il y avait sur ta langue un secret monstrueux que tu ne voudrais pas, mais que tu dois avouer?... Parle plus clairement.

DANIEL. Mais j'aime mieux être forcé par la faim à me ronger les os, et par la soif à boire mon urine, que d'acquérir le bien-être par un meurtre. *Il sort.*

MOOR, *avec ardeur après un moment de silence.* Trahi! trahi! Cette idée traverse mon âme comme l'éclair. Ruses de fripons! Ciel et enfer!... ce n'est pas toi, mon père! Ruses de fripons! Brigand et meurtrier par suite de cette trame indigne! Noirci à ses yeux... mes lettres interceptées, dénaturées... son cœur plein d'amour... Et moi qui d'insensé suis devenu un monstre... son cœur plein d'amour paternel... Oh! scélératesse! scélératesse! Il ne m'en eût coûté que de tomber à ses pieds, il ne m'en eût coûté qu'une larme... Et moi, faible, faible, faible insensé (*se frappant la tête contre la muraille*), j'aurais pu être heureux! Oh! fourberie! fourberie! Le bonheur de la vie m'a été enlevé... enlevé par l'imposture... (*Il court avec fureur de long en large*). Meurtrier! brigand! par suite de cette trame indigne... Il n'était pas irrité; il n'avait pas une pensée de malédiction dans le cœur. O scélérat! Inconcevable, perfide, horrible scélérat!

Entre Kosinsky.

KOSINSKY. Eh bien, capitaine! où te caches-tu? qu'y y a-t-il? Il me semble que tu veux rester ici plus longtemps.

MOOR. Va, selle les chevaux. Il faut qu'avant le coucher du soleil nous ayons franchi la frontière.

KOSINSKY. Tu plaisantes!

MOOR. Vite, vite; point de retard. Laisse tout là, et prends garde que personne ne te voie. (*Kosinsky sort.*)

MOOR. Je veux fuir de ces murs. Le moindre délai

pourrait faire éclater ma fureur, et c'est le fils de mon père... Frère, frère, tu as fait de moi l'être le plus misérable qui soit au monde... Moi, je ne t'avais jamais offensé....Ce n'était point là agir en frère... Recueille en paix les fruits de ton crime... je n'empoisonnerai pas plus longtemps ton bonheur par ma présence... Mais certainement ce n'était pas agir en frère... Qu'une ombre éternelle s'étende sur ce bonheur, et que la mort ne te le ravisse pas!

KOSINSKY. Les chevaux sont sellés; vous pouvez partir quand vous voudrez.

MOOR. Quel tourment tu fais! Pourquoi tant de promptitude? Ne dois-je plus la voir?

KOSINSKY. Je vais les débrider si vous le voulez. Vous m'aviez dit de me hâter le plus possible.

MOOR. Encore une fois, encore un adieu!... Je veux épuiser le poison de ce bonheur, et alors... Arrête, Kosinsky; encore dix minutes... et nous partons.

SCÈNE IV.

Le jardin.

AMÉLIE. Tu pleures, Amélie; et il m'a dit cela d'une voix... une voix.... il me semblait que la nature venait de se rajeunir, et je voyais poindre l'aurore du printemps de l'amour : le rossignol chantait comme autrefois; les fleurs exhalaient leur parfum comme autrefois, et je me croyais suspendue, ivre de délices, à son cou... Ah! cœur faux et sans foi, tu veux excuser ton parjure. Non, non! loin de moi, images coupables! je n'ai pas rompu mon serment, toi, ô mon seul bien-aimé! Loin de moi, désirs perfides et impies! Dans le cœur où règne Charles, pas un fils de la terre ne peut habiter. Mais pourquoi mon âme revient-elle toujours et malgré sa volonté vers cet étranger? N'est-il pas étroitement lié à l'image de mon bien-aimé? N'est-il pas l'éternel compagnon de mon bien-aimé? Tu pleures, Amélie... Ah! je veux fuir... fuir... Jamais mes yeux ne doivent revoir cet étranger. (*Moor ouvre la porte du jardin. Amélie continue.*) Écoutons... écoutons : n'ai-je pas entendu le bruit de la porte? (*Elle aperçoit Charles et s'élance.*) Lui! Où? Comment? Il m'a tellement enracinée ici que je ne puis fuir... Ne m'abandonne pas, Dieu du ciel ; non, tu ne m'enlèveras pas mon Charles. Il n'y a pas de place dans mon âme pour deux divinités, et je ne suis qu'une simple mortelle. (*Elle prend le médaillon de Charles.*) Mon Charles, sois mon génie protecteur contre cet étranger, contre ce destructeur de l'amour. Je veux te contempler, te contempler, et mes regards profanes ne se tourneront plus vers celui-là ! (*Elle s'asseoit en silence les yeux fixés sur le portrait.*)

MOOR. Vous ici... mademoiselle... et triste... et une larme sur ce portrait. (*Amélie ne lui répond pas.*) Quel est l'heureux homme pour lequel cet œil d'ange se perle d'une larme? Puis-je aussi voir à qui une telle gloire... (*Il veut regarder le portrait.*)

AMÉLIE. Non! oui! non!

MOOR, *se retirant en arrière*. Ah!... Et mérite-t-il cette idolâtrie? Mérite-t-il?...

AMÉLIE. Si vous l'aviez connu!

MOOR. Je l'aurais envié.

AMÉLIE. Adoré, voulez-vous dire.

MOOR. Ah!

AMÉLIE. Oh! vous l'auriez tant aimé. Il y avait dans son visage, dans ses yeux, dans le son de sa voix tant de choses... tant de choses... semblables à ce que je trouve en vous. (*Moor baisse les yeux.*) Il a été mille fois là où vous êtes, et près de lui était celle qui près de lui oubliait le ciel et la terre. Ici son regard errait sur cette magnifique contrée, qui semblait comprendre la valeur de ce noble regard et s'embellir de la joie qu'elle donnait à la plus belle image ; ici il captivait par sa musique céleste les habitants de l'air; ici, dans ce bosquet, il cueillait des roses et les cueillait pour moi; ici, ici, il se suspendit à mon cou, sa bouche brûlante reposa sur la mienne, et les fleurs étaient heureuses de mourir sous les pas des deux amants.

MOOR. Il n'est plus?

AMÉLIE. Il navigue sur des mers orageuses; l'amour d'Amélie navigue avec lui. Il voyage à travers des déserts de sable, sans chemin; l'amour d'Amélie fait reverdir sous ses pieds le sable brûlant, et fleurir les plantes sauvages. Le soleil du midi brûle sa tête nue; la neige du nord glace ses pieds; la grêle tombe sur ses tempes, et l'amour d'Amélie le berce dans l'orage. — Il y a des mers, des montagnes, des horizons lointains entre les amants; — mais les âmes s'échappent de leur cachot de poussière et se rejoignent dans le paradis de l'amour... Vous paraissez triste, monsieur le comte!

MOOR. Les paroles de l'amour font revivre mon amour.

AMÉLIE, *pâle.* Quoi! vous en aimez une autre! Malheur à moi! Qu'ai-je dit?

MOOR. Elle me croyait mort, et resta fidèle à celui qu'elle croyait mort. Elle apprit que je vivais, et me sacrifia la couronne d'une sainte; elle sait que j'erre dans le désert, que je m'égare dans l'infortune, et son amour me suit dans le désert et dans l'infortune. Elle s'appelle Amélie, comme vous, mademoiselle.

AMÉLIE. Que j'envie votre Amélie!

MOOR. Oh! c'est une malheureuse jeune fille. Son amour appartient à un homme perdu, et jamais elle n'en sera récompensée!

AMÉLIE. Oui! elle en sera récompensée dans le ciel. Ne dit-on pas qu'il y a un monde meilleur, où les malheureux se réjouissent, où les amants se reconnaissent?

MOOR. Oui! un monde où le voile tombe, où l'amour se retrouve avec effroi : ce monde s'appelle l'éternité... Mon Amélie est une malheureuse jeune fille.

AMÉLIE. Malheureuse ! et vous l'aimez !

MOOR. Malheureuse parce qu'elle m'aime ! Quoi ! si j'étais un meurtrier ! Quoi ! mademoiselle, si votre amant devait à chaque baiser compter un meurtre ! Malheur à mon Amélie : c'est une malheureuse jeune fille !

AMÉLIE, *sautant avec joie.* Ah ! que je suis heureuse ! Celui que j'aime est le reflet de la Divinité, et la Divinité n'est que douceur et miséricorde. Il ne pourrait pas voir souffrir une mouche... Son âme est aussi éloignée d'une pensée de sang, que le soleil du midi des ombres de la nuit.

(*Moor se cache à la hâte dans un bosquet et regarde la campagne. Amélie prend son luth et chante :*) « Hec-
» tor ! veux-tu me quitter à jamais, veux-tu t'en aller
» où le fer meurtrier des Æacides offre à Patrocle un
» horrible sacrifice ? Qui apprendra désormais à tes en-
» fants à lancer le javelot, à honorer les dieux, si le
» Xanthe serpente derrière toi ? »

MOOR *prend le luth en silence et chante :* « Ma chère
» compagne, va ! apporte-moi la lame meurtrière !
» laisse-moi m'élancer dans le tumulte de la bataille. »

Il jette le luth et s'enfuit.

SCÈNE V.

Une forêt. La nuit. Un vieux château en ruine.

LES BRIGANDS, *campés.* (*Ils chantent :*) « Voler, tuer,
» faire la débauche, voilà ce qui s'appelle passer son
» temps ! Demain nous serons pendus au gibet ; amu-
» sons-nous donc aujourd'hui.

» Nous menons une joyeuse vie, une vie de délices.
» La forêt est notre quartier nocturne. Nous campons
» sous le vent et l'orage. La lune est notre soleil, et
» Mercure notre dieu.

» Aujourd'hui nous nous convions chez le prêtre,

» demain chez le riche fermier. Et quant au reste, c'est
» l'affaire du bon Dieu.

» Et quand nous avons lavé notre gosier avec le jus
» de la grappe, nous avons de la force et du courage.
» Nous formons un pacte de confraternité avec l'esprit
» noir qui rôtit les âmes dans l'enfer. Le gémissement
» des pères qu'on égorge, les lamentations des mères
» effrayées, les cris de la fiancée délaissée, sont notre
» bruit favori et notre joie.

« Et quand ils tremblent devant nous, quand ils
» mugissent comme des veaux et tombent comme
» des mouches, notre œil étincelle, notre oreille est
» satisfaite.

» Lorsque viendra notre dernière heure, lorsque le
» bourreau nous saisira, alors nous aurons notre ré-
» compense ; nous graisserons nos bottes... sur la
» route un petit coup de vin généreux, et hourra !
» hourra ! nous voilà partis !

SCHWEIZER. Il se fait nuit et le capitaine n'est pas encore là.

RAZMANN. Il avait promis cependant de nous rejoindre au coup de huit heures.

SCHWEIZER. S'il lui était arrivé quelque malheur... Camarades, nous mettrions le feu là-bas, et nous égorgerions jusqu'à l'enfant à la mamelle.

SPIEGELBERG, *prenant Razmann à part.* Un mot, Razmann.

SCHWARZ, *à Grimm.* Ne dépêcherons-nous pas des espions.

GRIMM. Laisse-le : il va faire quelque capture dont nous serons étonnés.

SCHWEIZER. Tu te trompes, par le diable ! il ne nous a pas quittés comme un homme qui porte dans ses armes le signe de friponnerie. As-tu donc oublié ce qu'il nous dit en nous conduisant dans la forêt? « Si l'un de vous arrache seulement un navet dans ce champ et que je l'apprenne, il laissera sa tête ici, aussi vrai que je m'appelle Moor... » Il ne nous est pas permis de voler.

RAZMANN, *bas à Spiegelberg.* Où veux-tu en venir? Parle plus clairement.

SPIEGELBERG. Chut! chut! Je ne sais pas quelle idée, toi et moi, nous nous faisons de la liberté; être attelés à la charrette comme des bœufs, et pérorer à grand bruit sur l'indépendance, voilà ce qui ne me plaît pas!

SCHWEIZER, *à Grimm.* Que débite cet étourneau?

RAZMANN, *bas à Spiegelberg.* Tu parles du capitaine?

SPIEGELBERG. Chut donc! chut! il y a des oreilles tout autour de nous. Le capitaine, dis-tu?... Qui l'a nommé notre capitaine? N'a-t-il pas lui-même usurpé ce titre qui me revenait de droit? Quoi! nous jouerons notre vie comme avec des dés; nous essuierons toutes les rigueurs du destin; tout cela, pour avoir ensuite le bonheur de dire que nous sommes les serfs d'un esclave... des serfs... quand nous pourrions être princes... Pardieu! Razmann, cela ne m'a jamais plu.

SCHWEIZER, *aux autres.* Oui, tu es un vrai héros pour jeter des pierres aux grenouilles. Rien que le bruit de son nez, quand il éternue, te ferait passer par le trou d'une aiguille.

SPIEGELBERG, *à Razmann.* Oui, il y a déjà des années que je pense à cela. Il faut qu'il en soit autrement. Razmann, si tu es tel que je t'ai toujours cru, Razmann, il est loin, à moitié perdu... Razmann, il me semble que son heure sinistre sonne. Quoi! tu n'es pas ému d'entendre sonner la cloche de la liberté? Tu n'as pas assez de courage pour comprendre un signe hardi?

RAZMANN. Ah! Satan! où entraînes-tu mon âme?

SPIEGELBERG. Est-elle prise? bien! Alors suis-moi! viens! J'ai remarqué où il est allé. Deux pistolets manquent rarement leur coup, et nous serons les premiers à étrangler le nourrisson.

Il veut l'entraîner.

SCHWEIZER, *tirant avec fureur son coutelas.* Ah! scélérat! tu me fais souvenir là des forêts de la Bohême. N'es-tu pas le lâche qui se mit à divaguer quand on cria : Voici l'ennemi? Je t'ai de ce jour, maudit dans l'âme!... Va-t'en au diable, meurtrier!

Il le tue.

LES BRIGANDS, *dans l'agitation.* Au meurtre! au meurtre! Schweizer! Spiegelberg! Séparez-les.

SCHWEIZER, *jette son coutelas sur lui.* Là, crève! Paix, camarades! ne vous laissez point troubler par cette misère. L'animal a toujours eu du venin pour le capitaine et n'a pas une seule cicatrice sur toute la peau. Encore une fois, tenez-vous tranquilles. Ah! misérable! c'est par derrière qu'il voulait assassiner des hommes... Assassiner par derrière!... Tant de sueur n'a-t-elle donc coulé sur notre front que pour nous esquiver hors de ce monde comme des chiens? N'avons-nous donc campé sous le feu et la fumée que pour crever à la fin comme des rats?

GRIMM. Mais, par le diable! camarade, qu'avez-vous donc entre vous? le capitaine sera furieux.

SCHWEIZER. Cela me regarde. Et toi, coquin, (*à Razmann*), tu étais son second : hors d'ici!... Schufterle en a fait autant. A présent, il est pendu en Suisse, comme mon capitaine le lui avait prophétisé.

On entend un coup de pistolet.

SCHWARZ, *se levant.* Ecoutez! un coup de pistolet. (*On entend un second coup.*) Encore un. Holà, le capitaine!

GRIMM. Patience! il faut qu'il y en ait un troisième. (*On entend encore un coup.*)

SCHWARZ. C'est lui! c'est lui! Sauve-toi, Schweizer! Laisse-nous lui parler pour toi.

Entrent Moor et Kosinsky.

SCHWEIZER, *allant au devant d'eux.* Sois le bienvenu, mon capitaine! J'ai été un peu vif depuis que tu es loin. (*Il le mène près du cadavre.*) Sois juge entre cet homme et moi : il voulait t'assassiner par derrière.

LES BRIGANDS, *avec surprise.* Quoi! le capitaine!

MOOR, *absorbé dans la contemplation, s'écrie tout à coup :* Oh! main vengeresse! inconcevable main de Némésis! N'est-ce pas cet homme qui me fit entendre le chant de la sirène? Consacre ce coutelas à la mystérieuse remémoratrice. Ce n'est pas toi qui as fait cela, Schweizer?

SCHWEIZER. Pardieu! c'est vraiment moi qui l'ai fait; et, par le diable, ce n'est pas la plus mauvaise action que j'aie commise dans ma vie. (*Il s'éloigne mécontent.*)

MOOR, *réfléchissant.* Je comprends. Juste ciel! je comprends. Les feuilles tombent des arbres, et mon automne est venu. Éloignez ce cadavre de mes yeux. (*On emporte Spiegelberg.*)

GRIMM. Donne-nous des ordres, capitaine. Que faut-il faire?

MOOR. Bientôt, bientôt tout sera accompli. Donnez-moi mon luth. Je me suis perdu moi-même en allant là. Donnez-moi mon luth; il faut que je ranime le sentiment de ma force. Laissez-moi.

LES BRIGANDS. Il est minuit, capitaine.

MOOR. Ce n'étaient que des larmes à une représentation de théâtre. Je veux entendre le chant des Romains, pour que mon esprit endormi se réveille. Mon luth!... Minuit, dites-vous?

SCHWARZ. Bientôt passé. Le sommeil pèse sur nos yeux comme du plomb. Depuis trois jours aucun de nous n'a fermé l'œil.

MOOR. Le sommeil balsamique tombe-t-il donc aussi sur les yeux des coquins? Pourquoi me fuit-il, moi? Je n'ai jamais été ni un lâche ni un misérable. Allez dormir! Demain, au point du jour, nous poursuivrons notre route.

LES BRIGANDS. Bonne nuit, capitaine! (*Ils se couchent sur la terre et s'endorment.*)

Silence profond.

moor, *prend son luth et joue :*

« BRUTUS. Salut à toi, campagne paisible; reçois le
» dernier des Romains. Le front courbé par la douleur,
» je viens de Philippes, de ces champs où retentissait le
» tumulte de la bataille meurtrière. Cassius, où es-
» tu ? Rome est perdue ! mon armée anéantie ! Je cher-
» che un refuge sur le seuil de la mort. Il n'y a plus
» de monde pour Brutus.

» CÉSAR. Qui s'en va là, sur le penchant du rocher,
» du pas d'un homme qui n'a jamais été vaincu ? Ah !
» si mes yeux ne me trompent point, c'est la démarche
» d'un Romain. Fils du Tibre, depuis quand es-tu parti ?
» La ville aux sept collines dure-t-elle encore ? J'ai sou-
» vent pleuré sur l'orpheline qui n'avait plus de Cé-
» sar.

» BRUTUS. Ah ! te voilà avec tes vingt-trois blessures.
» Qui donc, ô mort t'a rappelé à la lumière ! Retourne
» plutôt dans l'abîme d'Orcus. Orgueilleux pleureur,
» ne triomphe pas : sur l'autel de Philippes, fume le
» dernier sacrifice de sang à la liberté. Rome râle sur
» le cercueil de Brutus. Brutus va descendre chez Mi-
» nos, passe ton fleuve.

» CÉSAR. Oh ! un coup mortel de l'épée de Brutus !...
» Et toi aussi, Brutus ! et toi aussi, mon fils ! c'était ton
» père. Mon fils, tu aurais hérité du monde. Va, quand
» tu as plongé ton glaive dans la poitrine de ton père,
» tu es devenu le plus grand des Romains ! Va, et crie
» jusqu'à cette porte : Quand Brutus a plongé son glaive
» dans le sein de son père, il est devenu le plus grand
» des Romains ! Va, tu sais maintenant ce qui m'arrê-
» tait au bord du Léthé ! Noir nautonier, quitte le ri-
» vage.

» BRUTUS. Mon père, arrête ! Dans le monde entier, je
» n'ai connu qu'un homme comparable au grand César,
» c'est celui que tu as nommé ton fils. César seul pou-
» vait perdre Rome : Brutus seul pouvait perdre César !

» Là où Brutus vit, César doit mourir. Va-t-en à gau-
» che, laisse-moi m'en aller à droite. »

*Il pose son luth, et s'en va de long en large dans
une profonde réflexion.*

Qui serait mon garant?... Tout est si obscur... Labyrinthe confus!... Point d'issue... pas une étoile pour me conduire... Si tout finissait avec le dernier soupir... comme un vain jeu de marionnettes! Mais pourquoi cette soif ardente de félicité! Pourquoi cet idéal d'une perfection qu'on n'a pu atteindre, cet élan des projets inachevés, si la misérable pression de ce misérable instrument... (*il se met le pistolet devant le visage*) rend le fou semblable au sage, le lâche au brave, l'honnête homme au coquin... Il y a pourtant une si divine harmonie dans la nature inanimée. D'où vient ce désaccord dans les êtres raisonnables? Non! non! il y a quelque chose de plus; car je n'ai pas encore été heureux. Croyez-vous que je tremblerai, ombres de ceux que j'ai tués? Je ne tremblerai pas. (*Il tremble violemment.*) Votre râlement de mort, votre visage strangulé, vos blessures effroyablement ouvertes, ne sont que les anneaux d'une chaîne non interrompue du destin et se rattachent à mes soirées de fête, aux caprices de ma nourrice et de mon précepteur, au tempérament de mon père, au sang de ma mère. (*Saisi d'effroi.*) Pourquoi mon Périllus a-t-il fait de moi un taureau qui dans ses entrailles ardentes brûle l'humanité? (*Il pose les pistolets.*) Temps et éternité enchaînés l'un à l'autre par un seul moment... clef redoutable qui ferme derrière moi la prison de la vie et m'ouvre la demeure de la nuit éternelle! dis-moi, oh! dis-moi, où donc me conduiras-tu? Océan étranger où nul n'a jamais navigué! Ah! l'humanité succombe sous cette image. La force mortelle est impuissante, et l'imagination, ce singe de nos sens, se joue de notre crédulité par d'étranges fantômes! Non, non! l'homme ne doit pas trébucher. Sois

ACTE IV, SCÈNE V.

ce que tu voudras, monde ultérieur, monde inanimé! pourvu que mon moi me reste fidèle. Sois ce que tu voudras, pourvu qu'au-delà de cette terre j'emporte mon moi. Les choses extérieures ne sont que le badigeonnage de l'homme. Je suis à moi-même mon ciel et mon enfer. Si tu me bannissais tout seul dans un coin du monde réduit en cendres, où je ne trouverais que la nuit solitaire et le désert éternel, je peuplerais avec mon imagination ce désert silencieux, et j'aurais toute l'éternité pour disséquer la confuse image de la misère universelle. Si tu veux par des transformations successives et de nouveaux théâtres d'infortunes me conduire de degré en degré jusqu'au néant, ne pourrais-je pas briser le fil de la vie qui me sera tissu de l'autre côté, aussi facilement que celui-ci? Tu peux me réduire à rien, mais tu ne peux m'ôter cette liberté. (*Il cherche son pistolet, et tout à coup s'arrête.*) Et dois-je mourir par la crainte d'une vie de douleurs? Dois-je donner à la douleur la victoire sur moi? Non, non! je veux la souffrir! (*Il rejette le pistolet.*) Que le supplice cède le pas à mon orgueil; je veux accomplir ma destinée.

L'obscurité augmente. Hermann arrivant à travers la forêt.

HERMANN. Écoutons, écoutons! Le hibou pousse des cris sinistres. Minuit sonne dans le village. Bien! bien! Le crime dort. Dans ce désert point d'espions. (*Il frappe à la porte du château.*) Viens, malheureux habitant de la tour, ton repas est prêt.

MOOR, *s'avançant doucement derrière lui.* Qu'est-ce que cela signifie?

UNE VOIX, *du château.* Qui frappe là? Ohé! est-ce toi, Hermann, mon corbeau?

HERMANN. Oui, c'est Hermann, ton corbeau; viens à la grille et mange. (*Le hibou crie.*) Les canards de nuit ont un terrible chant, vieux. Trouves-tu la nourriture bonne?

LA VOIX. J'avais bien faim. Merci, toi qui envoies les corbeaux porter du pain dans le désert. Comment va ma chère enfant, Hermann ?

HERMANN. Paix ! écoutons ! Un bruit pareil à un ronflement ! N'entends-tu pas quelque chose ?

LA VOIX. Comment ? as-tu entendu quelque chose ?

HERMANN. C'est le soupir du vent à travers les fentes de la tour... — Une musique nocturne qui fait claquer les dents et rend les ongles bleus... Écoute, encore une fois... Il me semble toujours que j'entends un ronflement. Tu as de la société, vieux ! Hou ! hou !

LA VOIX. Vois-tu quelque chose ?

HERMANN. Adieu ! adieu ! la place est morne. Descends dans ton trou... Là haut est ton sauveur, ton vengeur. Fils maudit ! (*Il veut fuir.*)

MOOR, *s'avançant avec horreur..* Arrête !

HERMANN *pousse un cri.* Oh ! c'en est fait de moi !

MOOR. Arrête ! te dis-je.

HERMANN. Malheur ! malheur ! malheur ! maintenant tout est découvert.

MOOR. Arrête ! parle ! Qui es-tu ? qu'as-tu à faire ici ? Parle.

HERMANN. Pitié ! ô pitié, mon puissant seigneur ! Écoutez seulement un mot avant de me tuer.

MOOR, *tirant son épée.* Que vais-je entendre ?

HERMANN. Vous me l'aviez bien défendu sur ma vie. Mais je ne pouvais faire autrement... Il n'y a qu'un Dieu dans le ciel... votre père, j'avais horreur de... Tuez-moi !

MOOR. Il y a ici un secret. Parle, je veux tout savoir.

LA VOIX. Malheur ! malheur ! Est-ce toi, Hermann, qui parles ? A qui parles-tu, Hermann ?

MOOR. Quelqu'un là ! Que se passe-t-il ici ? (*Il court dans la tour.*) Est-ce un prisonnier repoussé des hommes ? Je veux briser ses chaînes. Parle encore une fois, où est la porte ?

HERMANN. Oh ! par pitié n'allez pas plus loin... par

pitié passez votre chemin! (*Il lui ferme le chemin.*)

MOOR. Quand elle serait quatre fois fermée, ôte-toi de là ; il faut qu'il sorte! Maintenant pour la première fois viens à mon secours, instrument de vol. (*Il prend un instrument, brise la porte de la grille. Un vieillard s'avance, décharné comme un squelette.*

Le vieux MOOR. Ayez compassion d'un malheureux! ayez compassion.

MOOR, *reculant effrayé.* C'est la voix de mon père!

Le vieux MOOR. Merci, mon Dieu! l'heure de la délivrance est arrivée.

MOOR. Spectre du vieux Moor! qui t'a troublé dans ta tombe? as-tu traîné dans l'autre monde un péché qui te ferme l'accès du paradis? Je veux faire dire des messes pour que ton âme errante retourne dans sa patrie. As-tu enfoui dans la terre l'or des veuves et des orphelins, et ce crime te fait-il errer en gémissant à cette heure de minuit? Ce trésor souterrain, je veux l'arracher aux griffes du dragon enchanté, quand il vomirait sur moi des torrents de lave, quand il saisirait mon épée avec ses dents aiguës; — ou viens-tu répondre à mes questions sur l'énigme de l'éternité? Parle! parle! je ne suis pas l'homme de la crainte livide.

Le vieux MOOR. Je ne suis pas une ombre. Touche-moi ; je vis, mais... oh! d'une vie malheureuse, pitoyable!

MOOR. Quoi! tu n'as pas été enterré?

Le vieux MOOR. J'ai été enterré, c'est-à-dire qu'un chien mort est enseveli dans le caveau de mes aïeux, — et moi, depuis trois mois, je languis dans ce cachot obscur et souterrain que nul rayon n'éclaire, que nul air chaud ne traverse, où nul ami ne me visite, où les corbeaux croassent, où le hibou pousse des cris lugubres à minuit.

MOOR. Ciel et terre! qui a fait cela?

Le vieux MOOR. Ne le maudis pas; c'est mon fils Franz.

MOOR. Franz! Franz! O chaos éternel!

Le vieux MOOR. Si tu es un homme, si tu as un cœur d'homme, toi que je ne connais pas, et qui me délivres, écoute la plainte d'un père et la douleur que ses fils lui ont donnée. Depuis trois mois ces rochers ont entendu mes gémissements, et mes gémissements n'ont éveillé qu'un vain écho! Si donc tu es un homme, et si tu as un cœur d'homme...

MOOR. Ces paroles feraient sortir les bêtes féroces de leurs tanières.

Le vieux MOOR. J'étais languissant sur mon lit de douleur ; je commençais à peine à reprendre quelques forces, après une pénible maladie, lorsqu'on m'amena un homme qui me dit que mon fils aîné était mort dans une bataille. Il m'apportait son dernier adieu, une épée teinte de son sang, et il me dit que ma malédiction l'avait conduit au combat, à la mort, au désespoir.

MOOR, *se détournant de lui*. C'est évident.

Le vieux MOOR. Écoute : je m'évanouis à cette nouvelle, on crut que j'étais mort ; car, lorsque je revins à moi, j'étais dans le cercueil, enveloppé d'un linceul, comme un mort. Je grattai au couvercle du cercueil ; on l'ouvrit. C'était dans une nuit sombre. Mon fils Franz se montra devant moi : Comment? s'écria-t-il d'une voix épouvantable, veux-tu donc vivre éternellement? et il laissa retomber le couvercle. Ces paroles, retentissantes comme le tonnerre, me privèrent de mes sens. Quand je m'éveillai de nouveau, je sentis qu'on soulevait le cercueil, et on le conduisit dans une voiture environ une demi-heure. — Enfin, il fut ouvert ; j'étais à l'entrée de ce souterrain, mon fils devant moi, et l'homme qui m'avait apporté l'épée sanglante de Charles... Dix fois j'embrassai ses genoux ; je priai, je pleurai, je le conjurai... Les sollicitations de son père n'atteignirent point son cœur. Qu'on descende cette charogne, elle a assez vécu. Telles furent les paroles foudroyantes de sa bouche, et on me descendit sans pitié, et mon fils Franz ferma la porte derrière moi.

MOOR. C'est impossible! impossible! Il faut que vous vous soyez trompé.

Le vieux MOOR. Je ne puis pas m'être trompé. Écoute encore; mais ne te fâche pas : Je restai ainsi vingt heures, et pas une âme ne pensait à ma misère; pas une âme n'est entrée dans cette solitude; car il y a une tradition répandue partout qui raconte que les spectres de mes aïeux traînent dans ces ruines des chaînes bruyantes, et chantent à minuit le chant des morts. Enfin j'entendis la porte s'ouvrir. Cet homme m'apporta du pain et de l'eau, et m'apprit que j'étais condamné à mourir de faim, et qu'il exposait sa vie en m'apportant à manger. Je restai ainsi tout ce temps douloureusement enfermé; mais le froid continu, l'air corrompu de ma demeure, le chagrin sans bornes, minèrent mes forces; mon corps chancelait; mille fois je priai Dieu, avec des larmes, de me faire mourir. Sans doute, la mesure de mes fautes n'est pas encore remplie, ou quelque joie doit m'attendre pour que j'existe ainsi d'une façon miraculeuse. Mais je souffre à juste titre! Mon Charles, mon Charles!... et il n'avait pas encore de cheveux blancs.

MOOR. C'est assez! Debout, bûches inertes! morceaux de glace! dormeurs sans sentiment! debout! Aucun de vous ne s'éveillera-t-il? (*Il tire un coup de pistolet sur les brigands endormis.*)

LES BRIGANDS, *réveillés*. Holà! holà! Qu'y a-t-il?

MOOR. Cette histoire ne vous a pas soulevés dans votre repos? Elle aurait éveillé l'éternel sommeil lui-même. Voyez! voyez! les lois du monde sont devenues un jeu. Le lien de la nature est rompu. L'antique chaos est déchaîné. Le fils a tué son père!

LES BRIGANDS. Que dit le capitaine?

MOOR. Non, il ne l'a pas tué! ce mot est trop doux. Le fils a mille fois roué, déchiré, torturé son père! ces mots sont trop humains. Ce qui fait rougir le vice, ce qui épouvante le cannibale, ce que nul démon n'a vu depuis l'éternité, le fils a tué son propre père... Oh! voyez! voyez! il est évanoui ; le fils a enfermé son père dans ce souterrain! Le froid, la nudité, la faim, la soif! Oh! voyez donc, voyez donc? c'est mon propre père... je veux vous l'avouer.

LES BRIGANDS *accourent et environnent le vieillard.* Ton père! ton père!

SCHWEIZER *s'avance respectueusement et s'agenouille devant lui.* Père de mon capitaine, je baise tes pieds ; dispose de mon poignard.

MOOR. Vengeance, vengeance! vengeance pour toi, ô vieillard affligé, offensé, profané! A présent, je romps à jamais le lien fraternel. (*Il déchire son vêtement du haut en bas.*) Je maudis chaque goutte de ce sang fraternel à la face du ciel. Écoutez-moi, lune et étoiles! écoute-moi, ciel de minuit, qui as été témoin de ce crime honteux! Écoute-moi, Dieu trois fois terrible, qui règnes au-dessus de cette lune, portes la condamnation et la vengeance sur les étoiles, et répands la flamme sur la nuit! Ici je m'agenouille; ici je lève ma main dans l'horreur de la nuit. Ici je jure (et que la nature me rejette hors de ses limites, comme un animal pervers, si je manque à ce serment), je jure de ne pas saluer la lumière du jour avant que le sang du meurtrier de mon père ne coule sur cette pierre et ne fume vers le soleil!

LES BRIGANDS. C'est un trait de Bélial! que l'on dise encore que nous sommes des scélérats! Non, par tous les dragons, nous n'avons jamais rien fait de semblable!

MOOR. Oui, et par tous les soupirs terribles de ceux que votre poignard a jamais égorgés, de ceux que mon incendie dévora, et que ma tour écrasa dans sa chute, pas une pensée de mort ou de vol ne doit entrer dans votre sein avant que vos vêtements ne soient rougis du sang de ce réprouvé! — Vous n'avez sans doute jamais rêvé cela que vous seriez le bras de la majesté suprême.

Aujourd'hui le fil confus de notre destinée se dénoue ; aujourd'hui une puissance invisible vous ennoblit en vous prenant pour instruments. Tombez à genoux devant celui qui vous a réservé ce destin élevé, qui vous a conduits ici, qui vous a jugés dignes d'être les anges exterminateurs de sa sombre justice. Découvrez vos têtes, agenouillez-vous dans la poussière, et relevez-vous consacrés. (*Ils s'agenouillent.*)

SCHWEIZER. Commande, capitaine, que devons-nous faire ?

MOOR. Lève-toi, Schweizer, et touche ces cheveux sacrés. (*Il le conduit près de son père, et lui met une boucle de ses cheveux dans la main.*) Tu te rappelles encore comme tu fendis une fois la tête de ce cavalier bohême au moment où il levait le sabre sur moi, et quand j'étais à genoux, hors d'haleine, épuisé de fatigue ? Je te promis alors une récompense royale. Jusqu'à présent je n'ai pas acquitté cette dette.

SCHWEIZER. Tu me le promis, il est vrai : mais reste éternellement mon débiteur.

MOOR. Non, je veux la payer. Schweizer, aucun mortel n'aura été honoré autant que toi. Venge mon père ! (*Schweizer se lève.*)

SCHWEIZER. Mon grand capitaine, aujourd'hui, pour la première fois, tu me rends fier. Ordonne ? où, comment, quand dois-je frapper ?

MOOR. Les minutes sont sacrées ; tu dois te hâter. Choisis ceux que tu jugeras les plus dignes de la bande, et conduis-les au château du seigneur. Arrache-le du lit, s'il dort, ou s'il repose dans les bras de la volupté ; tire-le de table, s'il est ivre ; arrache-le de la croix, s'il prie à genoux devant elle ! Mais, je te le dis et je l'exige de toi, ne me le livre pas mort. Je déchirerais en lambeaux et je donnerais pour proie aux vautours affamés la chair de celui qui lui égratignerait la peau. Je veux l'avoir tout entier. Et si tu me l'apportes vivant et tout entier, je te donne un million de récompense. Je le volerais à un roi au péril de ma vie ; et tu pourras t'en aller libre comme l'air. M'as-tu entendu ? Cours !

SCHWEIZER. Assez, capitaine ! Voici ma main pour gage de ma parole. Ou tu en verras revenir deux, ou pas un ! Anges exterminateurs de Schweizer, venez !

Il sort avec un escadron.

MOOR. Vous autres, dispersez-vous dans la forêt ; je reste.

ACTE CINQUIÈME.

SCÈNE I.

Une suite d'appartements. Nuit obscure.

DANIEL *entre avec une lanterne et une valise.* Adieu, maison chérie, maison paternelle ! J'ai joui de beaucoup de bonheur et de beaucoup d'affection dans tes murs, tant que mon défunt maître vécut. Mes larmes coulent sur ton cercueil, ô pauvre mort ! C'est ce que tu attends d'un vieux serviteur. Ta maison était le refuge de l'orphelin, l'asile du délaissé ; ton fils en a fait une caverne de meurtres. — Adieu, pavé de ce château que le vieux Daniel a souvent balayé ! Adieu, poêle chéri ; le vieux Daniel te quitte à regret... Tout ici m'était si familier ! Ah ! cela te fera bien mal, vieil Éliézer ! Mais que Dieu, dans sa clémence, me garde des ruses et des fourberies du méchant ! Je vins ici les mains vides, je m'en retourne les mains vides ! mais mon âme est sauvée.

Au moment où il va sortir, Franz arrive tout troublé, en robe de chambre.

DANIEL. Dieu ! secours-moi ! Monseigneur ! (*Il éteint la lanterne.*)

FRANZ. Trahi! trahi! Les esprits vomis par les tombeaux, l'empire des morts arraché à l'éternel sommeil, mugit contre moi : Meurtrier! meurtrier!... Qui remue ici?

DANIEL, *avec anxiété*. Viens à mon aide, sainte mère de Dieu! Est-ce vous, monseigneur, qui criez sous ces voûtes d'une façon si horrible, que tous ceux qui dorment s'éveillent?

FRANZ. Ceux qui dorment! Qui vous a dit de dormir? Va, apporte de la lumière. (*Daniel sort. Entre un autre valet.*) Personne ne doit dormir à cette heure, entends-tu? Tout le monde doit être sous les armes, tous les fusils chargés... Les as-tu vus flotter là, dans le corridor?

LE VALET. Qui, monseigneur?

FRANZ. Qui? imbécile! qui? tu me demandes cela si froidement, si sottement! Qui? Cela m'a pris comme un vertige. Qui? tête d'âne! qui? Des ombres et des diables! la nuit est-elle avancée?

LE VALET. Le gardien vient de crier deux heures.

FRANZ. Quoi! cette nuit durera-t-elle jusqu'au jugement dernier? N'as-tu pas entendu du tumulte près de toi, un cri de victoire, le bruit des chevaux qui galopent?... Où est Char... le comte, veux-je dire?

LE VALET. Je ne sais pas, monseigneur.

FRANZ. Tu ne sais pas? Es-tu aussi de la bande? Je veux t'arracher le cœur des entrailles, avec ton maudit : Je ne sais pas! Va! fais-moi venir le prêtre.

LE VALET. Monseigneur!...

FRANZ. Tu murmures, tu hésites. (*Le valet sort à la hâte.*) Quoi! des mendiants se conjureront aussi contre moi. Ciel et enfer! tout est conjuré contre moi!

DANIEL *vient avec de la lumière*. Monseigneur...

FRANZ. Non! je ne tremble pas. Ce n'était qu'un vain rêve. Les morts ne ressuscitent point. Qui peut dire que je tremble et que je suis pâle? Je me sens si à mon aise, si bien!

DANIEL. Vous êtes pâle comme un mort! Votre voix est tremblante et étouffée.

FRANZ. J'ai la fièvre. Quand le prêtre viendra, dis-lui que j'ai la fièvre. Je me ferai saigner demain. Dis cela au prêtre.

DANIEL. Voulez-vous que je vous donne de l'éther sur du sucre.

FRANZ. De l'éther sur du sucre? Le pasteur ne viendra pas sitôt. Ma voix est tremblante et étouffée. Donne-moi de l'éther sur du sucre.

DANIEL. Remettez-moi les clefs, j'irai en chercher en bas, dans le buffet.

FRANZ. Non, non, non! Reste, ou je vais avec toi. Tu le vois, je ne puis rester seul. Tu vois que si je reste seul, je suis prêt à m'évanouir. Reste seulement, reste, cela se passera.

DANIEL. Oh! vous êtes sérieusement malade.

FRANZ. Oui, vraiment, vraiment. C'est là tout... et la maladie trouble le cerveau et enfante des rêves étranges et insensés : les rêves ne signifient rien, n'est-ce pas, Daniel? Les rêves viennent de l'estomac, et les rêves ne signifient rien... Je viens précisément de faire un drôle de rêve. (*Il s'évanouit de nouveau.*)

DANIEL. Jésus-Christ! qu'est-ce que cela signifie? Georges! Conrad! Bastien! Martin! Donnez donc seulement un signe de vie! (*Il le secoue.*) Marie! Madeleine! Joseph! Reprenez donc vos sens. On dira que je l'ai tué. Que Dieu ait pitié de moi!

FRANZ, *égaré*. Loin d'ici, loin d'ici! Pourquoi me secoues-tu ainsi, effroyable squelette? Les morts ne ressuscitent pas!

DANIEL. O Dieu éternel! il a perdu le jugement!

FRANZ *se lève épuisé*. Où suis-je? Est-ce toi, Daniel? Qu'ai-je dit? Ne fais pas attention. Quoi que ce soit, j'ai dit un mensonge. Viens, aide-moi. C'est la suite d'un étourdissement... parce que... parce que... je n'ai pas dormi.

DANIEL. Si seulement Jean était là. Je veux appeler du secours ; je veux appeler le médecin.

FRANZ. Reste, asseois-toi près de moi, sur ce sofa ; bien. Tu es un homme intelligent, un brave homme. Écoute, — que je te raconte.

DANIEL. Pas à présent; une autre fois. Je veux vous porter sur votre lit. Le repos vous convient mieux.

FRANZ. Non, je t'en prie, laisse-moi te raconter cela, et moque-toi bien de moi. — Vois-tu, il me semblait que j'avais fait un festin royal : mon cœur était joyeux, et je reposais enivré sur le gazon dans le jardin du château. Tout à coup, c'était... c'était vers midi, tout à coup... Mais, je te le répète, moque-toi bien de moi.

DANIEL. Tout à coup?...

FRANZ. Tout à coup, un tonnerre effroyable retentit à mes oreilles. Je me lève en tremblant, et il me semble voir tout l'horizon enflammé par un feu ardent, et les montagnes, les villes, les vallées, fondre comme de la cire dans le foyer. Un tourbillon gémissant balayait la mer, le ciel et la terre. Alors on entendit retentir comme des trompettes d'airain : Terre, donne tes morts! mer, donne tes morts! La mer et les campagnes nues commencèrent à s'ouvrir et à jeter des crânes, des côtes, des visages, des jambes, qui se rejoignirent et formèrent des corps humains, et se précipitèrent comme un torrent vivant par troupes innombrables. J'élevai mes regards en haut, et j'étais au pied du Sinaï fulminant, et au-dessus de moi et au-dessous était la foule, et sur la cime de la montagne, sur trois siéges enflammés, j'aperçus trois hommes dont les créatures fuyaient les regards.

DANIEL. C'est là le tableau vivant du dernier jour.

FRANZ. N'est-ce pas, c'est une folie? Alors je vis s'avancer un être semblable à la nuit étoilée, qui avait dans sa main un sceau de fer. Il le tint entre l'Orient et l'Occident, et dit : Éternelle, sainte, juste, inaltérable, il n'y a qu'une vérité, il n'y a qu'une vertu. Malheur, malheur, malheur aux vermisseaux qui doutent !... Alors il en vint un second qui avait dans sa main un miroir étincelant. Il le tint entre l'Orient et l'Occident, et dit : Ce miroir est la vérité ; l'hypocrisie et le mensonge ne subsistent plus. Et j'eus peur, ainsi que tout le peuple ; car nous vîmes des figures de serpents, de tigres, de léopards, se refléter dans cet horrible miroir. Alors il en vint un troisième qui avait dans sa main une balance d'airain. Il la tint entre l'Orient et l'Occident, et dit : — Approchez-vous, enfants d'Adam : je pèse les pensées dans le bassin de ma colère, et les œuvres avec le poids de ma fureur.

DANIEL. Que Dieu ait pitié de moi !

FRANZ. Tous se tenaient là, pâles comme la neige. Chaque poitrine battait dans l'angoisse de l'attente. Il me sembla que mon nom était le premier qui fût prononcé par les orages de la montagne. Ma moelle fut glacée dans mes os, et mes dents claquèrent hautement. Aussitôt le son de la balance se fit entendre ; les rochers tonnèrent ; les heures s'avancèrent l'une après l'autre vers le bassin gauche, et y jetèrent l'une après l'autre un péché mortel.

DANIEL. Oh ! que Dieu vous pardonne !

FRANZ. C'est ce qu'il n'a pas fait. — La charge du bassin devenait aussi haute qu'une montagne ; mais l'autre, plein du sang de la rédemption, le tenait encore élevé dans l'air ; enfin parut un vieillard lourdement courbé par le chagrin et le bras rongé dans la rage de sa faim. Tous les regards se tournèrent avec effroi vers cet homme : je connaissais cet homme. Il coupa une boucle de ses cheveux blancs, la jeta dans le bassin des péchés, et tout-à-coup le bassin tomba... tomba... dans l'abîme, et celui de la rédemption s'éleva dans les airs. Alors j'entendis une voix sortir des rochers enflammés, et crier : Grâce, grâce à chaque pécheur de la terre et de l'abîme! toi seul es réprouvé. (*Silence profond.*) Eh bien maintenant, pourquoi ne ris-tu pas?

DANIEL. Puis-je rire, quand tout mon corps frissonne? Les rêves viennent de Dieu.

FRANZ. Fi donc! fi donc! ne dis pas cela. Appelle-moi un fou, un homme ridicule, extravagant. Fais cela, cher Daniel, je t'en prie. Moque-toi rudement de moi.

DANIEL. Les rêves viennent de Dieu. Je veux prier pour vous.

FRANZ. Tu mens, te dis-je! Va sur-le-champ, cours, vole, vois si le prêtre vient; dis-lui de se hâter, de se hâter! Mais, je le dis, tu mens.

DANIEL, *s'en allant.* Que Dieu vous fasse grâce!

FRANZ. Sagesse du peuple! terreur du peuple! Il n'est pas encore décidé si le passé n'est point passé, et s'il se trouve là-haut un œil au-dessus des étoiles. Hum! hum! qui m'a mis cette idée dans l'esprit? Y a-t-il là-haut sur les étoiles un vengeur? Non, non; oui, oui. Je ne sais quoi de terrible siffle autour de moi: il y a un juge au-dessus des étoiles! et m'en aller vers ce juge, au-dessus des étoiles, cette nuit même!... Non, dis-je... Misérable recoin où la lâcheté va se cacher!... Là-haut sur les étoiles, tout est vide, désert et sourd... si pourtant il y avait quelque chose de plus!... Non, non, cela n'est pas. J'ordonne que cela ne soit pas... Mais si c'était!... Malheur à toi, s'il y avait un compte à régler, si l'on devait te le régler encore cette nuit! Pourquoi ce frisson jusque dans mes os?... Mourir! pourquoi ce mot me saisit-il ainsi?... Rendre ses comptes là-haut au vengeur qui siège au-dessus des étoiles. Et s'il est juste, les orphelins, les veuves, les opprimés, les malheureux lui feront entendre leurs gémissements! Et s'il est juste... pourquoi ont-ils souffert? pourquoi les ai-je opprimés?

Entre le prêtre Moser.

MOSER. Vous m'avez fait appeler, monseigneur? J'en

suis étonné; c'est la première fois de ma vie. Avez-vous l'intention de vous moquer de la religion, ou commencez-vous à trembler devant elle?

FRANZ. Me moquer ou trembler, selon ce que tu me répondras. Écoute, Moser, je veux te montrer que tu es un fou, ou que tu crois le monde fou... Et tu me répondras : Entends-tu? Tu me répondras sur ta vie.

MOSER. Vous traduisez l'Être suprême devant votre tribunal. L'Être suprême vous répondra un jour.

FRANZ. Je veux le savoir à présent, à l'instant même, afin que je ne fasse pas de honteuse sottise, et que dans le moment du danger je n'invoque pas les idoles du peuple. Souvent, en buvant jusqu'à l'ivresse du vin de Bourgogne, je me suis dit avec un rire moqueur : Il n'y a point de Dieu. Je te parle sérieusement, je te dis : Il n'y a point de Dieu. Tu me répondras avec tous les arguments que tu as en ton pouvoir; mais je les dissiperai avec un souffle de ma bouche.

MOSER. Puisses-tu aussi facilement dissiper le tonnerre qui tomberait comme un poids de dix mille livres sur ton âme orgueilleuse? Ce Dieu qui sait tout, et que tu veux, dans ta folie et ta méchanceté, anéantir au milieu de sa création, n'a pas besoin de se justifier par la bouche d'un enfant de la poussière. Il apparaît aussi grand dans les tyrannies que dans le sourire de la vertu triomphante.

FRANZ. Très-bien, prêtre; tu me plais ainsi!

MOSER. Je représente ici un maître puissant, et je parle à un homme qui est un vermisseau comme moi et auquel je ne cherche point à plaire. Sans doute il faudrait faire un miracle pour arracher un aveu de ta méchanceté opiniâtre. — Mais si ta conviction est si bien arrêtée, pourquoi m'as-tu fait venir? pourquoi, dis-moi donc, m'as-tu fait venir à minuit?

FRANZ. Parce que je m'ennuie, et que je ne trouve aucun plaisir à jouer aux échecs. Je veux me donner une distraction, me chamailler avec un prêtre. Ce n'est pas avec de vains épouvantails que tu feras fléchir mon courage. Je sais bien que celui-là compte sur l'éternité qui est mal à son aise dans ce monde ; mais il sera cruellement trompé. J'ai toujours vu enseigner que notre être n'est que la circulation de notre sang. Avec la dernière goutte de ce sang, la pensée se dissipe ainsi que l'esprit. Il est assujetti à toutes les faiblesses de notre corps ; comment ne le serait-il pas à sa destruction ? comment ne se dissoudrait-il pas dans sa corruption ? Laisse seulement une goutte d'eau s'introduire dans ton cerveau, et voilà que ta vie fait soudain une pause qui aboutit au non-être, et la prolongation de cet état est la mort. La sensation n'est que l'ébranlement de quelques cordes. Brisez le clavier, il ne résonne plus. Si je fais raser mes sept châteaux, si je brise cette Vénus, que deviendra leur symétrie et leur beauté ? Eh bien il en est ainsi de votre âme immortelle.

MOSER. C'est la philosophie de votre désespoir. Mais votre propre cœur qui, dans le cours de ce raisonnement, palpite avec anxiété et frappe contre votre poitrine, vous convainc de mensonge. Cette toile d'araignée tissue par vos systèmes, un seul mot la met en pièces : tu vas mourir. Je vous porte ce défi qui sera mon unique preuve ; si, lorsque vous serez aux prises avec la mort, vous n'abandonnez par vos principes, alors vous avez gagné ; mais si au dernier moment vous éprouvez le plus léger frisson, malheur à vous ! vous vous êtes trompé.

FRANZ, *embarrassé*. Si au dernier moment j'éprouve un frisson ?

MOSER. J'ai bien vu plus d'un misérable qui jusquelà affrontait la vérité avec un gigantesque orgueil ; mais à l'heure de la mort, l'illusion même se dissipe. Je me placerai près de votre lit quand vous mourrez... ce sera pour moi une satisfaction de voir comment meurt un tyran... Je resterai là, je vous regarderai fixement lorsque le médecin prendra votre main baignée d'une sueur froide et ne trouvera plus qu'avec peine votre pouls fuyant sous son doigt ; et lorsqu'en secouant tristement les épaules, il nous dira : Les secours humains sont inutiles : alors prenez garde... prenez garde de ne pas finir comme Richard et Néron.

FRANZ. Non, non !

MOSER. Ce non deviendra un oui gémissant. Une justice intérieure que vous ne pouvez plus corrompre par des sophismes sceptiques, par les raffinements du scepticisme, s'éveillera alors et prononcera sa sentence sur vous. Ce réveil sera comme celui de l'homme enterré vivant au sein du cimetière ; ce sera une douleur semblable à celle de l'homme qui se suicide, qui a déjà lâché le coup mortel et qui se repent ; ce sera un éclair qui luira sur la nuit de votre vie ; ce sera un clin-d'œil, et si alors vous restez ferme, vous avez gagné.

FRANZ, *inquiet, se promène de long en large.* Babillage de prêtre ! babillage de prêtre !

MOSER. Dans ce moment, pour la première fois, le glaive de l'éternité trouvera votre âme, et pour la première fois ce sera trop tard. La pensée de Dieu réveille une pensée voisine qui est terrible ; celle-ci s'appelle juge. Voyez, Moor, vous avez tenu suspendue au bout de votre doigt la vie de mille individus, et vous en avez rendu neuf cent quatre-vingt-dix-neuf malheureux. Il ne vous manque que l'empire romain pour être Néron, et le Pérou pour être Pizarre. Croyez-vous donc que Dieu a voulu qu'un seul homme régnât dans son monde comme un despote et bouleversât tout ? Croyez-vous que ces neuf cent quatre-vingt-dix-neuf personnes n'existent que pour périr ou pour servir de marionnettes à un jeu satanique ? Oh ! ne le croyez pas. Il vous faudra rendre compte de chaque minute d'existence que vous leur avez dérobée, de chaque joie que vous leur avez empoisonnée, de chaque perfectionnement que vous les avez empêchés d'atteindre ; et si vous répondez à cela, Moor, vous aurez gagné.

franz. Rien de plus ; pas un mot de plus. Veux-tu que j'obéisse aux noires fantaisies de ton cerveau ?

moser. Voyez ; il y a dans la destinée des hommes un beau et redoutable équilibre. Si le plateau de la vie tombe dans ce monde, il se relèvera dans l'autre ; s'il monte dans celui-ci, il sera abaissé. Ce qui n'était ici qu'une souffrance passagère deviendra là-bas un triomphe éternel ; ce qui était ici une joie temporelle deviendra là-bas un désespoir sans fin.

franz, *s'éloignant de lui d'un air farouche.* Que le tonnerre te rende muet, esprit de mensonge ! Je veux te faire arracher ta langue maudite.

moser. Sentez-vous sitôt le poids de la vérité ? Je ne vous ai encore rien dit des preuves ; laissez-moi d'abord en venir aux preuves...

franz. Tais-toi ; va-t'en au diable avec tes preuves ! L'âme ira au néant, te dis-je, et tu n'as rien à répondre à cela.

moser. C'est ce que les esprits de l'abîme implorent dans leurs gémissements ; mais le Dieu du ciel secoue la tête. Croyez-vous donc échapper au doigt du rémunérateur, en vous réfugiant dans l'empire désert du néant ? Si vous allez vers le ciel, il y est ; si vous descendez dans l'enfer, il y est ; si vous dites à la nuit : Cache-moi, et à l'obscurité : Enveloppe-moi..., l'obscurité brillera autour de vous et la nuit éclairera les damnés... Mais votre esprit immortel se révolte contre ces paroles et se joue de ces aveugles pensées.

franz. Je ne veux pas être immortel ; le soit qui voudra, je ne l'en empêche pas. Moi, je veux le forcer à m'anéantir ; je veux tellement enflammer sa colère qu'il m'anéantira. Dis-moi quel est le plus grand crime, le crime qui excite le plus sa fureur ?

moser. Je n'en connais que deux ; mais les hommes ne les commettent pas et n'en ont pas même l'idée.

franz. Ces deux...

moser, *d'un ton expressif.* L'un se nomme parricide :

l'autre, fratricide... Pourquoi devenez-vous tout à coup si pâle?

FRANZ. Comment, vieillard! as-tu fait un pacte avec le ciel ou l'enfer? Qui t'a dit cela?

MOSER. Malheur à celui qui a ces deux crimes sur la conscience! mieux lui vaudrait n'être jamais né! Mais, tranquillisez-vous... ni votre père, ni votre frère...

FRANZ. Ah! comment, tu n'en connais pas un au-dessus?... Penses-y... la mort, le ciel, l'éternité, la damnation, reposent sur un mot de ta bouche... Pas un au-dessus?

MOSER. Pas un au-dessus.

FRANZ *tombe dans un fauteuil.* Anéantissement! anéantissement!

MOSER. Réjouissez-vous... réjouissez-vous donc! Comprenez votre bonheur. Après toutes vos cruautés vous êtes encore un saint en comparaison du parricide. La malédiction jetée sur vous est un chant d'amour à côté de celle qui tombera sur lui; la justice rémunératrice...

FRANZ, *avec emportement.* Va à tous les diables, oiseau sinistre! Qui t'a dit de venir ici? Va donc, ou je te perce de part en part!

MOSER. Le babillage d'un prêtre peut-il jeter dans de tels transports un philosophe!... Dissipez donc ces paroles par un souffle de votre bouche. (*Il sort, Franz s'agite sur sa chaise. Profond silence.*)

UN VALET *accourt.* Amélie s'est enfuie et le comte a disparu tout à coup.

DANIEL *arrive avec anxiété.* Monseigneur, une troupe de cavaliers impétueux descend la montagne en criant: Au meurtre! au meurtre! Tout le village est en alarme.

FRANZ. Va; fais sonner toutes les cloches. Que tout le monde s'agenouille dans l'église et prie pour moi!... que tous les prisonniers soient remis en liberté!... Je donnerai aux pauvres le double et le triple... je veux... mais va donc! Appelle mon confesseur pour qu'il m'ab-

ACTE V, SCÈNE I.

solve de mes péchés... Tu n'es pas encore parti?.. (*Le bruit redouble.*)

DANIEL. Que Dieu me pardonne mes nombreuses fautes! Comment tout cela peut-il être d'accord? Vous avez toujours rejeté par dessus les maisons les bonnes prières ; vous m'avez lancé à la tête tant de Bibles et de livres de sermons... quand vous me surpreniez en prières...

FRANZ. Qu'il n'en soit plus question... Mourir! vois-tu, mourir!... Il est trop tard... (*On entend les cris de Schweizer.*) Prie donc! prie donc!

DANIEL. Je vous ai toujours dit... vous méprisez la prière, mais faites attention. Faites attention... quand vous serez en danger, quand vous aurez de l'eau par-dessus la tête, vous donnerez tous les trésors du monde pour un petit soupir chrétien. Voyez... vous vous moquiez de moi... Et à présent, voyez-vous?...

FRANZ *l'embrasse étroitement.* Pardonne, mon bon Daniel, maintenant, ma perle, mon trésor. Pardonne, je veux t'habiller des pieds à... Mais prie donc... je t'en conjure... je t'en conjure à genoux. Au nom du diab... prie donc. (*Tumulte dans la rue, cris, vacarme.*)

SCHWEIZER, *dehors.* A l'assaut! massacrez, brisez! Je vois de la lumière ; il doit être là.

FRANZ, *à genoux.* Écoute-moi prier, Dieu du ciel ; c'est la première fois et cela n'arrivera plus... Écoute-moi, Dieu du ciel.

DANIEL. Merci de moi! Que faites-vous? c'est une prière impie.

LE PEUPLE *souleré.* Voleurs! assassins! Qui fait ce vacarme au milieu la nuit?

SCHWEIZER, *toujours dans la rue.* Repoussez-les, camarades! c'est le diable qui vient prendre votre maître. Où est Schwarz avec sa troupe? Grimm, poste-toi près du château. A l'assaut sur le mur d'enceinte!

GRIMM. Apportez des torches enflammées ; nous monterons ou il descendra... Je mettrai le feu à ses appartements.

FRANZ *prie.* Je n'ai pas été un meurtrier ordinaire, Seigneur Dieu... Je ne me suis pas abandonné aux minuties, mon Dieu !

DANIEL. Que Dieu aie pitié de nous ! ses prières sont encore des péchés. (*Les pierres et les torches volent de tout côté. Les vitres tombent. Le château brûle.*)

FRANZ. Je ne puis pas prier... ici... ici... (*se frappant le front et la poitrine*) tout est si vide et si desséché... (*Il se lève.*) Non, je ne peux pas prier. Le ciel ne doit pas remporter cette victoire ; je ne serai pas la dérision de l'enfer.

DANIEL. Jésus, Marie, secourez-nous... sauvez-nous !... tout le château est en feu.

FRANZ. Tiens, prends cette épée ; hâte-toi. Enfonce-moi la par derrière dans le corps, afin que ces scélérats n'arrivent pas assez tôt pour faire de moi leur jouet. (*Le feu éclate.*)

DANIEL. Que Dieu m'en garde ! que Dieu m'en garde ! Je ne dois envoyer personne trop tôt dans le ciel, encore bien moins trop tôt dans... (*Il se sauve.*)

FRANZ. *le fixant du regard, après un moment de silence.* Dans l'enfer, veux-tu dire ? Oui, je me doute de quelque chose de la sorte. (*Avec égarement.*) Sont-ce là ces chants de joie ? N'entends-je pas vos sifflements, vipères de l'abîme ? Ils montent... ils assiégent la porte... Pourquoi reculer devant la pointe de ce glaive ?... La porte craque... se brise... Impossible de fuir... Ah ! par pitié pour moi !... (*Il arrache la chaîne d'or de son cou et s'étrangle.*)

SCHWEIZER *entre avec un homme.* Canaille de meurtrier, où es-tu ? Voyez comme ils ont fui ! A-t-il donc si peu d'amis ! Où cet animal s'est-il réfugié ?

GRIMM *heurte le cadavre.* Halte ! qu'y a-t-il ici ? Apportez de la lumière.

SCHWARZ. Il nous a prévenus. Remettez vos épées dans le fourreau ; le voilà crevé comme un chat.

SCHWEIZER. Mort! quoi! mort sans moi! Évanoui, te dis-je... Vous allez voir comme il va sauter sur ses jambes. (*Il le secoue.*) Holà! lève-toi! il y a un père à égorger.

GRIMM. Peine inutile! il est roide mort.

SCHWEIZER *s'éloigne de lui.* Oui, puisqu'il ne se réjouit pas, il est bien mort. Allez, et dites à mon capitaine qu'il est mort. Quant à moi, il ne me reverra plus. (*Il se tue d'un coup de pistolet.*)

SCÈNE II.

Le théâtre comme dans la dernière scène de l'acte précédent.

Le vieux MOOR *assis sur une pierre.* MOOR *son fils en face de lui,* LES BRIGANDS *dispersés dans le fond.*

CHARLES MOOR. Il ne vient pas. (*Il frappe avec son poignard sur une pierre, et en fait jaillir des étincelles.*)

Le vieux MOOR. Que le pardon soit son châtiment! Qu'un redoublement d'amour soit ma vengeance!

CHARLES MOOR. Non, par les fureurs de mon âme, cela ne doit pas être ; je ne veux pas. Il faut qu'il descende dans l'éternité, traînant après lui ce crime infâme... Pourquoi donc le tuerais-je?

Le vieux MOOR, *fondant en larmes.* O mon enfant!

CHARLES MOOR. Comment! tu pleures sur lui, près de cette tour?

Le vieux MOOR. Pitié! oh! pitié! (*Joignant les mains.*) Maintenant... maintenant mon enfant est jugé.

CHARLES MOOR, *avec effroi.* Lequel?

Le vieux MOOR. Ah! que signifie cette question?

CHARLES MOOR. Rien, rien.

Le vieux MOOR. Es-tu venu pour jeter le rire moqueur sur ma misère?

charles moor. Voix de la conscience qui se trahit elle-même! ne faites pas attention à mes paroles.

Le vieux moor. Oui, j'ai tourmenté un fils, et un autre fils devait me tourmenter. C'est là le doigt de Dieu. O mon Charles, mon Charles! si tu planes autour de moi sous les traits de l'ange de la paix... pardonne-moi, pardonne-moi!...

charles moor, *avec vivacité.* Il vous pardonne. (*Se reprenant.*) S'il est digne de s'appeler votre fils, il doit vous pardonner.

Le vieux moor. Ah! il était trop noble pour moi! Mais je veux aller au-devant de lui avec mes larmes, mes nuits sans sommeil, mes rêves dévorants... J'embrasserai ses genoux... je crierai, je crierai à haute voix : J'ai péché contre le ciel et contre toi! je ne mérite pas que tu me nommes ton père!

charles moor, *très-ému.* Vous l'aimiez aussi votre autre fils?

Le vieux moor. Tu le sais, ô ciel! Pourquoi me suis-je laissé tromper par les ruses d'un méchant fils? J'étais un père heureux entre tous les pères! Déjà autour de moi mes enfants s'élevaient dans la fleur de l'espérance... Mais... ô de cette heure de désolation!... le méchant esprit entra dans le cœur de mon second fils... je me fiai au serpent... et j'ai perdu mes deux enfants!... (*Il se voile le visage et s'éloigne de lui.*) A jamais perdu! Oh! je sens profondément ce que me disait mon Amélie. L'esprit de la vengeance parlait par sa bouche... En vain tu étendras ta main mourante vers un fils, en vain tu croiras presser la main généreuse de Charles, jamais il ne sera près de ton lit. (*Il lui tend la main en détournant son visage.*) Si c'était la main de mon Charles! Mais il est loin d'ici dans le tombeau ; il dort d'un sommeil de fer; il n'entend plus l'accent de ma misère... Malheur à moi!... Mourir dans les bras d'un étranger!... Point de fils... Plus un fils pour me fermer les yeux!...

CHARLES MOOR, *en proie à une violente agitation.* Oui maintenant, oui, il le faut!... (*aux brigands.*) Laissez-moi!... Et pourtant, je ne puis lui rendre son fils... je ne puis lui rendre son fils! Non, je ne le puis!

Le vieux MOOR. Comment, ami? que murmures-tu?

CHARLES MOOR. Ton fils... Oui, vieillard... (*balbutiant*) ton fils est éternellement perdu.

Le vieux MOOR. Eternellement.

CHARLES, *dans une terrible anxiété, regardant le ciel.* Oh! cette fois seulement... ne laisse pas mon âme succomber... cette fois seulement!...

Le vieux MOOR. Eternellement?... as-tu dit...

CHARLES. Ne demande rien de plus : éternellement, te dis-je.

Le vieux MOOR. Étranger, étranger! pourquoi m'as-tu tiré de la tour?

CHARLES. Eh quoi!... si à présent je lui dérobais sa bénédiction, si je la lui dérobais comme un voleur pour m'enfuir ensuite avec ce butin céleste!... La bénédiction d'un père n'est, dit-on, jamais perdue.

Le vieux MOOR. Et mon fils Franz, perdu aussi?

CHARLES, *tombant à ses pieds.* J'ai brisé les verroux de ton cachot; donne-moi ta bénédiction.

Le vieux MOOR, *avec douleur.* Et tu veux faire mourir le fils, toi le libérateur du père! Vois, la Divinité est infatigable dans sa commisération, et nous autres pauvres vers de terre, nous nous endormons avec notre colère. (*Il lui met la main sur la tête.*) Sois heureux autant que tu seras compatissant.

CHARLES, *attendri.* Oh! où est ma résolution? Mes muscles sont détendus, et le poignard tombe de mes mains.

Le vieux MOOR. Ah! la concorde entre les frères est douce comme la rosée qui baigne la montagne de Sion! Apprends à mériter cette joie, jeune homme... et les anges du ciel se réjouiront dans ta gloire. Que ta sagesse soit la sagesse du vieillard à cheveux blancs...

mais que ton cœur... que ton cœur soit celui de l'enfance innocente !

CHARLES. Oh ! comme avant-goût de ce bonheur, donne-moi un baiser, céleste vieillard !

MOOR *l'embrasse.* Pense que c'est le baiser d'un père ; je penserai que c'est celui d'un fils. Toi aussi tu peux donc pleurer ?

CHARLES. J'ai pensé que c'était le baiser d'un père... Malheur à moi si maintenant ils l'apportaient ! (*Les compagnons de Schweizer arrivent en silence, la tête basse, le visage voilé.*) Ciel ! (*Il se retire avec effroi, et cherche à se cacher. Ils vont à lui. Il détourne les yeux. Profond silence. Ils s'arrêtent.*)

GRIMM, *d'une voix défaillante.* Mon capitaine ! (*Charles ne répond pas et se retire en arrière.*)

SCHWARZ. Mon cher capitaine ! (*Charles s'éloigne.*)

GRIMM. Nous sommes innocents, mon capitaine.

CHARLES, *sans les regarder.* Qui êtes-vous ?

GRIMM. Tu ne nous regardes pas, nous tes fidèles compagnons ?

CHARLES. Malheur à vous si vous m'avez été fidèles !

GRIMM. Le dernier adieu de ton serviteur Schweizer.. Il ne reviendra plus, ton serviteur Schweizer.

CHARLES, *vivement.* Vous ne l'avez donc pas trouvé ?

SCHWARZ. Nous l'avons trouvé mort.

MOOR, *sautant avec joie.* Merci, puissant ordonnateur des choses !... Embrassez-moi, mes enfants... Que le pardon soit la fin de tout. Si maintenant ce pas était aussi franchi... tout serait franchi.

D'autres brigands. Amélie.

LES BRIGANDS. Hourra ! hourra ! Une capture, une superbe capture !

AMÉLIE, *les cheveux épars.* Les morts, s'écrient-ils, sont ressuscités à sa voix... Mon oncle vivant dans cette forêt !... Où est-il ? Charles, mon oncle !... Ah ! (*Elle se précipite sur le vieillard.*)

ACTE V. SCÈNE II.

MOOR. Amélie, ma fille, Amélie! (*Il la serre dans ses bras.*)

CHARLES, *se rejetant en arrière*. Qui amène cette image devant mes yeux?

AMÉLIE, *quitte le vieillard, s'élance vers Charles, l'embrasse avec transport*. Je l'ai, étoiles du ciel, je l'ai!

MOOR, *se dégageant de ses bras, aux brigands*. Partez, vous autres! le démon m'a trahi.

AMÉLIE. Mon fiancé! mon fiancé! tu es dans le délire... Ah! de ravissement!... Pourquoi suis-je si insensible, si froide dans ce torrent de délices?

Le vieux MOOR. Ton fiancé, ma fille, ton fiancé?

AMÉLIE. Éternellement à lui... et lui éternellement, éternellement à moi! O puissances du ciel! délivrez-moi de cette joie mortelle, afin que je ne succombe pas sous le fardeau!

CHARLES. Arrachez-la de mes bras. Tuez-la; tuez-le, lui, moi, vous tous! Que le monde entier tombe dans l'abîme! (*Il veut fuir.*)

AMÉLIE. Où? quoi? l'amour, l'éternité, le bonheur, l'infini, et tu fuis.

MOOR. Loin de moi, loin de moi, ô la plus malheureuse des fiancées! Regarde toi-même, interroge toi-même, écoute, ô le plus malheureux des pères!... Laissez-moi m'éloigner pour toujours.

AMÉLIE. Soutenez-moi; au nom de Dieu, soutenez-moi..... mes regards s'obscurcissent... il fuit.

CHARLES. Il est trop tard... En vain... Ta malédiction, mon père... ne me demande rien de plus... Je suis... j'ai... ta malédiction... ta malédiction surprise. Qui m'a attiré ici? (*Courant sur les brigands, son épée nue.*) Qui de vous m'a attiré ici, créatures de l'abîme?... Meurs donc, Amélie! meurs, ô mon père... meurs par moi pour la troisième fois!... Ces hommes, ces libérateurs sont des brigands et des meurtriers... Ton Charles est leur capitaine. (*Le vieux Moor rend le dernier soupir. Amélie reste muette et immobile comme une statue. Toute la bande dans un silence terrible. Moor courant contre un chêne.*) Les âmes de ceux que j'ai étranglés dans l'ivresse de l'amour, de ceux que j'ai écrasés dans le sommeil sacré, de ceux... Ah! ah! entendez-vous le craquement de cette tour qui tombe sur les femmes en couche? Voyez-vous ces flammes qui enveloppent le berceau des enfants?... c'est le flambeau d'hyménée, c'est la musique de mariage... Oh! il n'oublie rien... il sait bien vous rejoindre... Ainsi donc, loin de nous les voluptés de l'amour!... il n'y a plus pour moi que des tortures dans l'amour; c'est la rémunération.

AMÉLIE. C'est vrai, Seigneur du ciel! c'est vrai! Qu'ai-je donc fait, moi, innocent agneau? Je l'ai aimé.

CHARLES. C'est plus qu'un homme ne peut souffrir. J'ai entendu la mort siffler sur ma tête par mille bouches de feu, et je n'ai pas reculé d'un pas. Dois-je à présent trembler comme une femme? trembler devant une femme? Non, une femme n'ébranlera pas ma fermeté... Du sang! du sang! C'est une émotion de femme. Je veux boire du sang, et cela passera. (*Il veut fuir.*)

AMÉLIE *lui saute au cou.* Meurtrier! diable! ange! je ne puis te quitter.

MOOR *la repousse.* Loin de moi, serpent perfide! Tu veux railler un furieux; mais je brave la tyrannie du destin. Comment! tu pleures? O astres méchants! Elle fait semblant de pleurer, de pleurer sur mon âme... (*Amélie lui saute au cou.*) Ah! que signifie cela? Elle ne me répudie pas, elle ne me repousse pas. Amélie, as-tu oublié?... Sais-tu qui tu embrasses, Amélie?

AMÉLIE. Mon unique, mon inséparable!

CHARLES, *dans l'extase de la joie.* Elle me pardonne; elle m'aime! Je suis pur comme l'azur du ciel. Elle m'aime! A toi les larmes de ma reconnaissance, Dieu miséricordieux! (*Il tombe à genoux et pleure.*) La paix est revenue dans mon âme; la souffrance est apaisée; l'enfer n'est plus... Vois, oh! vois, les enfants de la lumière embrassent en pleurant les démons qui pleurent.

(*Il se lève. Aux brigands.*) Pleurez donc aussi, pleurez, pleurez! vous êtes si heureux! O Amélie! Amélie! Amélie! (*Il la serre contre son cœur. Tous deux restent muets dans cet embrassement.*)

UN BRIGAND, *avec colère*. Arrête, traître! quitte à l'instant cette malheureuse, ou je te dirai un mot qui résonnera dans ton oreille, et te fera, dans ton horreur, claquer les dents. (*Il met son épée entre eux.*)

UN VIEUX BRIGAND. Pense aux forêts de la Bohême! Tu m'entends, et tu trembles? Pense aux forêts de la Bohême. Infidèle, où sont tes serments? Oublie-t-on si vite les blessures? Quand nous exposions pour toi le repos, l'honneur, la vie; quand nous étions devant toi comme des remparts; quand nous recevions comme des boucliers les coups qui menaçaient ta vie... n'as-tu pas alors élevé la main et juré par un serment de fer que tu ne nous abandonnerais jamais, nous qui ne t'avions pas abandonné? Homme sans honneur et sans foi, tu nous quittes quand une fille pleure!

UN TROISIÈME BRIGAND. Honte au parjure! L'esprit de Roller, qui se sacrifia et que tu évoquais de l'empire des morts pour être ton témoin, rougira de ta lâcheté, et sortira tout armé de son tombeau pour te punir!

LES BRIGANDS *déchirent leurs vêtements*. Regarde ici, regarde! connais-tu ces blessures? Tu es à nous. Nous t'avons acheté pour serf avec le sang de notre cœur; tu es à nous! Quand l'archange Michel devrait en venir aux mains avec Moloch, marche avec nous : sacrifice pour sacrifice. Amélie pour la bande!

CHARLES *laisse tomber la main d'Amélie*. C'en est fait! je voulais prendre une autre route et aller à mon père; mais celui qui est dans le ciel a dit : Cela ne doit pas être. (*Froidement.*) Faible fou que je suis, pourquoi ai-je eu cette pensée? Un grand coupable ne peut jamais changer de direction; il y a longtemps que je devrais le savoir... Tranquillise-toi, je te prie, tranquillise-toi... c'est juste. Je n'ai pas voulu quand il me cherchait; maintenant c'est moi qui le cherche, et il ne veut pas. Quoi de plus juste?... Ne roule pas ainsi tes yeux; il n'a pas besoin de moi... N'a-t-il pas des créatures en abondance? Il peut si facilement se passer d'une seule, et celle-là, c'est moi. Venez, camarades.

AMÉLIE *le retient.* Arrête, arrête! Un seul coup, un coup mortel! Abandonnée de nouveau! Tire ton épée et prends pitié de moi.

CHARLES. La pitié s'est retirée chez les ours... Je ne te tuerai pas.

AMÉLIE *embrasse ses genoux.* Au nom de Dieu, au nom de la miséricorde! je ne veux plus d'amour; je sais bien que là-haut nos étoiles sont ennemies et s'éloignent l'une de l'autre. La mort est ma seule prière... Abandonnée! abandonnée!... comprends-tu ce mot dans toute son horrible étendue? Je ne puis supporter un pareil sort; aucune femme ne peut le supporter. La mort est ma seule prière. Vois, ma main tremble; je n'ai pas le courage de me frapper; j'ai peur de la lame étincelante. A toi, cela est si facile, si facile! Tu es un maître dans le meurtre. Tire ton épée et je suis heureuse!

CHARLES. Veux-tu être seule heureuse? Éloigne-toi, je ne tue pas les femmes.

AMÉLIE. Ah! égorgeur! tu ne peux tuer que les heureux; tu laisses ceux qui sont las de la vie! (*Elle s'avance vers les brigands.*) Ayez donc pitié de moi, vous autres disciples du bourreau! il y a dans vos regards une pitié altérée de sang qui est la consolation du malheureux... Votre maître est un vain et lâche fanfaron.

CHARLES. Femme, que dis-tu? (*Les brigands se détournent.*)

AMÉLIE. Pas un ami; parmi ceux-là encore pas un ami! (*Elle se relève.*) Eh bien! que Didon m'apprenne à mourir? (*Elle veut s'éloigner; un brigand l'ajuste.*)

CHARLES. Arrête! Qui oserait?... La bien-aimée de Moor ne doit mourir que de la main de Moor. (*Il la tue.*)

ACTE V, SCÈNE II.

LES BRIGANDS. Capitaine! capitaine! que fais-tu? Es-tu fou?

CHARLES, *regardant fixement le cadavre.* Elle est frappée au cœur. Encore cette palpitation... et ce sera fini... Maintenant voyez, avez-vous encore quelque chose à demander? Vous m'avez sacrifié une vie, une vie qui ne vous appartenait plus, une vie pleine de honte et d'horreurs... je vous ai immolé un ange. Regardez bien ici. A présent êtes-vous satisfaits?

GRIMM. Tu as acquitté ta dette avec usure; tu as fait ce que nul homme ne ferait pour sauver son honneur. Viens maintenant.

MOOR. Tu l'avoues, n'est-ce pas? donner la vie d'une sainte pour celle de quelques coquins, c'est un échange inégal? Oh! je vous le dis, quand chacun de vous monterait sur un échafaud de sang, et se laisserait arracher la chair de son corps morceaux par morceaux avec des tenailles brûlantes; quand cette torture durerait onze jours d'été, tout cela ne vaudrait pas les larmes... (*avec un amer sourire.*) Les blessures, les forêts de la Bohême! oui, vraiment, cela devait vous être payé!

SCHWARZ. Calme-toi, capitaine. Viens avec nous; cet aspect n'est pas bon pour toi. Mène-nous plus loin.

CHARLES. Arrêtez... encore un mot avant d'aller plus loin... Écoutez, amis du mal, exécuteurs de mes ordres barbares; dès à présent je cesse d'être votre capitaine; je dépose ici avec honte et horreur ce commandement sanglant au nom duquel vous vous croyez autorisés à commettre le crime et à souiller la lumière du ciel par les œuvres des ténèbres. Allez à droite et à gauche, nous n'aurons jamais rien de commun ensemble.

LES BRIGANDS. Ah! lâche! où sont tes plans orgueilleux? Le souffle d'une femme les a donc dissipés comme des bulles de savon?

CHARLES. O insensé! Qui m'étais imaginé que je pourrais améliorer le monde par le crime et affermir les lois par la licence! J'appelais cela vengeance et bon droit. J'osais prétendre, ô Providence! à aiguiser le fil de ton épée et à réparer ta partialité... Mais, ô vain enfantillage!... me voilà sur la limite d'une vie horrible, et je reconnais avec des gémissements et des claquements de dents que deux hommes comme moi renverseraient l'édifice du monde moral... Grâce... grâce pour l'enfant qui a voulu anticiper sur tes jugements! La vengeance n'appartient qu'à toi ; tu n'as pas besoin de la main des hommes. Non, certes, il n'est plus en mon pouvoir de reprendre le passé... ce qui est perdu est perdu... ce que j'ai renversé est renversé... Mais il me reste encore de quoi adoucir l'offense faite aux lois, de quoi réparer l'œuvre du désordre. Il faut aux lois un sacrifice, un sacrifice qui montre devant l'humanité entière leur inviolable majesté. Je serai moi-même la victime de ce sacrifice ; je subirai la mort pour elles.

LES BRIGANDS. Enlevez-lui son épée ; il veut se tuer.

CHARLES. O pauvres fous, condamnés à un éternel aveuglement! Croyez-vous donc qu'un péché mortel puisse être une compensation à des péchés mortels? Croyez-vous que cette dissonance impie servirait à l'harmonie du monde? (*Il jette avec mépris ses armes à ses pieds.*) La justice doit m'avoir vivant; je vais me livrer entre ses mains.

LES BRIGANDS. Enchaînez-le; il a perdu le jugement.

CHARLES. Non pas que je doute qu'elle ne m'atteigne dès que le pouvoir suprême le voudra ; mais elle pourrait me surprendre dans mon sommeil, ou me saisir dans la fuite, ou s'emparer de moi par la force et par l'épée, et alors je serais privé du seul mérite que je puisse avoir, du mérite de mourir volontairement pour elle. Dois-je donc cacher plus longtemps comme un larcin une vie qui, d'après la sentence des juges célestes, n'est déjà plus à moi?

LES BRIGANDS. Laissez-le aller ; c'est pour être grand homme. Il donne sa vie pour obtenir une vaine admiration.

CHARLES. On pourrait m'admirer pour cela... (*Après quelque réflexion.*) Je me rappelle avoir entendu parler d'un pauvre diable qui travaille à la journée et qui a onze enfants vivants... On a promis mille louis d'or à celui qui livrerait en vie le grand brigand... je puis rendre ce service à cet homme.

Il s'éloigne.

FIN DES BRIGANDS.

LA
CONJURATION DE FIESQUE.

PERSONNAGES.

ANDRÉ DORIA, doge de Gênes.
GIANETTINO DORIA, neveu du président.
FIESQUE, comte de Lavagna, chef des conjurés.
VERRINA, conjuré républicain.
BOURGOGNINO,
CALCAGNO,
SACCO,   } conjurés.
LOMELLINO,
CENTURIONE,
CIBO,   } mécontents.
ASSERATO,
ROMANO, peintre.
MULEY HASSAN, maure de Tunis.
UN OFFICIER allemand de la garde du duc.
TROIS CITOYENS séditieux.
LÉONORE, épouse de Fiesque
LA COMTESSE JULIA IMPERIALI, sœur du doge.
BERTHE, fille de Verrina.
ROSE, ARABELLE, femmes de chambre de Léonore.
PLUSIEURS NOBLES, BOURGEOIS ALLEMANDS, SOLDATS, VALETS, VOLEURS.

La scène se passe à Gênes en 1547.

ACTE PREMIER.

SCÈNE I.

Une salle chez Fiesque. On entend dans l'éloignement la musique et le tumulte d'un bal.

LÉONORE, *masquée;* ROSE, ARABELLE *accourent toutes troublées sur la scène.*

LÉONORE *arrache son masque.* Rien de plus, pas un mot de plus! (*Elle se jette sur une chaise.*) J'en suis abattue!

ARABELLE. Madame...

LÉONORE, *se levant.* Devant mes yeux ! une coquette, connue dans toute la ville... en face de toute la noblesse de Gênes ! (*Avec douleur.*) Rose, Arabelle... et devant mes yeux en larmes !

ROSE. Prenez la chose pour ce qu'elle est réellement... une galanterie.

LÉONORE. Une galanterie ! Et ce perpétuel échange de leurs regards, et cette anxiété avec laquelle il épiait ses traces, et ce baiser déposé si longuement sur son bras nu qui a gardé la marque de ses lèvres empourprées, et cette sorte de stupeur immobile et profonde où il était tombé, où il ressemblait à l'image du ravissement, comme si le monde entier avait disparu autour de lui et qu'il fût resté avec cette Julia dans le vide éternel !... Une galanterie ! Bonne créature qui n'as encore jamais aimé, ne discute pas avec moi sur la galanterie et l'amour.

ROSE. Tant mieux, madame ; perdre un époux c'est gagner dix sigisbées.

LÉONORE. Perdre !... Un éclair de coupable sensibilité, et je perdrais Fiesque ! Va, babillarde envenimée, ne te montre jamais devant mes yeux... Une agacerie peut-être, une galanterie ; n'est-ce pas, ma tendre Arabelle ?

ARABELLE. Oh ! oui, sans doute.

LÉONORE, *absorbée dans ses réflexions.* Si pourtant elle se sentait maîtresse de son cœur... si son nom se trouvait caché derrière chacune de ses pensées, si la nature le lui répétait à chaque instant. Qu'est-ce donc ? où vais-je ?... Si la majestueuse beauté du monde n'était que le diamant étincelant où cette image, cette seule image serait gravée ; s'il l'aimait !... Julia ! oh ! donne-moi ton bras, soutiens-moi, Arabelle. (*On entend de nouveau la musique ; Léonore se levant.*) Écoutez ! n'est-ce pas la voix de Fiesque qui a retenti au milieu du tumulte ? peut-il rire quand sa Léonore pleure dans la solitude ? Non pas, mon enfant ; c'est la voix grossière de Gianettino Doria.

ARABELLE. C'est vrai, signora, mais venez dans une autre chambre.

LÉONORE. Tu pâlis, Arabelle, tu mens... Je lis dans vos yeux, dans la physionomie des Génois, quelque chose... quelque chose. (*Se cachant le visage.*) Ah! sans doute, ces Génois en savent plus que l'oreille d'une épouse ne peut en entendre.

ROSE. Comme la jalousie exagère tout!

LÉONORE, *avec douleur*. Alors que c'était encore Fiesque, il s'avança sous les allées d'orangers où nous autres jeunes filles nous allions joyeusement nous promener; c'était la florissante jeunesse d'Apollon jointe à la mâle beauté d'Antinoüs. Il s'avança avec noblesse et fierté, comme si la splendide destinée de Gênes reposait sur ses jeunes épaules. Nos yeux le cherchaient à la dérobée et se baissaient, comme s'ils eussent été surpris dans un sacrilége, dès que son regard étincelant venait à les rencontrer. Ah! Arabelle, comme nous saisissions ses regards, comme chacune de nous comptait avec l'anxiété de l'envie ceux qui s'adressaient à sa voisine! Ils tombaient au milieu de nous comme la pomme d'or de discorde : les yeux tendres s'enflammaient de colère, les cœurs paisibles palpitaient avec violence, la jalousie avait détruit notre union.

ARABELLE. Je me le rappelle. Cette belle conquête mettait en rumeur toutes les femmes de Gênes.

LÉONORE, *enthousiasmée*. Et dire que maintenant il est à moi! Bonheur insensé, qui m'effraye! A moi, le plus grand homme de Gênes, celui qui sortit avec toutes les perfections des mains de l'inépuisable nature, qui réunit dans une fusion aimable toutes les grandeurs de son sexe!... Écoutez, jeunes filles, je ne peux pas me taire plus longtemps; écoutez, que je vous confie quelque chose... (*avec mystère*) une pensée... Lorsque j'étais devant l'autel, à côté de Fiesque, sa main dans la mienne, j'eus une pensée qu'il n'est pas permis à une femme d'avoir... Ce Fiesque, dont la main repose dans la tienne... ton Fiesque... Mais paix, que nul homme n'entende comme nous sommes fières de la chute de cette supériorité... Ce Fiesque, qui est à toi... Malheur à vous, si cette pensée ne vous enthousiasme pas !... Ce Fiesque délivrera Gênes de ses tyrans.

ARABELLE, *étonnée*. Et cette idée a pu venir à une femme le jour de son mariage !

LÉONORE. Tu es surprise, Rose ? oui, à une fiancée dans les joies d'un jour de mariage. (*Avec vivacité.*) Je suis une femme, mais je connais la noblesse de mon sang ; je ne puis souffrir que cette maison de Doria veuille s'élever au-dessus de nos ancêtres... Ce pacifique André, c'est un plaisir d'être bon pour lui... qu'il continue à s'appeler doge de Gênes... Mais Gianettino est son neveu, son héritier, et Gianettino est un esprit orgueilleux, arrogant ; Gênes tremble devant lui, et Fiesque (*avec douleur*), et Fiesque... pleurez sur moi... Fiesque aime sa sœur.

ARABELLE. Pauvre malheureuse femme !

LÉONORE. Allez, maintenant, allez voir ce demi-dieu des Génois, assis dans un cercle indigne de libertins et de courtisanes, amusant leurs oreilles par des pointes d'esprit inconvenantes, et leur racontant des histoires de princesses enchantées... C'est Fiesque .. Hélas ! mes filles, Gênes n'a pas seulement perdu son héros, moi j'ai perdu mon époux !

ROSE. Parlez plus bas. On vient dans la galerie.

LÉONORE, (*effrayée*). Fiesque vient. Fuyons, fuyons ! mon esprit pourrait lui donner un instant de tristesse. (*Elle fuit dans une autre chambre. Les jeunes filles la suivent.*)

SCÈNE II.

GIANETTINO DORIA, *masqué et couvert d'un manteau gris* ; UN MAURE. (*Tous les deux continuent leur entretien.*)

GIANETTINO. Tu m'as compris ?

LE MAURE. Bien.

GIANETTINO. Le masque blanc.

LE MAURE. Bien.

GIANETTINO. Je dis... le masque blanc.

LE MAURE. Bien, bien, bien !

GIANETTINO. Entends-moi bien, partout excepté là, (*indiquant sa poitrine*), car tu le manquerais !

LE MAURE. Soyez sans crainte.

GIANETTINO. Et un coup ferme.

LE MAURE. Il sera content.

GIANETTINO, *avec une expression de cruauté*. Que le pauvre comte ne souffre pas longtemps.

LE MAURE. Pardon... Peut-on savoir combien pèse environ sa tête dans la balance ?

GIANETTINO. Cent sequins.

LE MAURE *souffle à travers ses doigts*. Fi ! c'est léger comme une plume.

GIANETTINO. Que murmures-tu ?

LE MAURE. Je dis que c'est une tâche facile.

GIANETTINO. C'est ton affaire. Cet homme est un aimant ; toutes les têtes inquiètes volent à lui. Écoute, drôle, empoigne-le bien.

LE MAURE. Mais, seigneur, sitôt après le coup, j'aurai à décamper du côté de Venise !

GIANETTINO. Prends donc d'avance ta récompense. (*Il lui jette un billet de banque.*) Que dans trois jours au plus tard il soit mort !

Il sort.

LE MAURE *ramasse le billet de banque*. Voilà ce que j'appelle avoir du crédit. Ce seigneur se fie à ma parole d'escroc sans signature.

Il sort.

SCÈNE III.

CALCAGNO, *et derrière lui* SACCO, *tous deux en manteau noir.*

CALCAGNO. Je m'aperçois que tu épies tous mes pas.

SACCO. Et je remarque, moi, que tu me les caches

tous. Écoute, Calcagno, depuis quelques semaines, ton visage paraît agité par quelque pensée qui ne se rapporte pas seulement à la patrie... Je pensais, frère, que nous pourrions échanger secret contre secret, et qu'à la fin nous ne perdrions ni l'un ni l'autre à ce marché... Veux-tu être franc ?

CALCAGNO. Tellement, que si ton oreille ne se soucie pas de descendre dans mon sein, mon cœur viendra à moitié chemin au-devant de toi sur ma langue... J'aime la comtesse Fiesque.

SACCO *recule étonné.* Voilà du moins ce que je n'aurais pas deviné, même en passant en revue toutes les possibilités imaginables. Ton choix met mon esprit à la torture, et si tu réussis, je ne m'y connais plus.

CALCAGNO. On dit que c'est un modèle de la plus austère vertu.

SACCO. Ce n'est pas assez dire : c'est un livre entier sur un texte insipide. De deux choses l'une, Calcagno : renonce à ton cœur, ou à ton entreprise.

CALCAGNO. Le comte lui est infidèle. La jalousie est la plus active entremetteuse. Une tentative contre les Doria doit tenir le comte en haleine et me procurer l'entrée de son palais. Pendant qu'il chassera le loup du parc, le renard entrera dans son poulailler.

SACCO. C'est on ne peut mieux, frère. Merci, tu me dispenses en un instant de rougir. Je puis maintenant t'avouer ce que j'avais honte de penser : je suis un mendiant, si l'organisation actuelle n'est pas renversée.

CALCAGNO. Tes dettes sont-elles si considérables ?

SACCO. Elles sont si énormes que ma vie multipliée huit fois n'en acquitterait pas le premier dixième. Un changement dans l'État me mettra à l'aise, je l'espère. S'il ne m'aide pas à payer ce que je dois, il ôtera à mes créanciers le moyen de me poursuivre.

CALCAGNO. Je comprends... et si enfin, par hasard, Gênes devient libre, Sacco se fait baptiser père de la patrie. Qu'on vienne encore me rebattre les oreilles de ces vieux contes de loyauté, quand la banqueroute d'un vaurien et le caprice d'un libertin décident du bonheur d'un État. Pardieu! Sacco, j'admire en nous deux les combinaisons de la Providence, qui sauve le cœur par les ulcères des membres... Verrina connaît-il ton projet?

SACCO. Autant qu'un patriote doit le connaître. Gênes, tu le sais toi-même, est le fuseau sur lequel toutes ses pensées tournent avec une constance de fer. Son œil de faucon est bien attaché sur Fiesque. Toi aussi il espère te voir à mi-chemin d'un hardi complot.

CALCAGNO. Il a bon nez. Viens, allons le chercher, et attisons ses idées de liberté avec les nôtres.

Ils sortent.

SCÈNE IV.

JULIA, *échauffée;* FIESQUE, *revêtu d'un manteau blanc, court après elle.*

JULIA. Laquais, coureurs!

FIESQUE. Comtesse, où allez-vous? Que voulez-vous?

JULIA. Rien, rien du tout. (*A ses gens.*) Faites avancer ma voiture.

FIESQUE. Permettez... il ne faut pas... Vous êtes offensée?

JULIA. Bah! Mais non... retirez-vous... vous mettez ma garniture en pièces... Offensée!... Et qui donc ici pourrait m'offenser? Retirez-vous.

FIESQUE, *le genou en terre.* Non pas jusqu'à ce que vous m'ayez nommé le téméraire.

JULIA *le regardant les bras croisés* A merveille! très-bien! admirable! Qu'on me rende donc le service d'appeler la comtesse de Lavagna pour la faire assister à cet attrayant spectacle! Comment, comte, mais que fait donc l'époux? Cette attitude conviendrait parfaitement dans la chambre à coucher de votre femme, lorsqu'en feuilletant le calendrier de vos caresses elle y trouve un mécompte. Levez-vous donc! Allez auprès des dames que vous gagnerez à meilleur marché. Levez-vous donc! Ou bien voulez-vous expier par vos galanteries les impertinences de votre femme?

FIESQUE *se lève*. Des impertinences! à vous?

JULIA. Se lever tout à coup, repousser son fauteuil, tourner le dos à la table, à la table, comte, où j'étais assise!

FIESQUE. Ce n'est pas pardonnable.

JULIA. Voilà tout... Quant à la bagatelle (*avec un sourire de complaisance*), est-ce ma faute à moi si le comte a des yeux.

FIESQUE. Le seul crime de votre beauté, signora, c'est de ne point leur permettre de la contempler toute entière!

JULIA. Point de compliments, comte, quand c'est l'honneur qui parle. Je demande satisfaction. La trouverai-je près de vous, ou derrière les foudres du doge?

FIESQUE. Dans les bras de l'amour qui vous demandera grâce pour les écarts de la jalousie.

JULIA. Jalousie! jalousie! Que veut donc cette petite tête? (*Gesticulant devant un miroir.*) Comme si elle pouvait avoir un meilleur témoignage de son bon goût, que de me voir dire que c'est aussi le mien. (*Avec fierté.*) Doria et Fiesque!... comme si la comtesse de Lavagna ne devait pas se sentir honorée que la nièce du doge trouvât son choix digne d'envie (*amicalement en donnant sa main à baiser au comte*), à supposer, comte, que je le trouvasse ainsi.

FIESQUE, *vivement*. Cruelle!... et me tourmenter ainsi!... Je sais, divine Julia, que je ne dois éprouver pour vous que du respect. Ma raison me commande, à moi sujet, de fléchir le genou devant le sang des Doria, mais mon cœur adore la belle Julia. Mon amour est coupable, et en même temps il est héroïque; car il est assez hardi pour franchir le mur qui sépare les rangs, et s'élancer vers le soleil éblouissant du pouvoir.

JULIA. Un grand mensonge du comte qui vacille sur des échasses... Sa langue me divinise, et son cœur palpite sous l'image d'une autre!

ACTE I, SCÈNE V.

FIESQUE. Dites mieux, signora, dites qu'il palpite à regret sous cette image et qu'il veut l'éloigner. (*Il prend la silhouette de Léonore qui est suspendue à un ruban bleu, et la donne à Julia.*) Placez votre image sur cet autel, et vous détruirez ainsi l'idole.

JULIA *prend le portrait avec empressement.* Un grand sacrifice, sur mon honneur... et qui mérite ma reconnaissance. (*Elle suspend son portrait au cou de Fiesque.*) Bien, esclave, porte les couleurs de ton maître.

Elle sort.

FIESQUE, *avec feu.* Julia m'aime, Julia! Je ne porte envie à aucun dieu. (*Il se promène avec joie dans la salle.*) Que cette nuit soit le carnaval des dieux; que la joie fasse un chef-d'œuvre! Holà? holà! (*Un grand nombre de domestiques entrent.*) Que le nectar de Chypre coule sur le parquet de cette chambre! Que la musique éveille la nuit dans son sommeil de plomb! Que des milliers de flambeaux fassent pâlir le soleil du matin! Que la gaîté soit générale! Que la danse bachique, dans son bruyant tumulte, foule aux pieds l'empire des morts!

Il sort.

Bruyant allegro. Un rideau se lève, et on aperçoit une grande salle illuminée où dansent une foule de masques. Des deux côtés, des buffets et des tables de jeux où sont assis les conviés.

SCÈNE V.

GIANETTINO, *à demi ivre,* LOMELLINO, CIBO, CENTURIONE, VERRINA, SACCO, CALCAGNO (*tous masqués*). *Dames et nobles en grand nombre.*

GIANETTINO, *d'une voix bruyante.* Bravo! bravo! ces vins coulent vaillamment. Nos danseuses sautent à merveille. Qu'un de vous s'en aille répandre dans Gênes la nouvelle que je suis de bonne humeur, et qu'on peut se réjouir. Sur ma vie! ils vont marquer ce jour en rouge sur le calendrier, et inscrire dessous : Aujourd'hui le prince Doria fut joyeux!

LES CONVIVES, *levant leurs verres.* A la république!

(*Fanfares.*)

GIANETTINO *jette avec force son verre sur le sol.* En voilà les débris!

Trois masques noirs se lèvent et entourent Gianettino.

LOMELLINO *emmène le prince sur le devant de la scène.* Seigneur, vous me parliez dernièrement d'une femme que vous aviez rencontrée dans l'église de Saint-Laurent?

GIANETTINO. C'est vrai, camarade, et il faut que je fasse connaissance avec elle.

LOMELLINO. Je puis la procurer à Votre Excellence.

GIANETTINO, *vivement.* Tu le peux! tu le peux? Tu as dernièrement demandé la charge de procurateur, tu l'auras.

LOMELLINO. Monseigneur, c'est la seconde charge de l'État. Elle est sollicitée par plus de soixante nobles, tous plus riches et plus considérés que le très-humble serviteur de Votre Excellence.

GIANETTINO, *l'interrompant avec violence.* Tonnerre et Doria! tu seras procurateur! (*Les trois masques s'avancent.*) La noblesse de Gênes! Qu'elle mette dans la balance toutes ses armoiries et ses aïeux, et un poil de la barbe blanche de mon oncle suffira pour que le plateau monte! Je veux que tu sois procurateur, et cela vaut tous les suffrages de la seigneurie.

LOMELLINO, *à voix basse.* Cette fille est l'unique enfant d'un certain Verrina.

GIANETTINO. Cette fille est belle, et en dépit de tous les diables je dois l'avoir.

LOMELLINO. Songez-y, seigneur, l'unique enfant du plus entêté républicain.

GIANETTINO. Va-t'en au diable avec ton républicain! La colère d'un vassal et ma passion! C'est comme si le phare devait s'écrouler, lorsque des enfants lui jettent des coquillages. (*Les trois masques noirs s'avancent avec agitation.*) Le duc André aurait-il donc reçu ses blessures en combattant au profit de ces misérables républicains, pour que son neveu soit obligé de mendier la faveur de leurs fiancées et de leurs enfants? Tonnerre et Doria! il faut qu'ils renoncent à cette satisfaction, ou je ferai planter sur les os de mon oncle une potence à laquelle leur liberté génoise se débattra jusqu'à la mort. (*Les trois masques se retirent.*)

LOMELLINO. Cette fille est à présent toute seule. Son père est ici; c'est un de ces trois masques.

GIANETTINO. Cela va au gré de nos souhaits, Lomellino. Conduis-moi à l'instant chez elle.

LOMELLINO. Mais vous cherchez une courtisane, et vous trouverez une femme sentimentale.

GIANETTINO. La force est la meilleure éloquence. Mène-moi là sur-le-champ... Je veux voir ce chien de républicain qui s'attaque à l'ours des Doria... (*Fiesque le rencontre à la porte.*) Où est la comtesse?

SCÈNE VI.

Les précédents, FIESQUE.

FIESQUE. Je l'ai mise en voiture. (*Il prend la main de Gianettino et la serre sur son sein.*) Prince, je suis doublement dans vos chaînes. Gianettino règne sur moi et sur Gênes, et votre aimable sœur sur mon cœur.

LOMELLINO. Fiesque est devenu un épicurien fieffé. Le grand monde a beaucoup perdu en vous.

FIESQUE. Mais Fiesque ne perd rien de ce côté. Vivre, c'est rêver; être sage, Lomellino, c'est rêver agréablement. Est-on mieux sous les foudres du trône, là où les rouages du gouvernement grondent sans relâche à l'oreille assourdie, que sur le sein d'une beauté languissante? Que Gianettino Doria règne sur Gênes, Fiesque, lui, se réserve d'aimer.

GIANETTINO. Allons-nous-en, Lomellino. Il est minuit;

le temps s'avance. Lavagna, nous te remercions de ta réception. Je suis content.

FIESQUE. Prince, c'est le comble de mes souhaits!

GIANETTINO. Ainsi, bonne nuit. Demain, il y a jeu chez Doria, et Fiesque est invité. Viens, procurateur.

FIESQUE. De la musique, des flambeaux!

GIANETTINO, *d'un ton superbe en venant à travers les trois masques.* Place, au nom du duc!

Un des trois MASQUES *murmure involontairement.* Dans l'enfer, jamais à Gênes!

LES CONVIVES *en mouvement.* Le prince s'en va. Bonne nuit, Lavagna.

(*Il sortent en foule.*)

SCÈNE VII.

LES TROIS MASQUES NOIRS, FIESQUE.

Un moment de silence.

FIESQUE. J'aperçois ici des convives qui ne partagent point les joies de ma fête.

LES MASQUES *murmurent entre eux avec chagrin.* Pas un!

FIESQUE. Malgré mon bon vouloir, un Génois pourrait-il s'en aller mécontent? Allons, laquais, que le bal recommence et qu'on remplisse les grandes coupes. Je ne voudrais pas que quelqu'un s'ennuyât ici! Faut-il récréer vos regards par un feu d'artifice? Voulez-vous écouter les plaisanteries de mon arlequin? Peut-être trouverez-vous quelques distractions dans la société de nos dames; ou bien voulons-nous nous asseoir à une table de pharaon pour abréger les heures par le jeu?

UN MASQUE. Nous sommes habitués à les compter par nos actions.

FIESQUE. Une mâle réponse... Eh! c'est Verrina.

VERRINA *ôte son masque.* Fiesque trouve plutôt ses

amis sous leur masque qu'ils ne le reconnaissent sous le sien.

FIESQUE. Je ne comprends pas cela ; mais que signifie ce crêpe à ton bras? Se pourrait-il que Verrina eût perdu quelqu'un, et que Fiesque n'en sût rien ?

VERRINA. Une nouvelle de deuil ne convient pas aux joyeuses fêtes de Fiesque.

FIESQUE. Mais si ton ami te le demande? (*Il lui prend la main avec chaleur.*) Ami de mon âme, qui nous est mort à tous deux?

VERRINA. A tous deux! à tous deux! oh! c'est trop vrai ! Mais tous les fils ne regrettent pas leur mère.

FIESQUE. Ta mère, elle, est morte depuis longtemps?

VERRINA, *d'un ton significatif.* Je pensais que Fiesque m'appelait son frère, parce que j'étais le fils de sa patrie.

FIESQUE, *d'un air de plaisanterie.* Ah! c'est donc cela, il s'agissait d'une plaisanterie ; c'est le deuil de Gênes. Il est vrai que Gênes touche à ses derniers moments ; la pensée est originale et neuve; notre cousin commence à faire de l'esprit.

CALCAGNO. Il a parlé sérieusement, Fiesque.

FIESQUE. Sans doute, sans doute; c'est cela même, la figure morne et larmoyante. La plaisanterie ne signifie plus rien quand celui qui la fait se prend à rire. Une vraie mine d'enterrement ! Aurait-on jamais pensé que le sombre Verrina deviendrait si drôle dans ses vieux jours ?

SACCO. Viens, Verrina, il ne sera jamais des nôtres.

FIESQUE. Mais sortons d'ici, joyeux camarades. Soyons comme des héritiers rusés qui s'en vont en gémissant derrière le cercueil, et qui n'en rient que plus fort dans leurs mouchoirs. Que si pourtant nous devions avoir une rude marâtre, qu'importe? nous la laisserions crier et nous mènerions grand train.

VERRINA, *violemment ému.* Ciel et terre ! et ne rien faire !... Où en es-tu venu, Fiesque? Où faut-il chercher ce grand ennemi des tyrans? Je me rappelle un temps où la vue d'une couronne t'aurait rendu malade... Enfant dégénéré de la république, si le temps corrompt ainsi les esprits, je ne donnerais pas un denier de mon immortalité, et c'est toi qui en répondrais !

FIESQUE. Tu es un éternel songe-creux. Qu'il mette Gênes dans sa poche et qu'il la vende à un corsaire de Tunis, qu'importe? Nous boirons du vin de Chypre et nous embrasserons de jolies filles.

VERRINA *le regarde sérieusement.* Est-ce là ta réelle et sérieuse pensée?

FIESQUE. Pourquoi pas, ami? Est-ce donc un bonheur de servir de pied à ce paresseux animal à mille jambes qu'on appelle une république? Remercions celui qui lui donne des ailes et qui exempte les pieds de leur office : Gianettino Doria sera doge. Les affaires de l'État ne feront pas blanchir nos cheveux.

VERRINA. Fiesque, est-ce là ta réelle et sérieuse pensée?

FIESQUE. André a adopté son neveu pour fils et pour héritier. Qui voudrait être assez fou pour lui disputer l'héritage de son pouvoir?

VERRINA, *avec un mécontentement marqué.* Alors, venez, Génois.

Il quitte Fiesque brusquement; les autres le suivent.

FIESQUE. Verrina ! Verrina ! Ce républicain-là est dur comme l'acier.

SCÈNE VIII.

FIESQUE, UN MASQUE *inconnu.*

LE MASQUE. Avez-vous une minute de loisir, Lavagna?

FIESQUE, *d'un air prévenant.* Pour vous une heure.

LE MASQUE. Vous aurez donc la bonté de faire avec moi une promenade hors de la ville?

ACTE I, SCÈNE VIII.

FIESQUE. Il est onze heures cinquante minutes.

LE MASQUE. Vous me ferez cette grâce, comte?

FIESQUE. Je vais dire qu'on attèle !

LE MASQUE. Ce n'est pas nécessaire. J'ai envoyé un cheval en avant. Il n'en faut pas plus, car j'espère qu'un seul de nous reviendra.

FIESQUE, *étonné*. Et...

LE MASQUE. On vous demandera pour certaines larmes un compte sanglant.

FIESQUE. Ces larmes?...

LE MASQUE. Sont celles d'une certaine comtesse de Lavagna. Je connais fort bien cette dame, et je voudrais savoir comment elle a mérité d'être sacrifiée à une folle.

FIESQUE. A présent, je vous comprends. Oserais-je demander le nom de cet étrange provocateur?

LE MASQUE. C'est celui-là même qui jadis adorait mademoiselle de Cibo, et qui se retira lorsque Fiesque devint son fiancé.

FIESQUE. Scipion Bourgognino !

BOURGOGNINO *ôte son masque*. C'est lui qui veut maintenant effacer la honte qu'il a eue de se retirer devant un rival assez mal inspiré pour tourmenter la douceur même.

FIESQUE *l'embrasse avec chaleur*. Noble jeune homme ! Grâces soient rendues aux souffrances de ma femme, puisqu'elles me procurent une si digne connaissance ! Je comprends ce qu'il y a de beau dans votre colère, mais je ne me bats pas.

BOURGOGNINO *fait un pas en arrière*. Le comte de Lavagna serait-il trop lâche pour se hasarder contre les premiers coups de mon épée?

FIESQUE. Bourgognino, contre toute la puissance de la France, mais non pas contre vous! J'honore cette noble chaleur pour une personne aimée. Votre volonté mériterait un laurier, mais l'action serait puérile.

BOURGOGNINO, *irrité*. Puérile, comte? La femme ne

peut que pleurer sur un outrage. Pourquoi l'homme est-il là !

FIESQUE. Parfaitement dit, mais je ne me bats pas.

BOURGOGNINO *lui tourne le dos et veut sortir.* Je vous mépriserai.

FIESQUE, *avec vivacité.* Par le ciel ! non jamais, jeune homme, même quand la vertu y devrait perdre. (*Il le prend par la main.*) Avez-vous jamais éprouvé pour moi quelque chose — comment dirai-je — ce qu'on appelle du respect ?

BOURGOGNINO. Me serais-je retiré devant un homme que je n'aurais pas regardé comme le premier des hommes ?

FIESQUE. Eh bien ! mon ami, il me serait difficile de mépriser un homme qui aurait une fois mérité mon respect. Je penserais que la trame d'un maître doit être assez artistement tissue pour ne pas sauter tout d'abord aux yeux d'un apprenti. Rentrez chez vous, Bourgognino, prenez le temps de réfléchir pourquoi Fiesque agit ainsi et non pas autrement. (*Bourgognino se retire en silence.*) Va, noble jeune homme : si de telles flammes brûlent pour la patrie, les Doria n'ont qu'à se bien tenir.

SCÈNE IX.

FIESQUE ; LE MAURE (*entre timidement et regarde avec soin autour de lui.*)

FIESQUE *l'observe longtemps d'un œil pénétrant.* Que veux-tu et qui es-tu ?

LE MAURE. Un esclave de la république.

FIESQUE. L'esclavage est un misérable métier. (*Le regardant toujours fixement.*) Que cherches-tu ?

LE MAURE. Seigneur, je suis un honnête homme.

FIESQUE. Tâche de garder toujours ce bouclier sur la figure ; il ne sera pas de trop. Mais que cherches-tu ?

LE MAURE (*cherche à s'approcher. Fiesque s'éloigne.*) Seigneur, je ne suis pas un scélérat.

FIESQUE. Tu as raison d'ajouter cela, et pourtant ce n'est pas assez. (*Avec impatience.*) Mais que cherches-tu?

LE MAURE *s'approche de nouveau*. Êtes-vous le comte de Lavagna?

FIESQUE, *avec fierté*. Les aveugles dans Gênes me reconnaissent à mon pas. Qu'as-tu à faire avec le comte?

LE MAURE. Soyez sur vos gardes, Lavagna. (*Il s'avance près de lui.*)

FIESQUE *se retire de l'autre côté*. J'y suis en vérité.

LE MAURE. On n'a pas de bonnes intentions à votre égard, Lavagna.

FIESQUE *se retire de nouveau*. Je le vois.

LE MAURE. Gardez-vous du Doria.

FIESQUE *s'approche de lui*. Ami, aurais-je commis envers toi quelque injustice?... Ce nom m'est en effet redoutable.

LE MAURE. Fuyez devant celui qui le porte. Pouvez-vous lire?

FIESQUE. Singulière question! Tu es envoyé par quelque seigneur. As-tu un écrit?

LE MAURE. Votre nom parmi ceux de quelques pauvres diables. (*Il lui présente un billet et se campe juste près de lui. Fiesque s'avance devant une glace et jette un coup-d'œil sur le papier. Le Maure rôde autour de lui, en épiant; enfin il tire son poignard et veut le frapper.*)

FIESQUE *se retourne promptement et arrête le bras du Maure*. Doucement, canaille! (*Il lui arrache son poignard.*)

LE MAURE *frappe du pied*. Diable... J'implore mon pardon. (*Il veut s'éloigner.*)

FIESQUE *le saisit et appelle à haute voix*. Étienne! Drullo! Antoine! (*Il tient le Maure par la gorge.*) Reste, mon cher. Infernale scélératesse! (*Les domestiques entrent.*) Reste et réponds. Tu as fait là un vilain métier; à qui dois-tu en demander le salaire?

LE MAURE, *après de vains efforts pour se dégager, et d'un ton résolu.* On ne me pendra pas plus haut que la potence.

FIESQUE. Non, console-toi; on ne te pendra pas aux cornes de la lune, mais assez haut cependant pour qu'au gibet tu aies l'air d'un cure-dent. Cependant ton choix était si politique, que je ne puis l'attribuer à l'esprit que t'a donné ta mère. Dis-moi donc qui t'a payé?

LE MAURE. Seigneur, vous pouvez me traiter de scélérat, mais je vous défends de m'appeler un sot.

FIESQUE. Cette brute aurait de la fierté? Réponds, animal : Qui t'a payé?

LE MAURE, *réfléchissant.* Hum... de cette façon, ce n'est pas moi seul qui serais dupe... et pour cent misérables sequins... Qui m'a payé?... Le prince Gianettino.

FIESQUE, *piqué, va et vient.* Cent sequins!... rien de plus pour la tête de Fiesque!... (*Avec ironie.*) Honte à toi, prince royal de Gênes! (*Il court à sa cassette.*) Tiens, coquin, en voilà mille, et dis à ton maître qu'il n'est qu'un piètre assassin. (*Le Maure le regarde de la tête aux pieds.*) Tu réfléchis, drôle?... (*Le Maure prend l'argent, le pose sur la table, le reprend et regarde Fiesque avec une surprise toujours croissante.*) Que fais-tu, mon bon?

LE MAURE *jette avec résolution l'argent sur la table.* Seigneur... cet argent, je ne l'ai pas mérité.

FIESQUE. Bête d'escroc! Tu as mérité le gibet. L'éléphant en colère écrase l'homme, mais non pas le vermisseau. D'un mot je pourrais te faire pendre.

LE MAURE, *joyeux, lui fait une révérence.* Monseigneur est trop bon.

FIESQUE. Dieu m'en garde! Pas envers toi. Il me plaît de pouvoir à mon gré anéantir ou conserver un coquin tel que toi, et voilà pourquoi tu es libre. Comprends-moi bien : ta maladresse m'est un gage du ciel que je suis destiné à quelque chose de grand. Et voilà d'où vient ma clémence ; voilà pourquoi tu es libre.

LE MAURE, *avec une effusion cordiale.* Lavagna, touchez là. L'honneur d'un homme vaut celui d'un autre. Si vous trouvez dans cette péninsule un gosier de trop, commandez, je le coupe pour rien.

FIESQUE. Voilà un animal poli, qui veut m'exprimer sa reconnaissance par le gosier des autres.

LE MAURE. Nous ne recevons point de dons gratuits, seigneur. Il y a aussi de l'honneur dans notre corps.

FIESQUE. L'honneur des coupeurs de gorge !

LE MAURE. Il est plus à l'épreuve du feu que celui de vos honnêtes gens : ils violent leurs serments envers le bon Dieu ; nous tenons scrupuleusement les nôtres envers le diable.

FIESQUE. Tu es un plaisant drôle.

LE MAURE. Je me réjouis que vous me trouviez de votre goût. Mettez-moi à l'épreuve, et vous apprendrez à connaître un homme qui fait lestement son devoir. Informez-vous de moi. Je peux vous montrer des certificats de chaque corporation de filous, depuis la première jusqu'à la dernière.

FIESQUE. Qu'est-ce que j'entends là ? (*Il s'asseoit.*) Ainsi les fripons reconnaissent aussi des lois et des rangs. Parle-moi de la dernière classe.

LE MAURE. Fi, seigneur ! c'est une misérable troupe de gens aux doigts crochus ; indigne métier qui ne produit aucun grand homme, qui ne travaille que pour le fouet et la maison de force, et conduit tout au plus à la potence.

FIESQUE. Charmante perspective ! Je suis curieux de connaître les classes plus élevées.

LE MAURE. Il y a celle des espions et des mouchards, hommes importants à qui les grands prêtent l'oreille, et chez lesquels ils puisent tous les renseignements. Ils mordent l'âme comme une sangsue, tirent le poison du cœur et le reversent à qui de droit.

FIESQUE. Je connais cela. Après ?

LE MAURE. Nous arrivons maintenant aux meurtriers, aux empoisonneurs, à tous ceux qui guettent longtemps leur homme et le prennent dans leurs embûches. Ce sont souvent des lâches, mais des gaillards pourtant, des gaillards qui payent au diable leur apprentissage de leur pauvre vie. La justice fait déjà quelque chose de plus pour eux ; elle leur brise les os sur la roue et plante sur des pieux leur tête de renard. C'est là la troisième classe.

FIESQUE. Mais parle donc ! Quand viendra la tienne ?

LE MAURE. Ah tonnerre ! monseigneur, nous y voilà. J'ai passé par toutes ces classes. Mon génie franchit rapidement tous les murs de séparation. Hier au soir, j'ai fait mon chef-d'œuvre dans la troisième classe ; il y a une heure, j'ai échoué dans la quatrième.

FIESQUE. Celle-ci se compose ?...

LE MAURE, *vivement*. De ceux qui cherchent leur homme entre quatre murailles, qui se frayent un chemin à travers les périls, marchent droit à lui, et au premier salut lui épargnent la peine de vous dire merci. Entre nous, on les appelle les messagers extraordinaires de l'enfer. Au premier caprice qui lui prend, Méphistophélès n'a qu'un signe à faire, et le rôti lui arrive tout chaud.

FIESQUE. Tu es un scélérat achevé. Il y a longtemps que j'en cherche un semblable. Donne-moi ta main ; je veux te garder près de moi.

LE MAURE. Est-ce une raillerie ou parlez-vous sérieusement ?

FIESQUE. Très-sérieusement, et je te donne mille sequins par an.

LE MAURE. Tope, Lavagna, je suis à vous, et j'envoie au diable la vie privée. Employez-moi comme vous voudrez. Faites de moi votre lévrier, votre chien de garde, votre renard, votre serpent, votre entremetteur, votre valet de bourreau. Monseigneur, je suis propre à tout ; seulement, point de tentative honnête, car, sur ma vie, je suis en cela lourd comme une bûche.

FIESQUE. Sois sans crainte. Quand je veux faire présent d'un agneau, je ne le confie pas au loup. Mets-toi donc dès demain à parcourir Gênes et à flairer le temps qu'il fait. Sache ce qu'on pense du gouvernement, ce que l'on murmure sur les Doria, observe aussi ce que mes concitoyens pensent de ma vie dissipée et de mon roman d'amour. Noye leur cerveau dans le vin jusqu'à ce que leurs secrets débordent de leur cœur. L'argent ne te manquera pas, ne te fais pas faute d'en répandre parmi les marchands de soie.

LE MAURE *le regarde d'un air de réflexion.* Monseigneur !...

FIESQUE. Ne t'inquiète pas... il n'y a là rien d'honnête... Va, appelle à ton aide toute ta bande à ton secours. Demain j'écouterai tes nouvelles.

Il sort.

LE MAURE, *le suivant.* Fiez-vous à moi. Il est à présent quatre heures du matin. Demain à huit heures vous aurez autant de nouvelles qu'il en passe en deux fois soixante-dix oreilles.

Il sort.

SCÈNE X.

Une chambre chez Verrina.

BERTHE, *renversée sur un sofa, la tête cachée dans ses mains ;* VERRINA *entre d'un air sombre.*

BERTHE, *effrayée, se lève.* Ciel ! c'est lui !

VERRINA, *s'arrête et la regarde avec surprise.* Ma fille a peur de son père !

BERTHE. Fuyez, laissez-moi fuir ! Vous m'épouvantez, mon père !

VERRINA. Mon unique enfant !

BERTHE, *soulevant sur lui un regard douloureux.* Non, il faut que vous ayez encore une fille !

VERRINA. Ma tendresse te pèse-t-elle donc ?
BERTHE. Elle m'écrase !
VERRINA. Comment! quelle réception, ma fille? Autrefois, quand je rentrais à la maison le cœur chargé d'un poids accablant, ma Berthe accourait au-devant de moi, et le sourire de ma Berthe me soulageait de mon fardeau. Viens, ma fille, embrasse-moi ; laisse-moi sur ta jeune poitrine réchauffer mon cœur, qui s'est glacé sur le cercueil de la patrie. O mon enfant ! j'ai cessé de compter aujourd'hui sur toutes les joies de la nature, et toi seule m'es restée !
BERTHE, *attachant sur lui un long regard.* Malheureux père !
VERRINA *l'embrasse le cœur oppressé.* Berthe, mon unique enfant, ma dernière, ma seule espérance... la liberté de Gênes est perdue... Fiesque est perdu... (*Il la serre avec force contre lui et murmure entre ses dents.*) Tu seras une fille perdue !
BERTHE *s'arrache de ses bras.* Grand Dieu! vous savez ?...
VERRINA *reste tremblant.* Quoi ?
BERTHE. Mon honneur !...
VERRINA, *avec rage.* Quoi ?
BERTHE. Cette nuit...
VERRINA, *hors de lui.* Quoi ?
BERTHE. La violence... (*Elle tombe sur le sofa.*)
VERRINA, *après un long silence, d'une voix étouffée.* Encore un mot, ma fille... le dernier... (*D'une voix creuse et brisée.*) Qui ?
BERTHE. Malheur à moi! Éloignez cette colère qui a la pâleur de la mort; secourez-moi, mon Dieu ! Il balbutie et tremble !
VERRINA. Je ne savais pourtant pas... Ma fille, qui?
BERTHE. Paix, mon cher père !
VERRINA. Au nom de Dieu! qui ?
BERTHE. Un masque.
VERRINA *recule, et après un moment de réflexion et d'an-*

goisse. Non, cela ne peut pas être ; ce n'est pas Dieu qui m'envoie cette pensée. (*Il pousse un éclat de rire convulsif.*) Vieux fou que je suis! comme si tout le venin ne pouvait sortir que d'un seul reptile. (*A Berthe avec plus de calme.*) Cet homme était-il de ma taille, ou plus petit?

BERTHE. Plus grand,

VERRINA, *vivement.* Les cheveux noirs, crépus?

BERTHE. Noirs comme du charbon et crépus.

VERRINA *s'éloigne d'elle en chancelant.* Dieu! ma tête, ma tête!... La voix?...

BERTHE. Rude, une voix de basse.

VERRINA, *avec violence.* De quelle couleur?... Non, je ne veux plus rien entendre... Le manteau, de quelle couleur?

BERTHE. Le manteau vert, à ce qu'il m'a paru.

VERRINA *met ses deux mains sur son visage et tombe sur le sofa.* Sois tranquille ; ce n'est qu'un éblouissement, ma fille. (*Il retire ses mains ; son visage est pâle comme la mort.*)

BERTHE, *joignant les mains.* Dieu de miséricorde, ce n'est plus là mon père !

VERRINA, *après un moment de silence, avec un rire amer.* Bien, bien, lâche Verrina! ce n'était pas assez que le misérable violât le sanctuaire des lois ; il fallait encore qu'il violât le sanctuaire de la famille... (*Il se lève.*) Allons, vite, appelle Nicolas... De la poudre et du plomb... Ou plutôt, arrête! il me vient une autre idée... une meilleure... Va me chercher mon épée ; dis ton *Pater noster*. (*Se frappant le front.*) Mais, que vais-je faire?

BERTHE. J'ai bien peur, mon père!

VERRINA. Viens, assieds-toi près de moi. (*D'un ton expressif.*) Berthe, raconte-moi... Berthe, que fit ce vieux Romain dont on trouva la fille aussi... Comment dire cela? Aussi avenante... Écoute, Berthe, que dit Virginius à sa fille déshonorée?

BERTHE, *avec effroi*. Je ne sais pas ce qu'il dit.

VERRINA. Sot enfant! Il ne dit rien... (*Il saisit tout à coup une épée.*) Il prit un couteau.

BERTHE *se jette épouvantée dans ses bras*. Grand Dieu! que voulez-vous faire?

VERRINA *jette l'épée dans la chambre*. Non, il y a encore une justice à Gênes.

SCÈNE XI.

SACCO, CALCAGNO, *les précédents*.

CALCAGNO. Vite, Verrina, prépare-toi, c'est aujourd'hui qu'ont lieu les élections de la république; nous voulons être de bonne heure à la Seigneurie pour nommer les nouveaux sénateurs; le peuple fourmille dans les rues, toute la noblesse court à l'hôtel de ville. Tu viendras bien avec nous (*d'un ton railleur*) pour voir le triomphe de notre liberté?

SACCO. Une épée sur le plancher! Verrina a le regard farouche, et Berthe les yeux rouges.

CALCAGNO. Pardieu! je m'en aperçois aussi... Sacco, il s'est passé ici quelque malheur.

VERRINA *pose deux chaises devant eux*. Asseyez-vous.

SACCO. Ami, tu nous effraies.

CALCAGNO. Ami, je ne t'ai jamais vu ainsi; si Berthe n'avait pas pleuré, je demanderais si Gênes est perdue.

VERRINA. Perdue... Asseyez-vous.

CALCAGNO, *effrayé*. Je t'en conjure!

VERRINA. Écoutez.

CALCAGNO. Quel pressentiment me vient, Sacco!

VERRINA. Génois, vous connaissez tous deux l'ancienneté de mon nom; vos aïeux ont servi les miens. Mes pères ont combattu pour l'État; leurs femmes étaient les modèles des Génoises. L'honneur était notre unique bien; il a passé comme un héritage de père en fils: quelqu'un pourrait-il dire le contraire?

sacco. Personne.

calcagno. Aussi vrai que Dieu existe, personne.

verrina. Je suis le dernier de ma race ; ma femme est morte ; ma fille est tout ce qu'elle m'a légué. Génois, vous êtes témoins de la manière dont je l'ai élevée : quelqu'un oserait-il se présenter et me reprocher d'avoir négligé ma Berthe ?

calcagno. Ta fille est le modèle du pays.

verrina. Amis, je suis un vieillard ; si je perds cette fille, je ne puis en espérer une autre ; ma mémoire s'éteint. (*Avec un mouvement terrible.*) Je l'ai perdue !... ma race est infâme !

tous deux *émus*. Que Dieu vous en préserve ! (*Berthe se roule en gémissant sur le sofa.*)

verrina. Non, ne désespère pas, ma fille. Ces hommes sont bons et braves ; ils pleurent sur toi... Il en coûtera du sang... Hommes, ne restez pas ainsi stupéfaits. (*Lentement et avec gracité.*) Celui qui opprime Gênes peut bien faire violence à une jeune fille !

tous deux *se lèvent et repoussent leurs chaises*. Gianettino Doria !

berthe *s'écrie*. Tombez sur moi, murailles ! Mon Scipion !

SCÈNE XII.

BOURGOGNINO, *les précédents*.

bourgognino, *avec chaleur*. Sautez, jeune fille ! voici une joyeuse nouvelle !... Noble Verrina, je viens mettre mon paradis dans vos paroles. Depuis longtemps j'aimais votre fille, et jamais je n'avais osé vous demander sa main, parce que toute ma fortune flottait sur des planches trompeuses qui viennent de Coromandel. A présent, ma fortune entre à pleines voiles dans le port, et m'amène, dit-on, d'immenses trésors. Je suis un homme riche. Donnez-moi Berthe, je la rendrai heureuse. (*Berthe se cache. Profond silence.*)

VERRINA, *à Bourgognino.* Avez-vous envie, jeune homme, de jeter votre cœur dans un bourbier?

BOURGOGNINO *va pour saisir son épée mais retire sa main au même instant.* C'est son père qui a dit cela!

VERRINA. C'est ce que dira chaque vaurien d'Italie : voulez-vous accepter les restes du festin d'un autre?

BOURGOGNINO. Ne me rends pas fou, vieillard.

CALCAGNO. Bourgognino, le vieillard dit vrai.

BOURGOGNINO, *se précipitant vers Berthe.* Il dit vrai? Une malheureuse se serait jouée de moi?

CALCAGNO. Bourgognino, ne va pas si loin. Cette fille est pure comme un ange.

BOURGOGNINO, *étonné.* Eh bien! aussi vrai que je veux aller en paradis, pure et déshonorée, je n'y comprends rien! vous vous regardez et vous êtes muets. Une action monstrueuse erre sur vos lèvres tremblantes. Je vous en conjure, ne vous jouez pas de mon jugement. Elle serait pure? Qui a prononcé ce mot?

VERRINA. Mon enfant n'est pas coupable.

BOURGOGNINO. Ainsi la violence... (*Il reprend son épée.*) Génois, par tous les péchés commis sous le ciel, où donc, où trouverai-je le scélérat?

VERRINA. Là où tu trouveras celui qui s'est emparé de Gênes. (*Bourgognino reste interdit. Verrina va et vient tout pensif, puis il s'arrête.*) Si je comprends ton signe, éternelle Providence, tu veux délivrer Gênes par ma Berthe. (*Il s'avance vers elle, détache lentement le crêpe de son bras, et d'un ton solennel :*) Pas un rayon de lumière ne brillera sur ces joues avant que le sang d'un Doria ne lave cette tache faite à ton honneur. Jusque-là..... (*il jette le crêpe sur elle*) sois aveugle... (*Silence. Les autres le regardent avec étonnement. Il étend sa main sur la tête de Berthe.*) Maudit soit l'air que tu respires! maudit le sommeil qui te repose! maudite soit toute figure humaine qui te serait douce à voir dans ta misère! Descends sous la voûte la plus profonde de ma maison. Pleure, gémis, prends ta douleur pour passe-temps ! (*Il continue en frissonnant.*) Que ta vie soit le mouvement convulsif du vermisseau expirant, le combat opiniâtre et écrasant entre l'être et le néant ! Que cette malédiction pèse sur toi jusqu'à ce que Gianettino ait rendu le dernier soupir ! Sinon, traîne-le à travers l'éternité jusqu'à ce qu'on découvre le point de jonction des deux extrémités de son cercle ! (*Grand silence. Effroi sur tous les visages. Verrina regarde chacun d'un œil fixe et pénétrant.*)

BOURGOGNINO. Père cruel, qu'as-tu fait ? Prononcer cette horrible et monstrueuse malédiction sur ta pauvre innocente fille !

VERRINA. N'est-ce pas... c'est affreux, mon tendre fiancé ? (*Élevant la voix.*) Qui de vous maintenant osera parler de délai et de sang-froid ? La destinée de Gênes repose sur ma Berthe. Ma tendresse paternelle répond de mes devoirs de citoyen. Qui de nous maintenant sera assez lâche pour ajourner la délivrance de Gênes, sachant que cet agneau sans tache paye sa lâcheté d'une horrible torture. Par le ciel ! ce n'est pas là le vain langage d'un fou. J'ai fait un serment, et je n'aurai pas pitié de mon enfant jusqu'à ce qu'un Doria soit étendu sur le sol, dussé-je être ingénieux dans mes moyens de torture comme un valet de bourreau, dussé-je comme un cannibale écraser ce doux agneau sur le chevalet !... Vous tremblez... vous me regardez, pâles comme des spectres... Encore une fois, Scipion : elle est pour moi comme un gage que tu égorgeras le tyran. A ce fil précieux je tiens attaché ton devoir, le mien, le vôtre. Il faut que le despote de Gênes tombe, ou il n'y a plus d'espoir pour cette fille. Je ne me rétracte pas.

BOURGOGNINO *se jette aux pieds de Berthe.* Il tombera : il tombera comme une victime pour Gênes ! Aussi vrai que je retournerai cette épée dans le cœur de Doria, aussi vrai que je veux imprimer sur tes lèvres le baiser de fiancé ! (*Il se relève.*)

VERRINA. Ce sera le premier couple que les furies auront béni ; donnez-vous la main. Tu veux retourner ton glaive dans le cœur de Doria ? Prends-la ; elle est à toi.

CALCAGNO *s'agenouille.* Voici encore un Génois qui s'agenouille et dépose sa redoutable épée aux pieds de l'innocence. Puisse Calcagno trouver aussi facilement son chemin vers le ciel que cette épée trouvera la route du cœur de Doria ! (*Il se relève.*)

SACCO. Raphaël se prosterne le dernier, mais non le moins résolu ! Si mon glaive n'ouvre pas la prison de Berthe, que l'oreille du Sauveur se ferme à ma dernière prière ! (*Il se relève,*)

VERRINA, *joyeux.* Gênes vous rend grâces pour moi, mes amis. Va, ma fille ; sois heureuse d'être ainsi sacrifiée à la cause de ta patrie.

BOURGOGNINO *l'embrasse en sortant.* Va ; aie confiance en Dieu et en Bourgognino. Le même jour verra Berthe et Gênes libres tous deux ! (*Berthe s'éloigne.*)

SCÈNE XIII.

Les précédents, sans BERTHE.

CALCAGNO. Avant que d'aller plus loin, encore un mot, Génois.

VERRINA. Je le devine.

CALCAGNO. Est-ce assez de quatre patriotes pour abattre l'hydre puissante de la tyrannie ? Ne faut-il pas soulever le peuple, attirer la noblesse dans notre parti ?

VERRINA. Je comprends. Écoutez donc : Je tiens depuis longtemps à mes gages un peintre qui emploie tout son art à représenter la chute d'Appius Claudius. Fiesque est un adorateur des beaux-arts et s'exalte facilement à la vue d'une scène élevée. Nous ferons porter ce tableau dans son palais, et nous resterons là quand il le regardera. Peut-être que cet aspect réveillera son génie... peut-être...

BOURGOGNINO. Nous ne voulons point de lui. Redouble les périls, dit le héros, et non pas les auxiliaires. Il y a longtemps que je sens dans mon cœur quelque chose que rien ne pouvait satisfaire. J'apprends tout à coup ce que c'est... (*Il se relève d'un air héroïque*). J'ai un tyran.

Le rideau tombe.

ACTE DEUXIÈME.

SCÈNE I.

Un antichambre dans le palais de Fiesque.

LÉONORE, ARABELLE.

ARABELLE. Non, vous dis-je. Vous n'aurez pas bien vu ; la jalousie vous a prêté ses vilains yeux.

LÉONORE. C'était Julia en personne; ne m'en parle plus. Ma silhouette était suspendue à un ruban bleu de ciel; celui-ci était couleur de feu... Mon sort est décidé.

SCÈNE II.

Les précédents, JULIA.

JULIA, *avec une démarche affectée*. Le comte m'a offert son palais pour voir le cortége qui se rend à l'hôtel de ville. Le temps me paraîtrait long; avant que le chocolat soit préparé, tenez-moi compagnie, madame. (*Arabelle s'éloigne et revient aussitôt.*)

LÉONORE. Voulez-vous que j'invite du monde à venir ici ?

JULIA. Fi l'horreur! Comme si je venais le chercher ici. Vous me distrairez, madame. (*Elle va et vient en se donnant des grâces.*) Vous le pouvez, madame, car je n'ai rien à faire.

ARABELLE, *avec malice.* Oh! la précieuse main! signora! Pensez-vous combien il est cruel de priver les lorgnons de nos petits-maîtres d'un si plaisant objet!... Et quelle brillante parure de perles! les yeux en sont presque éblouis. Dieu tout-puissant! n'avez-vous pas enlevé les dépouilles de la mer entière?

JULIA, *devant une glace.* C'est pour vous une rareté, mademoiselle. Mais écoutez-moi, mademoiselle : vos maîtres ont-ils aussi engagé votre langue? C'est charmant, madame! vous faites complimenter vos hôtes par vos domestiques.

LÉONORE. C'est un malheur pour moi, signora, que mon humeur ne me permette pas de jouir de l'agrément de votre présence.

JULIA. C'est un vilain manque d'usage qui vous rend lourde et embarrassée. Allons, de la vivacité et de l'esprit! Ce n'est pas le moyen d'enchaîner votre mari.

LÉONORE. Je n'en sais qu'un, comtesse : faites que les vôtres soient toujours une occasion de sympathie.

JULIA, *sans faire semblant de l'entendre.* Et quelle contenance, madame! Fi donc! ayez donc plus de soin de votre personne! Ayez recours à l'art, puisque la nature vous a traitée en marâtre. Du fard sur ces joues, qui portent l'empreinte d'une passion maladive! Pauvre créature! telle que la voilà, votre figure ne trouverait pas un amateur.

LÉONORE, *avec gaîté, à Arabelle.* Félicite-moi, ma fille; il est impossible que j'aie perdu mon Fiesque, ou en le perdant je n'ai rien perdu. (*On apporte du chocolat; Arabelle le sert.*)

JULIA. Vous parlez de perdre quelque chose! Mais, mon Dieu! comment a pu vous venir cette tragique pensée d'épouser Fiesque? Pourquoi, mon enfant, vous placer à cette hauteur, où vous deviez nécessairement être vue, où vous deviez subir des comparaisons? Vraiment, mon trésor, celui qui vous a unie à Fiesque était un sot ou un fripon. (*Lui prenant la main avec pitié.*) Bonne petite, l'homme admis dans la société de bon ton ne pouvait pas être un parti pour toi. (*Elle prend une tasse.*)

LÉONORE, *souriant à Arabelle.* Ou bien il ne devrait pas souhaiter d'être admis dans les maisons de bon ton.

JULIA. Le comte a de la figure, de l'usage, du goût ; le comte a été assez heureux pour faire connaissance avec des personnes de distinction ; le comte a du mouvement, du sens. Il s'arrache du cercle choisi où il s'est animé ; il rentre chez lui ; sa femme l'accueille avec sa tendresse de chaque jour, éteint son ardeur dans un froid et humide baiser, et lui sert sa portion de caresses comme un aubergiste sert son hôte. Le pauvre mari ! Là, le charme de l'idéal qui lui sourit ; ici, le dégoût d'une sensibilité chagrine. Signora, au nom de Dieu, s'il ne perd pas le jugement, que choisira-t-il ?

LÉONORE *lui présente une tasse.* Vous, madame..... s'il l'a perdu.

JULIA. Bien. Que cette épigramme entre dans ton propre cœur ! Tremble pour cette plaisanterie ; mais, avant de trembler, rougis !

LÉONORE. Vous savez donc aussi, signora, ce que c'est que de rougir ? Mais pourquoi pas ? c'est un artifice de toilette.

JULIA. Voyez donc ; il suffit d'irriter le vermisseau, on en fait jaillir des étincelles. C'est bon pour le moment. C'était une plaisanterie, madame ; donnez-moi la main en signe de réconciliation.

LÉONORE *lui donne la main avec un regard éloquent.* Imperiali... que ma colère ne trouble pas votre repos.

JULIA. Tout à fait magnanime. Mais ne puis-je pas l'être aussi, comtesse ? (*Lentement, et en épiant Léo-*

nore.) Si je porte sur moi le portrait d'une personne, ne s'en suit-il pas que l'original doit m'être précieux? Qu'en pensez-vous?

LÉONORE, *rouge et embarrassée.* Que dites-vous? J'espère que cette conséquence est trop précipitée.

JULIA. C'est ce que je pense aussi. Le cœur n'appelle pas les sens à son secours ; un sentiment vrai ne se retranche pas derrière un objet de parure.

LÉONORE. Grand Dieu! comment en venez-vous à cette vérité?

JULIA. Par pitié, seulement par pitié. Car, voyez-vous, on peut retourner la proposition, et vous aurez encore votre Fiesque. (*Elle lui donne sa silhouette, et rit méchamment.*)

LÉONORE *avec douleur.* Mon portrait! à vous! (*Elle se jette dans un fauteuil.*) O indigne!

JULIA, *joyeuse.* Ai-je ma revanche? l'ai-je? Eh bien! madame, plus de coups d'épingle! (*Elle appelle.*) Ma voiture! J'ai atteint mon but! (*A Léonore, en lui prenant le menton.*) Consolez-vous, mon enfant : il m'a donné la silhouette dans un moment de délire. (*Elle sort.*)

SCÈNE III.

Entre CALCAGNO.

CALCAGNO. Imperiali s'éloigne fort animée ; et vous, madame, vous êtes émue.

LÉONORE, *avec une douleur déchirante.* Non, cela est indigne!

CALCAGNO. Ciel et terre! j'espère que vous ne pleurez pas?

LÉONORE. Un ami de cet homme barbare! Otez-vous de mes yeux!

CALCAGNO. Quel barbare? Vous m'effrayez!

LÉONORE. Mon mari. Non, Fiesque.

CALCAGNO. Qu'entends-je!

LÉONORE. Oh! seulement une méchante action assez habituelle à vous autres hommes.

CALCAGNO *prend sa main avec vivacité.* Madame, j'ai un cœur pour la vertu souffrante.

LÉONORE *avec gravité.* Vous êtes un homme, vous ne valez rien pour moi.

CALCAGNO. Je suis tout à vous... plein de vous... Si vous saviez quel sentiment puissant, infini...

LÉONORE. Homme, tu mens... tu promets avant d'agir...

CALCAGNO. Je vous le jure...

LÉONORE. Un serment! arrête! Vous lassez la patience de Dieu à les enregistrer. Hommes, hommes, si vos serments étaient autant de démons, vous pourriez monter à l'assaut du ciel, et faire prisonniers les anges de lumière!

CALCAGNO. Vous délirez, comtesse, et votre douleur vous rend injuste. Tout notre sexe doit-il donc être mis en accusation pour le crime d'un seul?

LÉONORE *le regarde avec dignité.* Homme, j'adorais les hommes en un seul, ne dois-je pas les abhorrer en un seul?

CALCAGNO. Essayez, comtesse. Une première fois vous avez mal placé votre cœur... je sais où il pourrait dignement reposer.

LÉONORE. Vous finiriez, à force de mensonges, par chasser le Créateur de son monde. Je ne veux rien entendre de toi.

CALCAGNO. Vous devriez, aujourd'hui même, révoquer cet arrêt dans mes bras.

LÉONORE, *attentive.* Achève... dans tes?...

CALCAGNO. Dans mes bras, qui s'ouvrent pour recevoir la délaissée, et pour lui donner une compensation de l'amour qu'elle a perdu.

LÉONORE *le regarde avec finesse.* De l'amour?

CALCAGNO *tombe à ses pieds.* Oui, le mot est prononcé; amour, madame! La vie et la mort reposent sur vos lèvres. Si ma passion est un crime, la vertu et le vice tendent au même but, et le ciel et l'enfer se rejoignent pour une même damnation!

LÉONORE *se recule avec colère et dignité.* C'était donc là, perfide, que tu voulais en venir avec ta compassion? Tu trahis à la fois, dans une seule génuflexion, l'amitié et l'amour. Loin de moi à jamais, race odieuse! Jusqu'ici j'avais cru que tu ne trompais que les femmes; je ne savais pas encore que tu te trahissais toi-même!

CALCAGNO, *interdit.* Madame...

LÉONORE. Ce n'est pas assez pour cet hypocrite de rompre le sceau sacré de la confiance, il faut qu'il ternisse encore de son souffle empoisonné le miroir limpide de la vertu et forme mon innocence au parjure.

CALCAGNO, *avec vivacité.* Le parjure ne vient pas seulement de vous, madame.

LÉONORE. Je comprends, et ma douleur devrait pervertir mes sentiments. Ne savais-tu pas (*avec noblesse*) que le malheur seul, le malheur grandiose d'avoir été trompée par Fiesque ennoblit un cœur de femme? Va, la honte de Fiesque peut dégrader l'humanité, mais non faire monter un Calcagno jusqu'à moi. (*Elle sort.*)

CALCAGNO *la regarde avec surprise, puis se frappe le front.* Sot que je suis!

SCÈNE IV.

LE MAURE, FIESQUE.

FIESQUE. Qui vient de sortir d'ici?

LE MAURE. Le marquis de Calcagno.

FIESQUE. Ce mouchoir est resté sur le sofa... Ma femme était ici.

LE MAURE. Je viens de la rencontrer dans une vive agitation.

FIESQUE. Ce mouchoir est humide. (*Il le prend.*) Calcagno ici! Léonore en proie à l'émotion! (*Après un instant de réflexion.*) Ce soir je te demanderai ce qui s'est passé.

LE MAURE. Mademoiselle Arabelle aime à s'entendre dire qu'elle est blonde : elle répondra.

FIESQUE. Voilà maintenant trente heures passées que tu as reçu mes ordres ; les as-tu accomplis ?

LE MAURE. Jusqu'à un *iota*, mon maître.

FIESQUE *s'asseoit.* Dis-moi donc ce qu'on raconte des Doria et du gouvernement actuel.

LE MAURE. Ce qu'on raconte, mais des choses atroces ! Le mot seul de Doria leur donne le frisson de la fièvre. Gianettino est mortellement haï. Chacun murmure. Les Français, dit-on, étaient les rats de Gênes ; Doria est le chat qui les a dévorés, et maintenant il s'amuse à manger les souris.

FIESQUE. Cela pourrait bien être... Et ne connaît-on pas de chien pour les chats ?

LE MAURE, *avec légèreté.* On parle bien ici et là dans la ville d'un certain... d'un certain... Holà ! aurais-je oublié le nom ?

FIESQUE *se lève.* Imbécile ! il est aussi aisé à retenir qu'il fut difficile à faire. Gênes en a-t-elle plus d'un ?

LE MAURE. Pas plus qu'elle n'a deux Lavagna.

FIESQUE *s'asseoit.* Voilà qui est bien. Et que dit-on de ma vie dissipée ?

LE MAURE *le regarde avec de grands yeux.* Écoutez, comte de Lavagna ; il faut que Gênes ait une grande opinion de vous. On ne peut se faire à l'idée qu'un cavalier de la première noblesse... plein d'énergie et de talent... ardent et influent... possesseur de quatre millions !... un homme qui a du sang de prince dans les veines, un cavalier comme Fiesque, qui du premier signe ferait voler tous les cœurs à lui...

FIESQUE *se détourne avec mépris.* Entendre cela d'un fripon !

LE MAURE. Que le grand homme de Gênes s'endorme sur la grande chute de Gênes ! Beaucoup s'en affligent, d'autres s'en moquent ; le plus grand nombre vous condamne, et tous plaignent l'État de vous avoir perdu. Un jésuite prétend avoir flairé un renard sous cette peau de mouton.

FIESQUE. Un renard en flaire un autre. Que dit-on de mon roman avec la comtesse Imperiali ?

LE MAURE. Ce que je me dispenserai volontiers de raconter.

FIESQUE. Parle librement. Plus tu y mettras de hardiesse, mieux je te recevrai. Que murmure-t-on ?

LE MAURE. On ne murmure pas ; on crie hautement dans tous les cafés, billards, hôtels, promenades, sur le marché, à la bourse...

FIESQUE. Quoi ? je te l'ordonne.

LE MAURE, *se retirant*. Que vous êtes un fou.

FIESQUE. Bien. Prends ce sequin pour ton récit. J'ai pris la marotte pour donner à réfléchir aux Génois : bientôt je me tondrai pour rivaliser avec leur arlequin. Comment les ouvriers en soie ont-ils reçu mes présents ?

LE MAURE, *d'un ton plaisant*. Seigneur fou, ils étaient comme de pauvres pêcheurs qui...

FIESQUE. Seigneur fou ! As-tu perdu la tête, camarade ?

LE MAURE. Pardon ; j'avais envie de gagner encore des sequins.

FIESQUE *rit et lui en donne un*. Eh bien ! comme de pauvres pêcheurs...

LE MAURE. Qui ont la tête sur le billot et qui reçoivent leur grâce. Ils sont à vous corps et âme.

FIESQUE. Je m'en réjouis. Ils donnent l'impulsion à la populace de Gênes.

LE MAURE. Ah ! c'était une scène... Peu s'en est fallu, le diable m'emporte, que je ne prisse goût à la générosité. Ils se jetaient à mon cou comme des insensés. Les jeunes filles semblaient s'être entichées de la couleur de mon père, tant elles se précipitaient avec ardeur vers ma figure noire. Ah! me suis-je dit, l'or est tout-puissant; il peut blanchir un Maure.

FIESQUE. Ta pensée valait mieux que la fange où elle germe... Les paroles que tu m'as rapportées sont bonnes; il faut qu'il en résulte des actions.

LE MAURE. Comme la tempête éclatante résulte d'un léger coup de tonnerre. On s'approche l'un de l'autre, on se rassemble, on crie hum! dès qu'un étranger passe. Une lourde chaleur pèse sur Gênes; le mécontentement plane sur la république comme un nuage épais... Un coup de vent, il en sortira de la grêle et des éclairs.

FIESQUE. Silence. Écoute... quel est ce bruit confus?

LE MAURE, *regardant par la fenêtre*. Ce sont les cris de la foule qui revient de l'hôtel-de-ville.

FIESQUE. Aujourd'hui on élit le procurateur. Fais avancer ma voiture; il est impossible que la séance soit déjà terminée; je veux y aller... il est impossible qu'elle se soit légalement terminée... Mon épée et mon manteau! Où est ma plaque?

LE MAURE. Monseigneur, je l'ai volée et mise en gage.

FIESQUE. Cela me réjouit.

LE MAURE. Eh bien! comment? ne recevrai-je pas bientôt ma récompense?

FIESQUE. Pour n'avoir pas aussi pris le manteau?

LE MAURE. Pour avoir découvert le voleur.

FIESQUE. Le tumulte s'approche d'ici. Écoute; ce ne sont pas là des applaudissements. (*Vivement.*) Allons vite! ouvre les portes de la cour. J'ai un pressentiment; Doria est d'une hardiesse folle. Le gouvernement tremble sur la pointe d'une aiguille; je gage qu'il y aura du bruit à la seigneurie.

LE MAURE, *à la fenêtre, crie :* Qu'est-ce?... On descend de la rue Balbi... des milliers de gens... Les hallebardes brillent... les éperons... Les sénateurs... se sauvent ici.

FIESQUE. C'est une révolte... Jette-toi parmi eux... prononce mon nom... fais qu'ils viennent ici. (*Le Maure s'éloigne rapidement.*) Ce que le jugement de la fourmi a péniblement entraîné et entassé, le vent du hasard le disperse en un clin d'œil.

SCÈNE V.

FIESQUE, CENTURIONE, CIBO, ASSERATO *se précipitent impétueusement dans la chambre.*

CIBO. Comte, vous pardonnerez à notre colère si nous entrons ici sans être annoncés.

CENTURIONE. J'ai été offensé, mortellement offensé par le neveu du doge, en face de toute la seigneurie.

ASSERATO. Doria a souillé le livre d'or dont chaque noble Génois est une page.

CENTURIONE. Voilà pourquoi nous sommes ici. Toute la noblesse a été insultée en moi ; toute la noblesse doit s'associer à ma vengeance. Pour venger mon honneur, à moi, je ne demanderais aucun secours.

CIBO. Toute la noblesse partage sa colère ; toute la noblesse jette feu et flamme.

ASSERATO. Les droits de la nation sont anéantis. La liberté de la république a reçu une atteinte mortelle.

FIESQUE. Vous me tenez dans une vive attente.

CIBO. Il était le vingt-neuvième des électeurs ; il avait tiré une boule d'or et devait nommer le procurateur. Vingt-huit votes sont déjà recueillis, quatorze pour moi, autant pour Lomellino. Lui et Doria s'étaient encore abstenus.

CENTURIONE, *l'interrompant.* Il manquait encore ces deux voix ; je vote pour Cibo ; Doria... Voyez quel outrage fait à mon honneur !... Doria...

ASSERATO *reprend la parole.* Jamais on n'a rien vu de semblable depuis que l'Océan baigne les murs de Gênes...

CENTURIONE, *avec plus de force.* Doria tire une épée qu'il tenait cachée sous son manteau d'écarlate, la plante dans mon billet et crie à l'assemblée :

CIBO. Sénateurs ! le vote est nul ; il est percé. Lomellino est procurateur !

CENTURIONE. Lomellino est procurateur! et il jette son épée sur la table.

FIESQUE, *après un moment de silence*. A quoi êtes-vous résolus?

CENTURIONE. La république est frappée au cœur... A quoi nous sommes résolus?

FIESQUE. Centurione, les roseaux se courbent sous un souffle; pour le chêne, il faut un orage. Je vous le demande, qu'avez-vous décidé?

CIBO. J'aurais pensé qu'on demanderait ce que Gênes décide.

FIESQUE. Gênes! Gênes! n'en parlons pas; la poutre est vermoulue et se brise quand on la saisit. Vous comptez sur les patriciens, peut-être parce qu'ils montrent un visage attristé et qu'ils haussent les épaules quand on parle des affaires de l'Etat? N'en parlons pas : leur ardeur de héros est attachée aux balles des marchandises du Levant; leur âme erre avec inquiétude autour de la flotte des Indes.

CENTURIONE. Apprenez à mieux apprécier nos patriciens. A peine Doria avait-il commis son insolente action, que plus de cent d'entre eux s'enfuirent sur la place avec leurs vêtements déchirés. La seigneurie se dispersa.

FIESQUE, *d'un air moqueur*. Oui, comme des pigeons s'enfuient et se dispersent, quand le vautour se jette au milieu d'eux.

CENTURIONE, *avec impétuosité*. Non, mais comme des barils de poudre, lorsqu'une étincelle les atteint...

CIBO. Le peuple est furieux. De quoi n'est pas capable le sanglier blessé?

FIESQUE *rit*. Qui? ce colosse aveugle et maladroit qui d'abord fait un grand bruit avec ses lourds ossements, et dans sa large gueule menace d'engloutir ce qui est élevé et ce qui est abaissé, ce qui est haut et ce qui est bas, ce qui est loin et ce qui est près, puis trébuche sur un brin de fil! Génois! c'est inutile; l'époque des maîtres de la mer est passée; Gênes est écrasée sous son nom ; Gênes en est au même point que l'invincible Rome quand elle tomba comme un volant sur la raquette d'Octave, faible enfant ; Gênes ne peut plus être libre ; Gênes serait ravivée par un monarque ; Gênes a besoin d'un souverain. Ainsi, rendez hommage à l'étourdi Gianettino.'

CENTURIONE. Dès que les éléments les plus contraires se réconcilieront, que le pôle nord s'élance vers le pôle sud... Venez, camarades.

FIESQUE. Restez, restez. Que méditez-vous, Cibo?

CIBO. Rien, sinon une plaisanterie qui s'appellera un tremblement de terre.

FIESQUE *les conduit près d'une statue.* Regardez cette figure.

CENTURIONE. C'est la Vénus de Florence. Qu'avons-nous à voir ou être en ce moment?

FIESQUE. Mais elle vous plaît?

CIBO. Sans doute ; autrement nous serions de mauvais Italiens. Pourquoi cette question?

FIESQUE. Eh bien ! allez dans les quatre parties du monde ; cherchez parmi les images vivantes le plus beau modèle de femme, celui qui réunira en lui tous les charmes de cette œuvre d'imagination.

CIBO. Et alors quel sera le fruit de nos recherches?

FIESQUE. Alors vous convaincrez l'imagination de charlatanisme.

CENTURIONE, *impatient.* Et qu'y gagnerons-nous?

FIESQUE. Vous y gagnerez la fin de l'éternel procès entre la nature et l'art.

CENTURIONE, *avec chaleur.* Et alors...

FIESQUE. Alors, alors... (*il se met à rire*) alors vous oublierez de voir que la liberté de Gênes tombe en ruine.

SCÈNE VI.

FIESQUE. (*Le tumulte augmente autour du palais.*) Bravo! bravo! voilà le feu dans la république! La flamme atteint déjà les tours et les maisons. En avant ! en avant ! Que l'incendie devienne général ; que le vent souffle la destruction.

SCÈNE VII.

LE MAURE *accourt à la hâte ;* FIESQUE.

LE MAURE. Rassemblement sur rassemblement !
FIESQUE. Ouvre les portes à deux battants ; laisse entrer quiconque peut faire un pas.
LE MAURE. Des républicains ! des républicains ! Ils traînent leur liberté en s'attelant au joug ; ils soufflent comme des bœufs sous le fardeau de leur magnifique aristocratie.
FIESQUE. Des fous qui croient que Fiesque de Lavagna continuera ce que Fiesque de Lavagna n'a pas commencé ! La sédition vient à propos ; mais la conspiration est mon affaire. Ils se précipitent sur l'escalier.
LE MAURE. Holà ! holà ! ils vont entrer très-poliment en brisant les portes.

Le peuple se précipite dans l'appartement. La porte tombe en morceaux.

SCÈNE VIII.

FIESQUE, *douze* OUVRIERS.

TOUS. Vengeance sur Doria ! vengeance sur Gianettino !
FIESQUE. Doucement, doucement, mes concitoyens ! La visite que vous me faites tous est pour moi une preuve de votre bon cœur ; mais j'ai les oreilles délicates.
TOUS, *en tumulte.* A bas les Doria ! à bas l'oncle et le neveu.
FIESQUE, *qui les a comptés en souriant.* Douze hommes ! cela fait une belle armée.

QUELQUES-UNS. Il faut que ces Doria soient chassés ; il faut que l'État ait une autre forme !

PREMIER OUVRIER. Jetez au bas de l'escalier nos électeurs... au bas de l'escalier les électeurs.

LE SECOND. Pensez donc, Lavagna, au bas de l'escalier ! parce qu'ils le contrariaient dans l'élection.

TOUS. C'est ce qu'on ne doit pas souffrir ! c'est ce qu'on ne doit pas souffrir !

UN TROISIÈME. Tirer l'épée dans le conseil !

LE PREMIER. L'épée ! le signe de la guerre dans le sanctuaire de la paix !

LE SECOND. Venir avec un manteau d'écarlate dans le sénat, au lieu d'être en noir comme tous les sénateurs !

LE PREMIER. Passer avec un attelage de huit chevaux dans notre capitale !

TOUS. Un tyran, un traître au pays et au gouvernement !

LE SECOND. Acheter de l'empereur deux cents Allemands, pour s'en faire une garde !

LE PREMIER. Des étrangers contre les enfants du pays ! Des Allemands contre des Italiens ! des soldats contre les lois !

TOUS. Haute trahison ! sédition ! ruine de Gênes !

LE PREMIER. Porter les armes de la république sur sa voiture !

LE SECOND. La statue d'André au milieu de la cour de la seigneurie !

TOUS. Mettons en pièces André, en mille pièces André vivant et André de pierre !

FIESQUE. Génois, pourquoi me dire à moi tout cela ?

LE PREMIER. Vous ne devez pas le tolérer. Vous devez lui mettre le pouce sur l'œil.

LE SECOND. Vous êtes un brave homme et ne devez pas le supporter. A vous d'avoir du jugement pour nous.

LE PREMIER. Vous êtes un meilleur noble que lui :

vous devez lui faire avaler cela, vous ne devez pas le souffrir.

FIESQUE. Votre confiance me flatte beaucoup. Puis-je la justifier par mes actes?

TOUS, *tumultueusement*. Frappe! renverse! délivre!

FIESQUE. Voulez-vous écouter encore une bonne parole?

QUELQUES-UNS. Parlez, Lavagna.

FIESQUE *s'asseyant*. Génois, la discorde se mit un jour dans le royaume des animaux. Les partis combattaient contre les partis, et un chien de boucher s'empara du trône. Habitué à pousser le bétail sous le couteau, il se conduisit dans son empire en vrai chien aboyant, mordant et rongeant son peuple jusqu'aux os. La nation murmurait; les plus hardis s'assemblèrent et étranglèrent le royal dogue. Alors il y eut une diète pour résoudre la grande question de savoir quel serait le gouvernement le plus heureux. Les voix se partagèrent en trois opinions. Génois, pour quel parti vous seriez-vous prononcés?

LE PREMIER. Pour le peuple! Tout pour le peuple!

FIESQUE. Le peuple l'emporta. Le gouvernement devint démocratique. Chaque citoyen donnait sa voix; la majorité décidait. Quelques semaines se passèrent. L'homme déclara la guerre à la république nouvellement bâclée; la diète s'assemble. Cheval, lion, tigre, ours, éléphant et rhinocéros s'avancent et crient aux armes. Après cela vient le tour des autres; l'agneau, le lièvre, le cerf, l'âne, toute la race des insectes, la troupe craintive des oiseaux, des poissons, s'avancent en gémissant, et demandent la paix. Voyez, Génois : les lâches étaient en plus grand nombre que les braves, et il y avait plus de sots que de sages. La majorité l'emporta. Le royaume des animaux déposa les armes, et l'homme le soumit à sa domination. Ce système de gouvernement fut aboli. Génois, vers lequel pencheriez-vous maintenant?

LE PREMIER ET LE SECOND. Pour les comités ; oui pour les comités.

FIESQUE. Cette opinion plut. Les affaires de l'État furent partagées entre plusieurs chambres : les loups furent chargés des finances, les renards étaient leurs secrétaires: les colombes présidaient les tribunaux criminels, les tigres avaient à traiter les conciliations à l'amiable; les boucs prononçaient en dernier ressort dans les démêlés conjugaux; les lièvres étaient soldats; les lions et les éléphants restaient derrière les bagages: l'âne était l'ambassadeur du royaume, et la taupe avait la surveillance générale de l'administration des magistrats. Génois, que pensez-vous qu'il arriva d'une si sage distribution? Celui qui échappait à la dent du loup était rançonné par le renard; celui qui se sauvait de ce dernier était maltraité par l'âne. Les tigres égorgeaient l'innocence; les colombes graciaient les voleurs et les meurtriers; et lorsque enfin les magistrats devaient sortir de charge, la taupe les trouvait tous irréprochables. Les animaux se soulevèrent. Choisissons, s'écrièrent-ils d'une voix unanime, choisissons un monarque qui ait de la tête et des griffes, et qui n'ait qu'un seul estomac! — et tous se soumirent à un seul chef... à un seul Génois, mais... (*il s'avance avec hauteur au milieu d'eux*) ce fut le lion.

TOUS, *frappant des mains et jetant leurs bonnets en l'air*. Bravo ! bravo ! ils ont habilement agi.

LE PREMIER. Et Gênes doit les imiter, et Gênes a déjà son homme.

FIESQUE. Je ne veux pas le connaître. Retournez chez vous ; pensez au lion. (*Les bourgeois se précipitent dehors.*) Cela va à merveille. Le peuple et le sénat contre Doria ; le peuple et le sénat pour Fiesque... Hassan! Hassan !... Il faut que je fortifie cette haine, que je ravive cette sympathie!... Hassan, Hassan, fils de catin ! Hassan! Hassan !

SCÈNE IX.

LE MAURE, FIESQUE.

LE MAURE, *empressé*. Les pieds me brûlent encore. Qu'y a-t-il de nouveau ?

FIESQUE. Ce que je commanderai.

LE MAURE, *humblement*. Où faut-il courir en premier lieu ? Où aller ensuite ?

FIESQUE. Pour cette fois, je te fais grâce de la course : tu seras traîné. Prépare-toi à l'instant : je vais publier ton assassinat et te livrer enchaîné à la torture.

LE MAURE *recule*. Seigneur, c'est contre nos conventions.

FIESQUE. Sois parfaitement tranquille ; ce n'est qu'une plaisanterie. Tout consiste en ce moment à faire grand bruit de l'attentat de Gianettino sur ma vie ; on te mettra à la question.

LE MAURE. Dois-je avouer ou nier ?

FIESQUE. Tu nieras. On t'appliquera à la torture ; tu subis la première épreuve. Tu peux bien endurer cette souffrance comme un à-compte sur ton meurtre. A la seconde épreuve, tu avoueras.

LE MAURE *secoue la tête d'un air pensif*. Le diable est un coquin. Messieurs les juges pourraient bien me retenir là pendant qu'ils soupent, et je serais roué par pure comédie.

FIESQUE. Tu en reviendras ; je t'en donne ma parole d'honneur de comte. Je demanderai pour toute satisfaction qu'on te condamne, et je te pardonnerai en face de toute la république.

LE MAURE. J'y consens. Ils me disloqueront les membres ; cela rend plus agile.

FIESQUE. Allons, déchire-moi le bras avec ton poignard de façon que le sang coule. Je ferai comme si je venais de te prendre sur le fait pour la première fois... Bien... (*Il pousse un cri terrible.*) Au meurtre ! au meurtre! au meurtre! Fermez le passage! mettez les verrous aux portes! (*Il prend le Maure à la gorge. Des domestiques accourent.*)

SCÈNE X.

LÉONORE, ROSE, *accourant effrayées.*

LÉONORE. Au meurtre! crie-t-on, au meurtre? C'est d'ici que venait le bruit.

ROSE. Sans doute quelque rumeur aveugle comme il y en a souvent à Gênes.

LÉONORE. On a crié au meurtre, et le peuple murmurait clairement le nom de Fiesque. Pauvre ruse! on veut ménager mes yeux, mais on ne trompe pas mon cœur. Cours au plus vite; va, dis-moi où on l'emmène!

ROSE. Remettez-vous; Arabelle y est allée.

LÉONORE. Arabelle recevra son regard expirant. Heureuse Arabelle! Malheur à moi! c'est par moi qu'il meurt. Si Fiesque avait pu m'aimer, jamais il ne se serait précipité dans le tumulte du monde, jamais il ne serait exposé au poignard de l'envie... Arabelle vient... Allons, approche, Arabelle; non, ne parle pas.

SCÈNE XI.

Les précédents, ARABELLE.

ARABELLE. Le comte vit; il est sain et sauf. Je l'ai vu galoper dans la rue. Jamais monseigneur ne m'a semblé si beau. Son cheval se pavanait sous lui, et fendait avec orgueil la foule qui se pressait autour de son royal cavalier. Il m'a aperçue en courant, m'a souri gracieusement, a fait un signe de ce côté et a jeté trois baisers. (*Avec malice.*) Qu'en ferai-je, signora?

LÉONORE, *rarie.* Légère babillarde, reporte-les-lui.

ROSE. Eh bien, voyez! vous voilà rouge, rouge comme de l'écarlate.

LÉONORE. Il jette son cœur à des coquines, et moi je cours après un regard. O femmes ! femmes !

Elles sortent.

SCÈNE XII.

Le palais d'André.

GIANETTINO, LOMELLINO *arrivent à la hâte.*

GIANETTINO. Laisse-les rugir pour leur liberté, comme une lionne pour ses petits. Je ne broncherai pas.

LOMELLINO. Cependant, monseigneur...

GIANETTINO. Au diable avec ton cependant, procurateur de trois heures ! Je ne reculerai pas de la largeur d'un cheveu. Que les tours de Gênes secouent la tête, que la mer orageuse dise non ; je ne crains pas la canaille.

LOMELLINO. La populace est sans doute un bois facile à enflammer, mais la noblesse est comme le vent qui souffle dessus. Toute la république est en rumeur, peuple et patriciens.

GIANETTINO. Eh bien ! je serai sur la hauteur comme Néron : je verrai ce joyeux embrasement.

LOMELLINO. Jusqu'à ce que toute cette masse en révolte se livre à un chef de parti assez ambitieux pour moissonner dans le désastre.

GIANETTINO. Balivernes ! Je n'en connais qu'un seul qui pourrait se rendre redoutable, et celui-là, j'en ai pris soin.

LOMELLINO. Le doge sérénissime ! (*André paraît, tous deux s'inclinent profondément.*)

ANDRÉ. Seigneur Lomellino, ma nièce désire sortir.

LOMELLINO. J'aurai l'honneur de l'accompagner.

Il sort.

SCÈNE XIII.

ANDRÉ, GIANETTINO.

ANDRÉ. Écoute mon neveu, je ne suis point content de toi.

GIANETTINO. Daignez m'écouter, oncle sérénissime.

ANDRÉ. J'écoute le plus misérable mendiant de Gênes, s'il en est digne ; un mauvais sujet, jamais, fût-il mon neveu. C'est être assez clément que de ne te montrer que l'oncle ; c'est au duc et à la seigneurie que tu devrais avoir à répondre.

GIANETTINO. Un mot seulement, monseigneur...

ANDRÉ. Écoute ce que tu as fait, et alors justifie-toi : tu as renversé un édifice que j'avais construit avec tant de soin pendant un demi-siècle... le mausolée de ton oncle... son unique pyramide... l'amour des Génois. André te pardonne cette légèreté.

GIANETTINO. Mon oncle et souverain...

ANDRÉ. Ne m'interromps pas. Tu as attenté au plus beau chef-d'œuvre du gouvernement que j'avais moi-même, avec le secours du ciel, donné aux Génois ; qui m'avait coûté tant de veilles, tant de dangers et tant de sang. Tu as souillé à la face de la ville entière mon honneur de prince, en ne montrant nul respect pour mes institutions. A qui donc seront-elles sacrées, si ma famille les méprise ?... Ton oncle te pardonne cette sottise.

GIANETTINO, *offensé*. Seigneur, vous m'avez élevé pour être duc de Gênes.

ANDRÉ. Tais-toi, tu as commis une haute trahison envers l'État ; tu l'as blessé au cœur ; car, fais-y attention, enfant, il n'existe que par la soumission... Lorsque le berger se retirait de sa tâche vers le soir, crois-tu qu'il avait abandonné le troupeau ? Parce que André porte des cheveux blancs, fouleras-tu les lois aux pieds, comme un vagabond ?

GIANETTINO, *irrité*. Assez, duc! je sens aussi bouillonner dans mes veines le sang de cet André qui fit trembler la France.

ANDRÉ. Silence! je te l'ordonne. Je suis habitué à voir la mer se taire quand je parle. Tu as conspué la majesté de la justice dans son temple ; sais-tu quel en est le châtiment? Rebelle... à présent, réponds! (*Gianettino, muet et les yeux fixés à terre.*) Malheureux André! tu as couvé dans ton propre sein le reptile destructeur de tes œuvres... J'avais élevé pour les Génois un édifice qui devait braver le temps, et j'y jette le premier brandon. Rends grâces, insensé, à cette tête blanche qui peut être portée dans la tombe par les mains de sa famille ; rends grâces à mon amour impie, si je ne jette pas du haut de l'échafaud la tête du rebelle à l'État offensé.

Il sort à la hâte.

SCÈNE XIV.

LOMELLINO, *effrayé, hors d'haleine* ; GIANETTINO, *le visage rouge, suit du regard le duc qui se retire.*

LOMELLINO. Qu'ai-je vu! qu'ai-je entendu! A présent, à présent, fuyez prince ; à présent tout est perdu!

GIANETTINO, *avec humeur*. Qu'y a-t-il à perdre?

LOMELLINO. Gênes, prince. Je viens de la place; le peuple se pressait autour d'un Maure que l'on emmenait garrotté; le comte de Lavagna le premier suivait avec trois cents nobles. Ils sont entrés à la maison de justice où les criminels sont mis à la torture. Le Maure venait d'être pris au moment où il allait assassiner Fiesque.

GIANETTINO *frappe du pied*. Quoi! tous les diables sont-ils aujourd'hui déchaînés?

LOMELLINO. On lui a demandé rigoureusement qui l'avait soudoyé; le Maure n'a rien avoué. On l'a mis à la première torture; il n'a rien avoué. On l'a soumis à la seconde; il a dit... Monseigneur, à quoi pensiez-vous de livrer votre honneur à ce vaurien?

GIANETTINO, *avec un regard farouche.* Pas de question !

LOMELLINO. Écoutez encore : A peine le nom de Doria était-il prononcé... (j'aurais mieux aimé lire mon nom sur les tablettes du diable que d'entendre le vôtre en ce moment), que Fiesque se montra au peuple. Vous le connaissez cet homme qui supplie avec le geste du commandement, cet usurier des cœurs de la multitude. Toute la populace était là immobile, effrayée, hors d'haleine, divisée par groupes et les yeux fixés sur lui ; il parlait peu, mais il soulevait son bras sanglant; le peuple se battait pour recueillir, comme des reliques, les gouttes de sang qui en tombaient. Le Maure a été remis à sa disposition, et Fiesque... (coup fatal pour nous) Fiesque lui accorde sa grâce. Alors le silence du peuple se change en une clameur étourdissante ; chaque parole anéantit un Doria, et Fiesque est porté dans sa demeure avec des milliers de vivats.

GIANETTINO, *avec un rire étouffé.* Que la révolte me monte jusqu'à la gorge; l'empereur Charles ! Avec ces deux mots, je veux si bien la terrasser que dans tout Gênes on n'entendra pas vibrer une cloche.

LOMELLINO. La Bohême est loin de l'Italie. Si Charles se hâte, il pourra encore arriver assez tôt pour assister aux festins de vos funérailles.

GIANETTINO *tire une lettre avec un grand cachet.* C'est donc un bonheur qu'il soit déjà ici... Lomellino est étonné, me croit-il assez fou pour irriter encore des républicains furieux, s'ils n'étaient déjà trahis et vendus?

LOMELLINO, *déconcenancé.* Je ne sais ce que je dois penser.

GIANETTINO. Je pense à quelque chose que tu ne sais pas. Ma résolution est arrêtée : après-demain, douze sénateurs tomberont. Doria ceint la couronne de roi, et l'empereur Charles le protège... Tu recules?

LOMELLINO. Douze sénateurs! Mon cœur n'est point assez large pour contenir ces douze taches de sang.

GIANETTINO. Oh! fou que tu es! on les jette au pied de mon trône. Vois-tu, j'ai démontré aux ministres de Charles que la France a encore à Gênes un parti puissant qui pourrait bien lui livrer la république une seconde fois, si on ne le détruit pas jusque dans sa racine. Cela a produit son effet dans l'esprit du vieux Charles; il a souscrit à mon projet, et tu vas écrire sous ma dictée.

LOMELLINO. Je ne sais pas encore.

GIANETTINO. Assieds-toi et écris.

LOMELLINO. Mais que dois-je écrire? (*Il s'asseoit.*)

GIANETTINO. Les noms des douze candidats... François Centurione.

LOMELLINO *écrit*. Par reconnaissance pour son vote, il mènera le convoi.

GIANETTINO. Cornelio Calva.

LOMELLINO. Calva.

GIANETTINO. Michel Cibo.

LOMELLINO. Pour refroidir ses prétentions à la charge de procurateur.

GIANETTINO. Thomas Asserato et ses trois frères (*Lomellino s'arrête. Gianettino répète:*) Et ses trois frères.

LOMELLINO *écrit*. Continuez, Gianettino.

GIANETTINO. Fiesque de Lavagna.

LOMELLINO. Faites attention, faites attention; vous vous romprez le cou sur cette pierre noire.

GIANETTINO. Scipion Bourgognino.

LOMELLINO. Il ira célébrer son mariage ailleurs.

GIANETTINO. Et moi, je conduirai la noce... Raphaël Sacco.

LOMELLINO. Je devrais demander pardon pour celui-là jusqu'à ce qu'il m'eût payé mes cinq mille scudi. La mort donne quittance.

GIANETTINO. Vincent Calcagno.

LOMELLINO. Calcagno. Je prends le douzième à mon

compte ; autrement notre ennemi mortel serait oublié.

GIANETTINO. Tout est bien qui finit bien. Joseph Verrina.

LOMELLINO. C'était la tête du serpent. (*Il se lève, jette du sable sur le papier, le parcourt et le présente au prince.*) La mort donne après-demain un pompeux gala, et a invité douze princes de Gênes.

GIANETTINO *s'approche de la table et signe.* C'en est fait, dans deux jours, on élit le doge ; quand la seigneurie sera rassemblée, au signal donné par un mouchoir, les douze seront tout à coup frappés en même temps, et mes deux cents Allemands s'empareront par assaut de l'hôtel de ville. La chose faite, Gianettino Doria entre dans la salle et se fait rendre hommage.

LOMELLINO. Et André ?

GIANETTINO, *avec mépris.* C'est un vieil homme. (*A un domestique.*) Si le duc me demande, je suis à la messe. (*Le domestique sort.*) Le démon qui se cache en moi ne peut garder l'incognito que sous le masque de la piété.

LOMELLINO. Mais ce papier, prince ?

GIANETTINO. Prends-le et fais-le circuler dans notre parti. Cette lettre doit être portée par un courrier dans la rivière du Levant ; elle instruit Spinola de tout ce qui se passe, et lui ordonne de se trouver demain dans la ville à huit heures du matin.

LOMELLINO. Il y a un défaut dans votre projet, prince. Fiesque ne vient plus au sénat.

GIANETTINO. On trouvera bien encore un assassin dans Gênes... Je m'en charge.

Il sort d'un côté, Lomellino de l'autre.

SCÈNE XV.

Un vestibule dans le palais de Fiesque.

FIESQUE, *avec des lettres et des lettres de change.* LE MAURE.

FIESQUE. Ainsi les quatre galères sont arrivées.

LE MAURE. Elles ont heureusement jeté l'ancre dans le Darse.

FIESQUE. Elles arrivent fort à propos. Et d'où viennent les courriers?

LE MAURE. De Rome, de Plaisance et de la France.

FIESQUE *ouvre les lettres et les parcourt*. Qu'ils soient les bienvenus, les bienvenus à Gênes! (*Avec joie.*) Qu'on accueille d'une façon royale les courriers!

LE MAURE. Hum!

(*Il va sortir.*)

FIESQUE. Attends, attends. Voici qui t'arrive de l'ouvrage en quantité.

LE MAURE. Qu'ordonnez-vous? Vous faut-il le nez du chien de chasse, ou le dard du scorpion?

FIESQUE. Pour le moment, l'appeau de l'oiseleur. Demain au matin, deux mille hommes déguisés se glisseront dans la ville pour entrer à mon service. Place tes agents aux portes avec l'ordre d'exercer une surveillance attentive sur les passants. Quelques-uns entreront comme des pèlerins qui vont faire un pèlerinage à Notre-Dame de Lorette; d'autres, comme des religieux, ou des Savoyards, ou des comédiens; d'autres encore, comme des merciers ou des musiciens; le plus grand nombre, comme des soldats congédiés qui veulent manger le pain de Gênes. On demandera à chaque étranger où il compte loger. S'il répond : Au Serpent-d'Or, on le saluera amicalement, et on lui indiquera ma demeure. Écoute, drôle, je m'en rapporte à ton habileté.

LE MAURE. Autant, seigneur, qu'à ma perversité. S'il m'échappe une boucle de leurs cheveux, mettez mes deux yeux dans une arquebuse, et tirez-les aux moineaux!

(*Il va pour sortir.*)

FIESQUE. Arrête; encore une chose à faire. Les galères frapperont les yeux du peuple; observe ce qu'on dit à ce sujet. Si on t'adresse quelques questions là-dessus, tu répondras que tu as entendu murmurer vaguement que ton maître compte les employer pour donner la chasse aux Turcs. Comprends-tu?

LE MAURE. Je comprends; la barbe des circoncis cache tout cela. Ce qu'il y a au fond du sac, le diable le sait.

(*Il va pour sortir.*)

FIESQUE. Doucement ; encore une précaution. Le Gianettino a de nouvelles raisons de me haïr et de préparer ma chute. Va, observe tes camarades; vois si tu ne pressens pas parmi eux un assassin. Doria visite les maisons suspectes ; attache-toi aux filles de joie. Les secrets du cabinet se cachent souvent dans les plis d'une robe de femme. Promets-leur des pratiques chargées d'or ; promets-leur ton maître. Il n'y a rien de si respectable que tu ne puisses plonger dans cette fange jusqu'à ce que tu m'en aies sondé le fond.

LE MAURE. Ah! ah! assez. J'ai mes entrées chez une certaine Diane Bononi dont j'ai été le pourvoyeur pendant environ cinq trimestres : avant-hier j'ai vu le procurateur Lomellino sortir de chez elle.

FIESQUE. C'est bien; Lomellino est justement la cheville ouvrière de toutes les folies de Doria. Demain matin tu iras là de bonne heure; peut-être cette nuit sera-t-il l'Endymion de cette chaste Diane !

LE MAURE. Encore un renseignement, monseigneur : si les Génois me demandent... et par le diable ils le demanderont... ce que Fiesque pense de Gênes... garderez-vous votre masque plus longtemps... ou que dois-je répondre?

FIESQUE. Répondre... Attends... la moisson est mûre... la douleur annonce l'enfantement... Gênes, répondras-tu, est sur le billot, et mon maître s'appelle Jean-Louis Fiesque.

LE MAURE, *tout joyeux.* C'est ce que je ferai, de sorte qu'il en sera jasé sur mon honneur de vaurien... Et maintenant, à l'œuvre, ami Hassan! d'abord à la taverne. Mes pieds ont de la besogne... il faut que je prenne soin de mon estomac pour qu'il soutienne mes jambes... (*Il court et revient à la hâte.*) A propos, et ce sera bientôt dit. Vous désirez savoir ce qui s'était passé entre votre femme et Calcagno?... Un refus, seigneur, et voilà tout.

(*Il sort en courant.*)

SCÈNE XVI.

FIESQUE, *seul.*

Je vous plains, Calcagno... Mais croyez-vous par hasard que j'aurais exposé ainsi la délicate question de mon honneur conjugal, si la vertu de ma femme et ma propre valeur ne m'en avaient suffisamment répondu? Mais cette galanterie me plaît. Tu es un bon soldat; elle me livrera ton bras pour perdre Doria... (*Il va et vient à grands pas.*) Maintenant, Doria, nous voilà sur le champ de bataille. Tous les ressorts de ma grande entreprise sont en jeu, tous les instruments d'accord pour ce redoutable concert. Il ne me manque plus que de laisser tomber le masque et de montrer Fiesque aux patriotes de Gênes. (*On entend venir du monde.*) Une visite! Qui peut me troubler à cette heure?

SCÈNE XVII.

Le précédent, VERRINA, ROMANO, *avec un tableau;* SACCO, BOURGOGNINO, CALCAGNO. *Tous s'inclinent.*

FIESQUE, *allant au-devant d'eux avec une parfaite gaîté.* Soyez les bienvenus. Quelle importante affaire vous amène tous ainsi chez moi?... Te voilà aussi, mon cher frère Verrina? J'aurais pu désapprendre à te connaître, si ma pensée ne te suivait pas plus assidûment que mes yeux. N'est-ce pas depuis le dernier bal que j'ai été privé de mon Verrina!

VERRINA. Ne compte pas d'après cette date, Fiesque. Depuis ce temps un poids bien lourd a pesé sur sa tête blanche. Mais assez là-dessus.

FIESQUE. Non pas assez pour l'affection inquiète ; tu m'en diras davantage quand nous serons seuls. (*A Bourgognino.*) Sois le bienvenu, jeune héros. Notre reconnaissance est toute récente, mais mon amitié est déjà mûre. Avez-vous une meilleure opinion de moi ?

BOURGOGNINO. Je suis en chemin pour la prendre.

FIESQUE. Verrina, on me dit que ce jeune cavalier doit devenir ton gendre. Reçois toute mon approbation pour ce choix. Je ne lui ai parlé qu'une seule fois, et je serais fier qu'il fût le mien.

VERRINA. Ce jugement me donne de l'orgueil pour ma fille.

FIESQUE, *aux autres.* Sacco ! Calcagno ! vous faites de bien rares apparitions chez moi. Je pourrais presque avoir honte de mon hospitalité, si les plus nobles citoyens de Gênes passent devant ma demeure sans entrer... Et ici je salue un cinquième hôte qui m'est étranger, à la vérité, mais qui est assez recommandé par les dignes personnages qui l'entourent.

ROMANO. C'est tout simplement un peintre, monseigneur ; son nom est Romano. Il vit de larcins faits à la nature ; il n'a pour armoiries que son pinceau, et dans ce moment il est (*faisant un profond salut*) sur le point de saisir le grand trait d'une tête de Brutus.

FIESQUE. Votre main, Romano ! La peinture votre maîtresse, est liée à ma maison ; je l'aime comme une sœur. L'art est la main droite de la nature. Celle-ci n'a fait que des créatures, l'autre a fait les hommes. Mais que peignez-vous, Romano.

ROMANO. Des scènes de la vigoureuse antiquité. Mon Hercule mourant est à Florence, ma Cléopâtre à Venise, Ajax furieux à Rome, où les héros du temps passé revivent... au Vatican.

FIESQUE. A quoi est maintenant occupé votre pinceau?

ROMANO. Je l'ai rejeté, monseigneur. Le flambeau du génie dure moins encore que celui de la vie. Arrivé à un certain point, il n'enflamme plus que le cercle de papier qui l'entoure. Voici ma dernière œuvre.

FIESQUE, *joyeux*. Elle ne pouvait arriver plus à propos. Je suis aujourd'hui d'une gaîté inaccoutumée ; tout mon être jouit d'une sorte de calme héroïque et s'ouvre tout entier à la belle nature. Mettez là votre tableau ; je m'en fais une vraie fête. Avancez, mes amis ; livrons-nous sans réserve à l'artiste. Montrez-nous votre tableau.

VERRINA *fait signe aux autres*. Maintenant, faites attention, Génois.

ROMANO *place un tableau*. La lumière doit venir de ce côté. Tirez ce rideau ; laissez tomber celui-là. Bien. (*Il se met de côté.*) C'est l'histoire de Virginie et d'Appius Claudius. (*Long silence. Tous regardent le tableau.*)

VERRINA, *dans l'enthousiasme*. Debout, vieux père !... Tu trembles, tyran !... Comme vous voilà pâles, Romains !... Suivez le Romain... le couteau brille... Suivez-moi, Génois !... A bas Doria !... à bas ! à bas ! (*Il s'élance vers le tableau.*)

FIESQUE *sourit au peintre*. Ne demandez pas un autre suffrage. Votre art a fait de ce vieillard un jeune rêveur.

VERRINA, *épuisé*. Où suis-je ?... où sont-ils allés ? Ont-ils disparu comme des bulles de savon ? Toi ici, Fiesque ? Le tyran vit encore, Fiesque.

FIESQUE. Vois-tu ? tu as oublié de porter tes regards sur beaucoup de choses. Tu trouves cette tête de Romain admirable ; laisse-la, et regarde la jeune fille. Quelle douce, quelle virginale expression ! Que de grâce sur ces lèvres décolorées ! que de volupté dans ce regard qui s'éteint ! Inimitable, divin, Romano. Et ce sein d'une blancheur éblouissante, avec quel charme il se soulève dans un dernier soupir ! Ah ! faites encore de pareilles nymphes, Romano! Je veux me prosterner devant votre imagination et dire adieu à la nature.

BOURGOGNINO. Est-ce là, Verrina, la sublime impression que tu espérais?

VERRINA. Prends courage, mon fils. Dieu a rejeté le bras de Fiesque; il compte sur le nôtre.

FIESQUE, *au peintre.* Oui, c'est là votre dernière œuvre, Romano. Votre veine est épuisée; vous ne toucherez plus un pinceau. Mais en admirant l'artiste, j'oublie son travail. Je pourrais rester ici et regarder, et ne pas remarquer un tremblement de terre... Emportez votre tableau. Pour pouvoir vous payer cette tête de Virginie, il faudrait mettre Gênes en gage. Emportez-le.

ROMANO. L'artiste se paye par l'honneur. Je vous le donne. (*Il veut sortir.*)

FIESQUE. Un peu de patience, Romano. (*Il marche d'un pas majestueux dans la chambre et paraît occupé d'une grande pensée. De temps à autre il jette sur ceux qui sont là un regard fixe, pénétrant; enfin il prend le peintre par la main et le conduit devant le tableau.*) Viens ici, peintre. (*Avec fierté et dignité.*) Te voilà bien fier, sur mon âme, pour avoir simulé la vie sur une toile morte, et perpétué à peu de frais une grande action. Tu te pavanes de ton enthousiasme de poëte, de l'imagination qui a cru à ces marionnettes sans âme, sans force, sans action... Tu renverses sur ta toile les tyrans... Tu es toi-même un misérable esclave... D'un coup de pinceau tu rends la liberté à la république... et tu ne peux briser tes propres chaînes. (*Avec force et d'un ton impérieux.*) Va, ton travail n'est que jonglerie... Que l'apparence cède au fait. (*Avec grandeur, en renversant le tableau.*) J'ai accompli ce que tu n'as pu que peindre. (*Tous sont interdits. Romano confondu prend son tableau et sort à la hâte.*)

SCÈNE XVIII.

FIESQUE, VERRINA, BOURGOGNINO, SACCO, CALCAGNO.

FIESQUE, *après un silence d'étonnement.* Pensiez-vous que le lion dormait, parce qu'il ne rugissait pas? Avez-vous eu la vanité de croire que vous étiez les seuls à sentir les fers de Gênes, les seuls qui désirassent les rompre? Avant que vous en eussiez entendu le bruit de loin, Fiesque les avait déjà brisés. (*Il ouvre sa cassette, prend un paquet de lettres et les disperse sur la table.*) Ici des soldats de Parme... ici de l'argent de France... ici quatre galères du pape. Que manquait-il encore pour saisir le tyran dans son repaire? de quoi pourriez-vous encore vous souvenir? (*Tous se taisent. Il quitte la table et continue avec le sentiment de lui-même.*) Républicains! Vous êtes plus habiles à maudire les tyrans qu'à les faire sauter en l'air. (*Tous, à l'exception de Verrina, se jettent sans rien dire aux pieds de Fiesque.*)

VERRINA. Fiesque, mon génie s'incline devant le tien; mais je ne puis fléchir le genou. Tu es un grand homme, mais... Relevez-vous, Génois.

FIESQUE. Gênes entière s'irrite de la mollesse de Fiesque; Gênes maudit le libertin Fiesque. Génois! Génois! mes galanteries ont trompé le tyran soupçonneux; ma folie a caché à votre pénétration une sagesse dangereuse. Dans le tourbillon de la volupté était enveloppée l'œuvre merveilleuse de la conspiration. Assez. Par vous, Gênes me connaîtra. Mon vœu le plus audacieux est satisfait.

BOURGOGNINO *se jette avec douleur sur une chaise.* Ne suis-je donc plus rien?

FIESQUE. Mais allons rapidement de la pensée à l'œuvre. Toutes les machines sont prêtes; je puis donner l'assaut à la ville par mer et par terre. Rome, la France et Parme me soutiennent. La noblesse est conjurée; le cœur du peuple est à moi. J'ai plongé les tyrans dans le sommeil. La république est mûre pour une refonte. La fortune est à nous. Rien ne manque... Mais Verrina est pensif.

BOURGOGNINO. Patience! je connais un petit mot qui le réveillera plus promptement que la trompette du jugement dernier. (*Il s'approche de Verrina et lui crie:*) Mon père, éveille-toi! ta Berthe est dans le désespoir.

VERRINA. Qui a dit cela?... A l'œuvre, Génois!

FIESQUE. Pensez aux moyens d'exécution. La nuit nous a surpris dans notre premier entretien. Gênes est endormie; le tyran gît fatigué des débauches de sa journée : veillez pour la ville et pour lui.

BOURGOGNINO. Avant de nous séparer, qu'un embrassement scelle cette alliance héroïque. (*Ils forment un cercle en entrelaçant leurs bras.*) Ici sont réunis les cinq plus grands hommes de Gênes, pour décider de sa plus grande destinée. (*Ils se serrent étroitement.*) Quand l'édifice du monde s'écroulerait, quand la sentence du souverain juge romprait les liens de l'amour et de l'amitié, cette tige aux cinq branches héroïques subsisterait encore!

VERRINA. Quand nous réunirons-nous de nouveau?

FIESQUE. Demain, à midi, je recueillerai vos opinions.

VERRINA. Donc, demain, à midi. Bonne nuit, Fiesque. Viens, Bourgognino : tu entendras quelque chose d'étrange.

Tous deux sortent.

FIESQUE, *aux autres.* Sortez par la porte de derrière, pour que les espions de Doria ne vous remarquent pas.

SCÈNE XIX.

FIESQUE *va et vient tout pensif.* Quel orage dans mon cœur! Quel mouvement rapide dans mes pensées! Tels que des criminels qui méditent un forfait se glissent sur la pointe du pied et baissent vers la terre leur visage enflammé, tels sont les voluptueux fantômes qui traversent mon âme. Arrêtez, arrêtez! laissez-moi vous regarder en face... Une bonne pensée fortifie le cœur de l'homme et se montre hardiment au jour. Ah! je vous connais... vous portez la livrée de l'éternel imposteur... Disparaissez... (*Moment de silence; avec plus de vivacité.*) Fiesque républicain! Fiesque doge!... Doucement... ici est le bord de l'abîme qui marque la limite de la vertu, qui sépare le ciel de l'enfer. C'est ici précisément que des héros ont trébuché, que des héros ont failli, et le monde a joint sa malédiction à leur nom... C'est ici précisément que des héros ont douté, que des héros sont restés fermes, et ils sont devenus des demi-dieux. (*Avec plus de vivacité.*) Les cœurs de Gênes sont à moi. La redoutable Gênes se laisse conduire çà et là par ma main à la lisière... O habileté du crime qui met toujours un ange devant un diable!... Malheureuse ambition! vieille courtisane!... des anges ont dans tes caresses perdu le ciel, et la mort est sortie de tes larges flancs. (*Il frissonne.*) Tu parles à l'ange de l'infini dans tes chants de sirène; tu amorces l'homme avec de l'or, des femmes et des diadèmes. (*Après un moment de silence et de réflexion.*) Combattre pour un diadème, c'est grand, le rejeter, c'est divin. (*Avec résolution.*) Tombe, tyran! Gênes, sois libre! (*Avec une douce émotion.*) Et moi, je serai ton plus heureux citoyen!

ACTE TROISIÈME.

Désert effroyable.

SCÈNE I.

VERRINA, BOURGOGNINO *arrivent pendant la nuit.*

BOURGOGNINO *s'arrête.* Mais, mon père, où me conduis-tu? La sombre douleur avec laquelle tu es venu m'appeler se manifeste encore dans ta respiration pénible. Romps ce terrible silence. Parle, je ne vais pas plus loin.

VERRINA. C'est ici le lieu.

BOURGOGNINO. Le plus effroyable que tu pouvais trouver. Mon père, si ce que tu as à m'apprendre est d'une nature analogue à celle de ce lieu, mes cheveux se dressent sur ma tête.

VERRINA. C'est un sol fleuri comparé à la nuit de mon âme. Suis-moi là où la corruption ronge les cadavres, où la mort tient ses horribles festins... là où le gémissement des âmes perdues récrée le diable; où les larmes ingrates du désespoir tombent à travers le crible de l'éternité... là, mon fils, où le monde change sa loi; où la Divinité brise son signe bienfaisant. Là, je te parlerai à travers la destruction, et tu m'écouteras avec des claquements de dents.

BOURGOGNINO. Entendre quoi? je t'en conjure!

VERRINA. Jeune homme, je crains... Jeune homme, ton sang est rose... ta chair est molle... De pareilles natures respirent la faiblesse humaine. L'ardeur de ta sensibilité amollit même ma cruelle pensée. Si les glaces de l'âge, si le chagrin aux ailes de plomb avaient paralysé l'essor joyeux de tes esprits, si un sang noir et épais avait fermé à la nature le chemin de ton cœur, tu pourrais comprendre le langage de ma douleur et admirer ma résolution.

BOURGOGNINO. Je l'écouterai et je l'adopterai.

VERRINA. Non, mon fils, Verrina te l'épargnera. O Scipion! un lourd fardeau pèse sur mon sein... Une pensée terrible comme la nuit sombre, et assez monstrueuse pour briser une poitrine d'homme, vois-tu, je veux seul l'accomplir... Mais je ne puis pas seul la supporter... Si j'étais orgueilleux, Scipion, je pourrais dire que c'est un tourment d'être l'unique grand homme... Le poids de la grandeur, pour le Créateur même, fut si lourd qu'il évoqua des esprits pour confidents. Écoute, Scipion.

BOURGOGNINO. Mon âme dévore la tienne.

VERRINA. Écoute et ne réponds rien. Rien, jeune homme. Entends-tu, tu n'as pas un mot à dire là-dessus : il faut que Fiesque meure!

BOURGOGNINO, *stupéfait*. Que Fiesque meure!

VERRINA. Qu'il meure!... Je te remercie, mon Dieu! le mot est prononcé... Fiesque doit mourir, mon fils, et mourir de ma main... A présent, va... Il y a des actions qui ne peuvent être soumises à aucun jugement humain, et qui ne reconnaissent que le ciel pour arbitre... C'en est fait... Va... je ne veux ni de ton blâme, ni de tes éloges... je sais ce que cette décision me coûte. C'est bien. Mais écoute, tu pourrais après cela te croire fou... écoute : l'as-tu vu hier se mirer dans notre étonnement? L'homme qui, par son sourire, a trompé l'Italie, pourrait-il souffrir un égal dans Gênes? Va, Fiesque renversera le tyran, c'est sûr. Fiesque sera le plus fatal tyran de Gênes, c'est encore plus sûr.

Il sort. Bourgognino le regarde étonné et muet, et le suit lentement.

SCÈNE II.

Un salon chez Fiesque. — Dans le fond, au milieu, une porte vitrée qui a vue sur la mer et sur Gênes. — Le crépuscule du matin.

FIESQUE, *à la fenêtre.* Que vois-je?... la lune a disparu, et les rayons de feu du matin s'élèvent de la mer... Des rêves étranges ont troublé mon sommeil ; tout mon être tourne convulsivement autour d'une même pensée. Il faut que je prenne l'air... (*Il ouvre la porte vitrée. La ville et la mer étincellent aux rayons du matin. Fiesque marche à grands pas dans la chambre.*) Être le plus grand homme de Gênes, et toutes ces petites âmes ne se rassembleraient pas sous la grande !... Mais j'offense la vertu... (*Il s'arrête.*) La vertu?... L'esprit élevé a d'autres tentations que l'esprit vulgaire... devrait-il avoir de commun avec lui la vertu? L'armure qui enlace le corps débile du pygmée pourrait-elle s'adapter aux membres d'un géant? (*Le soleil se lève sur Gênes.*) Cette majestueuse ville (*il étend les bras vers elle*) serait à moi ! Je brillerais au-dessus d'elle comme la souveraine clarté du jour ! Je la couvrirais sous mon autorité de monarque ! je plongerais dans cet océan sans fond ma convoitise ardente et mes insatiables désirs !... Oui, si l'adresse du voleur n'ennoblit pas le vol, au moins la valeur du vol ennoblit-elle le voleur. Il est honteux de vider une bourse... il y a de l'imprudence à manquer à sa foi pour un million ; mais il y a une inexprimable grandeur à voler une couronne. La honte diminue quand le forfait grandit... (*Silence; puis avec expression.*) Obéir !... régner !... monstrueux abîme qui donne le vertige... Jetez-y tout ce qu'il y a de précieux pour l'homme... vos victoires, conquérants... vos œuvres immortelles, artistes... vos joies voluptueuses, épicuriens... vos mers et vos îles, navigateurs... Obéir et régner, être et ne pas être... Celui qui pourrait mesurer sans vertige la distance qui sépare le dernier séraphin de l'infini pourrait aussi mesurer l'étendue de ce gouffre. (*Avec solennité.*) Être à cette hauteur élevée et terrible !... jeter un regard de dédain sur le courant impétueux de la destinée humaine, où la roue de l'aveugle fortune tourne et change malignement les situations !... porter le premier ses lèvres à la coupe de la joie !... mener au-dessous de soi à la lisière ce géant cuirassé qu'on appelle la loi !... pouvoir le blesser impunément et voir sa colère tomber comme un impuissant devant la barrière de la souveraineté !... forcer les passions indomptables du peuple à céder comme des chevaux fougueux au léger mouvement des rênes !... renverser d'un souffle dans la poussière l'orgueil arrogant des vassaux !... donner, par la force créatrice du sceptre, de la vie même à ces rêves de prince enfantés dans la fièvre !... ah ! quelle image ! et comme elle entraîne l'esprit au-delà de ses bornes ! Être prince un moment !... toute la substance de la vie est concentrée là. Ce n'est pas l'espace où la vie s'agite, c'est ce qu'elle contient qui fait sa valeur... Décomposez le tonnerre en simples murmures, ils vous serviront à endormir les enfants. Réunissez-les en un éclat subit, et cette voix puissante ébranlera la voûte éternelle... Je suis résolu. (*Il se promène d'un air héroïque.*)

SCÈNE III.

Le précédent. LÉONORE *entre avec une inquiétude visible.*

LÉONORE. Pardonnez-moi, comte ; je crains de troubler votre repos du matin.

FIESQUE *recule étonné.* Certainement, madame, vous me surprenez beaucoup.

LÉONORE. Cela n'arrive jamais à ceux qui s'aiment.

FIESQUE. Comtesse, vous exposez votre beauté à l'air dangereux du matin.

LÉONORE. Je ne sais pas pourquoi j'en conserverais le peu qu'il en reste à la douleur.

FIESQUE. La douleur, mon amour ! J'avais cru jusqu'ici qu'on avait le repos de l'âme, quand on ne travaillait pas à bouleverser les États.

LÉONORE. C'est possible ; cependant je sens que mon sein se brise dans ce repos de l'âme. Je viens, monseigneur, vous adresser une insignifiante prière, si vous avez un moment à perdre. Je rêvais depuis sept mois, rêve singulier, que j'étais comtesse de Lavagna. Ce rêve est passé ; il m'en reste un sentiment douloureux. Je voudrais faire revivre toutes les joies de mon innocente enfance pour chasser de mon esprit ces fantômes vivants ; permettez-moi donc de retourner dans les bras de ma bonne mère.

FIESQUE, *très-surpris.* Comtesse !...

LÉONORE. C'est une faible et triste chose que mon cœur, vous devez en avoir pitié. Le plus léger souvenir de ce rêve pourrait nuire à mon imagination malade ; je rends donc ces derniers gages à leur légitime possesseur. (*Elle met une boîte de bijoux sur la table.*) Et ce poignard, qui a traversé mon cœur. (*Elle dépose ses lettres d'amour.*) Encore celles-ci... (*Pleurant et sanglotant.*) Je ne garde rien que la blessure. (*Elle veut s'éloigner.*)

FIESQUE, *ébranlé, court après elle et la retient.*

LÉONORE. *tombe dans ses bras.* Je n'ai pas mérité d'être votre épouse ; mais votre épouse méritait le respect... Comme j'entends siffler à présent les langues de la calomnie ! Comme elles me regardent avec dédain, les femmes et les jeunes filles de Gênes ! Voyez, disent-elles, voyez comme elle se flétrit, la vaniteuse qui a épousé Fiesque... Cruel châtiment de ma présomption de femme ! Quand Fiesque me conduisit à l'autel, je méprisais tout mon sexe.

FIESQUE. Non, vraiment, madame ; cette scène est singulière.

LÉONORE, *à part.* Ah! c'est bien; il pâlit et rougit à présent. J'ai du courage.

FIESQUE. Deux jours seulement, comtesse, et alors vous me jugerez.

LÉONORE. Sacrifiée!... Ne me laisse pas prononcer ce nom devant toi, chaste lumière du ciel! Sacrifiée à une coquette! Non, regardez-moi, mon époux. Ah! vraiment, les yeux qui font obéir et trembler Gênes ne doivent pas se baisser devant les larmes d'une femme.

FIESQUE, *très-embarrassé.* Rien de plus, signora, rien de plus, signora!

LÉONORE, *avec douleur et un peu d'amertume.* Déchirer un faible cœur de femme, ah! c'est digne du sexe fort!... Je me suis jetée dans les bras de cet homme; j'étais heureuse d'enlacer à cette force toutes mes faiblesses féminines; je lui ai livré mon ciel tout entier. Et cet homme généreux en a fait don à une...

FIESQUE, *l'interrompant avec vivacité.* Non, ma Léonore...

LÉONORE. Ma Léonore! Ah! ciel, je te rends grâce! j'entends encore le son chéri de l'amour. Je devrais te haïr, trompeur, et je me jette avec avidité sur les débris de ta tendresse... Te haïr! j'ai prononcé ce mot, Fiesque. Oh! ne le crois pas! Ton parjure m'apprendra à mourir, mais non pas à haïr. Mon cœur est trompé. (*On entend le Maure venir.*)

FIESQUE. Accordez-moi une légère faveur, puérile, si vous voulez.

LÉONORE. Tout, Fiesque, excepté l'indifférence.

FIESQUE. Ce que vous voudrez, comme vous voudrez. (*D'un ton expressif.*) Jusqu'à ce que Gênes compte deux jours de plus, ne m'interrogez pas, ne me condamnez pas. (*Il la conduit avec dignité dans une autre salle.*)

SCÈNE IV.

LE MAURE, *hors d'haleine*; FIESQUE.

FIESQUE. Pourquoi es-tu si essoufflé?

LE MAURE. Vite, monseigneur !

FIESQUE. Quelque chose est-il tombé dans nos filets ?

LE MAURE. Lisez cette lettre. Suis-je vraiment ici ? Je crois que Gênes est raccourcie de douze rues, ou mes jambes se sont allongées. Vous pâlissez. C'est fort bien de jouer des têtes, mais la vôtre est de la partie. Comment trouvez-vous cela ?

FIESQUE *jette avec surprise la lettre sur la table.* Tête de Maure et dix diables ! comment as-tu cette lettre ?

LE MAURE. A peu près comme votre seigneurie aura la république. Un exprès devait la porter en toute hâte dans la rivière du Levant ; j'ai vent de l'affaire : j'épie le gaillard dans un chemin creux. Paf ! le renard est à bas, et nous avons le poulet.

FIESQUE. Que son sang retombe sur toi ! Cette lettre ne se paye pas avec de l'or.

LE MAURE. Je me contenterai d'argent (*d'un ton sérieux*), comte de Lavagna. J'ai eu dernièrement fantaisie de votre tête (*en montrant la lettre*) ; nouvelle occasion de me satisfaire... A présent, je pense que le seigneur et le coquin sont quittes. Pour le reste, vous pouvez en rendre grâces à ma bonne amitié. (*Il lui présente un second billet.*) Numéro deux.

FIESQUE *prend la feuille avec étonnement.* Es-tu fou ?

LE MAURE. Numéro deux. (*Il s'approche de lui avec fierté, et le pousse du coude.*) Le lion n'a pas fait une si grande sottise en pardonnant au rat (*avec malice*) ; il a finement agi. Sans cela, qui aurait rongé les mailles du filet ? Eh bien ! cela vous plaît-il ?

FIESQUE. Drôle ! combien de diables as-tu à ta solde ?

LE MAURE. Pour vous servir... un seul, et il est nourri par le comte.

FIESQUE. La propre signature de Doria ! Où as-tu pris ce papier ?

LE MAURE. Tout chaud des mains de ma Bononi. J'ai été chez elle la nuit dernière. J'ai rapporté vos belles paroles et fait sonner vos sequins plus beaux encore ;

l'argent a opéré. A six heures du matin, je reviens à la charge. Le comte était justement là comme vous le disiez, et payait avec ce papier un bonheur de contrebande.

FIESQUE *vivement*. Lâches esclaves de femmes! ils veulent renverser des républiques, et ne peuvent se taire devant une coquine. Je vois, par ces papiers, que Doria et ses partisans ont formé le complot de m'assassiner, moi et onze sénateurs, et de nommer Gianettino souverain.

LE MAURE. Rien de plus, et cela le jour de l'élection du doge, le 3 de ce mois.

FIESQUE *vivement*. Notre activité de cette nuit fera avorter leur lendemain... Vite, Hassan! les choses sont mûres. Appelle les autres, nous prendrons sur eux une avance sanglante; hâte-toi, Hassan!

LE MAURE. Il faut que je vous vide encore mon sac de nouvelles. Deux mille hommes sont heureusement entrés dans la ville; je les ai cachés dans le couvent des Capucins, où pas un rayon de soleil ne pénètre. Ils brûlent du désir de voir leur chef, et ce sont de braves garçons.

FIESQUE. Il te revient un écu par tête. Que dit-on à Gênes de mes galères?

LE MAURE. C'est là mon meilleur coup, monseigneur. Plus de quatre cents aventuriers, que la paix entre la France et l'Espagne a mis sur le pavé, rôdaient autour de mes gens, et les assiégeaient pour qu'ils vous parlassent en leur faveur, afin que vous consentiez à les envoyer contre les infidèles. Je leur ai donné rendez-vous ce soir dans la cour du château.

FIESQUE, *joyeux*. Je vais bientôt te sauter au cou, coquin! Un trait de maître! Quatre cents, dis-tu? C'en est fait de Gênes. Quatre cents écus sont à toi.

LE MAURE, *avec abandon*. N'est-ce pas, Fiesque, nous allons bouleverser ensemble Gênes de telle sorte qu'on pourra y chasser les lois avec le balai... Je ne vous ai jamais dit que j'ai mes oiseaux dans la garnison, et que je puis compter sur eux comme sur mon voyage en enfer. D'après mes arrangements, nous serons au moins six de garde à chaque porte ; c'est assez pour enjôler les autres, et pour noyer leurs sens dans le vin. Donc, si l'envie vous prend de tenter cette nuit un coup de main, vous trouverez les sentinelles ivres.

fiesque. N'en dis pas davantage. Jusqu'à présent j'ai fait mouvoir cet énorme projet sans aucun secours humain, et quand j'atteins le but, un misérable drôle viendrait m'arrêter à ma honte? Ta main, camarade ; ce que le comte te doit encore, le doge l'acquittera.

le maure. Reste un billet de la comtesse Imperiali ; elle m'a fait signe dans la rue, s'est montrée très-gracieuse, et m'a demandé d'un air d'ironie si la comtesse de Lavagna n'avait pas eu quelque atteinte de jaunisse. J'ai répondu que votre seigneurie ne s'intéressait qu'à la santé d'une seule personne.

fiesque, *après avoir lu le billet, le rejette*. Très-bien dit. Qu'a-t-elle répondu ?

le maure. Elle a répondu qu'elle plaignait pourtant le sort de la pauvre veuve, et qu'elle s'offrait à lui donner satisfaction en interdisant désormais les galanteries à votre seigneurie.

fiesque, *avec malice*. Elles cesseront bien avant la fin du monde... C'est là tout, Hassan ?

le maure, *avec méchanceté*. Monseigneur, les affaires des dames touchent de près à la politique...

fiesque. Oui, vraiment, et celle-ci surtout. Mais, que fais-tu de ce papier ?

le maure. C'est une diablerie à mêler avec les autres... Une poudre que la signora m'a donnée pour la mettre chaque jour dans le chocolat de votre femme.

fiesque *recule en pâlissant*. Elle te l'a donnée ?

le maure. Dona Julia, comtesse Imperiali.

fiesque *lui arrache violemment le papier*. Si tu mens, canaille, je te fais attacher vivant à la girouette de la tour de Saint-Laurent, où tu vireras neuf fois sous un coup de vent... La poudre...

LE MAURE, *impatienté.* Je dois la mettre dans le chocolat de votre femme, selon les ordres de dona Julia Imperiali.

FIESQUE, *hors de lui.* Horreur! horreur! Cette douce créature... L'enfer a-t-il tant de place dans une âme de femme? Mais j'oubliais de te remercier, Providence céleste, d'avoir anéanti ce projet, de l'avoir anéanti par un démon méchant; tes voies sont étranges. (*Au Maure.*) Tu promets d'obéir, et tu te tais?

LE MAURE. Très-bien. Je le puis; elle m'a payé comptant.

FIESQUE. Ce billet m'invite à aller chez elle. J'irai, madame; je vous persuaderai de me suivre ici. Bien! Cours maintenant, hâte-toi tant que tu le pourras, rassemble toute la conjuration.

LE MAURE. J'ai déjà prévu cet ordre, et j'ai pris sur moi de convoquer ici chacun pour dix heures précises.

FIESQUE. J'entends des pas. Ce sont eux. Drôle, tu mériterais d'avoir pour toi une potence à laquelle aucun fils d'Adam n'aurait encore été suspendu. Va dans l'antichambre jusqu'à ce que je t'appelle.

LE MAURE, *en s'éloignant.* Le Maure s'est acquitté de sa tâche; le Maure peut se retirer.

SCÈNE V.

TOUS LES CONJURÉS.

FIESQUE, *allant au-devant d'eux.* L'orage est en chemin; les nuages se rassemblent. Marchez doucement: fermez à double tour.

VERRINA. J'ai fermé au verrou huit portes derrière nous; le soupçon ne peut nous approcher à cent pas.

BOURGOGNINO. Ici il n'y a point de traître, si notre crainte ne nous trahit pas.

FIESQUE. La crainte ne peut passer le seuil de ma

porte. Salut à quiconque est encore ce qu'il était hier. Prenez place. (*Ils s'asseyent.*)

BOURGOGNINO *se promène dans la chambre.* Je ne m'assieds pas volontiers quand je pense à détruire.

FIESQUE. Génois, voici une heure mémorable.

VERRINA. Tu nous as dit de méditer un plan pour la mort du tyran ; interroge-nous, nous voilà prêts à te répondre.

FIESQUE. D'abord, une question qui peut paraître étrange lorsqu'elle vient si tard. Qui doit tomber? (*Tous se taisent.*)

BOURGOGNINO, *s'appuyant sur le fauteuil de Fiesque, d'un air significatif.* Les tyrans.

FIESQUE. Bien dit, les tyrans. Je vous en prie, faites attention à toute l'importance de ce mot. Lequel, de celui qui paraît renverser la liberté, ou de celui qui a le pouvoir de le faire, est le plus tyran ?

VERRINA. Je hais le premier, je crains le second. Qu'André Doria tombe !

CALCAGNO, *ému.* André, ce vieillard usé, qui après-demain peut-être payera son tribut à la nature ?

SACCO. Ce clément vieillard.

FIESQUE. La clémence de ce vieillard est terrible, mon Sacco ; la forfanterie de Gianettino n'est que ridicule. Qu'André Doria tombe ! c'est ta sagesse qui l'a dit, Verrina.

BOURGOGNINO. Que nos chaînes soient d'acier ou de soie, ce sont des chaînes ; il faut qu'André Doria tombe.

FIESQUE, *s'approchant de la table.* Ainsi, la baguette est rompue sur l'oncle et le neveu. Signez (*tous signent*) ; nous savons qu'il doit périr. (*Ils s'asseyent.*) Maintenant l'essentiel est de savoir comment... Parlez d'abord, ami Calcagno.

CALCAGNO. Agirons-nous comme soldats ou comme assassins ? Le premier parti est dangereux, car il nous oblige à avoir beaucoup de confidents ; hasardeux, parce que nous n'avons pas encore gagné tous les cœurs...

Pour le second cinq bons poignards nous suffisent ; dans trois jours est la grand'messe dans l'église de Saint-Laurent ; les deux Doria doivent y faire leurs dévotions. Aux pieds du Très-Haut l'anxiété des tyrans s'endort. J'ai dit.

FIESQUE, *se détournant.* Calcagno, votre idée raisonnable est horrible... Raphaël Sacco !

SACCO. Les motifs de Calcagno me plaisent, son moyen me révolte ; il vaut mieux, Fiesque, inviter l'oncle et le neveu à un banquet où, domptés par toute la colère de la république, ils auront le choix ou de recevoir la mort au bout de nos poignards, ou de la prendre dans un vin de Chypre. Cette manière est du moins commode.

FIESQUE, *avec horreur.* Sacco ! et si cette goutte de vin qui tombera sur leurs lèvres mourantes devenait pour toi de la poix enflammée, un avant-goût de l'enfer ?... eh bien ! qu'en dis-tu, Sacco ?... Renonçons à ce projet : parle, Verrina.

VERRINA. Un cœur sincère marche à découvert ; un assassinat nous placerait dans la corporation des bandits. L'épée à la main annonce le héros. Mon opinion est que nous donnions le signal de la révolte et que nous appelions avec ardeur les Génois à se venger. (*Il se lève, les autres en font autant. Bourgognino se jette à son cou.*)

BOURGOGNINO. Et que nous gagnions par les armes la faveur du destin. C'est la voix de l'honneur et la mienne.

FIESQUE. Et la mienne. Fi ! Génois. (*A Calcagno et Sacco.*) La fortune a déjà trop fait pour nous : c'est à nous, à présent, à nous mettre à l'œuvre... Ainsi, la révolte, et pour cette nuit même, Génois. (*Verrina, Bourgognino, étonnés ; les autres effrayés.*)

CALCAGNO. Quoi ! cette nuit ? Les tyrans sont si puissants, et notre parti si faible !

sacco. Cette nuit! et rien n'est fait, et le soleil décline déjà à l'horizon.

fiesque. Vos réflexions sont très-fondées, mais lisez ces papiers. (*Il leur présente les écrits de Gianettino ; et pendant qu'ils les lisent avec curiosité, il se promène d'un air ironique.*) A présent, adieu, astre brillant des Doria ! tu étais là fier et splendide, comme si tu avais pris à bail l'horizon de Gênes, et tu ne voyais pas que le soleil abandonne aussi le ciel et partage avec la lune l'empire du monde ; adieu, astre brillant des Doria ; Patrocle est mort, et il valait mieux que toi.

bourgognino, *après avoir lu les papiers.* C'est horrible !

calcagno. Douze d'un coup !

verrina. Demain dans la Seigneurie.

bourgognino. Donnez-moi cette feuille. Je galope à travers Gênes ; j'en ferai un tel usage que les pierres sauteront derrière moi, et que les chiens dans leurs aboiements annonceront le meurtre.

tous. Vengeance ! vengeance ! vengeance ! Cette nuit même.

fiesque. Vous voilà où je désirais. Aussitôt que le soir sera venu, j'invite à une fête les plus distingués des mécontents, notamment ceux qui se trouvent sur la liste de Gianettino, et de plus les Sauli, les Gentili, les Vivaldi, les Visodimari, tous les ennemis mortels de la maison Doria, que le meurtrier a oublié de craindre. Ils accueilleront mon projet à bras ouverts, je n'en doute pas.

bourgognino. Je n'en doute pas.

fiesque. Avant tout, nous devons nous assurer la mer. J'ai des galères et des marins. Les vingt navires de Doria sont désarmés, dégréés, faciles à surprendre ; l'embouchure de la Darse sera fermée, et tout espoir de fuite interdit. Si nous avons le port, Gênes est enchaînée.

verrina. Sans contredit.

FIESQUE. Ensuite nous enlèverons et nous occuperons les forts de la ville. Le poste le plus important est la porte Saint-Thomas, qui conduit au port et réunit les forces de mer à celles de terre. Les deux Doria seront égorgés dans leur palais. La générale dans toutes les rues et le tocsin. On appellera les Génois à prendre parti pour nous et à combattre pour la liberté de Gênes. Si la fortune nous favorise, vous en apprendrez davantage à la Seigneurie.

VERRINA. Le plan est bon. Voyons comment nous nous partagerons les rôles.

FIESQUE, *d'un ton significatif.* Génois! vous m'avez librement placé à la tête du complot, obéirez-vous à mes ordres?

VERRINA. Autant qu'ils seront les meilleurs.

FIESQUE. Verrina, connais-tu le mot d'ordre? Génois, dites-lui que c'est subordination. Si je ne peux pas vous faire agir comme je l'entendrai... me comprenez-vous bien? si je ne suis pas le maître de la conjuration, elle a perdu un de ses membres. Une vie de liberté vaut bien deux heures d'esclavage.

VERRINA. Nous obéirons.

FIESQUE. A présent quittez-moi; qu'un de vous visite la ville et me fasse un rapport sur la force et la faiblesse des différents postes; un second cherchera à connaître le mot d'ordre, un troisième armera les galères; un quatrième amènera les deux mille hommes dans la cour de mon palais. Ce soir j'aurai moi-même tout disposé, et, si après cela le sort le veut, la banque sautera. A neuf heures sonnantes, que tout le monde soit dans mon palais pour recevoir mes derniers ordres.

(*Il sonne.*)

VERRINA. Je me charge du port. (*Il sort.*)
BOURGOGNINO. Moi, des soldats. (*Il sort.*)
CALCAGNO. Moi, je surprendrai le mot d'ordre. (*Il sort.*)
SACCO. Moi, je ferai la ronde dans Gênes. (*Il sort.*)

SCÈNE VI.

FIESQUE, puis LE MAURE.

FIESQUE, *assis à un pupitre, écrit.* Ne se sont-ils pas révoltés contre ce petit mot de subordination comme le papillon contre l'aiguille... Mais il est trop tard, républicains !

LE MAURE. Monseigneur...

FIESQUE *se lève et lui donne un papier.* Tu inviteras, pour cette nuit, à une comédie tous ceux dont le nom est écrit sur cette feuille.

LE MAURE. Pour y jouer un rôle sans doute. Le droit d'entrée coûtera la vie.

FIESQUE, *avec froideur et mépris.* Cela fait, je ne veux pas te conserver plus longtemps à Gênes. *Il sort et laisse tomber derrière lui une bourse.*) Que ce soit là ta dernière tâche !

SCÈNE VII.

LE MAURE *prend la bourse lentement et le regarde d'un air étonné.* En sommes-nous là l'un avec l'autre ?... Je ne veux pas te conserver plus longtemps à Gênes. Si je traduis dans ma langue de païen ces paroles de bon chrétien, cela signifie : Quand je serai duc, je ferai pendre mon bon ami à un gibet génois. Bien ! parce que je connais ses menées, il craint que je ne sache pas garder le secret à son honneur, lorsqu'il sera doge. Doucement, monsieur le comte ; il faudrait encore y réfléchir. Maintenant, vieux Doria, ta peau est à ma disposition... tu es perdu si je ne t'avertis pas. Si je vais à lui, si je lui livre le complot, je sauve au duc de Gênes la vie et le duché, et, pour récompense, je ne puis pas recevoir moins que de l'or plein ce chapeau. (*Il veut sortir et s'arrête tout à coup.*) Mais doucement, ami Hassan, le voilà en train de faire une sotte action : si toute cette tuerie allait manquer et qu'il en résultât quelque chose de bien. Fi ! fi ! quel diable de tour allait me jouer là ma cupidité ?... D'où viendra le plus grand mal, si je trompe ce Fiesque, ou si je livre ces Doria au couteau ? Diable ! c'est difficile à résoudre... Si Fiesque réussit, Gênes peut se relever. Pas de cela ; il ne faut pas que cela soit. Si Doria s'en tire, tout reste comme par le passé et Gênes a la paix... ce serait encore pis... Mais la vue des têtes de rebelles tombant dans le panier du bourreau (*il va d'un autre côté*), mais le joyeux massacre de cette nuit quand les sérénissimes tomberont au coup de sifflet d'un Maure! Non, qu'un chrétien se tire d'un tel embarras ; l'énigme est trop difficile pour un païen... Je veux consulter un savant. (*Il sort.*)

SCÈNE VIII.

Un salon chez la comtesse Imperiali.

JULIA, *en négligé ;* GIANETTINO *entre troublé.*

GIANETTINO. Bonsoir, ma sœur.

JULIA *se lève.* Il faut qu'il y ait quelque chose d'extraordinaire pour amener le prince héréditaire de Gênes chez sa sœur.

GIANETTINO. Ma sœur, tu es toujours environnée de papillons et moi de guêpes ; comment y échapper ? Asseyons-nous.

JULIA. Tu vas bientôt m'impatienter.

GIANETTINO. Ma sœur, quand as-tu vu Fiesque pour la dernière fois ?

JULIA. Voilà qui est singulier ; comme si de pareilles niaiseries pouvaient se loger dans mon cerveau !

GIANETTINO. Il faut que je sache.

JULIA. Eh bien !... il était ici hier.

GIANETTINO. Et il s'est montré ouvert ?

JULIA. Comme de coutume.

GIANETTINO. Et toujours la vieille fantaisie ?...

JULIA, *offensée*. Mon frère!...

GIANETTINO, *d'une voix plus forte*. Écoute ; toujours la vieille fantaisie?...

JULIA, *irritée, se lève*. Pour qui me prenez-vous, mon frère?

GIANETTINO *reste assis d'un air ironique*. Pour une petite créature féminine enveloppée dans un grand... grand titre de noblesse. Ceci soit dit entre nous, ma sœur ; personne ne nous épie!

JULIA, *vivement*. Entre nous... vous êtes un singe impudent et insensé qui vous faites un dada du crédit de votre oncle... Personne ne nous épie.

GIANETTINO. Petite sœur! petite sœur! voyons, ne nous fâchons pas!... Je me réjouis de savoir que Fiesque a encore sa vieille fantaisie ; voilà ce que je voulais apprendre ; adieu. (*Il veut sortir.*)

SCÈNE IX.

Les précédents ; LOMELLINO *entre.*

LOMELLINO *baise la main de Julia*. Pardon de ma hardiesse, madame. (*Il se retourne du côté de Gianettino.*) Certaines choses qui ne peuvent se remettre.

GIANETTINO *le prend à part.* (*Julia, mécontente, se met au clavecin et joue un allegro.*) Tout est-il préparé pour demain?

LOMELLINO. Tout, prince ; mais le courrier qui est parti ce matin pour la rivière du Levant n'est pas encore de retour, et Spinola non plus n'est pas ici, s'il avait été pris!... Je suis dans la plus grande anxiété.

GIANETTINO. Ne t'inquiète pas. Tu as la liste entre les mains?

LOMELLINO, *embarrassé*. Seigneur... la liste... je ne sais pas,.. je l'aurai laissée hier dans la poche de mon habit.

GIANETTINO. A merveille! si seulement Spinola était

ici. Demain matin Fiesque sera trouvé mort dans son lit; j'ai arrangé cela.

LOMELLINO. Mais cela fera un effroyable bruit.

GIANETTINO. De là viendra précisément notre sécurité, camarade. Des attentats ordinaires agitent le sang de l'offensé et le rendent capable de tout ; un crime surprenant le glace d'effroi et l'anéantit. Connais-tu l'histoire de la tête de Méduse ? Son aspect pétrifiait... Une tentative incomplète anime les pierres elles-mêmes.

LOMELLINO. En avez-vous laissé pressentir quelque chose à madame la comtesse?

GIANETTINO. Fi donc! il faut user de ménagement avec elle à cause de ce Fiesque. Mais quand elle aura goûté les fruits, elle ne regrettera pas ce qu'ils auront coûté. Viens; j'attends ce soir encore des troupes de Milan, et je dois donner des ordres aux portes. (*A Julia.*) Eh bien, ma sœur, auras-tu bientôt calmé ta colère ?

JULIA. Allez! vous êtes un hôte impoli. (*Gianettino veut sortir et rencontre Fiesque.*)

SCÈNE X.

Les précédents, FIESQUE.

GIANETTINO, *reculant.* Ah!

FIESQUE *s'avance d'un air respectueux.* Prince, vous me dispensez d'une visite que j'allais précisément vous faire.

GIANETTINO. Pour moi, comte, rien ne pouvait m'être plus agréable que de vous rencontrer.

FIESQUE *s'approche de Julia et lui baise respectueusement la main.* On est accoutumé chez vous, signora, à voir toujours son attente surpassée.

JULIA. Fi donc! pour un autre cela pourrait paraître équivoque... Mais mon négligé me fait peur. ; permettez, comte. (*Elle veut se retirer dans son cabinet.*)

FIESQUE. Oh! restez, ma gracieuse dame; la femme n'est jamais si belle qu'en robe du matin; (*en souriant*) c'est sa toilette de séduction... Ces cheveux rassemblés sur la tête... Permettez que je les dénoue tout à fait.

JULIA. Vous autres hommes, vous aimez à mettre le désordre.

FIESQUE, *d'un air innocent en regardant Gianettino.* Dans les cheveux et dans les républiques, n'est-ce pas? c'est pour nous la même chose... et ce ruban qui est mal attaché... Asseyez-vous, belle comtesse, votre Laure s'entend à tromper les yeux, mais non pas les cœurs. Laissez-moi vous servir de femme de chambre. (*Elle s'assied; il arrange sa toilette.*)

GIANETTINO *tire Lomellino par son habit.* Quel triste et insoucieux garnement!

FIESQUE, *penché sur le sein de Julia.* Voyez comme je couvre prudemment ceci. Les sens doivent toujours être d'aveugles messagers, et ne pas connaître les combinaisons de la nature et de l'art.

JULIA. Ceci est léger.

FIESQUE. Pas du tout; car, voyez, la plus jolie nouvelle perd de sa valeur aussitôt qu'elle est connue de toute la ville. Nos sens alimentent notre république intérieure; ils font vivre la noblesse, mais elle s'élève au-dessus de leur goût vulgaire. (*Il termine la toilette de la comtesse et la mène devant une glace.*) Eh bien! sur mon honneur, cette toilette sera demain à la mode dans Gênes. (*Avec galanterie.*) Me serait-il permis, comtesse, de vous conduire ainsi dans la ville?

JULIA. Oh! l'habile homme! comme il s'y prend adroitement pour me faire faire sa volonté! Mais j'ai mal à la tête et je resterai chez moi.

FIESQUE. Pardonnez-moi, comtesse, vous le pouvez si vous le voulez; mais vous ne le voudrez pas... Aujourd'hui, une troupe de comédiens de Florence est arrivée ici et s'est offerte à jouer dans mon palais. Je n'ai pas pu empêcher que la plupart des dames nobles de la ville n'y assistent, et je suis fort embarrassé de savoir comme je pourrai occuper la loge d'honneur sans irriter la susceptibilité de mes hôtes. Il n'y a plus qu'un moyen. (*Avec un profond salut.*) Voulez-vous être assez bonne, signora?...

JULIA *rougit et s'en va vers son cabinet.* Laure!

GIANETTINO *s'avance vers Fiesque.* Comte, vous vous souvenez d'une histoire désagréable qui s'est passée entre nous récemment?...

FIESQUE. Je désire, prince, que nous l'oubliions tous deux. Nous autres, hommes, nous agissons les uns envers les autres comme nous nous connaissons ; et à qui la faute, sinon à moi, si mon ami Doria ne me connaît pas parfaitement?

GIANETTINO. Au moins n'y penserai-je jamais sans vous en demander pardon de cœur...

FIESQUE. Et moi, jamais sans vous pardonner de cœur. (*Julia revient un peu parée.*)

GIANETTINO. A propos, comte, je me rappelle que vous voulez faire une croisière contre les Turcs.

FIESQUE. Ce soir, on lève l'ancre ; j'ai même à cet égard quelques inquiétudes que la complaisance de mon ami Doria pourrait dissiper.

GIANETTINO, *avec beaucoup de politesse.* Très-volontiers... Disposez de tout mon pouvoir.

FIESQUE. Ce départ produira, vers le soir, sur le port et autour de mon palais, un mouvement que le doge votre oncle pourrait mal interpréter.

GIANETTINO, *avec cordialité.* Laissez-moi y pourvoir. Allez votre chemin, je vous souhaite beaucoup de bonheur dans votre entreprise.

FIESQUE. Je vous suis très-obligé.

SCÈNE XI.

Les précédents, un ALLEMAND *de la garde.*

GIANETTINO. Qu'y a-t-il?

L'ALLEMAND. En passant devant la porte Saint-Thomas, j'ai vu un grand nombre de soldats armés, et les galères du comte de Lavagna prêtes à mettre à la voile.

GIANETTINO. Rien de plus important! cela ne doit pas aller plus loin.

L'ALLEMAND. Très-bien. Des gens suspects rôdent autour du couvent des Capucins et se glissent sur la place... leur démarche et leur extérieur font présumer que ce sont des soldats.

GIANETTINO, *en colère.* Au diable le zèle de cet imbécile! (*A Lomellino en confidence.*) Ce sont mes Milanais.

L'ALLEMAND. Votre seigneurie ordonne-t-elle qu'on les arrête?

GIANETTINO, *à Lomellino.* Allez-y voir, Lomellino. (*Avec brusquerie à l'Allemand.*) Va-t'en; c'est bon. (*A Lomellino.*) Faites entendre à ce bœuf allemand qu'il doit se taire. (*Lomellino sort avec l'Allemand.*)

FIESQUE, *qui jusque-là a joué avec Julia en jetant de temps en temps un regard à la dérobée.*) Notre ami est de mauvaise humeur, puis-je en savoir le motif?

GIANETTINO. Ce n'est pas étonnant. Ces éternelles questions et informations! (*Il sort.*)

FIESQUE. Le spectacle nous attend. Oserai-je, madame, vous offrir le bras?

JULIA. Un moment; il faut d'abord que je prenne ma mante. Mais pas de tragédie, comte, cela me poursuit en rêve.

FIESQUE, *avec malice.* Oh! comtesse, ce sera à mourir de rire. (*Il l'emmène; le rideau tombe.*)

ACTE QUATRIÈME.

Il est nuit ; la cour du palais de Fiesque ; les lanternes sont allumées ; on apporte des armes ; une aile du château est éclairée.

SCÈNE I.

BOURGOGNINO *amène des soldats.* Halte !... quatre sentinelles à la grande porte de la cour ; deux à chaque porte du palais. (*Les factionnaires prennent leur poste.*) Entre qui veut ; personne ne sort. Celui qui aurait recours à la force, tué. (*Il entre avec les autres dans le château. Les sentinelles font leur faction. Silence.*

SCÈNE II.

LES GARDES, *à la porte de la cour.* Qui vive ?

CENTURIONE. Ami de Lavagna. (*Il traverse la cour et va vers la porte à droite.*)

LE FACTIONNAIRE. Arrière ! *Centurione, étonné, va vers la porte à gauche.*)

LE FACTIONNAIRE. Arrière !

CENTURIONE *s'arrête interdit. Au factionnaire de gauche :* Ami, par où va-t-on à la comédie ?

LE FACTIONNAIRE. Je ne sais pas.

CENTURIONE, *étonné, va vers le factionnaire de droite.* Ami, quand commence la comédie ?

LE FACTIONNAIRE. Je ne sais pas.

CENTURIONE, *effrayé, se cache dans son manteau.* C'est étrange.

LE FACTIONNAIRE *de la grande porte.* Qui vive ?

SCÈNE III.

Les précédents, CIBO.

CIBO. Ami de Lavagna.

CENTURIONE. Cibo, où sommes-nous ?

CIBO. Quoi?
CENTURIONE. Regarde autour de toi, Cibo.
CIBO. Où? Comment?
CENTURIONE. Toutes les portes sont gardées.
CIBO. Voici des armes.
CENTURIONE. Personne ne donne d'éclaircissement.
CIBO. C'est singulier.
CENTURIONE. Quelle heure est-il?
CIBO. Huit heures passées.
CENTURIONE. Peste, il fait un froid du diable!
CIBO. Huit heures; c'est le moment convenu.
CENTURIONE, *secouant la tête*. Il y a là quelque chose de louche.
CIBO. Fiesque veut faire une plaisanterie.
CENTURIONE. Demain est l'élection du doge... Cibo, cela n'est pas clair.
CIBO. Silence! silence! silence!
CENTURIONE. L'aile droite du château est éblouissante de lumière.
CIBO. N'entends-tu rien? n'entends-tu rien!
CENTURIONE. Là dedans, un sourd murmure, et de temps en temps...
CIBO. Un cliquetis confus comme des armures qui s'entrechoquent.
CENTURIONE. Effrayant! effrayant!
CIBO. Une voiture! Elle s'arrête à la porte.
LE FACTIONNAIRE *de la grande porte*. Qui vive?

SCÈNE IV.

Les précédents, les quatre ASSERATO.

ASSERATO, *entrant*. Ami de Fiesque.
CIBO. Ce sont les quatre Asserato.
CENTURIONE. Bonsoir, amis.
ASSERATO. Nous allons à la comédie.
CIBO. Bon voyage.
ASSERATO. Ne venez-vous pas avec nous à la comédie?

CENTURIONE. Passez devant; nous voulons d'abord respirer l'air frais.

ASSERATO. Cela commencera bientôt; venez. (*Ils veulent avancer.*)

LE FACTIONNAIRE. On ne passe pas.

ASSERATO. Que signifie cela?

CENTURIONE, *riant*. Allez au château.

ASSERATO. Il y a ici un malentendu.

CIBO. Un malentendu évident. (*On entend de la musique dans l'aile droite.*)

ASSERATO. Entendez-vous la symphonie? la pièce va commencer.

CENTURIONE. Il me semble qu'elle a déjà commencé et que nous jouons les rôles de niais.

CIBO. Je n'ai pas trop chaud; je m'en vais.

ASSERATO. Des armes ici?

CIBO. Bah! attirail de comédiens!

CENTURIONE. Devons-nous rester ici comme les fous au bord de l'Achéron? Allons au café. (*Il s'en vont tous les six vers la porte.*)

LES FACTIONNAIRES. Arrière!

CENTURIONE. Meurtre et mort! nous sommes prisonniers.

CIBO. Mon épée me dit que cela ne sera pas pour longtemps.

ASSERATO. Rengaînez-la, rengaînez-la. Le comte est homme d'honneur.

CIBO. Vendus! trahis! La comédie était l'amorce, et nous voilà pris au piége.

ASSERATO. Dieu veuille que non! Je tremble que tout ceci n'ait un fâcheux dénouement!

SCÈNE V.

Les précédents.

LE FACTIONNAIRE. Qui vive? (*Verrina et Sacco entrent.*)

VERRINA. Amis de la maison. (*Sept autres nobles viennent ensuite.*)

CIBO. Ses confidents! Maintenant tout va s'éclaircir.

SACCO, *causant avec Verrina.* Comme je vous l'ai dit, Lescaro est de garde à la porte Saint-Thomas; c'est le meilleur officier de Doria, et il lui est aveuglément dévoué.

VERRINA. Je m'en réjouis.

CIBO, *à Verrina.* Vous arrivez à propos, Verrina, pour nous aider à sortir d'embarras.

VERRINA. Comment donc? comment donc?

CENTURIONE. Nous sommes invités à une comédie.

VERRINA. Nous suivons même route.

CENTURIONE, *impatienté.* La route de tout mortel, je le sais. Voyez, les portes sont gardées. Pourquoi les portes sont-elles gardées?

CIBO. Pourquoi ces armes?

CENTURIONE. Nous sommes là comme sous le gibet.

VERRINA. Le comte viendra lui-même.

CENTURIONE. Il devrait se hâter. Je ronge mon frein avec impatience. (*Tous les nobles vont et viennent dans le fond.*)

BOURGOGNINO. Que se passe-t-il sur le port, Verrina?

VERRINA. Tout va bien à bord.

BOURGOGNINO. Le château est aussi bardé de soldats.

VERRINA. Il est bientôt neuf heures.

BOURGOGNINO. Le comte se fait bien attendre.

VERRINA. Cela n'ira que trop vite pour ses espérances.
Bourgognino. Je me sens frissonner quand je pense à une certaine chose.

BOURGOGNINO. Mon père, pas de précipitation.

VERRINA. Il n'y a point de précipitation possible, quand nul retard ne saurait être admis. Si je ne commets pas ce second meurtre, je ne puis pas répondre du premier.

BOURGOGNINO. Mais quand Fiesque doit-il mourir?

VERRINA. Quand Gênes sera libre, Fiesque mourra.

LE FACTIONNAIRE. Qui vive?

SCÈNE VI.

Les précédents, FIESQUE.

FIESQUE, *entrant.* Ami. (*Tous s'inclinent, les factionnaires présentent les armes.*) Soyez les bienvenus, mes dignes hôtes. Vous avez dû murmurer de ce que le maître de la maison se faisait si longtemps attendre : excusez-moi. (*Bas à Verrina.*) Tout est-il prêt ?

VERRINA, *à l'oreille.* A souhait.

FIESQUE, *bas à Bourgognino.* Et...

BOURGOGNINO. Tout est en ordre.

FIESQUE, *à Sacco.* Et...

SACCO. Tout va bien.

FIESQUE. Et Calcagno ?

BOURGOGNINO. Il n'est pas encore venu.

FIESQUE, *aux factionnaires.* Qu'on ferme les portes. (*Il ôte son chapeau et s'avance avec une noble aisance vers l'assemblée.*) Messieurs, j'ai pris la liberté de vous inviter à un spectacle, non point pour vous divertir, mais pour vous donner vos rôles. Assez longtemps, mes amis, nous avons souffert les affronts de Doria et les usurpations d'André. Si nous voulons délivrer Gênes, amis, il n'y a pas de temps à perdre. Dans quel but pensez-vous que ces vingt galères assiégent le port de notre patrie ? Dans quel but ont été conclues les alliances des Doria ? dans quel but ces soldats étrangers ont-ils été attirés dans le cœur de Gênes ? Maintenant il ne s'agit plus de murmurer ni de maudire ; pour tout sauver il faut tout oser. Un mal désespéré veut un remède audacieux. Quelqu'un, dans cette assemblée, aurait-il la patience d'accepter pour maître celui qui n'est que son égal ? Il n'y en a pas un ici dont les aïeux n'aient soutenu le berceau de Gênes. Quoi ! par tout ce qu'il y a de sacré. Quoi ! quel privilége ont donc ces deux bourgeois pour prendre au-dessus de nous cet essor impudent ? (*Murmures violents.*) Chacun de vous est solennellement appelé à défendre la cause de Gênes contre ses oppresseurs... Aucun de vous ne peut abandonner l'épaisseur d'un cheveu sur ses droits sans trahir le cœur même de l'État. (*Un mouvement tumultueux parmi les auditeurs l'interrompt, puis il continue.*) Vous êtes émus ; à présent tout est gagné. Déjà je vous ai frayé le chemin de la gloire. Voulez-vous me suivre? je suis prêt à vous conduire. Ces préparatifs que vous regardiez, il y a un instant, avec terreur, doivent à présent vous donner un courage de héros ; ces frissons et cette anxiété doivent se changer en un zèle mémorable pour faire cause commune avec les patriotes et moi, pour renverser de fond en comble les tyrans. Le succès couronnera notre tentative, car mes dispositions sont bien conçues. Notre entreprise est juste, car Gênes souffre ; notre dessein nous rendra immortels, car il est dangereux et grandiose.

CENTURIONE, *avec transport*. Assez, Gênes sera libre ; avec ce cri de guerre nous marcherions contre l'enfer.

CIBO. Et que celui qui ne serait point arraché à son sommeil par ce cri gémisse éternellement à la rame, jusqu'à ce que la trompette du jugement dernier le délivre.

FIESQUE. Voilà des paroles d'hommes. A présent vous méritez de savoir le danger qui vous menace, vous et Gênes. (*Il leur donne les papiers saisis par le Maure.*) De la lumière, soldats. (*Les nobles se pressent autour du flambeau et lisent.*) Cela va comme je le désirais, amis.

VERRINA. Ne parle pas si haut : j'ai vu là-bas, dans l'aile gauche, des visages pâlir et des genoux trembler.

CENTURIONE, *en fureur*. Douze sénateurs ! c'est diabolique ! Allons, tous l'épée à la main ! (*Tous se précipitent sur les armes, à l'exception de deux.*)

CIBO. Ton nom y est aussi, Bourgognino.

BOURGOGNINO. Et aujourd'hui encore, si Dieu le veut, je l'écrirai sur le gosier de Doria.

CENTURIONE. Il y a encore là deux épées.

CIBO. Comment? comment?

CENTURIONE. Deux d'entre nous n'ont point pris l'épée.

ASSERATO. Mes frères ne peuvent voir le sang couler. Pardonnez-leur.

CENTURIONE. Comment? comment? ne pas voir le sang des tyrans? Déchirez ces lâches; chassez de la république ces bâtards. (*Quelques conjurés se jettent sur eux avec colère.*)

FIESQUE *les sépare.* Arrêtez! arrêtez! Gênes peut-elle devoir sa liberté à des esclaves? L'or doit-il perdre son noble son, en s'alliant à ce vil métal? (*Il les dégage.*) Messieurs, vous voudrez bien prendre une chambre dans mon palais jusqu'à ce que nos affaires soient décidées. (*A la garde.*) Arrêtez ces deux hommes; vous en répondez. Deux bons postes à leur porte. (*On les emmène.*)

LE FACTIONNAIRE *de la grande porte.* Qui va là? (*On frappe.*)

CALCAGNO, *avec angoisse.* Ouvrez... ami, ouvrez, au nom de Dieu.

BOURGOGNINO. C'est Calcagno. Que signifie cette demande, au nom de Dieu?

FIESQUE. Ouvrez-lui, soldats.

SCÈNE VII.

Les précédents, CALCAGNO, *effrayé et hors d'haleine.*

CALCAGNO. Perdu! perdu! fuyez! sauve qui peut! Tout est perdu!

BOURGOGNINO. Quoi! perdu? Leur chair est-elle d'airain, et nos épées sont-elles des roseaux?

FIESQUE. Pensez-y, Calcagno, un malentendu serait ici impardonnable.

CALCAGNO. Nous sommes trahis. C'est une infernale vérité. Votre Maure, Lavagna, le misérable! je viens du palais de la seigneurie ; il avait une audience du duc. (*Tous les nobles pâlissent; Fiesque, lui-même, change de couleur.*)

VERRINA, *avec fermeté aux factionnaires de la grande porte*. Soldats, frappez-moi de vos hallebardes, je ne veux pas mourir de la main du bourreau. (*Tous les nobles courent çà et là effrayés.*)

FIESQUE, *rassuré*. Où allez-vous? que faites-vous?... Va-t'en au diable, Calcagno, c'est une terreur aveugle... Femme! dire cela devant ces enfants! Et toi aussi, Verrina, et toi aussi, Bourgognino, où vas-tu?

BOURGOGNINO, *avec violence*. Chez moi, tuer ma Berthe, et je reviens ici.

FIESQUE *éclate de rire*. Demeurez! arrêtez! Est-ce là le courage des meurtriers d'un tyran? Tu as parfaitement joué ton rôle, Calcagno. Ne voyez-vous pas que cette nouvelle vous a été donnée par mon ordre?... Parlez, Calcagno, n'est-ce pas moi qui vous ai commandé de mettre ces Romains à l'épreuve?

VERRINA. Eh bien ! si tu peux rire, je veux le croire, ou je ne te regarderai jamais comme un homme.

FIESQUE. Honte à vous, hommes! Succomber à cette épreuve d'enfant! Reprenez vos armes ; il faut que vous combattiez comme des lions, si vous voulez réparer cette brèche. (*A voix basse, à Calcagno.*) Étiez-vous là vous-même?

CALCAGNO. Je traversais sa garde pour remplir ma commission, pour m'informer chez le duc... Au moment où je me retirais, on amène le Maure.

FIESQUE, *à haute voix*. Ainsi le vieux est au lit; nous le tirerons de ses matelas. (*A voix basse.*) A-t-il parlé longtemps au duc?

CALCAGNO. Mon effroi subit et votre danger pressant m'ont à peine permis de rester là deux minutes.

FIESQUE, *à haute voix et avec gaîté*. Voyez donc comme nos gens tremblent encore.

CALCAGNO. Vous n'auriez pas dû laisser éclater les

choses si vite. (*A voix basse.*) Mais, au nom de Dieu, comte, que pouvez-vous attendre de ce mensonge?

FIESQUE. Du temps, ami, et alors le premier effroi est passé. (*A haute voix.*) Holà! qu'on apporte du vin. (*A voix basse.*) Avez-vous vu le duc pâlir? (*A haute voix.*) Allons, frères, nous voulons encore boire un coup pour la danse de cette nuit. (*A voix basse.*) Et avez-vous vu le duc pâlir?

CALCAGNO. Le premier mot du Maure a été conjuration; le vieux a reculé, blanc comme la neige.

FIESQUE, *embarrassé*. Ah! ah! le diable est fin, Calcagno; il n'a rien trahi jusqu'à ce que le couteau fût sur leurs gorges! A présent il est, en vérité, leur ange libérateur. Le Maure est fin. (*On lui apporte une coupe de vin; il la présente à l'assemblée et boit.*) A notre bonne réussite, camarades! (*On frappe.*)

LE FACTIONNAIRE. Qui va là?

UNE VOIX. De par le duc! (*Les nobles, désespérés, se dispersent dans la cour.*)

FIESQUE, *se jetant au milieu d'eux*. Non, enfants, ne vous effrayez pas, ne vous effrayez pas; je suis ici. Vite, qu'on enlève ces armes. Soyez hommes, je vous en prie. Cette visite me fait espérer qu'André doute encore. Rentrez; remettez-vous. Ouvrez, soldats. (*Tous s'éloignent; la porte est ouverte.*)

SCÈNE VIII.

FIESQUE, *comme s'il venait du château; trois* ALLEMANDS *qui amènent le* MAURE *garrotté.*

FIESQUE. Qui m'a demandé dans la cour?

UN ALLEMAND. Conduisez-nous au comte.

FIESQUE. Voici le comte, qui me demande?

L'ALLEMAND *lui fait le salut militaire*. Bonsoir de la part du duc. Il vous envoie ce Maure garrotté, qui a dit des infamies. Cette lettre vous apprendra le reste.

FIESQUE *prend la lettre d'un air indifférent*. Ne t'ai-je

pas aujourd'hui prédit les galères? (*A l'Allemand.*) C'est bien, ami. Mes respects au duc.

LE MAURE *lui crie.* Et les miens aussi ; et dis-lui... au duc... que s'il n'avait pas envoyé ici un âne, il aurait appris que deux mille soldats sont cachés dans le palais. (*Les Allemands s'en vont. Les nobles reviennent.*)

SCÈNE IX.

FIESQUE, LES CONJURÉS, LE MAURE. *avec une contenance arrogante.*

LES CONJURÉS *reculent à la vue du Maure.* Ah! qu'est-ce que cela?

FIESQUE, *qui a lu le billet, avec une colère étouffée.* Génois, le péril est passé, mais la conjuration aussi.

VERRINA, *étonné.* Quoi! les Doria sont-ils morts?

FIESQUE, *avec un mouvement violent.* Par le ciel! toutes les forces militaires de la république ne m'auraient point effrayé... Mais je n'étais pas préparé à ceci. Le vieillard débile a vaincu, avec ces quatre lignes, deux mille cinq cents hommes. (*Il laisse tomber ses bras avec découragement.*) Doria a vaincu Fiesque.

BOURGOGNINO. Parlez donc. Nous sommes stupéfaits.

FIESQUE *lit.* Lavagna, vous jouez, à ce qu'il me semble, de malheur avec moi. Vos bienfaits sont payés d'ingratitude. Ce Maure m'avertit d'un complot... Je vous le renvoie garrotté, et cette nuit je dormirai sans garde. (*Il laisse tomber le papier ; tous se regardent.*)

VERRINA. Eh bien! Fiesque?

FIESQUE, *avec noblesse.* Un Doria m'aurait vaincu en générosité! Une vertu manquerait à la race des Fiesque!... Non, aussi vrai que je suis moi-même... Séparez-vous... Je vais aller chez lui et tout avouer. (*Il veut sortir.*)

VERRINA *l'arrête.* Es-tu fou, homme? Est-ce donc un

jeu d'enfant dont nous étions occupés, ou bien n'est-ce pas la cause de la patrie? Est-ce à la personne d'André que tu en voulais et non pas au tyran? Arrête, te dis-je, je te fais prisonnier comme traître à l'État.

LES CONJURÉS. Liez-le! terrassez-le!

FIESQUE, *prend une épée et s'ouvre un passage.* Doucement. Qui osera le premier jeter les lacs sur le tigre? Voyez, messieurs, je suis libre, je pourrais aller où je voudrais... Mais je reste, car il me vient une autre pensée.

BOURGOGNINO. La pensée de vos devoirs.

FIESQUE, *en colère, avec fierté.* Ah! jeune homme, apprenez d'abord à connaître vos devoirs envers moi, et ne me parlez jamais des miens... Tranquillisez-vous, messieurs... tout reste comme auparavant... (*Au Maure, en coupant ses liens.*) Tu as le mérite d'avoir donné lieu à une grande action... Sauve-toi.

CALCAGNO, *en colère.* Comment? comment? faut-il que ce païen vive, qu'il vive, après nous avoir tous trahis?

FIESQUE. Qu'il vive après vous avoir tous effrayés! Va-t'en camarade; songe que tu as tout Gênes sur le dos; les Génois pourraient venger leur courage sur toi.

LE MAURE. Cela veut dire que le diable ne laisse pas un coquin dans l'embarras... Votre très-obéissant serviteur, messieurs... Je vois que le chanvre qui doit me pendre ne croît pas en Italie. Il faut que j'aille le chercher ailleurs. (*Il s'éloigne en riant.*)

SCÈNE X.

Entre un DOMESTIQUE; *les précédents, excepté le Maure.*

LE DOMESTIQUE. La comtesse Imperiali a déjà demandé trois fois votre seigneurie.

FIESQUE. Diable, c'est vrai ; il faut que la comédie commence. Dis-lui que j'y serai à l'instant... Reste ; prie ma femme d'entrer dans la salle de concert et de m'attendre derrière la tapisserie. (*Le domestique sort.*) J'ai écrit tous vos rôles sur ce papier ; si chacun remplit le sien, il n'y a plus rien à dire... Verrina ira d'abord sur le port, et quand il se sera emparé des vaisseaux, il donnera, par un coup de canon, le signal de l'attaque. Je sors ; une affaire importante m'appelle. Quand vous entendrez le bruit d'une sonnette, vous viendrez tous dans ma salle de concert... En attendant, entrez... et tâchez de prendre goût à mon vin de Chypre. (*Ils se séparent.*)

SCÈNE XI.

La salle de concert.

LÉONORE, ARABELLE, ROSE, *avec anxiété.*

LÉONORE. Fiesque avait promis de venir dans la salle de concert, et il ne vient pas. Il est onze heures passées. Le palais retentit d'un bruit terrible d'hommes et d'armes, et Fiesque ne vient pas.

ROSE. Vous devez vous cacher derrière la tapisserie. Quel peut être le dessein de monseigneur ?

LÉONORE. Il le veut, Rose ; j'en sais assez pour obéir ; assez, Arabelle, pour être sans crainte... Et cependant je tremble, Arabelle, et mon cœur bat avec angoisse. Au nom de Dieu, mes filles, ne me quittez ni l'une ni l'autre !

ARABELLE. Ne craignez rien. Notre frayeur arrête notre curiosité.

LÉONORE. De quelque côté que mon regard se tourne, je ne rencontre que des visages inconnus, pareils à des spectres sinistres et défigurés. Celui que j'appelle tremble comme un malfaiteur et s'enfuit aussitôt dans les ténèbres, cet horrible asile de la mauvaise conscience.

ACTE IV, SCÈNE XII.

Et si l'on me répond, c'est avec mystère et comme si l'angoisse retenait la parole sur la bouche hésitante... Fiesque... Je ne sais quoi de terrible se prépare ici... Puissances célestes (*elle joint les mains avec grâce*), entourez mon cher Fiesque!

ROSE, *avec effroi*. Jésus! quel bruit dans la galerie!

ARABELLE. C'est le soldat qui est de garde.

LE FACTIONNAIRE, *du dehors*. Qui vive?

LÉONORE. On vient. Vite, derrière la tapisserie.

(*Elles se cachent.*)

SCÈNE XII.

JULIA, FIESQUE *entrent en se parlant.*

JULIA, *très-troublée*. Cessez, comte; vos galanteries ne tombent plus dans une oreille indifférente, mais dans un sang qui bouillonne... Où suis-je?... Personne ici que la nuit avec ses séductions. Où avez-vous entraîné avec vos paroles mon cœur sans défense?

FIESQUE. Où l'amour découragé devient plus hardi, où l'émotion répond plus librement à l'émotion.

JULIA. Arrêtez, Fiesque; par tout ce qu'il y a de sacré, n'allez pas plus loin. Si la nuit n'était pas si sombre, tu verrais mes joues rouges comme le feu, et tu aurais pitié de moi.

FIESQUE. Au contraire, Julia, mon trouble s'augmenterait en reconnaissant les signes du tien, et je n'en deviendrais que plus audacieux. (*Il lui baise la main avec ardeur.*)

JULIA. Homme, il y a sur ton visage comme dans tes paroles une ardeur fiévreuse. Malheur à moi! je sens aussi sur ma figure un feu impétueux et coupable. Fais venir de la lumière, je t'en prie; les sens, déchaînés, pourraient céder au périlleux entraînement de cette obscurité. Va, ces rebelles agités pourraient, en l'absence du jour, poursuivre leurs manœuvres impies. Retournons dans le monde, je t'en conjure.

FIESQUE, *plus pressant*. Pourquoi, mon amour, cette inquiétude sans motif? La souveraine peut-elle craindre son esclave?

JULIA. Honte à vous, homme, et à vos éternelles contradictions. Comme si vous n'étiez pas nos vainqueurs les plus dangereux, quand vous avez une fois captivé notre amour-propre? Faut-il tout avouer, Fiesque? c'était mon amour-propre qui gardait ma vertu ; c'était mon orgueil qui bravait tes artifices. Ma fermeté ne tenait qu'à ce principe. Tu as désespéré de ta ruse, et tu as eu recours à la faiblesse de Julia. A présent, quittez-moi.

FIESQUE, *d'un air de confiance*. Et que perdrais-tu en perdant des forces?

JULIA, *avec emportement*. Quand je t'aurai livré comme un jouet la clef de ma sainte pudeur de femme et que tu pourras me faire rougir à volonté, n'aurai-je pas tout perdu! Veux-tu en savoir davantage, railleur: veux-tu que je t'avoue encore que tout le secret de l'habileté de notre sexe consiste dans la misérable précaution de protéger notre côté faible, qui, je le dis en rougissant, se laisse vaincre à vos protestations, pour peu que la vertu détourne les yeux? Faut-il te dire que toutes nos ruses féminines sont employées à protéger cette place sans défense, comme au jeu d'échecs toutes les pièces couvrent le roi qui n'agit pas? Si tu emportes ce point, te voilà mat, et tout l'échiquier est en déroute. (*Après un moment de silence, d'un ton sérieux.*) Je viens de te faire le tableau de notre pompeuse misère ; sois généreux.

FIESQUE. Et pourtant, Julia, à qui pourrais-tu mieux confier ce trésor qu'à ma passion infinie?

JULIA. Sans doute il ne serait nulle part mieux et nulle part plus mal... Écoute, Fiesque, combien de temps durera cet infini?... Ah! j'ai déjà joué trop malheureusement pour exposer encore mon dernier reste.

Pour te captiver, Fiesque! je me suis témérairement fiée à mes charmes, mais je ne leur crois pas le pouvoir de te retenir... Fi donc! qu'ai-je dit là? (*Elle recule et met les mains sur son visage.*)

FIESQUE. Deux blasphèmes d'un seul mot. Se défier de mon goût et commettre un crime de lèse-majesté envers vos charmes! Lequel de ces deux crimes est le plus difficile à pardonner?

JULIA, *fatiguée, prête à succomber et d'une voix émue*. Les mensonges sont les armes de l'enfer. Fiesque n'en a plus besoin pour subjuguer sa Julia. (*Elle tombe épuisée sur un sofa. Après un moment de silence, elle reprend avec solennité.*) Écoute, Fiesque, laisse-moi te dire encore un mot. Nous sommes des héroïnes, tant que nous savons notre vertu en sûreté... des enfants, quand nous la défendons (*elle le regarde fixement entre les deux yeux*); des furies quand il faut la venger... Écoute, Fiesque, si tu m'immolais froidement!...

FIESQUE, *d'un air emporté*. Froidement! froidement! Par le ciel! que faut-il donc à l'insatiable vanité d'une femme, si, lorsqu'un homme rampe à ses pieds, elle doute encore? Ah! ma fermeté se réveille, je le sens. (*Il prend un air froid.*) Mes yeux s'ouvrent à temps. Que voulais-je donc mendier? Les plus grandes faveurs d'une femme ne peuvent payer le plus petit abaissement d'un homme. (*Avec un froid salut.*) Remettez-vous, madame: à présent vous êtes en sûreté.

JULIA, *interdite*. Comte, quel changement!

FIESQUE, *avec une complète indifférence*. Non, madame, vous avez parfaitement raison, tous deux nous ne pouvons mettre en jeu notre honneur qu'une seule fois. (*Il lui baise poliment la main.*) Souffrez donc que je vous présente mes respectueux hommages. (*Il veut sortir.*)

JULIA *le retient*. Reste! Es-tu dans le délire? Reste. Faut-il donc te dire ouvertement ce que tous les hommes à genoux, en larmes, n'auraient pu arracher à ma fierté? Malheur! Aussi bien cette obscurité n'est pas assez épaisse pour cacher cette ardeur que trahit la rougeur de mes joues. Fiesque, ah! je blesse au cœur tout mon sexe... Tout mon sexe me haïra éternellement... Fiesque, je t'adore. (*Elle tombe à ses genoux.*)

FIESQUE *recule de trois pas, ne la relève point, et rit d'un air de triomphe.* J'en suis fâché, signora. (*Il sonne, lève la tapisserie, et amène Léonore sur la scène.*) Voici ma femme... une femme divine! (*Il tombe dans les bras de Léonore.*)

JULIA *se relève en s'écriant.* Ah! trahison inouïe!

SCÈNE XIII.

LES CONJURÉS *entrent tous à la fois; les dames entrent d'un autre côté;* FIESQUE, LÉONORE *et* JULIA.

LÉONORE. Mon ami, c'était trop rigoureux.

FIESQUE. Un mauvais cœur ne méritait pas moins. Je devais cette satisfaction à tes larmes. (*A l'assemblée.*) Non, messieurs, non, mesdames, je ne suis pas habitué à m'enflammer comme un enfant à la première occasion. Les folies des hommes m'amusent longtemps avant de m'entraîner. Cette femme mérite toute ma colère, car elle avait préparé pour un ange ce poison. (*Il montre le poison à l'assemblée, qui recule avec effroi.*)

JULIA, *dévorant sa colère.* Bien! bien! très-bien, monsieur! (*Elle veut sortir.*)

FIESQUE *la ramène.* Prenez patience, madame, nous n'avons pas encore fini. Cette assemblée apprendra avec plaisir pourquoi j'ai renié mon bon sens au point de jouer ce roman insensé avec la femme la plus insensée de Gênes.

JULIA, *en fureur.* C'est insupportable; mais tremble! (*D'un ton menaçant.*) Doria dispose de la foudre à Gênes, et moi je suis sa sœur.

FIESQUE. Si c'est là votre dernier venin, tant pis pour vous... Par malheur je vous annoncerai que Fiesque de

Lavagna a fait avec le diadême, enlevé par votre sérénissime frère, une corde pour pendre cette nuit le voleur de la république. (*Elle pâlit, et il continue en souriant amèrement.*) Ah! ah! vous ne vous attendiez pas à cela? et voyez (*d'un air de plus en plus mordant*), voilà pourquoi j'ai trouvé nécessaire de donner quelque occupation aux regards curieux de votre maison; voilà pourquoi je me suis livré à cette passion d'arlequin : voilà pourquoi (*montrant Léonore*) j'ai abandonné ce diamant, et me suis précipité à la poursuite de ce faux brillant. Je vous remercie de votre complaisance, signora, et je quitte mon costume de théâtre. (*Il lui remet sa silhouette en faisant une profonde révérence.*)

LÉONORE, *d'un air suppliant, à Fiesque.* Mon Ludovic, elle pleure. Votre Léonore tremblante ose-t-elle vous prier ?...

JULIA, *avec arrogance à Léonore.* Tais-toi, odieuse créature !

FIESQUE, *à un domestique.* Mon ami, soyez galant : offrez le bras à cette dame; elle a envie de visiter ma prison d'État; vous me répondez que personne n'importunera madame... L'air du dehors est vif... L'orage qui doit cette nuit briser le trone des Doria pourrait bien lui gâter sa coiffure.

JULIA, *sanglotant.* Que la peste tombe sur toi, noir et profond hypocrite ! (*A Léonore en colère.*) Ne te réjouis pas de ton triomphe; toi aussi il te perdra, il se perdra lui-même... Et le désespoir l'attend ! (*Elle sort.*)

FIESQUE, *aux conviés.* Vous avez été témoins; vengez mon honneur dans Gênes. (*Aux conjurés.*) Vous viendrez me prendre quand le canon retentira.

(*Tous s'éloignent.*)

SCÈNE XIV.

LÉONORE, FIESQUE.

LÉONORE *s'approche de lui avec anxiété.* Fiesque,

Fiesque... je ne vous comprends qu'à demi ; mais je commence à trembler.

FIESQUE, *avec gravité.* Léonore, je vous ai vue marcher à la gauche d'une Génoise... je vous ai vue dans l'assemblée des nobles présenter la seconde votre main au baiser des chevaliers. Léonore, cela blessait mes regards. J'ai décidé que cela cesserait, et cela cessera. Entendez-vous ce tumulte guerrier dans mon palais ! Ce que vous craignez est vrai... Allez vous reposer, comtesse... demain je vous réveillerai duchesse.

LÉONORE *joint ses mains, et se jette dans un fauteuil.* Dieu ! mes pressentiments ! Je suis perdue !

FIESQUE, *avec calme et dignité.* Laissez-moi vous parler, mon amour. Deux de mes ancêtres ont porté la triple couronne ; le sang des Fiesques ne coule bien que sous la pourpre ; faut-il que votre époux renonce à cet éclat héréditaire ? (*En s'animant par degrés.*) Quoi ! faut-il qu'il s'en rapporte, pour sa grandeur, au jeu du hasard, qui le prit dans un de ses jours médiocres à bâcler un Jean-Ludovic Fiesque avec les éléments d'un vieux passé moisi ? Non, Léonore, je suis trop fier pour me laisser donner ce que je puis moi-même conquérir. Cette nuit je rejetterai dans le tombeau de mes aïeux les splendeurs qu'ils m'avaient prêtées. Les comtes de Lavagna sont morts, les princes de Lavagna commencent.

LÉONORE *secoue la tête et semble préoccupée d'une image étrange.* Je vois mon époux tomber sur le sol avec une mortelle blessure. (*D'une voix sombre.*) Je vois un cortége muet me rapporter le cadavre déchiré de mon époux. (*Elle se lève avec effroi.*) La première, l'unique balle que l'on tirera, traversera le cœur de Fiesque.

FIESQUE *la prend avec affection par la main.* Paix ! mon enfant ; cette unique balle ne m'atteindra pas.

LÉONORE *le regarde sérieusement.* Fiesque peut-il ainsi compter sur le ciel ! Et n'y eût-il qu'une chance sur mille milliers de chances, cette mille millième chance peut arriver, et mon époux serait perdu. Pense, Fiesque, que tu joues le ciel même; et s'il y avait un billon de gagnants pour un seul perdant, voudrais-tu être assez hardi pour jeter le dé, et engager avec Dieu même cet audacieux défi? Non, mon ami, quand on met tout au jeu, chaque coup de dé est un blasphème.

FIESQUE, *en souriant.* Sois sans crainte; la fortune et moi nous sommes bien ensemble.

LÉONORE. Tu dis cela, et tu persistes dans ce jeu qui ronge l'âme!... et vous appelez cela un passe-temps! Tu as vu la traîtresse, comme elle attire son favori par quelques cartes heureuses, jusqu'à ce qu'il se lève avec ardeur, qu'il veuille faire sauter la banque; et alors elle l'abandonne au désespoir... Oh! mon époux, tu n'iras point te montrer aux Génois pour gagner leur affection; tu n'iras point réveiller ces républicains dans leur sommeil. Dompter un cheval fougueux, ce n'est pas là une promenade. Fiesque, ne te fie pas à ces rebelles. Fiesque, les gens habiles qui t'excitent, te craignent; les sots qui te divinisent te seront peu utiles, et, de quelque côté que je regarde, je vois la perte de Fiesque.

FIESQUE, *marchant à grands pas.* Le manque de courage est le pire des dangers. La grandeur veut aussi un sacrifice.

LÉONORE. La grandeur! Fiesque... Ah! que ton génie fait mal à mon cœur!... Vois, j'ai confiance dans ta fortune; tu triomphes, je veux le croire... alors, malheur à moi, la plus infortunée des femmes! Je suis malheureuse, si tu échoues; plus malheureuse encore, si tu réussis. Ici il n'y a point de terme moyen, mon ami: si Fiesque ne devient pas doge, il est perdu: s'il le devient, je n'ai plus d'époux.

FIESQUE. Je ne te comprends pas.

LÉONORE. Ah! mon Fiesque, la plante délicate de l'amour se dessèche dans ces régions orageuses du trône. Le cœur d'un homme (cet homme serait-il Fiesque lui-même), est trop étroit pour deux divinités puissantes, deux divinités qui se haïssent. L'amour répand des larmes et comprend les larmes ; l'ambition a des yeux d'airain que jamais le sentiment n'a rendus humides. L'amour n'a qu'un bien, il rejette le reste de la création ; l'ambition est encore affamée en dépouillant la nature entière. L'ambition change le monde en un cachot retentissant du bruit des chaînes ; l'amour se crée avec ses rêves un Élysée dans chaque désert. Au moment où tu voudrais te reposer sur mon sein, un vassal rebelle attaquerait ton empire. Au moment où je voudrais me jeter dans tes bras, tu entendrais, dans ton anxiété de despote, un assassin caché derrière la tapisserie, qui te ferait fuir de chambre en chambre. Oui, le soupçon aux yeux inquiets troublerait même la concorde domestique. Quand ta Léonore t'apporterait une boisson rafraîchissante, tu repousserais la coupe avec des convulsions, et tu accuserais ma tendresse d'empoisonnement.

FIESQUE, *avec horreur*. Cesse, Léonore ! C'est là un odieux tableau.

LÉONORE. Et cependant le tableau n'est pas complet. Je dirais : Sacrifie l'amour à la grandeur, sacrifie le repos, si Fiesque me reste encore ; mais c'est là le dernier coup. Rarement des anges montent sur le trône ; plus rarement encore ils en descendent. Celui qui n'a plus besoin de craindre l'homme aura-t-il pitié de l'homme? Celui qui peut soutenir par la foudre chacun de ses désirs trouvera-t-il nécessaire de les accompagner d'un mot de douceur! (*Elle s'arrête, s'approche de lui tendrement, prend sa main et lui dit avec une douce amertume:*) Aux princes ! Fiesque... tous ces projets mal conçus, d'une nature ambitieuse mais bornée dans son pouvoir, qu'ils se placent entre l'humanité et la Divinité... Créations fatales ! plus fatals créateurs !

FIESQUE *se promène avec agitation*. Cesse, Léonore ; il n'est plus temps, j'ai brûlé mes vaisseaux.

LÉONORE *le regarde avec tendresse.* Et pourquoi, mon époux? Les faits seuls sont irréparables. (*Avec tendresse et malice.*) Je t'ai entendu jurer une fois que ma beauté avait renversé tous tes projets. Tu m'as fait un faux serment, hypocrite, ou cette beauté s'est flétrie bien vite : demande à ton cœur qui est coupable? (*Elle le prend avec ardeur dans ses bras.*) Reviens. Sois ferme, renonce à tes desseins; l'amour t'en récompensera. Mon cœur ne peut-il apaiser ta soif prodigieuse? Oh! Fiesque, le diadème sera plus impuissant encore. (*D'un ton caressant.*) Viens, je veux apprendre à connaître tous tes désirs ; je veux réunir dans un baiser d'amour tous les charmes de la nature, enchaîner dans un lien céleste mon noble fugitif... Ton cœur est infini... l'amour l'est aussi, Fiesque. (*Avec attendrissement.*) Rendre heureuse une pauvre créature, une créature qui a mis son paradis dans ton sein ! cela devrait-il laisser un vide dans ton cœur?

FIESQUE, *de plus en plus ébranlé.* Léonore, qu'as-tu fait? (*Il tombe sans force dans ses bras.*) Je ne pourrai plus paraître aux yeux d'aucun Génois.

LÉONORE, *avec joie.* Fuyons, Fiesque ; jetons dans la poussière tous ces néants pompeux; vivons dans les romantiques régions de l'amour. (*Elle le serre sur son cœur avec ravissement.*) Nos âmes, sereines comme le limpide azur du ciel, ne seront plus troublées par la noire vapeur du chagrin. Notre vie retournera mélodieusement, comme la source harmonieuse vers le Créateur. (*On entend un coup de canon. Fiesque se dégage de ses bras. Tous les conjurés entrent dans la salle.*)

SCÈNE XV.

LES CONJURÉS, FIESQUE.

LES CONJURÉS. Voici le moment.

FIESQUE, *à Léonore avec fermeté.* Adieu... pour jamais... ou Gênes sera demain à tes pieds. (*Il veut sortir.*)

BOURGOGNINO *s'écrie :* La comtesse s'évanouit! (*Léonore, évanouie ; tous accourent pour la soutenir ; Fiesque se jette à ses pieds.*)

FIESQUE, *d'un ton déchirant.* Léonore! Sauvez-la! au nom du ciel, sauvez-la! (*Rose, Arabelle accourent.*) Elle ouvre les yeux. (*Il se relève avec résolution.*) Maintenant venez, allons fermer ceux des Doria. (*Tous les conjurés se précipitent hors de la salle. Le rideau tombe.*)

ACTE CINQUIÈME.

Minuit passé—... La Grand'rue de Gênes—... Çà et là des lampes placées devant des maisons, qui s'éteignent successivement. Dans le fond du théâtre, on aperçoit la porte Saint-Thomas, qui est encore fermée ; dans une perspective éloignée, la mer. — Quelques hommes vont, avec des lanternes à la main, sur la place ; des patrouilles font la ronde. — Tout est tranquille ; seulement la mer est agitée.

SCÈNE I.

FIESQUE *arrive armé et s'arrête devant le palais d'André ; ensuite* ANDRÉ.

FIESQUE. Le vieillard a tenu parole ; toutes les lumières sont éteintes dans son palais, et les factionnaires sont loin... Je vais sonner. (*Il sonne.*) Holà! éveille-toi, Doria, tu es trahi, tu es vendu, Doria! éveille-toi, holà! holà! éveille-toi!

ANDRÉ *paraît au balcon.* Qui a sonné?

FIESQUE, *déguisant sa voix.* Ne le demande pas ; fuis, ton étoile tombe, doge. Gênes se soulève contre toi ; les bourreaux approchent, et tu peux dormir, André ?...

ANDRÉ, *avec dignité.* Je me rappelle que quand la mer en fureur frappait contre mon vaisseau, quand la quille craquait et que le grand mât se brisait, André Doria dormait paisible. Qui envoie ces bourreaux?

FIESQUE. Un homme plus redoutable que ta mer en fureur, Jean-Ludovic Fiesque.

ANDRÉ *rit.* Tu es d'une humeur joviale, ami ; garde pour le jour tes facéties. Minuit n'est pas l'heure où l'on plaisante.

FIESQUE. Tu te moques de celui qui vient pour t'avertir !

ANDRÉ. Je le remercie et me vais coucher. Fiesque s'est assoupi dans ses débauches et n'a pas le temps de s'occuper de Doria.

FIESQUE. Malheureux vieillard! ne te fie pas à ce serpent ; sept couleurs forment le cercle de ses écailles brillantes... Tu approches, et te voilà saisi par le vertige mortel ; tu t'es moqué des avertissements d'un traître, ne te moque pas des conseils d'un ami. Un cheval est sellé dans ta cour ; fuis tandis qu'il est temps. Ne dédaigne pas un ami.

ANDRÉ. Fiesque pense noblement ; je ne l'ai jamais offensé ; Fiesque ne me trahira pas.

FIESQUE. Il pense noblement! il te trahit, il t'a donné la preuve de l'un et de l'autre.

ANDRÉ. Eh bien ! il y a là une garde que Fiesque ne pourra renverser s'il ne commande pas à des chérubins.

FIESQUE, *d'un air moqueur.* Je voudrais parler à cette garde, et lui donner une lettre à porter dans l'éternité.

ANDRÉ, *avec noblesse.* Pauvre railleur! ne sais-tu pas qu'André Doria a quatre-vingts ans et que Gênes est heureuse ? (*Il quitte le balcon.*)

FIESQUE *le regarde fixement.* Devais-je renverser cet homme avant d'apprendre qu'il est encore plus difficile de l'égaler ? (*Il fait quelques pas d'un air pensif.*) Non, j'ai rendu générosité pour générosité... Nous sommes quittes, André, et maintenant, destruction, va ton chemin !

(*Il se jette dans une rue détournée ; le tambour bat de tous les côtés ; combat violent à la porte Saint-Thomas ; la porte est brisée et laisse voir le port où sont les vaisseaux éclairés par des torches.*)

SCÈNE II.

GIANETTINO DORIA, *enveloppé dans un manteau écarlate ;* LOMELLINO, *des domestiques précédant avec des flambeaux ; tous marchent à la hâte.*

GIANETTINO *s'arrête.* Qui a donné l'ordre de battre la générale ?

LOMELLINO. Un coup de canon est parti des galères.

GIANETTINO. Les esclaves veulent briser leurs chaînes.

(*On entend des coups de mousquets à la porte Saint-Thomas.*)

LOMELLINO. On fait feu par là !

GIANETTINO. La porte ouverte ! la garde en rumeur ! (*Aux domestiques.*) Vite, coquins, éclairez-moi ! Au port ! (*Ils courent vers la porte.*)

SCÈNE III.

Les précédents, BOURGOGNINO, *avec* LES CONJURÉS *qui viennent de la porte Saint-Thomas.*

BOURGOGNINO. Sébastien Lescaro est un brave soldat.

CENTURIONE. Il s'est défendu comme un lion avant de succomber.

GIANETTINO *recule stupéfait.* Qu'entends-je ?.... Arrêtez !

BOURGOGNINO. Qui est là avec un flambeau ?

LOMELLINO. Ce sont des ennemis, prince ; esquivez-vous à gauche.

BOURGOGNINO *crie plus haut.* Qui est là avec un flambeau ?

CENTURIONE. Arrêtez ! le mot d'ordre !

GIANETTINO *tire l'épée avec arrogance.* Soumission et Doria !

BOURGOGNINO, *écumant de rage.* Ravisseur de la république et de ma fiancée ! (*Aux conjurés en se précipitant sur Gianettino.*) Une bonne rencontre, frères ! ses démons le livrent eux-mêmes. (*Il le frappe.*)

GIANETTINO *tombe en gémissant.* Au meurtre ! au meurtre ! au meurtre ! Venge-moi, Lomellino !

LOMELLINO et LES DOMESTIQUES, *fuyant.* Au secours ! au meurtre !

CENTURIONE *crie à haute voix* : Il est mort ! Arrêtez le comte ! (*Lomellino est arrêté.*)

LOMELLINO, *tombe à genoux.* Épargnez ma vie, je me joins à vous.

BOURGOGNINO. Le monstre vit-il encore ? Laissez fuir ce lâche. (*Lomellino se sauve.*)

CENTURIONE. La porte Saint-Thomas est à nous. Gianettino est mort. Courez tant que vous pouvez courir, dites cela à Fiesque.

GIANETTINO *se soulève avec des convulsions.* Peste ! Fiesque. (*Il meurt.*)

BOURGOGNINO *retire son épée du cadavre.* Gênes est libre et ma Berthe aussi... Ton épée, Centurione, porte ce glaive sanglant à ma fiancée. Son cachot est ouvert ; j'irai bientôt lui donner le baiser des fiançailles. (*Ils s'en vont de différents côtés.*)

SCÈNE IV.

ANDRÉ DORIA, DES ALLEMANDS.

UN ALLEMAND. L'attaque a pris cette direction. Montez à cheval, duc.

ANDRÉ. Laisse-moi regarder encore une fois les tours et le ciel de Gênes. Non, ce n'est pas un rêve, André est trahi !

UN ALLEMAND. Des ennemis de tout côté. Fuyez, fuyez au-delà des frontières.

ANDRÉ *se jette sur le cadavre de son neveu.* Je veux finir ici. Qu'on ne me parle plus de fuite. Ici repose la force de ma vieillesse; ma carrière est terminée. (*Calcagno dans l'éloignement avec les conjurés.*)

UN ALLEMAND. Les assassins! les assassins! fuyez, vieux prince!

ANDRÉ. (*On entend battre le tambour.*) Écoutez, étrangers, écoutez; voilà les Génois dont j'ai brisé le joug. (*Il se voile le visage.*) Récompense-t-on ainsi les services dans votre pays?

L'ALLEMAND. Fuyez! fuyez! fuyez! tandis que leurs épées s'émousseront sur les os de vos Allemands. (*Calcagno s'approche.*)

ANDRÉ. Sauvez-vous, laissez-moi, allez épouvanter les nations par cette terrible nouvelle : les Génois ont tué leur père!

L'ALLEMAND. Fuyez! la lutte nous donne encore du temps... Camarades! soyez fermes, prenez le duc au milieu de vous; fouettez ces chiens d'Italiens pour leur apprendre le respect envers les cheveux blancs.

CALCAGNO. Qui est là? qu'y a-t-il?

LES ALLEMANDS *frappant.* Des épées allemandes. (*Ils combattent. On emporte le corps de Gianettino.*)

SCÈNE V.

LÉONORE, *en habit d'homme*; ARABELLE; *toutes deux s'avancent avec anxiété.*

ARABELLE. Venez, madame, oh! venez donc...

LÉONORE. C'est là que la sédition rugit... Écoute, n'ai-je pas entendu le sanglot d'un mourant? Malheur! ils l'environnent; leurs armes meurtrières se dirigent sur le cœur de Fiesque... sur le mien, Arabelle... Ils vont tirer!... Arrêtez!... c'est mon époux! (*Elle étend son bras vers le ciel.*)

ARABELLE. Mais, au nom de Dieu...

LÉONORE, *toujours plus égarée, s'écrie de côté et d'autre.*

Fiesque! Fiesque! Fiesque!... Ses fidèles l'abandonnent; la constance des rebelles vacille. (*Avec effroi.*) Mon époux commande à des révoltés! Arabelle, grands dieux! mon Fiesque combat pour la révolte!

ARABELLE. Non pas, signora; il est l'arbitre redoutable de Gênes.

LÉONORE, *attentive*. Quoi donc! Léonore aurait tremblé, et la plus lâche républicaine embrasserait le premier des républicains! Va, Arabelle, quand les hommes se disputent les États, les femmes doivent aussi avoir du cœur. (*On entend de nouveau le tambour.*) Je me jette au milieu des combattants.

ARABELLE *joint les mains*. Dieu de miséricorde...

LÉONORE. Doucement; contre quoi mon pied a-t-il heurté? Voici un chapeau, un manteau, une épée par terre. (*Elle la prend.*) Une lourde épée, mon Arabelle; mais je puis bien la traîner, elle ne fera pas honte à la main qui la portera. (*On entend le tocsin.*)

ARABELLE. Écoutez! écoutez! la cloche sonne dans l'église des Dominicains; que Dieu ait pitié de nous! Quel bruit terrible!

LÉONORE, *avec enthousiasme*. Dis, quel bruit ravissant! C'est par ce tocsin que mon Fiesque parle à Gênes. (*Le bruit du tambour redouble.*) Hurrah! hurrah! Jamais le son des flûtes ne fut si doux à mon oreille; c'est mon Fiesque qui anime ces tambours. Comme mon cœur s'exalte! Gênes entière se réveille... Des mercenaires bondissent à son nom, et sa femme aurait peur! (*Le tocsin sonne dans trois autres tours.*) Non : mon héros embrassera une héroïne, mon Brutus serrera sur son cœur une Romaine. (*Elle met le chapeau sur sa tête et le manteau d'écarlate sur ses épaules.*) Je suis Porcia.

ARABELLE. Madame, vous ne savez pas comme votre exaltation est terrible, non, vous ne le savez pas. (*Le tocsin et les tambours retentissent.*)

LÉONORE. Malheureuse! tu entends tout cela et tu

n'es pas exaltée! Ces pierres pleurent de ne pouvoir se précipiter à la suite de mon Fiesque... Ces palais s'irritent contre l'architecte qui les a si fortement enracinés dans le sol, qu'ils ne peuvent se précipiter à la suite de Fiesque. Ces rivages, s'ils le pouvaient, oublieraient leur poste et livreraient Gênes à la mer pour courir derrière ces tambours... Ce qui arrache la nature morte à ses entraves ne peut éveiller ton courage! Va, je trouverai mon chemin.

ARABELLE. Grand Dieu! vous ne voudrez pourtant pas vous laisser aller à une telle fantaisie?

LÉONORE, *avec héroïsme et fierté.* C'est pourtant ma pensée, âme vulgaire! (*Avec chaleur.*) J'irai là où le tumulte est le plus terrible, où mon Fiesque combat en personne. J'entendrai demander : est-ce Lavagna que nul ne peut vaincre, qui tient entre sa main de fer le destin de Gênes, est-ce Lavagna?... Génois, répondrai-je, c'est lui ; et cet homme est mon époux, et j'ai aussi ma blessure. (*Sacco avec les conjurés.*)

SACCO. Qui vive? Fiesque ou Doria?

LÉONORE, *avec enthousiasme.* Fiesque et liberté! (*Elle se jette dans une rue ; la foule la sépare d'Arabelle.*)

SCÈNE VI.

SACCO, *avec une troupe de soldats ;* CALCAGNO *arrive avec une autre.*

CALCAGNO. André Doria a pris la fuite.

SACCO. Mauvaise recommandation pour toi auprès de Fiesque !

CALCAGNO. Ces ours d'Allemands étaient devant le vieillard comme des rochers. Je n'ai pas même pu le voir ; neuf des nôtres ont succombé ; moi-même je suis blessé à l'oreille gauche ; s'ils combattent ainsi pour un tyran étranger, comment diable doivent-ils défendre leurs princes?

sacco. Nous avons déjà un puissant parti, et toutes les portes sont à nous.

calcagno. On dit que l'affaire est chaude à la forteresse.

sacco. Bourgognino est parmi les combattants; que fait Verrina?

calcagno. Il est entre Gênes et la mer, comme le cerbère infernal. Un anchois n'y passerait pas.

sacco. Je vais faire sonner le tocsin dans le faubourg.

calcagno. Et moi je marche sur la place Sarzane ; tambours en avant. (*Il s'éloigne au bruit du tambour.*)

SCÈNE VII.

LE MAURE, *une troupe de voleurs, avec des mèches allumées.*

le maure. Sachez, coquins, que c'est moi qui ai trempé la soupe, et on ne me donne point de cuiller ! C'est bien, la chasse me plaît. Nous allons brûler et piller; ils sont là-bas à se battre pour un duché; nous, mettons le feu aux églises pour réchauffer un peu ces apôtres qui gèlent. (*Ils se jettent dans les maisons voisines.*)

SCÈNE VIII.

Une voûte souterraine éclairée par une seule lampe. Le fond du théâtre est dans une complète obscurité. Berthe seule, la tête couverte d'un voile noir, et assise sur une pierre au-devant de la scène. Après un moment de silence, elle se lève, fait quelques pas.

BERTHE, *ensuite* BOURGOGNINO, *puis* VERRINA.

berthe. Nul bruit encore, aucune trace humaine; le pas de mon libérateur ne se fait point entendre. Effroyable attente ! effroyable et stérile comme comme le désir d'un homme enseveli vivant dans le sol du cimetière !

Et qu'attends-tu, insensée! un serment inviolable te tient captive dans ce caveau; il faut que Gianettino Doria tombe, que Gênes soit libre, ou Berthe se consumera dans cette tour; tel est le serment de mon père. Horrible cachot! qui n'a d'autre clef que le râlement de mort d'un tyran bien défendu. (*Elle promène ses regards autour d'elle.*) Que ce silence est terrible! terrible comme le silence du tombeau! une nuit épouvantable occupe les coins déserts de mon cachot, et ma lampe menace de s'éteindre. (*Elle se promène avec anxiété.*) Viens, ô viens, mon bien-aimé! c'est affreux de mourir ici! (*Moment de silence. Elle marche dans le cachot en joignant les mains avec tous les signes de la douleur.*) Il m'a abandonnée, il a rompu son serment, il a oublié sa Berthe; les vivants ne s'informent plus des morts, et cette voûte appartient à la région des tombeaux N'espère plus rien, malheureuse! l'espérance ne fleurit qu'aux lieux où Dieu laisse tomber son regard, et le regard de Dieu ne pénètre point dans ce cachot. (*Nouveau silence; elle devient plus inquiète.*) Mes libérateurs seraient-ils tombés? l'audacieuse conjuration aurait-elle échoué, et le danger aurait-il vaincu l'intrépide jeune homme?... O malheureuse Berthe! peut-être qu'en ce moment leurs ombres errent sous cette voûte et pleurent sur tes espérances. (*Elle pousse un cri.*) Dieu! Dieu! s'ils ne sont plus, je suis donc perdue sans retour, livrée sans rémission à la mort effroyable! (*Elle s'appuie contre la muraille et continue avec douleur.*) Et s'il vit encore mon bien-aimé, s'il vient pour remplir sa promesse, pour enlever en triomphe sa fiancée, et que tout ici soit muet et désert, et qu'il ne trouve qu'un cadavre inanimé pour répondre à sa joie!... si ses baisers brûlants cherchent en vain la vie sur mes lèvres, si ses larmes coulent vainement sur moi, si mon père tombe en gémissant sur sa fille, et que les murailles nues de cette prison répètent le cri de sa douleur!... oh! alors, alors, voûtes sinistres, taisez-lui mes plaintes; dites-lui que j'ai souffert comme une héroïne et que mon dernier soupir fut un pardon. (*Elle tombe épuisée sur une pierre. Silence. On entend de tous côtés un bruit confus de cloches et de tambours. Berthe se lève.*) Écoutons, Qu'est-ce donc? ai-je bien entendu, ou n'est-ce qu'un songe? Les cloches sonnent ensemble d'une manière terrible; ce n'est pas là le son qui annonce le service divin. (*Le bruit redouble et s'approche; elle court de tous côtés avec effroi.*) Plus fort, toujours plus fort. Dieu! c'est le tocsin, c'est le tocsin. L'ennemi est-il entré dans la ville? Gênes est-elle en feu? c'est un bruit effroyable comme celui de plusieurs milliers d'hommes; qu'est-ce donc? (*On frappe violemment à la porte.*) Ils s'approchent; les verrous sont tirés.) *Elle se précipite au fond du théâtre.*) Des hommes! Liberté! salut! délivrance! (*Bourgognino entre l'épée nue à la main; quelques hommes le suivent portant des flambeaux.*)

BOURGOGNINO. Tu es libre, Berthe; le tyran est mort; ce glaive l'a frappé.

BERTHE, *se jetant dans ses bras.* Mon sauveur! mon ange!

BOURGOGNINO. Entends-tu le tocsin, le bruit des tambours? Fiesque est vainqueur, Gênes libre, la malédiction de ton père anéantie!

BERTHE. Dieu, Dieu! c'était donc pour moi ce bruit terrible, ce retentissement des cloches?

BOURGOGNINO. Pour toi, Berthe; c'est le signal de notre mariage; quitte cet affreux cachot, et me suis à l'autel.

BERTHE. A l'autel, Bourgognino! à présent, à minuit, au milieu de ce tumulte horrible, où le monde semble prêt à se déplacer de son axe. (*Verrina entre sans être aperçu et s'arrête sans dire un mot.*)

BOURGOGNINO. Oui, dans cette belle, dans cette magnifique nuit, où Gênes entière célèbre sa liberté comme le lien de l'amour. Cette épée, rouge encore du sang du tyran, sera ma parure de noces; le prêtre mettra dans ta main cette main encore échauffée par une action héroïque; ne crains rien, mon amour, et suis-moi à l'église. (*Verrina s'avance au milieu d'eux et les embrasse.*)

VERRINA. Que Dieu vous bénisse, mes enfants!

BERTHE *et* BOURGOGNINO, *tombant à ses pieds.* O mon père!

VERRINA *place ses mains sur eux... Silence... Il se tourne solennellement vers Bourgognino.* N'oublie jamais combien tu l'as chèrement conquise, n'oublie jamais que ton mariage date de la liberté de Gênes. (*Avec gravité et noblesse, se tournant vers Berthe.*) Tu es la fille de Verrina, et ton mari a tué le tyran. (*Après un moment de silence, il leur fait signe de se lever et leur dit d'une voix oppressée.*) Le prêtre vous attend.

BERTHE *et* BOURGOGNINO *à la fois.* Comment, mon père, ne viendrez-vous pas avec nous?

VERRINA, *gravement.* Un devoir terrible m'appelle ailleurs. (*On entend les trompettes, les timballes, les cris de joie.*) Sais-tu ce que signifient ces cris?

BOURGOGNINO. Fiesque est proclamé doge; le peuple le divinise et lui apporte la pourpre; la noblesse voit cela avec horreur et n'ose dire non.

VERRINA, *avec un rire amer.* Tu vois donc bien, mon fils, qu'il faut que je me hâte pour être le premier à prêter au nouveau monarque un serment de soumission!

BOURGOGNINO. Que voulez-vous faire? Je vais avec vous.

BERTHE *s'attache avec anxiété à Bourgognino.* Dieu! qu'est-ce donc, Bourgognino? quel projet médite mon père?

VERRINA. Mon fils, j'ai converti en or tous nos biens et j'ai porté cet or sur ton navire; prends ta fiancée et monte à bord sans retard; peut-être vous suivrai-je... peut-être jamais... Faites voile pour Marseille, et...

(*il les embrasse avec émotion.*) que Dieu vous accompagne!

BOURGOGNINO, *avec fermeté.* Je reste; il y a encore du danger.

VERRINA, *le conduisant près de Berthe.* Insatiable orgueilleux, réjouis-toi avec ta fiancée; tu as immolé ton tyran, laisse-moi le mien. (*Ils sortent.*)

SCÈNE IX.

FIESQUE *s'avance à la hâte,* CIBO *suit.*

FIESQUE. Qui a mis le feu?
CIBO. La forteresse est prise.
FIESQUE. Qui a mis le feu?
CIBO, *faisant signe à sa suite.* Qu'une patrouille poursuive le coupable. (*Quelques hommes s'éloignent.*)
FIESQUE, *en colère.* Voulez-vous faire de moi un meurtrier? Vite, apportez des pompes et des seaux! (*La suite s'éloigne.*) Mais Gianettino est-il pris?
CIBO. On le dit.
FIESQUE, *en fureur.* On ne fait que le dire. Qui dit cela, Cibo? sur votre honneur, s'est-il échappé?
CIBO, *pensif.* Si je m'en rapporte à mes yeux plutôt qu'au récit d'un noble, Gianettino vit encore.
FIESQUE, *avec emportement.* Il y va de votre tête, Cibo!
CIBO. Encore une fois, je l'ai vu passer il y a cinq minutes avec son panache jaune et son manteau d'écarlate.
FIESQUE, *hors de lui.* Ciel et enfer! Cibo, je ferai couper la tête à Bourgognino. Courez, Cibo; qu'on ferme toutes les portes de la ville, que l'on coule à fond toutes les felouques, afin qu'il ne puisse s'échapper par mer; ce diamant si beau, le plus riche qui soit à Gênes, à Luques, à Venise, à Pise, ce diamant est à celui qui viendra me dire: Gianettino est mort. (*Cibo court précipitamment.*) Volez, Cibo.

SCÈNE X.

FIESQUE, SACCO, LE MAURE, *les soldats.*

SACCO. Nous avons trouvé ce Maure jetant une mèche enflammée dans l'église des Jésuites...

FIESQUE. Je t'ai pardonné ta trahison, parce qu'il s'agissait de moi. L'incendiaire mérite la corde. Emmenez-le de suite, et le pendez à la porte de l'église.

LE MAURE. Fi! fi! fi! cela vient mal à propos. Ne pourrait-on rien en rabattre?

FIESQUE. Rien.

LE MAURE, *d'un air de confiance.* Envoyez-moi sur les galères pour m'essayer.

FIESQUE, *à ses soldats,* à la potence!

LE MAURE. Eh bien! je veux me faire chrétien.

FIESQUE. L'Église ne se soucie point du rebut de l'idolâtrie.

LE MAURE, *d'un ton caressant.* Au moins envoyez-moi ivre dans l'éternité.

FIESQUE. A jeûn!

LE MAURE. Mais ne me pendez pas à une église chrétienne.

FIESQUE. Un chevalier n'a que sa parole. Je t'ai promis une potence à toi tout seul.

SACCO, *avec humeur.* Pas tant de bavardage, païen, nous avons encore de la besogne.

LE MAURE. Mais si par hasard la corde cassait...

FIESQUE, *à Sacco.* On la prendra double.

LE MAURE, *résigné.* Qu'il en soit donc ainsi, et que le diable se prépare à mon arrivée imprévue! (*Il s'éloigne avec les soldats qui vont le pendre.*)

SCÈNE XI.

FIESQUE; LÉONORE *paraît dans le fond, revêtue du manteau écarlate de Gianettino.*

FIESQUE *l'aperçoit, s'avance, recule, et s'écrie en co-*

lère. Ne connais-je pas ce panache et ce manteau ? (*Il se précipite sur elle.*) Je connais ce panache et ce manteau. (*Il la frappe avec fureur.*) Si tu as une triple vie, lève-toi et marche. (*Léonore tombe en poussant un cri. On entend une marche triomphale, les tambours, les cornets, les hautbois.*)

SCÈNE XII.

FIESQUE, CALCAGNO, SACCO, CENTURIONE, CIBO,
des soldats avec la musique et des drapeaux.

FIESQUE, *marchant au-devant d'eux avec joie.* Génois ! le sort en est jeté ; ici gît le serpent de mon âme, l'horrible objet de ma haine, Gianettino : élevez vos épées.

CALCAGNO. Et moi je viens vous dire que les deux tiers de Gênes prennent votre parti et jurent obéissance au drapeau de Fiesque.

CIBO. Et Verrina m'envoie du vaisseau amiral pour vous porter son salut et la domination du port et de la mer. Centurione, le gouverneur de la ville, vous adresse par moi son bâton de commandant et les clefs.

SACCO. Et le grand et le petit conseil de la république se prosternent, en ma personne, devant leur maître, et demandent à genoux miséricorde et faveur.

CALCAGNO. Et moi je veux être le premier à féliciter le vainqueur dans les murailles de sa ville... Salut à vous, — baissez les étendards — à vous, doge de Gênes !

Tous, *se découvrant la tête.* Salut, salut au doge de Gênes ! (*Fiesque pendant tout ce temps, est resté pensif, la tête inclinée sur sa poitrine.*)

CALCAGNO. Le peuple et le sénat attendent le moment de saluer leur noble maître revêtu des insignes de la souveraineté, permettez-nous, sérénissime doge, de vous conduire en triomphe à la Seigneurie.

FIESQUE. Permettez-moi d'abord de satisfaire au besoin de mon cœur ; j'ai laissé dans des pressentiments pleins d'angoisses une personne qui m'est chère, une personne qui doit partager avec moi le triomphe de cette nuit. (*Avec émotion à l'assemblée.*) Ayez la bonté de m'accompagner auprès de votre aimable duchesse. (*Il veut sortir.*)

CALCAGNO. Faut-il laisser ici le cadavre de cet indigne assassin et cacher sa honte dans un coin ?

CENTURIONE. Mettez sa tête sur une hallebarde.

CIBO. Que son corps en lambeaux balaye notre pavé. (*On apporte des flambeaux près du cadavre.*)

CALCAGNO, *effrayé et à voix basse.* Regardez, Génois. Par le ciel, ce n'est point là le visage de Gianettino!

Tous s'arrêtent stupéfaits.

FIESQUE *reste immobile, jette un regard de côté, puis ses yeux deviennent fixes, et il est agité par des convulsions.* Non, par l'enfer, non, ce n'est pas là le visage de Gianettino! Infernale surprise!... (*Il promène ses yeux autour de lui.*) Gênes est à moi, dites-vous, à moi? (*Il pousse un cri de rage.*) Illusion de l'enfer, c'est ma femme! (*Il tombe comme frappé par la foudre. Les conjurés se groupent autour de lui dans un silence profond. Fiesque se relève fatigué et poursuit d'une voix sombre.*) Génois, ai-je tué ma femme? Je vous en conjure, ne regardez pas avec ces visages pâles comme ceux des revenants ce jeu de la nature... Dieu soit loué, il y a des catastrophes que l'homme ne peut craindre, parce qu'il n'est qu'un homme. Celui à qui les voluptés du ciel sont refusées ne peut être condamné au tourment des démons, et ce rêve serait quelque chose de plus affreux encore! (*Avec un calme effrayant.*) Génois, grâce à Dieu, cela ne peut pas être.

SCÈNE XIII.

Les précédents, ARABELLE *accourt en gémissant.*

ARABELLE. Qu'ils me tuent, s'ils veulent. Que me

ACTE V, SCÈNE XIII.

reste-t-il à perdre ?... Par pitié !... J'ai quitté ici ma maîtresse, et je ne la retrouve nulle part.

FIESQUE *s'approche d'elle et lui dit d'une voix tremblante.* Ta maîtresse ne s'appelle-t-elle pas Léonore ?

ARABELLE, *joyeuse.* Ah ! c'est vous, mon cher, mon bon, mon noble maître ; ne soyez pas en colère contre nous, nous ne pouvions plus la retenir...

FIESQUE, *avec emportement.* De quoi, odieuse créature ?

ARABELLE. De s'élancer.

FIESQUE. Tais-toi. De s'élancer où ?

ARABELLE. Dans la mêlée.

FIESQUE, *en fureur.* Que ta langue soit celle d'un crocodile !... Ses vêtements ?...

ARABELLE. Un manteau de pourpre.

FIESQUE *s'élance avec rage contre elle.* Va-t'en dans le neuvième cercle de l'enfer !... Le manteau ?

ARABELLE. Était ici par terre.

QUELQUES CONJURÉS *murmurent.* Gianettino a été tué ici...

FIESQUE, *chancelant et pâle comme la mort, à Arabelle.* Ta maîtresse est retrouvée.

Arabelle s'éloigne avec anxiété. Fiesque promène ses regards effarés autour de lui ; puis d'une voix tremblante et qui s'élève peu à peu jusqu'au ton de la fureur.

C'est vrai, c'est vrai, je suis le jouet d'un forfait inouï ! (*Avec un mouvement convulsif.*) Retirez-vous, figures humaines ! (*Avec un grincement de dents et en regardant le ciel.*) Ah ! que n'ai-je le monde entre mes dents ! Je voudrais pouvoir déchiqueter dans un horrible grincement la nature entière jusqu'à ce qu'elle soit pareille à ma douleur ! (*A ceux qui l'entourent en tremblant.*) Homme ! la voyez-vous la race charitable qui loue le ciel et se félicite de n'être pas comme moi... comme moi... (*Avec un frémissement.*) Pour moi seul le supplice ! (*Avec une nouvelle rage.*) Moi ! Pourquoi moi? Pourquoi pas ces autres avec moi? Pourquoi ne puis-je émousser ma douleur sur celle de l'un de mes semblables?

CALCAGNO, *d'un air craintif.* Mon cher doge...

FIESQUE, *le prenant avec une horrible joie.* Ah! sois le bienvenu! Dieu soit loué! en voici un que le tonnerre a aussi meurtri! (*Il presse Calcagno dans ses bras.*) Frère de ma douleur, sois le bienvenu dans ma damnation! Elle est morte; tu l'as aussi aimée. (*Il le force à s'approcher de Léonore, et lui incline la tête sur son cadavre.*) Désespère, elle est morte! (*Il jette de côté ses yeux hagards.*) Ah! que ne suis-je sur le seuil de l'enfer! que mes yeux ne peuvent-ils contempler ses tortures, mes oreilles entendre les gémissements des damnés... si je pouvais les voir!... Qui sait si je supporterais peut-être mon tourment?... (*Il s'approche de Léonore.*) Ma femme est ici égorgée! Non, ce n'est pas assez dire! moi, scélérat, j'ai égorgé ma femme! Fi! cela peut à peine émouvoir l'enfer! D'abord, il me mène adroitement jusqu'au sommet glissant de la joie; il m'amuse sur le seuil du ciel, et alors il me précipite... alors... oh! si mon souffle pouvait jeter la peste dans les âmes! alors, alors... j'égorge ma femme! Non, sa méchanceté est plus raffinée encore; alors mes deux yeux se méprennent (*avec une expression horrible*), et j'égorge ma femme! (*Avec un rire affreux.*) C'est là un chef-d'œuvre! (*Tous les conjurés s'appuient avec émotion sur leurs armes; quelques-uns essuient des pleurs dans leurs yeux. Silence. Fiesque, épuisé et plus calme, promène ses regards autour de lui.*) Quelqu'un pleure-t-il ici? Oui, par le ciel, ceux qui ont égorgé un prince pleurent! (*Avec attendrissement.*) Parlez, pleurez-vous sur cette haute trahison de la mort, ou pleurez-vous sur l'indigne chute de mon génie? (*Il se rapproche de Léonore, et dans une attitude touchante.*) Ce qui ferait fondre en larmes des meurtriers au cœur de pierre ne tire que des malédictions du désespoir de Fiesque. (*Il tombe sur elle en pleurant.*) Léonore, pardonne! le repentir n'irrite pas le ciel. (*Avec douleur et attendrissement.*) Il y a des années, ô Léonore! que je jouissais d'avance de l'éclat de cet instant où je présenterais aux Génois leur duchesse. Je voyais la rougeur de la modestie se répandre sur tes joues ; je voyais un noble orgueil faire battre ton sein sous la gaze d'argent, et ta voix émue et impuissante à rendre ton ravissement. (*Avec vivacité.*) Ah! comme les acclamations solennelles retentissaient à mon oreille! comme le triomphe de ma bien-aimée éclatait sur l'envie expirante! Léonore, l'instant est venu... ton Fiesque est doge de Gênes, et le dernier mendiant de Gênes ne voudrait pas échanger son sort contre ma pourpre et mon tourment! (*Avec émotion.*) Une épouse partage sa douleur, avec qui partagerai-je ma puissance? (*Il pleure violemment et laisse tomber son visage sur le corps de Léonore. Émotion générale.*)

CALCAGNO. C'était une admirable femme!

CIBO. Cachons au peuple cet événement sinistre. Il ôterait le courage aux hommes de notre parti et le donnerait à nos ennemis.

FIESQUE *se relève avec fermeté.* Écoutez, Génois... la Providence, je comprends son avertissement, m'a fait cette blessure pour éprouver mon cœur à l'approche du pouvoir ; c'était l'épreuve la plus dangereuse... à présent, je ne redoute ni le malheur ni l'enivrement. Venez, Gênes m'attend, dites-vous? Je veux donner à Gênes un prince tel que l'Europe n'en a encore point vu... Venez, je veux faire à cette malheureuse princesse des funérailles telles, que la vie perdra ses adorateurs et que la mort aura l'éclat d'une fiancée.

(*Ils s'éloignent avec le drapeau.*)

SCÈNE XIV.

ANDRÉ DORIA, LOMELLINO.

ANDRÉ. C'est là qu'ils poussent des clameurs.

LOMELLINO. Leur succès les a enivrés. Les portes sont sans gardes, tout s'en va vers la Seigneurie.

ANDRÉ. Mon neveu seul a quitté la place, mon neveu est mort ; entendez-vous, Lomellino ?

LOMELLINO. Quoi ! espérez-vous encore, doge ?

ANDRÉ, *d'un ton grave.* Tremble pour ta vie ; tu me railles en m'appelant doge, quand je ne dois plus espérer.

LOMELLINO. Monseigneur, une nation en mouvement est dans la balance de Fiesque. Qu'y a-t-il dans la vôtre ?

LE DOGE, *avec grandeur.* Le ciel !

LOMELLINO, *haussant les épaules d'un air moqueur.* Depuis que la poudre est inventée, les anges ne font plus la guerre.

ANDRÉ. Misérable bouffon qui veut enlever son Dieu à un vieillard au désespoir ! (*D'un ton sévère et impérieux.*) Va, et fais savoir qu'André vit encore... André, diras-tu, prie ses enfants de ne pas le chasser à quatre-vingts ans parmi les étrangers qui ne pardonneraient jamais à André la prospérité de sa patrie ; dis-leur qu'André demande à ses enfants autant de terre dans sa patrie qu'il en faut pour couvrir ses os.

LOMELLINO. J'obéis, mais je désespère. (*Il veut sortir.*)

ANDRÉ. Écoute, prends avec toi cette boucle de cheveux blancs ; dis-leur que c'était la dernière qui restait sur ma tête, qu'elle s'en est séparée à la troisième nuit de janvier, lorsque Gênes se sépara de mon cœur ; que j'avais vécu quatre-vingts ans, et qu'à quatre-vingts ans cette boucle de cheveux est faible, mais assez forte cependant pour lier la pourpre de ce svelte jeune homme. (*Il s'éloigne le visage voilé.*)

(*Lomellino se précipite dans une autre rue. On entend des cris de joie tumultueux, des trompettes et des timballes.*)

SCÈNE XV.

VERRINA, FIESQUE, *en habit de doge; ils se rencontrent.*

FIESQUE. Tu arrives à propos, Verrina ; j'allais précisément te chercher.

VERRINA. J'allais te chercher aussi.

FIESQUE. Verrina ne remarque-t-il aucun changement en son ami ?

VERRINA. Je n'en désire aucun.

FIESQUE. Mais n'en vois-tu aucun ?

VERRINA, *sans le regarder.* J'espère que non.

FIESQUE. Je te le demande, n'en trouves-tu aucun ?

VERRINA, *après un coup d'œil rapide.* Je n'en trouve aucun.

FIESQUE. Eh bien ! tu le vois, il n'est donc pas vrai que le pouvoir fasse les tyrans. Depuis que nous nous sommes quittés je suis devenu doge de Gênes, et Verrina (*il le presse dans ses bras*) trouve mes embrassements aussi ardents que par le passé ?

VERRINA. Il est fâcheux que je ne puisse y répondre qu'avec froideur ; l'aspect de la majesté tombe comme un poignard tranchant entre le duc et moi. Jean-Louis Fiesque avait un empire dans mon cœur ; il a conquis Gênes, et je reprends ce qui m'appartient.

FIESQUE. Que Dieu m'en garde ! ce serait pour un duché un prix exorbitant.

VERRINA, *d'une voix sombre.* Ah ! la liberté est-elle donc tellement passée de mode qu'on jette au premier venu des républiques pour un prix honteux ?

FIESQUE *se mord les lèvres.* Ne dis cela à personne qu'à Fiesque.

VERRINA. Oh ! naturellement il faut être un homme de choix pour entendre la vérité sans lui donner des soufflets ; c'est dommage que le joueur habile se soit mépris sur une carte ; il a calculé tout le jeu de l'envie, mais par malheur il a oublié dans sa ruse les patriotes. (*D'un ton expressif.*) L'oppresseur de la liberté a-t-il aussi trouvé un moyen de mettre une bride à la vertu romaine? Je le jure par le Dieu vivant, il faudra que la postérité rassemble mes os sur la roue avant de les recueillir dans le cimetière d'un duché!

FIESQUE *le prend avec douceur par la main.* Non pas, si le duc est ton frère, si sa principauté n'est que le trésor destiné à sa bienfaisance, contenue jusque-là par la nécessité. Même alors! Verrina...

VERRINA. Alors aussi... je ne sache pas que les générosités d'un voleur l'aient encore jamais sauvé de la potence. Cette générosité n'agit point sur Verrina; je pourrais permettre à mon concitoyen de me faire du bien, car je pourrais le rendre à mon concitoyen. Les présents d'un prince sont des grâces, et je ne demande que la grâce de Dieu.

FIESQUE, *avec amertume.* J'arracherais plutôt l'Italie à la mer Atlantique que cette tête obstinée à ses opinions.

VERRINA. Et arracher n'est pourtant point ce que tu sais le moins, comme on peut le voir par cette république, cet agneau que tu as arraché à Doria, le loup, pour le dévorer toi-même. — Mais bref, dis-moi, doge, en passant, quel crime a commis ce pauvre diable que vous avez pendu à l'église des Jésuites?

FIESQUE. Cette canaille mettait le feu à Gênes.

VERRINA. Mais cette canaille ne touchait pas aux lois.

FIESQUE. Verrina abuse de mon amitié.

VERRINA. Loin de moi l'amitié! je te le dis, je ne t'aime plus; je te jure que je te hais, je te hais comme le serpent du paradis qui a jeté dans la création cette première trahison saignante encore après cinq mille ans... Écoute, Fiesque, ce n'est pas de sujet à souverain, ce n'est pas d'ami à ami, c'est d'homme à homme que je te parle. Tu as commis une offense envers la majesté du Dieu de vérité, en forçant la vertu à te prêter les mains pour accomplir ton œuvre criminelle, — en employant les patriotes de Gênes à la prostitution de Gênes. — Fiesque, si j'avais été assez sot pour ne pas deviner le fourbe ; Fiesque, par toutes les terreurs de l'éternité, j'arracherais mes boyaux pour en faire une corde et m'étrangler, pour te lancer mon dernier souffle dans l'écume de la conviction... Cette princière scélératesse pèsera lourdement un jour dans la balance d'or des péchés humains ; mais tu te moques du ciel et tu portes le procès au tribunal de ce monde. (*Fiesque, étonné et muet, le regarde fixement.*) Ne cherche point de réponse, maintenant c'est fini. (*Après avoir un moment mesuré la scène.*) Duc de Gênes, il y a sur les vaisseaux du tyran d'hier une foule de pauvres gens qui expient à chaque coup de rame leurs vieilles fautes, et qui versent dans l'Océan des larmes que l'Océan, comme un homme riche, dédaigne de compter... Un bon prince commence son règne par la clémence ; veux-tu te résoudre à délivrer les esclaves des galères ?

FIESQUE, *d'un ton pénétrant.* Que ce soit là le premier acte de ma tyrannie. Va et leur annonce qu'ils sont libres.

VERRINA. Tu ne fais la chose qu'à demi, si tu te prives de voir leurs joies. Jouis-en et vas-y toi-même. Les grands seigneurs assistent rarement au mal qu'ils font ; doivent-ils donc aussi se retirer quand ils font le bien ? Je pensais que le doge n'était pas trop grand pour voir la satisfaction du dernier mendiant.

FIESQUE. Homme, tu es terrible ; mais je ne sais ce qui me force à te suivre. (*Tous deux se dirigent vers la mer.*)

VERRINA *s'arrête avec douleur.* Embrasse-moi encore une fois, Fiesque ; il n'y a personne ici pour voir Verrina pleurer et s'attendrir sur un prince. (*Il le serre sur son cœur.*) Certes, jamais deux cœurs plus grands n'ont battu l'un contre l'autre ; nous nous aimions d'une affection fraternelle et ardente. (*Il pleure dans les bras de Fiesque.*) Fiesque! Fiesque! tu laisses dans mon sein une place, un vide que la race humaine, fût-elle trois fois plus nombreuse, ne pourra remplir.

FIESQUE, *très-ému.* Sois... mon ami.

VERRINA. Rejette cette pourpre odieuse, et je le suis... Le premier prince fut un meurtrier, et revêtit la pourpre pour cacher sous cette couleur de sang la tache de son crime.... Écoute, Fiesque, je suis un soldat, le visage humide de pleurs ne me sied pas. Fiesque! ce sont mes premières larmes, rejette cette pourpre!

FIESQUE. Tais-toi.

VERRINA, *avec plus de chaleur.* Fiesque, on mettrait ici d'un côté toutes les couronnes de ce monde, et de l'autre toutes les tortures, que je ne m'agenouillerais devant aucun mortel. Fiesque (*il se met à genoux*), voici la première fois que je m'agenouille... Rejette cette pourpre!

FIESQUE. Lève-toi et ne m'irrite pas davantage.

VERRINA, *résolu.* Je me lève et ne t'irriterai plus. (*Il marche vers une planche qui conduit à une galère.*) Le prince a le pas. (*Il s'avance sur la planche.*)

FIESQUE. Pourquoi me tires-tu ainsi par mon manteau?... (*Il tombe.*)

VERRINA, *avec un rire terrible.* Eh bien! quand la pourpre tombe le doge doit la suivre. (*Il le précipite dans la mer.*)

FIESQUE, *dans les flots.* Au secours! Gênes, au secours! au secours de ton duc! (*Il disparaît.*)

SCÈNE XVI.

CALCAGNO, SACCO, CIBO, CENTURIONE, LES CONJURÉS, *le peuple*, *tous accourent avec anxiété.*

CALCAGNO. Fiesque! Fiesque! André est de retour;

la moitié de Gênes court se joindre à André. Où est Fiesque?

VERRINA, *d'une voix ferme.* Noyé.

CENTURIONE. Est-ce l'enfer ou une maison de fous qui répond?

VERRINA. Il a été noyé, si vous aimez mieux... Je vais trouver André. (*Tous demeurent stupéfaits. Le rideau tombe.*)

FIN DE LA CONJURATION DE FIESQUE.

L'INTRIGUE ET L'AMOUR,

DRAME BOURGEOIS (1784).

PERSONNAGES.

LE PRÉSIDENT WALTER, principal fonctionnaire à la cour d'un prince allemand.
FERDINAND, son fils.
KALB, maréchal de la cour.
LADY MILFORD, favorite du prince.
WURM, secrétaire particulier du président.
MILLER, musicien de la ville.
SA FEMME.
LOUISE, leur fille.
SOPHIE, femme de chambre de lady Milford.
UN VALET DE CHAMBRE du prince.
DIVERS AUTRES PERSONNAGES.

ACTE PREMIER.

SCÈNE I.

Une chambre chez le musicien.

MILLER *se lève de sa chaise et met son violoncelle de côté; madame* MILLER *est assise à une table en déshabillé et prend son café.*

MILLER, *allant et venant avec vivacité.* Une fois pour toutes, la chose devient sérieuse ; on commence à parler de ma fille et du baron. Ma maison sera décriée. Le bruit en viendra aux oreilles du président... et bref, j'interdis ma maison au jeune gentilhomme.

LA FEMME. Tu ne l'as pas attiré dans cette maison et tu ne lui as pas jeté ta fille à la tête.

MILLER. Je ne l'ai pas attiré dans ma maison et je ne lui ai pas jeté ma fille à la tête, qui tiendra compte de cela? J'étais le maître chez moi, j'aurais dû mieux surveiller ma fille; j'aurais dû agir plus sévèrement envers le major, ou m'en aller immédiatement tout raconter à Son Excellence monsieur son père. Le jeune baron, j'en suis sûr, en eût été quitte pour une réprimande, tandis qu'à présent tout l'orage tombera sur le musicien.

LA FEMME, *avalant sa tasse de café.* Plaisanterie! babillage! Que peut-il t'arriver? qui peut t'en vouloir? Tu exerces ta profession, et tu prends tes écoliers là où il y en a à prendre.

MILLER. Mais, dis-moi, que résultera-t-il de tout ce commerce? Il n'épousera pas notre enfant... il n'en est pas même question... et la prendre pour... que Dieu ait pitié de nous! Voilà ce qui arrive, vois-tu; quand un monsieur s'est arrangé çà et là, qu'il a fait le diable sait quoi, je comprends qu'il lui soit assez agréable de puiser à une source douce et pure. Fais-y attention, fais-y attention; et quand même tu aurais des yeux de toute part, tu espionnerais chaque battement de ses veines, il la séduira sous ton nez, il lui donnera son paquet et s'en ira. Voilà une fille déshonorée pour le reste de sa vie; elle reste abandonnée, ou, si elle a pris goût à la chose, elle continue. (*Il se frappe le front.*) Jésus-Christ!

LA FEMME. Que Dieu nous en garde!

MILLER. Tâchons aussi de nous en garder. Quelle autre intention pourrait avoir ce damoiseau? La jeune fille est jolie... la taille élancée... le pied mignon... Quant à ses qualités intérieures, peu importe!... ce n'est pas là ce qu'on cherche d'abord avec vous autres femmes, quand le bon Dieu a pris soin de votre beauté... Que mon jeune galant découvre ce chapitre-là.... Et le voilà tout en belle humeur comme il arrive à mon Rodney quand il a vent d'un Français... Toutes voiles dehors, et le voilà courant dessus... et... Je ne l'en blâme pas; l'homme est homme; j'en sais quelque chose.

LA FEMME. Si tu lisais les charmants petits billets que

ACTE I, SCÈNE I.

ce seigneur écrit à ta fille !... bon Dieu !... on y voit clair comme le jour qu'il ne s'occupe que de la belle âme de notre fille.

MILLER. C'est là la vraie façon d'agir. On frappe sur le sac et on pense à l'âne. On veut donner un baiser à une jolie bouche, et on adresse ses compliments au bon cœur. Comment ai-je agi moi-même ? Si on est une fois parvenu à ce que les âmes fassent leur contrat, les corps suivent cet exemple, comme les serviteurs suivent leur maître, et au bout du compte le clair de lune a été le seul entremetteur.

LA FEMME. Mais regarde donc les magnifiques livres que le major a envoyés dans notre maison. Ta fille s'en sert toujours pour prier.

MILLER *siffle*. Oui-da, prier ! Tu t'y entends ! Les simples mets de la nature sont trop rudes pour le délicat estomac de Son Excellence ; il faut d'abord qu'il les fasse artistement cuire dans l'infernale cuisine des belles phrases... Au feu toutes ces paperasses ! Notre fille y puise Dieu sait quelles niaiseries surnaturelles qui lui allument le sang comme des cantharides, et renversent ce peu de christianisme que son père lui a donné à grand'peine. Au feu ! dis-je. Elle se met tout un attirail diabolique dans la tête. A force de s'égarer dans un monde de fainéants, elle ne retrouvera plus la maison, elle rougira d'avoir pour père le musicien Miller, et me refusera à la fin quelque brave et honnête gendre qui eût pris avec zèle mes pratiques... Non. Que Dieu me damne ! (*Il se lève avec vivacité.*) Il faut mettre à l'instant le pain au four... et quant au major... oui, oui, je montrerai au major le trou que le menuisier a fait à la porte. (*Il veut sortir.*)

LA FEMME. Sois poli, Miller. Quels beaux écus ces présents ne nous ont-ils pas...

MILLER *revient et se pose devant elle*. Le prix du sang de ma fille ! Va-t-en au diable, infâme entremetteuse ! J'aime mieux m'en aller mendier avec mon violon, donner des concerts pour un peu de pain ; j'aime mieux briser ma basse et lui remplir le ventre de fumier, que de me laisser tenter par l'argent qui m'enlèverait mon enfant avec son âme et son bonheur. Jette là ton café maudit et ton tabac, et tu n'auras pas besoin de mener le visage de ta fille au marché. J'ai toujours mangé à mon appétit et porté une bonne chemise sur mon dos avant que ce méchant damoiseau prit goût à ma demeure.

LA FEMME. Ne ferme pas la porte si violemment. Tu jettes en un instant feu et flamme. Je dis seulement qu'il ne faut pas brusquer monsieur le major, car c'est le fils du président.

MILLER. C'est là que gît le lièvre. C'est à cause de cela et précisément à cause de cela qu'il faut en finir aujourd'hui même. Le président m'en aura obligation si c'est un père honnête. Brosse-moi ma redingote de pluche rouge, et je vais à l'instant même me faire annoncer chez Son Excellence. Je dirai à Son Excellence : Monsieur votre fils a jeté les yeux sur ma fille. Ma fille est de condition trop basse pour être la femme de monsieur votre fils, et ma fille a trop de valeur pour devenir la maîtresse de monsieur votre fils. Et là-dessus, suffit... je m'appelle Miller.

SCÈNE II.

Le secrétaire WURM ; *les précédents.*

LA FEMME. Ah ! bonjour, monsieur le secrétaire ; on a enfin le plaisir de vous voir.

WURM. Le plaisir est pour moi, pour moi, chère dame. Quand on a les bonnes grâces d'un gentilhomme, on ne tient pas grand compte de ma bourgeoise personne.

LA FEMME. Que dites-vous là, monsieur le secrétaire ! Monsieur le major de Walter a quelquefois la bonté de nous faire ce plaisir ; mais Dieu nous garde d'en prendre occasion de dédaigner qui que ce soit.

MILLER, *contrarié*. Une chaise à monsieur, femme. Ne voulez-vous pas, monsieur, déposer votre chapeau.

WURM *met son chapeau et sa canne de côté, et s'asseoit.* Eh bien, eh bien, comment va ma future, ou plutôt ma passée?... Je ne crois pourtant pas... Ne peut-on la voir... mademoiselle Louise !

LA FEMME. Merci de votre attention, monsieur le secrétaire ; ma fille n'est cependant pas fière.

MILLER, *avec chagrin, lui donne un coup de coude.* Femme !

LA FEMME. Je regrette qu'elle ne puisse pas avoir l'honneur de voir monsieur le secrétaire. Elle est maintenant à la messe, ma fille.

WURM. Cela me plaît, cela me plaît. J'aurai un jour en elle une femme pieuse, une bonne chrétienne.

LA FEMME, *avec une niaise prétention*. Oui... mais, monsieur le secrétaire...

MILLER, *dans un embarras visible, lui pince l'oreille.* Femme !

LA FEMME. Si, du reste, notre maison peut vous être de quelque utilité... ce sera avec grand plaisir, monsieur le secrétaire.

WURM, *avec un regard faux*. De quelque utilité... Grand merci ! grand merci !... Hum ! hum !

LA FEMME. Mais comme monsieur le secrétaire le remarquera lui-même...

MILLER, *en colère, lui donne un coup par derrière.* Femme !

LA FEMME. Ce qui est bon est bon, et ce qui vaut mieux vaut mieux. On ne peut pourtant pas entraver le bonheur de son unique enfant. (*Avec une fierté rustique.*) Vous me comprenez, monsieur le secrétaire.

WURM *s'agite sur sa chaise, se gratte l'oreille, tire ses manchettes.* Je comprends... non pas... Oh ! oui... Comment l'entendez-vous ?

LA FEMME. Là.... là.... je pensais, voyez-vous.... je m'imagine. (*Elle tousse.*) Puisque le bon Dieu veut faire de ma fille tout simplement une dame.

WURM *se lève.* Que dites-vous? quoi?

MILLER. Restez assis, restez assis, monsieur le secrétaire. La femme est une oie. Comment deviendrait-elle dame? Quelle longue oreille d'âne je vois sortir de ce bavardage!

LA FEMME. Gronde tant que tu voudras; je sais ce que je sais. Ce que monsieur le major a dit, il l'a dit.

MILLER, *hors de lui-même, court à son violon.* Veux-tu te taire? veux-tu sentir le poids de mon violon sur ta tête? Que peux-tu savoir? que peut-il avoir dit? Ne faites pas attention à ce babillage, mon cher monsieur. Marche à la cuisine! Vous me prendriez pour le proche parent d'une bête, si j'avais de pareilles idées sur ma fille. Vous n'aurez pas cette opinion de moi, monsieur le secrétaire.

WURM. Et je n'ai pas mérité cela de votre part, monsieur le maestro. Vous vous êtes toujours montré à moi comme un homme de parole, et mes prétentions à la main de votre fille me semblaient aussi bien agréées que si elles eussent reçu votre signature. J'ai un emploi qui peut nourrir son homme; le président a de la bienveillance pour moi, et si je veux me pousser plus haut, les recommandations ne me manquent pas. Vous voyez que mes vues sur mademoiselle Louise sont sérieuses, et si vous vous laissez leurrer par un noble étourdi...

LA FEMME. Monsieur le secrétaire Wurm... plus de respect... si j'ose vous en prier...

MILLER. Tais-toi, te dis-je! C'est bien, mon cher monsieur; les choses restent telles qu'elles étaient arrangées. La réponse que je vous fis l'automne dernier, je vous la renouvelle aujourd'hui. Je ne contraindrai pas ma fille. Lui convenez-vous?... c'est bel et bon... elle peut voir elle-même si elle sera heureuse avec vous...

Secoue-t-elle la tête? c'est encore mieux... à la volonté de Dieu... voulais-je dire... vous acceptez votre refus et vous buvez une bouteille avec le père... C'est elle qui devra vivre avec vous, non pas moi... Pourquoi lui jetterais-je dans les bras, par pur entêtement, un homme pour lequel elle n'aurait aucun goût? Pour que le méchant esprit fasse de moi sa proie dans mes vieux jours... pour qu'à chaque verre de vin que je boirai et à chaque cuillerée de soupe que je mangerai, je l'entende me dire: Tu es le coquin qui a fait le malheur de ta fille.

LA FEMME. Eh bien! bref, je ne donnerai pas mon consentement. Ma fille est faite pour quelque chose d'élevé, et si mon mari se laisse enjôler, j'aurai recours à la justice.

MILLER. Veux-tu que je te casse bras et jambes, langue de tonnerre?

WURM, *à Miller.* Un conseil paternel peut beaucoup sur une fille, et j'espère, monsieur Miller, que vous me connaissez.

MILLER. De par tous les diables! c'est la fille qui doit vous connaître. Ce qui me plairait à moi, vieux grogneur, n'est pas précisément ce qui flatterait l'humeur friande d'une jeune fille... Je puis vous dire, à un cheveu près, si vous êtes propre à jouer dans un orchestre... mais l'esprit d'une femme est plus fin que celui d'un maître de chapelle... et s'il faut parler du fond du cœur, mon cher monsieur, je suis un gros et franc allemand... Vous n'aurez point, en somme, à me savoir gré de mes avis... Je ne conseillerai pas à ma fille de... mais je ne la détournerai pas de vous, monsieur le secrétaire... Laissez-moi tout vous dire. Je n'ai pas grande opinion... permettez-moi, d'un amant qui invoque le secours du père. S'il a quelque valeur, il aura honte d'employer cette vieille méthode pour faire comprendre son mérite à celle qu'il aime. S'il n'a pas le courage de faire autrement, c'est un poltron, et il n'y a pas de Louise pour lui... Mais courtiser la fille dès que le père a le dos tourné, faire en sorte qu'elle souhaite voir le père et la mère au diable plutôt que de renoncer à vous, ou qu'elle vienne elle-même se jeter aux genoux du père et le conjurer, au nom de Dieu, ou qu'on la laisse mourir de la mort la plus triste, ou qu'on lui donne l'unique ami de son cœur, voilà ce que je nomme un gaillard ! voilà ce qui s'appelle aimer ! Et celui qui ne peut faire ainsi son chemin après des femmes, celui-là peut se mettre à cheval sur une plume d'oie.

WURM, *prend son chapeau et sa canne, et sort.* Bien obligé... monsieur Miller,

MILLER *le suit lentement.* De quoi ? de quoi ? vous ne me devez rien, monsieur le secrétaire. (*Revenant.*) Il n'entend pas ; il s'éloigne. Quand ce renard à plume se montre devant moi, il me semble que je vais vomir comme si j'étais empoisonné. Ce drôle-là est étrange et repoussant ; on dirait qu'il a été introduit par contrebande dans le monde du bon Dieu... Les petits yeux malicieux de souris... les cheveux d'un rouge ardent... le menton proéminent, comme si la nature, irritée de ce méchant travail, eût pris par là mon coquin et l'eût jeté dans quelque coin... Non, avant de livrer ma fille à un pareil manant, j'aimerais mieux... que Dieu me pardonne !

LA FEMME, *en colère.* Le chien !... Mais on la garde joliment pour son nez...

MILLER. Et toi avec ton maudit gentilhomme !... tu m'as mis hors de mesure. Tu n'es jamais plus bête que lorsque tu devrais être raisonnable. Que signifie tout ce bavardage sur ta fille qui doit devenir une dame ? Voilà bien un compère devant lequel il faut jaser si l'on veut qu'une chose soit tambourinée demain en plein marché ! car ce monsieur là est un de ceux qui s'en vont rôder dans les maisons, parlent de la cave et de la cuisine ; et si on laisse devant eux échapper un mot !... Trois bombes ! on peut être sûr de s'être mis à dos le prince, sa maîtresse, le président et tout le tremblement.

SCÈNE III.

LOUISE, *tenant un livre à la main ; les précédents.*

LOUISE *dépose son livre, va à Miller et lui serre la main.* Bonjour, mon cher père.

MILLER, *avec chaleur.* Bravo, ma Louise ! Je me réjouis de voir que tu tournes si assidûment ta pensée vers ton Créateur. Reste toujours ainsi, et son bras te soutiendra.

LOUISE. Oh ! je suis une grande pécheresse, mon père... Est-il là, ma mère ?

LA FEMME. Qui, mon enfant ?

LOUISE. Ah ! j'oubliais qu'il y a encore d'autres hommes que lui. Ma tête est agitée... Il n'était pas là, Walter ?

MILLER, *tristement et sérieusement.* Je pensais que ma Louise aurait laissé ce nom à l'église.

LOUISE, *après l'avoir fixé un instant.* Je vous entends, mon père ; je sens le coup de poignard que vous donnez à ma conscience, mais il est trop tard. Je n'ai plus de piété, mon père... le ciel et Ferdinand déchirent mon âme, et je crains... je crains. (*Après un moment de silence.*) Mais non, mon bon père. Lorsque nous nous laissons distraire de l'artiste par ses tableaux, n'est-ce pas là pour lui l'éloge le plus délicat? Si, dans ma joie, je me détourne de Dieu pour voir son chef-d'œuvre, ne doit-il pas s'en réjouir ?

MILLER *se jette sur une chaise avec un air de découragement..* Nous y voilà ; voilà le fruit de ses lectures impies.

LOUISE *s'avance avec inquiétude vers la fenêtre.* Où peut-il être à présent ? Les jeunes filles nobles le voient... l'entendent... Moi je suis une pauvre fille oubliée. (*Ef-*

frayée de ses paroles, elle se jette dans les bras de son père. Mais, non! non! pardonnez-moi! Je ne déplore pas mon sort; je veux seulement un peu... penser à lui; cela ne coûte rien. Ce petit brin de vie, je voudrais en faire un souffle doux et caressant pour rafraîchir son visage... Cette fleur de jeunesse, si c'était une violette, et s'il marchait dessus, et si elle mourait humblement, sous ses pieds cela me suffirait, mon père. Quand l'insecte se réjouit dans un rayon de soleil, l'astre fier et majestueux peut-il l'en punir?

MILLER, *ému, s'appuie sur les bras de son fauteuil et se couvre le visage.* Écoute, Louise, je donnerais le petit nombre d'années qui me restent à vivre pour que tu n'eusses jamais vu le major.

LOUISE, *effrayée.* Que dites-vous? comment?... Non, ce n'est pas là votre pensée, mon bon père! Vous ne savez pas que Ferdinand est à moi, qu'il a été créé pour mon bonheur par le père de ceux qui s'aiment. (*Après un instant de réflexion.*) Quand je le vis pour la première fois, le sang me monta au visage; mon cœur battit avec joie; chaque pulsation, chaque souffle me murmurait : C'est lui; et mon âme reconnut celui qui m'avait manqué toujours, et dit aussi : C'est lui; et ce mot retentit joyeusement dans la nature entière. Alors... oh! alors le premier rayon du matin se leva dans mon âme; mille jeunes pensées s'éveillèrent dans mon cœur, pareilles aux fleurs qui s'épanouissent sur la terre quand le printemps revient : je ne voyais plus le monde, et cependant il me semblait qu'il n'avait jamais été si beau; je ne pensais plus à Dieu, et cependant je ne l'avais jamais tant aimé.

MILLER, *s'élance contre elle et la serre contre son cœur.* Louise! chère, noble enfant! prends ma vieille tête grise, prends tout! tout!... quant au major, Dieu m'est témoin que je ne puis jamais te le donner. (*Il sort.*)

LOUISE. Aussi ne le veux-je pas à présent, mon père.

Cette pauvre goutte de rosée qu'on appelle le temps, elle s'évapore délicieusement dans un des rêves que me donne Ferdinand. Je renonce à lui pour cette vie ; puis après, ô ma mère! après, quand les barrières qui nous séparent tomberont, quand nous pourrons rejeter cette triste enveloppe des diverses conditions! Les hommes ne sont que des hommes, — je n'apporterai avec moi que mon innocence. Mais mon père ne m'a-t-il pas souvent dit que la parure et les titres pompeux seront de peu de valeur lorsque Dieu viendra, et que le prix des cœurs comptera seul! Alors je serai riche, alors mes larmes seront comptées pour des trésors, et mes douces pensées pour des aïeux. Alors, ma mère, je serai une personne de distinction... Qui pourrait-il alors préférer à sa jeune fille ?

LA FEMME *jette un cri.* Louise, le major!... il est sur le seuil ; où me cacher?

LOUISE *commence à trembler.* Restez, ma mère.

LA FEMME. Mon Dieu! comme me voilà faite! j'en suis toute honteuse ; je n'ose pas me laisser voir ainsi devant le jeune seigneur.

SCÈNE IV.

FERDINAND DE WALTER, LOUISE.

FERDINAND. (*Il court à elle ; elle tombe faible et décolorée sur une chaise... Il se tient debout devant elle, — ils se regardent quelques instants en silence.*)

FERDINAND. Tu es pâle, Louise.

LOUISE *se lève et se jette à son cou.* Ce n'est rien, rien. Te voilà !... c'est fini.

FERDINAND *lui prend la main et la porte à ses lèvres.* Et ma Louise m'aime-t-elle encore? Mon cœur est ce qu'il était hier; le tien est-il de même? J'accours ici, je veux voir si tu es plus calme, si tu es plus gaie, afin de l'être aussi... Tu ne l'es pas.

LOUISE. Si, si, mon bien-aimé.

FERDINAND. Parle-moi franchement, tu ne l'es pas. Je vois à travers ton âme comme à travers l'eau pure de ce brillant. (*Il montre son anneau.*) Aucune ombre ne peut passer ici sans que je la remarque ; aucune pensée peinte sur cette physionomie ne m'échappe. Qu'as-tu donc ? parle ! Si ce miroir est clair, le monde entier est sans nuages. Quelle idée t'afflige ?...

LOUISE *le regarde un instant en silence, et ensuite lui dit avec mélancolie*. Ferdinand ! si tu savais quel effet un tel langage produit sur une pauvre fille bourgeoise !...

FERDINAND. Qu'est-ce que cela signifie ? (*Avec étonnement.*) Écoute, d'où te vient cette pensée ? Tu es ma Louise ; qui t'a dit que tu devais être quelque autre chose ? Vois-tu, méchante, comme je te trouve froide. Si tu étais tout amour pour moi, quand aurais-tu eu le temps de faire une comparaison ? Quand je suis près de toi, toute mon intelligence s'absorbe dans un de tes regards ;... quand je suis loin, dans un rêve. Et toi, tu as encore de la prudence avec ton amour !... Rougis ! chaque moment que tu as perdu dans ce chagrin, tu l'as volé à ton ami.

LOUISE *lui prend la main et secoue la tête*. Tu veux m'endormir, Ferdinand ; tu veux détourner mes yeux de cet abîme où je tomberai sans doute : je vois dans l'avenir... la voix de la renommée, tes projets,... ton père,... mon néant. (*Elle laisse tout à coup tomber sa main avec effroi.*) Ferdinand, un poignard sur toi et sur moi ; on nous sépare.

FERDINAND. On nous sépare. (*Il se lève.*) D'où te vient ce pressentiment, Louise ? On nous sépare !... qui peut rompre le lien de deux cœurs, ou séparer les tons d'un même accord ?... Je suis un gentilhomme ; voyons si mes titres de noblesse sont plus anciens que le décret imposé à l'univers, si mes armoiries sont plus puissantes que l'arrêt du ciel écrit dans les yeux de Louise : cette femme est à cet homme... Je suis fils du président ? eh bien ! quel autre sentiment que l'amour pourrait adoucir les malédictions que les exactions de mon père attirent sur moi?

LOUISE. Oh! comme je le crains, ce père!

FERDINAND. Je ne crains rien, rien que les limites de ton amour! Que des obstacles s'élèvent entre nous comme des montagnes, je veux les prendre pour échelons, et voler de là dans les bras de Louise! La violence d'un destin contraire ne fera qu'accroître mes sentiments, et les dangers me rendront ma Louise plus ravissante... Ainsi donc, point de crainte, mon amour! moi-même je veillerai sur toi comme le dragon enchanté sur les trésors souterrains. Aie confiance en moi; tu n'as pas besoin d'un autre ange. Je me placerai entre toi et la destinée; je recevrai pour toi chaque blessure; je recueillerai pour toi chaque goutte de la coupe de la joie et te l'apporterai dans le vase de l'amour. (*Il l'embrasse tendrement.*) Appuyée sur mon bras, Louise traversera gaîment la vie; tu retourneras au ciel plus belle encore que lorsque tu l'as quitté, et il avouera avec admiration que l'amour seul peut mettre la dernière main aux âmes.

LOUISE *s'éloigne de lui dans une grande agitation.* Rien de plus! je t'en prie, tais-toi!... Si tu savais!... Laisse-moi. Tu ne sais pas que tes espérances tombent sur mon cœur comme des furies. (*Elle va pour sortir.*)

FERDINAND *la retient.* Louise, comment! quoi! Quel changement!

LOUISE. J'avais oublié ce rêve et j'étais heureuse... A présent, à présent, à dater d'aujourd'hui, le repos de ma vie est perdu. Désirs impétueux! je le sais, ils vont agiter mon âme. Va, que Dieu te pardonne! Tu as jeté dans mon jeune cœur, dans mon cœur paisible, le tison enflammé, et jamais, jamais il ne s'éteindra.

(*Elle se précipite dehors; il la suit en silence.*)

SCÈNE V.

Un salon chez le président.

LE PRÉSIDENT, *une décoration au cou, une étoile sur la poitrine, et le secrétaire* **WURM,** *entrent ensemble.*

LE PRÉSIDENT. Un attachement sérieux, mon fils! Non, Wurm! vous ne me ferez jamais croire cela.

WURM. Votre Excellence me fait-elle la grâce de m'en demander la preuve?

LE PRÉSIDENT. Qu'il fasse la cour à quelque canaille de la bourgeoisie; qu'il lui dise des compliments; qu'il jase même sur le sentiment; ce sont là autant de choses que je trouve possibles, pardonnables; mais... et encore la fille d'un musicien, dites-vous?

WURM. La fille du maître de musique Miller.

LE PRÉSIDENT. Jolie?... cela va sans dire.

WURM, *vivement.* Le plus beau modèle de blondine qui pourrait, sans exagération, figurer à côté des premières beautés de la cour.

LE PRÉSIDENT *sourit.* Vous me dites, Wurm, qu'il a des intentions sur cette créature? Je le comprends. Mais voyez-vous, mon cher Wurm, si mon fils a du goût pour les femmes, cela me donne l'espoir que les dames ne le haïront pas; il fera par là son chemin à la cour. Cette fille est belle, dites-vous? j'en suis charmé; cela me prouve qu'il a du goût. S'il trompe cette petite folle par des promesses sérieuses, tant mieux, cela me prouve qu'il a assez d'esprit pour mentir au besoin; il deviendra président. A-t-il atteint son but? à merveille: cela me prouve qu'il a du bonheur. Me donnera-t-il, pour terminer la farce, un petit-fils bien portant? c'est incomparable : alors je bois une bouteille de vin de Malaga à cet heureux pronostic de la propagation de ma race, et je paye l'amende imposée au libertinage de la fille.

WURM. Tout ce que je désire, c'est que Votre Excellence n'ait pas besoin de boire cette bouteille pour se distraire de son ennui.

LE PRÉSIDENT, *sérieusement*. Wurm, souvenez-vous que quand une fois je me prends à croire, je crois obstinément, et que, lorsque la colère me prend, je deviens furieux. Vous voulez m'échauffer sur tout cela, et moi je veux en faire une plaisanterie. Que vous ayez envie de vous débarrasser d'un rival, je le crois de grand cœur; que vous ayez de la peine à enlever cette fille à mon fils, et que vous employiez le père à chasser les mouches, je le comprends encore; que de toute cette charmante histoire vous fassiez une scélératesse, cela me ravit; mais mon cher Wurm, il ne faut pas se jouer de moi. Vous concevez qu'il ne poussera pas cette fredaine jusqu'à manquer à mes principes.

WURM. Que Votre Excellence me pardonne; si réellement, comme vous le soupçonnez, la jalousie était ici en jeu, vous auriez pu vous en apercevoir, mais je ne l'aurais pas dit.

LE PRÉSIDENT. Et moi je pense qu'il faut la mettre de côté. Imbécile! que vous importe de recevoir un écu venant directement de la monnaie ou du banquier? Consolez-vous avec notre noblesse. Qu'on le sache ou non, quand il se conclut un mariage parmi nous, il est rare qu'une demi-douzaine de convives... ou de laquais, ne puisse géométriquement mesurer le paradis de l'époux.

WURM, *s'inclinant*. En cela, monseigneur, je resterai volontiers bourgeois.

LE PRÉSIDENT. Du reste, vous pouvez avoir bientôt la joie de rendre d'une belle façon cette plaisanterie à votre rival. Justement aujourd'hui il a été décidé en conseil qu'à l'arrivée de la nouvelle duchesse, lady Milford aurait l'air d'être congédiée, et, pour rendre les apparences plus complètes, elle contractera un mariage. Vous savez, Wurm, comme mon crédit repose sur l'influence de milady, comme les passions du prince sont mes ressorts les plus puissants. Le duc cherche un parti pour la Milford ; un autre peut se présenter, faire le marché, prendre avec la dame la confiance du prince, se rendre indispensable... Pour que le prince reste dans les filets de ma famille, il faut que mon Ferdinand épouse la Milford. Est-ce clair !

WURM. Cela crève les yeux. Je vois du moins par là que le père n'est qu'un apprenti à côté du président. Si le major se montre envers vous fils aussi obéissant que vous êtes pour lui un père plein de tendresse, votre traite pourrait bien vous revenir avec un protêt.

LE PRÉSIDENT. Par bonheur, je n'ai encore jamais été inquiet de l'exécution d'un projet, quand je me suis dit à moi-même : Cela doit être. Mais, voyez-vous, Wurm, ceci me ramène au point où nous en étions tout à l'heure. J'annonce ce matin à mon fils son mariage ; la figure qu'il me montrera alors justifiera ou anéantira vos soupçons.

WURM. Monseigneur ! je vous demande très-fort pardon. Le mécontentement qui se peindra sur son visage pourrait aussi bien provenir de la femme que vous lui donnez que de celle que vous lui enlevez. Je vous prie d'avoir recours à une épreuve plus décisive. Choisissez-lui le parti le plus irréprochable de la contrée, et, s'il dit oui, le secrétaire Wurm consent à traîner le boulet pendant trois ans.

LE PRÉSIDENT *se mord les lèvres.* Diable !

WURM. La chose est ainsi... La mère, qui est la bêtise même, m'en a trop dit dans sa simplicité.

LE PRÉSIDENT *va et vient et réprime sa colère.* Bien ! Ce matin même.

WURM. Que Votre Excellence seulement n'oublie pas que M. le major est le fils de mon maître.

LE PRÉSIDENT. Je t'épargnerai, Wurm.

WURM. Et que, en vous rendant le service de vous délivrer d'une bru malséante...

LE PRÉSIDENT. Vous méritez qu'on vous procure une femme. Accordé, Wurm.

WURM *s'incline satisfait*. Éternellement à vous, monseigneur. (*Il veut sortir.*)

LE PRÉSIDENT. Ce que je vous ai confié tout-à-l'heure, Wurm, (*le menaçant*) si vous en causez.

WURM *sourit*. Alors Votre Excellence montrera mes fausses signatures.

LE PRÉSIDENT. Oui, tu es certainement à moi ; je te tiens par ta propre friponnerie, comme le hanneton par un fil.

UN VALET DE CHAMBRE *entre*. Le maréchal de Kalb.

LE PRÉSIDENT. Il arrive à propos ; qu'il soit le bienvenu. (*Le valet de chambre sort.*)

SCÈNE VI.

LE PRÉSIDENT, LE MARÉCHAL DE KALB, *habit de cour, riche, mais sans goût, la clef de chambellan, deux montres et une épée, chapeau bas, frisure à la hérisson. Il avance avec fracas vers le président et répand sur le parterre une odeur d'ambre.*

LE MARÉCHAL, *l'embrassant*. Ah ! bonjour, très-cher ! comment avez-vous reposé ? comment avez-vous dormi ?... Vous pardonnez, n'est-ce pas, que j'aie si tard le plaisir... Des affaires pressantes, le menu du dîner, des cartes de visite, l'arrangement des traîneaux pour la partie d'aujourd'hui... Ah !... et par là-dessus il fallait que je me trouvasse au lever pour annoncer à son altesse sérénissime le temps qu'il fait.

LE PRÉSIDENT. Oui, maréchal, vous ne pouviez vraiment pas vous en dispenser.

LE MARÉCHAL. Puis un coquin de tailleur qui m'a retenu.

LE PRÉSIDENT. Et pourtant toujours exact et toujours prêt.

LE MARÉCHAL. Ce n'est pas encore tout : aujourd'hui

un malheur en amenait un autre. Écoutez seulement.

LE PRÉSIDENT, *distrait*. Est-il possible ?

LE MARÉCHAL. Écoutez : à peine suis-je descendu de voiture que les chevaux s'effarouchent, se cabrent, piaffent, et me lancent la boue de la rue sur mes culottes. Que faire ? au nom de Dieu ! Mettez-vous dans ma position, baron ! J'étais là, il était tard... C'est un vrai voyage ; et paraître dans cet accoutrement devant son altesse ! Dieu de justice ! Qu'ai-je imaginé ? je feins un évanouissement. On me prend par la tête et par les pieds, on m'emporte dans ma voiture ; je cours chez moi, je change de vêtements, je reviens... Qu'en dites-vous ? et je suis encore le premier dans l'antichambre ; que vous en semble ?

LE PRÉSIDENT. Un délicieux impromptu de l'esprit humain. Mais laissons cela, Kalb. Vous avez donc déjà parlé au duc ?

LE MARÉCHAL DE LA COUR, *d'un air important*. Vingt minutes et demie.

LE PRÉSIDENT. J'avoue que... Et vous savez sans doute quelque importante nouvelle ?

LE MARÉCHAL, *sérieusement après un moment de silence*. Son altesse avait aujourd'hui son habit de castorine merd'oie.

LE PRÉSIDENT. En vérité !... Eh bien ! maréchal, j'ai une meilleure nouvelle à vous apprendre : lady Milford épouse le major de Walter. C'est là sans doute pour vous quelque chose de nouveau.

LE MARÉCHAL. Vous croyez ! et cela est déjà décidé ?

LE PRÉSIDENT. C'est signé, maréchal ; et vous m'obligeriez de vouloir bien aller sans retard préparer cette dame à la visite de mon fils, et faire connaître dans toute la résidence la résolution de Ferdinand.

LE MARÉCHAL, *rari*. Oh ! avec la plus grande joie ! rien ne peut m'être plus agréable... Je cours sur-le-champ. (*Il l'embrasse.*) Adieu ! dans trois quarts d'heure toute la ville le saura. (*Il saute en s'en allant.*)

LE PRÉSIDENT *rit en le suivant des yeux.* Qu'on dise encore que ces créatures-là ne sont bonnes à rien dans ce monde. Maintenant il faudra bien que mon Ferdinand le veuille, ou toute la ville en a menti. (*Il sonne ; Wurm entre.*) Faites entrer mon fils! (*Wurm sort ; le président se promène de long en large tout pensif.*)

SCÈNE VII.

FERDINAND, LE PRÉSIDENT, WURM, *qui sort immédiatement.*

FERDINAND. Vous avez ordonné, mon père?...

LE PRÉSIDENT. Malheureusement il faut que j'en vienne là, quand je veux avoir le plaisir de voir mon fils. Laissez-nous, Wurm... Ferdinand, je t'observe déjà depuis quelque temps, et je ne retrouve plus en toi ce vif et franc jeune homme qui me charmait tant autrefois. Un chagrin singulier se montre sur ton visage. Tu me fuis, tu fuis tes cercles habituels. Fi! on pardonne à ton âge dix extravagances plutôt qu'une seule manie. Abandonne cela, mon fils; laisse-moi travailler à ton bonheur, et ne pense à rien qu'à suivre en riant mes projets... Viens! embrasse-moi, Ferdinand!

FERDINAND. Vous êtes bien bon aujourd'hui pour moi, mon père!

LE PRÉSIDENT. Aujourd'hui, coquin!... et encore dis-tu cet aujourd'hui avec une amère grimace. (*Sérieusement.*) Ferdinand, pour l'amour de qui me suis-je frayé une route dangereuse jusqu'au cœur du prince? pour l'amour de qui ai-je rompu à tout jamais avec ma conscience et avec le ciel? Écoute, Ferdinand! je parle à mon fils. A qui ai-je fait une place, en écartant mon prédécesseur?... histoire qui me fait d'autant plus saigner le cœur que je prends plus de soin de cacher le poignard aux yeux du monde. Écoute! dis-moi, Ferdinand! pour qui ai-je fait tout cela?

FERDINAND *recule avec effroi.* Pas pour moi, mon père!

Le reflet sanglant de ce crime ne doit pas tomber sur moi. Au nom du Dieu tout-puissant, il vaut mieux n'être jamais né que de servir de prétexte à de pareilles actions !

LE PRÉSIDENT. Qu'est-ce que cela signifie ? comment ? mais... je pardonne cela à ta tête romanesque. Ferdinand, je ne veux pas me fâcher. Enfant inconsidéré ! est-ce donc ainsi que tu me récompenses de mes nuits sans sommeil, de mes sollicitudes incessantes, du scorpion qui ronge éternellement ma conscience ? C'est sur moi que tombe le fardeau de la responsabilité ; sur moi la malédiction, la foudre de la justice. Tu reçois ton bonheur de seconde main ; le crime ne tient pas à l'héritage.

FERDINAND, *élevant les mains vers le ciel*. Oh ! je renonce solennellement à un héritage qui ne me donnerait qu'un affreux souvenir de mon père !

LE PRÉSIDENT. Écoute, jeune homme ! ne me mets pas hors de moi ; si les choses allaient à ta fantaisie, tu ramperais le reste de ta vie dans la poussière.

FERDINAND. Oh ! cela vaudrait encore mieux, mon père, que de ramper autour du trône.

LE PRÉSIDENT, *réprimant sa colère*. Hum ! il faut donc te forcer à reconnaître ton bonheur. Le but auquel dix autres n'ont pu arriver avec tous leurs efforts, tu t'y trouves porté dans ton sommeil, en jouant. Enseigne à douze ans, major à vingt ! je viens d'obtenir du prince que tu quitteras l'uniforme pour entrer au ministère ; le prince parlait de conseil intime... d'ambassade... de grâce extraordinaire... Une magnifique perspective s'ouvre devant toi ; un chemin aplani te mène près du trône... au trône même, si le pouvoir a autant de valeur que ses apparences. Cela ne t'enthousiasme pas ?

FERDINAND. Mes idées de bonheur et de grandeur ne sont pas entièrement les vôtres. Votre bonheur ne se manifeste guère que par la ruine. L'envie, la crainte, la malédiction, voilà les tristes miroirs où se reflète la grandeur de l'homme puissant... Les larmes, les gémissements, le désespoir, voilà les mets horribles dont ces hommes, que l'on dit heureux, se repaissent, dont ils s'enivrent jusqu'à ce qu'ils arrivent dans l'éternité et chancellent devant le trône de Dieu. Mon idéal de félicité se renferme avec satisfaction au dedans de moi-même; tous mes vœux sont enterrés dans mon cœur.

LE PRÉSIDENT. Admirable, impayable, sublime! voilà la première leçon que j'entends depuis trente ans; c'est seulement dommage que mes cinquante ans aient rendu ma tête rebelle à l'instruction. Mais, pour ne pas laisser dormir un talent si rare, je te donnerai à ma place quelqu'un avec qui tu pourras tout à ton aise l'exercer à ces plaisantes folies... Il faut que tu te décides aujourd'hui même à te marier.

FERDINAND *recule avec surprise*. Mon père!

LE PRÉSIDENT. Pas de façons. J'ai envoyé à lady Milford une carte en ton nom; tu voudras bien aller chez elle sans retard, et lui dire que tu es son fiancé.

FERDINAND. Lady Milford, mon père!

LE PRÉSIDENT. Tu la connais?

FERDINAND, *hors de lui*. N'est-elle pas dans le duché comme un monument de honte. Mais... je suis bien fou, mon cher père, de prendre au sérieux votre plaisanterie. Voudriez-vous être le père d'un coquin de fils qui épouserait une courtisane privilégiée?

LE PRÉSIDENT. Bien mieux! je la demanderais moi-même en mariage, n'étaient mes cinquante ans. Refuserais-tu d'être le fils de ce coquin de père?

FERDINAND. Oui certes, aussi vrai que Dieu existe!

LE PRÉSIDENT. Voilà, sur mon honneur! une insolence que je ne vous pardonne que pour sa rareté.

FERDINAND. Je vous en prie, mon père, ne me laissez pas plus longtemps dans une disposition d'esprit où il me semble insupportable de me nommer votre fils.

LE PRÉSIDENT. Jeune homme! es-tu fou? Quel homme

raisonnable n'envierait pas l'honneur de remplir à tour de rôle les mêmes fonctions que son souverain?

FERDINAND. Vous devenez pour moi une énigme, mon père. Vous appelez cela un honneur! l'honneur de partager avec le prince une fonction qui le met lui-même au-dessous de l'homme! (*Le président pousse un éclat de rire.*) Vous pouvez rire. Je continue, mon père. De quel front oserai-je paraître devant le plus misérable ouvrier, à qui sa femme apporte au moins pour dot son corps tout entier? De quel front oserai-je me montrer devant le monde, devant le prince, devant cette courtisane elle-même, qui voudrait laver dans ma honte la tache brûlante imprimée à son honneur?

LE PRÉSIDENT. Dans quel coin du monde vas-tu prendre tout cela, jeune homme?

FERDINAND. Je vous en conjure au nom du ciel et de la terre, mon père. Cette objection de votre fils unique ne peut vous rendre aussi heureux qu'elle le rendrait malheureux. Je vous donne ma vie, si elle peut vous faire monter plus haut : ma vie, je la tiens de vous, et je n'hésiterai pas un instant à la sacrifier pour votre grandeur... Quant à l'honneur, mon père, si vous me le prenez, c'était un acte de la plus coupable étourderie que de me donner la vie, et je maudirai le père aussi bien que l'entremetteur.

LE PRÉSIDENT *lui frappant amicalement sur l'épaule.* Bravo! mon cher fils! A présent je vois que tu es un loyal garçon, digne de la plus noble femme du duché... Elle sera à toi... Cette après-midi tu seras fiancé avec la comtesse d'Ostheim.

FERDINAND. Cette heure est-elle donc destinée à m'écraser?

LE PRÉSIDENT, *lui jetant un regard pénétrant.* J'espère que cette fois ton honneur n'a rien à m'objecter.

FERDINAND. Non, mon père. Frédérique d'Ostheim pourrait faire le bonheur de tout autre homme. (*A part, dans le plus grand embarras.*) Ce que sa méchanceté avait laissé d'intact en mon cœur, sa bonté le déchire.

LE PRÉSIDENT, *ne détournant pas les yeux de lui.* J'attends l'expression de ta reconnaissance, Ferdinand !

FERDINAND *lui prend la main et la baise avec feu.* Mon père ! votre bonté enflamme tout ce que j'ai de sensibilité. Mon père, recevez mes remerciments les plus ardents... pour vos tendres intentions. Votre choix est irréprochable ; mais je ne puis... je n'ose... plaignez-moi, je ne puis aimer la comtesse.

LE PRÉSIDENT *recule d'un pas.* Holà ! à présent je tiens mon jeune maître. Ainsi, l'habile hypocrite est tombé dans le piége ? ainsi, ce n'était pas l'honneur qui t'empêchait d'épouser lady Milford !... Ce n'est pas la femme, c'est le mariage qui te répugne. (*Ferdinand reste comme pétrifié ; ensuite il fait un mouvement et veut sortir.*) Où vas-tu ? Arrête ! est-ce là le respect que tu me dois ? (*Le major revient.*) Tu es annoncé chez milady ; le prince a ma parole ; la ville et la cour le savent. S'il t'arrive de me faire passer pour un menteur aux yeux du prince, de milady, de la ville, de la cour... Écoute, jeune homme ! si je viens à mettre la main sur certaines histoires... Arrête ! Pourquoi ce rouge qui te monte tout-à-coup au visage ?

FERDINAND, *pâle comme la neige et tremblant.* Quoi ? comment ? Il n'y a rien, certainement rien, mon père.

LE PRÉSIDENT, *lui jetant un regard terrible.* Et s'il y avait quelque chose ? et si je venais à découvrir la cause de tous ces refus ? Ah ! jeune homme ! le soupçon seul me met déjà en fureur. Va sur-le-champ ! la parade commence ; tu seras chez milady aussitôt que le mot d'ordre sera donné. Quand je parais, le duché tremble ; voyons si l'obstination d'un fils me domptera. (*Il s'éloigne et revient.*) Jeune homme ! je te le répète, tu iras là, ou fuis ma colère ! (*Il sort.*)

FERDINAND, *comme s'il s'éveillait d'un songe pénible.* Est-il parti ? était-ce bien la voix d'un père ?... Oui !

j'irai chez elle... j'irai... je lui dirai des choses... je lui présenterai un tableau..., l'infâme ! et si alors tu demandes encore ma main !... en face de la noblesse assemblée, des troupes et du peuple, viens armée de tout l'orgueil de ton Angleterre... je te repousse, moi, enfant de l'Allemagne ! (*Il sort précipitamment.*)

ACTE DEUXIÈME.

Une salle dans le palais de lady Milford; à droite un sofa, à gauche un piano.

SCÈNE I.

MILADY, *dans un négligé libre, mais charmant, non coiffée, est assise devant le piano et prélude;* SOPHIE, *sa femme de chambre, s'approche de la fenêtre.*

SOPHIE. Les officiers se séparent, la parade est finie ; mais je ne vois point de Walter.

MILADY, *inquiète, se lève et se promène dans la salle.* Je ne sais comment je me trouve aujourd'hui, Sophie ; je n'ai jamais rien éprouvé de semblable. Ainsi tu ne le vois pas ?... — Vraiment ! je le crois bien... — Il ne se hâtera pas... il y a comme un crime sur ma conscience... Va, Sophie, et dis qu'on m'amène le cheval le plus fougueux qui soit à l'écurie. J'ai besoin de reprendre l'air, de voir les hommes et le ciel bleu, et je me soulagerai le cœur en galopant.

SOPHIE. Si vous vous sentez indisposée, milady, réunissez du monde ici, dites au duc de tenir le jeu chez vous, et faites placer la table d'hombre devant votre sofa. Il faudrait que le prince et toute sa cour fussent à mes ordres, et qu'un caprice me passât par la tête...

MILADY *se jette sur le sofa.* Je t'en prie, ménage-moi.

Je te donne un diamant pour chaque heure où tu pourras me délivrer d'eux. Faut-il donc tapisser mon salon avec ces gens-là... mauvais et misérables hommes qui semblent épouvantés si une parole généreuse s'échappe de mon cœur, et ouvrent la bouche et les narines comme s'ils voyaient un esprit... esclaves d'une marionnette que je gouverne aussi facilement que mon fil? Que faire avec ces gens dont l'âme marche aussi uniformément que leur montre? Puis-je trouver quelque plaisir à leur faire une question, quand je sais d'avance quelle sera leur réponse; ou à échanger avec eux quelques paroles, quand ils n'ont pas le courage d'avoir une autre opinion que moi? Loin de moi ces gens-là! Rien n'est assommant comme monter un cheval qui ne ronge pas son frein. (*Elle s'avance près de la fenêtre.*)

SOPHIE. Mais vous en excepterez le prince... l'homme le plus beau, l'amant le plus passionné... l'esprit le plus vif de tout son duché.

MILADY *revient.* Parce que c'est son duché... Il n'y a, Sophie, qu'un titre de souveraineté qui puisse me servir d'excuse supportable. Tu dis que l'on me porte envie. Pauvre femme! on devrait bien plutôt me plaindre. De tous ceux qui puisent aux sources de la majesté, la favorite est la plus malheureuse, parce qu'elle seule connaît la misère de l'homme riche et puissant. Il est vrai qu'il peut avec le talisman de sa grandeur faire sortir de dessous terre, comme un palais de fées, tout ce qui flatte mon caprice. Il peut mettre sur sa table les saveurs des deux Indes, transformer un désert en un paradis... faire jaillir les sources de son pays jusqu'au ciel, courber leur jet comme un arc de triomphe, ou brûler dans un feu d'artifice la moelle de ses sujets. Mais peut-il aussi ordonner à son cœur de battre avec noblesse et ardeur contre un cœur noble et ardent? Peut-il faire naître une seule belle pensée dans son aride cerveau? Au milieu de la satisfaction des sens, mon cœur est affamé; et à quoi me servent mille bons sentiments, quand je n'ai qu'à éteindre des émotions?

SOPHIE *la regarde étonnée.* Depuis combien de temps, milady, suis-je à votre service?

MILADY. Aujourd'hui tu apprends à me connaître... C'est vrai, chère Sophie... j'ai vendu mon honneur au prince... mais j'ai gardé mon cœur... Ce cœur, qui est mon bien, est peut-être encore digne d'un homme, car l'air empoisonné de la cour a glissé sur lui comme le souffle sur un miroir. Crois-moi, ma chère, j'aurais depuis longtemps abandonné ce pauvre prince, si je pouvais seulement contraindre mon ambition à céder à une autre femme mon rang à la cour.

SOPHIE. Et son cœur s'est soumis si facilement à votre ambition?

MILADY, *vivement.* Comme s'il ne s'était déjà pas vengé!... comme s'il ne se vengeait pas encore à présent! Sophie (*lui laissant tomber la main sur l'épaule*), nous autres femmes, nous ne pouvons choisir qu'entre régner et servir; mais la plus grande jouissance du pouvoir n'est pour nous qu'un misérable secours, si nous n'avons pas la jouissance plus grande encore d'être les esclaves d'un homme que nous aimons.

SOPHIE. Vous êtes, milady, la dernière de qui je voudrais entendre cette vérité.

MILADY. Et pourquoi, ma Sophie? A la manière enfantine dont nous tenons le sceptre, ne voit-on pas que nous ne sommes bonnes qu'à tenir la lisière? N'as-tu pas remarqué que dans toutes mes fantaisies capricieuses, dans mon ardeur pour les amusements, je ne cherche qu'à étourdir en moi des désirs plus ardents encore?

SOPHIE *recule étonnée.* Milady!

MILADY, *avec vivacité.* Contente-les; donne-moi l'homme auquel je pense maintenant... que j'adore... Il faut mourir, Sophie, ou le posséder! (*Avec attendrissement.*) Laisse-moi lui entendre dire que les larmes de l'amour sont plus belles à voir briller dans nos yeux que les diamants sur notre tête (*avec chaleur*), et je rejette aux pieds du prince son cœur et son duché; je fuis avec cet homme, je fuis dans le désert le plus éloigné du monde.

SOPHIE, *effrayée*. Ciel! que faites-vous? Qu'avez-vous, milady?

MILADY, *saisie*. Tu pâlis. En ai-je peut-être trop dit?... Laisse-moi te clore la bouche par ma confiance... écoute encore... écoute tout...

SOPHIE *regarde avec inquiétude autour d'elle*. Je crains, milady... je crains.... Je n'ai pas besoin d'en entendre davantage.

MILADY. Ce mariage avec le major... tu crois, ainsi que tout le monde, que c'est le résultat d'une cabale de cour... Sophie... tu rougis... Ne me condamne pas... c'est l'ouvrage de mon amour.

SOPHIE. Par le ciel... j'en avais le pressentiment.

MILADY. Ils se sont laissé tromper, Sophie... le faible prince, le rusé courtisan Walter, le sot maréchal... Chacun d'eux jurerait que ce mariage est le moyen le plus infaillible de me conserver pour le duc et de rendre notre union plus stable que jamais. Oui... et ce mariage doit nous séparer pour toujours, rompre pour toujours cette chaîne honteuse... Trompeurs trompés, joués par une faible femme! vous m'amenez vous-mêmes celui qui m'est cher; c'était là ce que je voulais... Que je l'aie... que je l'aie... et alors adieu pour jamais, puissance abominable!

SCÈNE II.

Un vieux VALET DE CHAMBRE *du prince portant un écrin; les précédents.*

LE VALET DE CHAMBRE. Son altesse sérénissime présente ses hommages à milady, et lui envoie ces diamants pour son mariage. Ils viennent d'arriver de Venise.

MILADY *regarde la cassette et recule effrayée.* Combien le duc a-t-il payé pour ces pierreries?

LE VALET DE CHAMBRE, *avec un visage sombre.* Elles ne lui coûtent pas un denier.

MILADY. Comment! es-tu fou? rien? et (*se reculant d'un pas*) tu me jettes un regard comme si tu voulais me percer le cœur. Ces pierreries, d'une valeur inestimable, ne lui coûtent rien?

LE VALET DE CHAMBRE. Hier, sept mille enfants du pays sont partis pour l'Amérique. Cela paie tout.

MILADY *quitte subitement l'écrin, se promène vivement dans la salle et revient vers le valet de chambre.* Mon ami, qu'as-tu? je crois que tu pleures?

LE VALET DE CHAMBRE *s'essuie les yeux; d'une voix effrayante, et tremblant de tous ses membres....* Des pierres précieuses comme celles-là... J'ai aussi deux fils là-dedans.

MILADY *lui prenant la main.* Mais aucun n'a été contraint...

LE VALET DE CHAMBRE, *avec un rire terrible.* O Dieu!... non... c'était de plein gré... On a bien vu quelques étourdis s'avancer devant la troupe, et demander au colonel combien le prince vendait la liberté des hommes... mais notre gracieux prince a fait marcher tous les régiments sur la place de la parade et fusiller les babillards... Nous entendîmes les coups de fusil partir... Nous vîmes les cervelles de ces hommes jaillir sur le pavé, et toute l'armée s'écria : Hurrah! en route pour l'Amérique!

MILADY, *tombant épouvantée sur un sofa.* Dieu! Dieu! et je n'ai rien entendu! et je n'ai rien remarqué!

LE VALET DE CHAMBRE. Ah! noble dame! pourquoi étiez-vous précisément à la chasse aux ours avec notre seigneur au moment où l'on donnait le signal du départ? Vous n'auriez pourtant pas dû négliger le superbe spectacle dont nous avons été témoins quand le roulement du tambour a annoncé que le moment était venu.

Il y avait là des orphelins d'un père vivant qu'ils suivaient en pleurant; ici une mère furieuse courait offrir aux baïonnettes son enfant à la mamelle... On séparait à coups de sabre le fiancé de la fiancée, et les vieillards étaient là, en proie au désespoir, jetant leurs béquilles et disant qu'il fallait aussi les emmener dans le Nouveau-Monde... Et à travers tout cela, le vacarme et le bruit des tambours, afin d'empêcher celui qui sait tout d'entendre nos prières. —

MILADY *se lève profondément émue.* Emportez loin de moi ces pierreries... elles projettent dans mon cœur les flammes de l'enfer. (*Avec douceur, au valet de chambre.*) Calme-toi, pauvre vieillard, ils reviendront, ils reverront leur patrie.

LE VALET DE CHAMBRE, *avec chaleur.* Le ciel le sait... ils reverront... Arrivés auprès de la porte de la ville, ils se retournèrent et s'écrièrent : Que Dieu soit avec vous, femmes et enfants! Vive notre souverain! Au jour du jugement dernier, nous reviendrons...

MILADY, *allant et venant à grands pas.* Affreux! horrible! On me persuadait que j'avais séché les larmes du pays... Mes yeux s'ouvrent... C'est épouvantable... épouvantable!... Va.., dis à ton maître que je le remercierai moi-même... (*Le valet de chambre va sortir, elle lui jette une bourse dans son chapeau.*) Prends cela pour m'avoir dit la vérité.

LE VALET DE CHAMBRE *la jette dédaigneusement sur la table.* Mettez-la avec le reste.   (*Il sort.*)

MILADY, *le regardant avec surprise.* Sophie, cours après lui, demande-lui son nom. Il reverra ses fils. (*Sophie sort. Milady se promène. Moment de silence. A Sophie qui revient.*) Le bruit ne s'est-il pas répandu dernièrement que le feu avait consumé une ville des frontières, et réduit près de quatre cents familles à la mendicité? (*Elle sonne.*)

SOPHIE. Pourquoi cette pensée? Oui, le fait est vrai, et la plupart de ces malheureux servent à présent comme esclaves leurs créanciers, ou meurent au fond des mines d'argent du prince.

LE DOMESTIQUE *entre*. Qu'ordonne milady?

MILADY *lui donne l'écrin*. Que ceci soit porté sans retard dans le canton incendié... Qu'on en fasse de l'argent et qu'on le distribue aux quatre cents familles ruinées par le feu.

SOPHIE. Pensez-vous, milady, que vous vous exposez à la plus grande disgrâce?

MILADY, *avec noblesse*. Faut-il que je porte sur ma tête la malédiction de ses États? (*elle fait un signe au domestique; il sort.*) Ou veux-tu que je succombe sous le terrible fardeau de tant de larmes?... Va, Sophie... il vaut mieux avoir de faux bijoux dans ses cheveux que de telles actions sur le cœur.

SOPHIE. Mais des bijoux comme ceux-là!... N'auriez-vous pas pu en donner de moins précieux?... Non, vraiment, milady, cela n'est pas pardonnable.

MILADY. Folle que tu es! les larmes de reconnaissance qu'ils feront tomber seront pour moi plus belles que tous les brillants et les perles employés à dix diadèmes de rois...

LE DOMESTIQUE *revient*. Le major de Walter!

SOPHIE *s'élance vers milady*. Dieu! vous pâlissez..

MILADY. Le premier homme qui me fait peur... Sophie... Edouard, dites que je suis indisposée... Arrêtez... Est-il de bonne humeur?... sourit-il?... que dit-il?... O Sophie! n'est-ce pas, je suis laide?

SOPHIE. Je vous en prie, milady.

LE DOMESTIQUE. Milady ordonne-t-elle de le renvoyer?

MILADY, *balbutiant*. Il est le bienvenu... (*Le domestique sort.*) Parle, Sophie, que lui dire? comment le recevoir? Je serai muette... il se moquera de ma faiblesse.. il sera... Oh! quel pressentiment!... Tu me quittes, Sophie... Reste... Mais non, va.. si... reste... (*Le major traverse l'antichambre.*)

SOPHIE. Remettez-vous; il est là.

SCÈNE III.

FERDINAND DE WALTER, *les précédents.*

FERDINAND, *avec une légère révérence.* Je crains de vous interrompre... madame?...

MILADY, *avec un battement de cœur visible.* En rien qui puisse m'importer davantage...

FERDINAND. Je viens selon l'ordre de mon père.

MILADY. Je lui suis obligée.

FERDINAND. Et je dois vous annoncer que nous nous marions... telle est la commission de mon père.

MILADY, *pâle et tremblante.* Et votre propre cœur n'y est-il pour rien?

FERDINAND. Les ministres et les entremetteurs n'ont pas coutume de s'informer de pareilles choses!

MILADY, *avec une anxiété qui étouffe sa voix.* Et vous-même, vous n'avez rien à ajouter?

FERDINAND, *jetant un regard sur Sophie.* Beaucoup, madame.

MILADY *fait un signe à Sophie, qui s'éloigne.* Oserai-je vous prier de vous asseoir sur ce sofa?

FERDINAND. Je serai bref, milady.

MILADY. Eh bien?

FERDINAND. Je suis un homme d'honneur.

MILADY. Que je sais apprécier.

FERDINAND. Gentilhomme.

MILADY. Il n'y en a pas de meilleur dans le duché.

FERDINAND. Et officier.

MILADY, *d'un ton flatteur.* Vous indiquez là des avantages qui appartiennent à d'autres comme à vous. Pourquoi n'en citez-vous pas de plus grands qui vous sont particuliers?

FERDINAND, *froidement.* C'est inutile ici.

MILADY, *avec une anxiété toujours croissante.* Que dois-je penser de ces préliminaires?

FERDINAND, *lentement et d'un ton expressif.* Que l'honneur est un obstacle, s'il vous plaît de me contraindre à vous donner ma main.

MILADY *se lève.* Qu'est-ce que cela signifie, monsieur le major.

FERDINAND, *avec calme.* C'est le langage de mon cœur, de ma naissance, de mon épée.

MILADY. Cette épée, c'est le prince qui vous l'a donnée.

FERDINAND. C'est l'État, par la main du prince... Mon cœur, je le tiens de Dieu, et mes armoiries datent de cinq siècles.

MILADY. Le nom du duc?

FERDINAND, *avec violence.* Le duc peut-il renverser les lois de l'humanité, et donner à nos actions l'empreinte de ses écus? Lui-même n'est pas élevé au-dessus de l'honneur: mais il peut lui fermer la bouche avec de l'or; il peut jeter sur sa honte un manteau d'hermine... Je vous en conjure, milady, laissons cela... Il n'est plus question de projets anéantis, de mes aïeux, de mon épée, ou de l'opinion du monde; je suis prêt à fouler tout cela aux pieds, dès que vous m'aurez démontré que le prix du sacrifice n'est pas pire que le sacrifice même.

MILADY, *s'éloignant de lui avec douleur.* Monsieur le major, je n'ai point mérité cela.

FERDINAND *lui prend la main.* Pardonnez-moi. Nous parlons ici sans témoins; la circonstance qui nous réunit aujourd'hui vous et moi, et qui ne se retrouvera plus jamais, m'autorise, me force à ne pas vous dissimuler le plus secret de mes sentiments... Je ne comprends pas, milady, qu'une dame douée de tant de beauté, de tant d'esprit, de tant de qualités qu'un homme eût appréciées, ait pu s'abandonner à un prince qui n'a admiré en elle que les dons de son sexe, et qu'ensuite elle n'ait pas honte d'offrir son cœur à un homme.

MILADY *le regarde fixement et avec dignité.* Dites tout.

FERDINAND. Vous vous dites Anglaise... Permettez-moi... je ne puis croire que vous soyez Anglaise. Une fille née libre parmi le peuple le plus libre de la terre, qui est même trop fier pour encenser les vertus étrangères, n'aurait jamais pu s'asservir aux vices étrangers. Il n'est pas possible que vous soyez Anglaise, ou votre cœur doit être d'autant plus petit que celui des Anglais est plus grand et plus fier.

MILADY. Avez-vous fini?

FERDINAND. On pourrait répondre que c'est l'effet de la vanité féminine... la passion... le tempérament... l'amour du plaisir; que souvent déjà la vertu a survécu à l'honneur; que bien des femmes, après avoir franchi les barrières de la honte, se sont, plus tard, réconciliées avec le monde par de nobles actions, et ont ennobli leur hideux métier par le noble emploi de leur pouvoir. Mais pourquoi le pays est-il aujourd'hui plus monstrueusement pressuré qu'il ne le fut jamais auparavant? Ceci soit dit au nom du duché... J'ai fini.

MILADY, *avec douceur et élévation*. C'est la première fois, Walter, qu'on ose m'adresser de telles paroles, et vous êtes le seul homme à qui je voudrais répondre... Que vous rejetiez ma main, je vous en estime ; que vous calomniez mon cœur, je vous le pardonne ; mais que cela soit sérieux de votre part, je ne le crois pas. Celui qui ose ainsi offenser une femme qui n'aurait besoin que d'une nuit pour le perdre, doit lui supposer une grande âme, ou être privé de bon sens. Vous faites retomber sur moi la ruine de la contrée. Que le Dieu tout-puissant vous le pardonne ! Dieu, qui nous placera un jour, vous et moi, et le prince, l'un en face de l'autre... Mais vous avez provoqué en moi les Anglaises ; et ma patrie doit répondre à de pareils reproches.

FERDINAND, *appuyé sur son épée*. Je suis curieux...

MILADY. Écoutez donc ce que je n'ai jamais confié, ce que je ne confierai jamais à un autre homme que vous. Je ne suis pas, Walter, l'aventurière que vous croyez voir en moi. Je pourrais m'énorgueillir et dire que je suis du sang des princes, de la malheureuse race de Thomas Norfolk, qui s'immola pour Marie, reine d'Écosse. Mon père, premier chambellan du roi, fut accusé d'entretenir des relations criminelles avec la France, condamné à mort par un arrêté du parlement, et décapité. Tous nos biens furent confisqués par la couronne, et nous-mêmes nous fûmes bannies du pays. Ma mère mourut le jour de l'exécution. Moi, qui n'avais alors que quatorze ans, je partis pour l'Allemagne avec ma gouvernante, une cassette de bijoux et cette croix de famille que ma mère mourante plaça sur mon sein, en me donnant sa dernière bénédiction. (*Ferdinand devient pensif, et jette sur elle des regards plus vifs. Milady continue avec une émotion croissante.*) Malade, sans nom, sans appui, sans fortune, orpheline, étrangère, je me retirai à Hambourg... Je n'avais rien appris qu'un peu de français, à faire du filet... et à jouer du piano... et j'avais été habituée à manger dans de la vaisselle d'or et d'argent, à dormir dans des lits de damas, à voir dix valets obéir à un signe, et à recevoir les compliments des grands seigneurs... Six ans se passèrent ainsi dans les larmes. Le dernier bijou de ma cassette était vendu ; ma gouvernante venait de mourir. Dans ce temps-là, ma destinée amena votre duc à Hambourg. Je me promenais un jour sur les bords de l'Elbe ; je regardais le fleuve, et je me demandais si cette eau était plus profonde que ma souffrance. Le duc m'aperçut, me suivit, trouva ma demeure, se jeta à mes pieds, jura qu'il m'aimait... (*Elle est très-agitée et continue d'une voix larmoyante.*) Toutes les images de mon heureuse enfance reparurent à mes yeux avec leur éclat séduisant. Un avenir sans consolation se montrait à moi, sombre comme un tombeau... Mon cœur brûlait de trouver un cœur... je m'abandonnai au sien. (*Elle s'éloigne.*) Maintenant, condamnez-moi.

FERDINAND, *très-ému, court après elle, et l'arrête.* Milady! Ô ciel! qu'ai-je entendu? Mes torts envers vous sont affreux; vous ne pouvez plus me pardonner.

MILADY *revient et cherche à se remettre.* Écoutez encore. Le prince surprit, il est vrai, une jeunesse sans défense, mais le sang des Norfolk se révoltait en moi. « Toi, Émilie, me disais-je, toi qui es née princesse, te voilà devenue la concubine d'un prince! » L'orgueil et le destin luttaient dans mon cœur quand le prince m'amena ici, et qu'un spectacle épouvantable apparut à mes yeux. La volupté des grands de ce monde est l'hyène insatiable qui cherche ses victimes avec une faim dévorante : déjà elle avait fait de terribles ravages dans cette contrée; elle avait séparé la fiancée du fiancé, brisé les liens sacrés du mariage. Ici, elle avait détruit de fond en comble le bonheur paisible d'une famille; là, elle avait jeté les ravages de la contagion dans un cœur inexpérimenté, et de jeunes filles mourantes maudissaient dans les convulsions le nom de celui qui les avait perverties. Je m'interposai entre le tigre et l'agneau. Dans un moment de passion, je fis jurer au prince qu'il cesserait ces sacrifices humains.

FERDINAND *court avec agitation à travers la salle.* Rien de plus, milady, rien de plus.

MILADY. A cette triste période nous en vîmes succéder une autre plus triste encore. La cour et le sérail fourmillaient des rebuts de l'Italie. De légères Parisiennes jouaient avec le sceptre, et le peuple était la victime sanglante de leurs caprices. Leur règne finit; je les vis tomber devant moi dans la poussière, car j'étais plus coquette qu'elles toutes. Je pris les rênes de l'État entre les mains du tyran voluptueux endormi par mes caresses. Ta patrie, Walter, fut alors pour la première fois gouvernée humainement, et s'abandonna à moi avec confiance, (*pause pendant laquelle elle le contemple d'un œil plein de douceur.*) Oh! pourquoi le seul homme de qui je ne devrais pas être méconnue m'oblige-t-il à me vanter et à produire au grand jour de l'admiration mes vertus silencieuses?... Walter, j'ai ouvert les cachots, j'ai déchiré des sentences de mort et abrégé mainte fois l'affreuse perpétuité des galères. Dans d'incurables blessures, j'ai du moins fait couler un baume rafraîchissant. J'ai traîné dans la poussière les criminels puissants, et souvent avec une larme de courtisane j'ai sauvé la cause déjà perdue de l'innocence... Oh! jeune homme! combien cela m'était doux! Avec quelle fierté mon cœur repoussait ce que me reprochait mon sang de princesse!... Et voilà maintenant que l'homme qui seul devait me récompenser... l'homme que ma destinée fatiguée de ces rigueurs devait peut-être me donner comme une compensation à mes souffrances passées... l'homme que j'embrassais avec des désirs ardents dans mes rêves...

FERDINAND, *l'interrompant.* C'en est trop! c'en est trop! C'est contre nos conventions, milady : vous deviez vous justifier d'une accusation, et vous faites de moi un coupable.... Épargnez, je vous en prie, épargnez mon cœur, que la honte et le remords déchirent.

MILADY *lui prend la main.* A présent, ou jamais! l'héroïne s'est assez montrée... il faut que tu sentes le poids de ses larmes. (*Avec tendresse.*) Écoute, Walter, si une malheureuse, attirée vers toi par une force toute puissante et irrésistible, s'approchait de toi avec un cœur rempli d'un amour brûlant et inépuisable... Walter, et que tu prononçasses encore ce mot si froid d'honneur... Si cette malheureuse... accablée par le sentiment de sa honte... fatiguée du vice... héroïquement relevée par la voix de la vertu... se jetait ainsi dans tes bras (*elle l'embrasse et le conjure solennellement*), et si elle devait être sauvée par toi, et par toi rendue au ciel, ou si (*elle détourne le visage, et dit d'une voix menaçante*), forcée de fuir ton image, et obéissant au cri terrible du désespoir, elle devait se replonger encore plus avant dans les hideuses profondeurs du vice...

FERDINAND, *se dégageant de ses bras et très-oppressé.*

Non, par le Dieu tout-puissant, je ne puis supporter cela... Milady, il faut... le ciel et la terre l'ordonnent... il faut que je vous fasse un aveu.

MILADY, *s'éloignant de lui.* Pas à présent... pas à présent, par tout ce qu'il y a de sacré... pas dans ce moment affreux où mon cœur déchiré saigne de mille coups de poignard!... Que ce soit la mort ou la vie, je n'ose pas... je ne veux pas l'entendre.

FERDINAND. Cependant, chère milady, il le faut. Ce que je vais vous dire amoindrira ma faute et me servira d'excuse pour ce qui s'est passé. Je me suis mépris sur vous, milady ; je croyais... je désirais... vous trouver digne de mon mépris. Je vins ici fermement résolu à vous offenser et à mériter votre haine. Heureux tous deux, si mon plan eût réussi! (*Il se tait un moment, et continue avec timidité.*) J'aime, milady... j'aime une jeune fille de la bourgeoisie... Louise Miller, la fille d'un musicien. (*Milady se détourne pâle; il continue avec plus de vivacité.*) Je sais où je me précipite ; mais si la prudence ordonne à la passion de se taire, le devoir parle encore plus haut. C'est moi qui suis coupable, c'est moi qui lui ai enlevé la douce paix de l'innocence ; c'est moi qui, en berçant son cœur d'espérances outrées, l'ai livrée perfidement comme une proie aux passions impétueuses. Vous me rappellerez ma condition, ma naissance et les principes de mon père... Mais j'aime... mon espoir s'élève d'autant plus haut que la nature est tombée plus bas sous le fardeau des convenances... Ma résolution combattra les préjugés... Nous verrons qui, de la mode ou de l'humanité, restera sur le champ de bataille. (*Pendant ce temps, milady s'est retirée à l'extrémité de la chambre, et tient son visage caché entre ses mains. Il la suit.*) Vous vouliez me dire quelque chose, milady ?

MILADY, *avec l'expression de la plus profonde souffrance.* Rien, monsieur de Walter, rien, sinon que vous nous entraînez dans l'abîme, vous et moi, et une troisième.

FERDINAND. Et une troisième!...

MILADY. Nous ne pouvons être heureux ensemble ; nous serons donc les victimes de la précipitation de votre père. Je ne posséderai jamais le cœur d'un homme qui ne me donne sa main que par force.

FERDINAND. Par force, milady... oui, je la donne par force, et pourtant je la donne. Pourrez-vous exiger la main sans le cœur ? enlever à une jeune fille l'homme qui est pour cette jeune fille le monde entier, et à un homme la jeune fille qui est pour lui le monde entier? Vous, milady, vous, tout-à-l'heure encore cette Anglaise sublime... le pouvez-vous ?

MILADY. Je le dois. (*Avec force et sérieusement.*) Ma passion, Walter, cède à ma tendresse pour vous ; mon honneur ne le peut. Notre union est le sujet de tous les entretiens de la contrée ; tous les regards, toutes les flèches de la moquerie sont dirigés sur moi. Si un sujet du prince me refuse, c'est un affront ineffaçable.... Arrangez-vous avec votre père; tirez-vous-en comme vous pourrez... moi je fais sauter toutes les mines...

(*Elle sort. Le major reste muet et immobile; puis il sort par la porte de côté.*)

SCÈNE IV.

La chambre du musicien.

MILLER, LA FEMME, LOUISE.

MILLER, *l'air agité.* Je l'avais dit d'avance.

LOUISE, *avec anxiété.* Quoi, mon père? quoi?

MILLER, *courant comme un fou de haut en bas.* Mon habit de cérémonie... vite !... il faut que je le prévienne. Une chemise à manchettes... Je me le suis aussitôt imaginé...

LOUISE. Au nom de Dieu, quoi?

LA FEMME. Qu'y a-t-il? qu'y a-t-il donc?

MILLER *jette sa perruque dans la chambre.* Vite chez

ACTE II, SCÈNE IV.

le perruquier... Qu'y a-t-il? (*Courant devant le miroir.*) Et ma barbe qui a un doigt de longueur... Qu'y a-t-il? Que pourrait-il y avoir, carogne? Le diable est déchaîné... et l'orage va tomber sur toi.

LA FEMME. Là... voyez... il faut que tout tombe sur moi...

MILLER. Sur toi? oui, langue de tonnerre! et sur quel autre? Ce matin, avec ton diabolique gentilhomme... Ne te l'ai-je pas dit au moment même?... Wurm a babillé.

LA FEMME. Ah! c'est cela? Comment peux-tu le savoir?

MILLER. Comment je peux le savoir? Il y a là sur le seuil de la porte un drôle de chez le ministre qui demande le musicien.

LA FEMME Je suis morte!

MILLER. Et toi avec tes yeux de myosotis (*il rit avec douleur*). Le proverbe dit vrai : Quand le diable a pondu un œuf dans une maison, il en sort une jolie fille... à présent, je le vois.

LA FEMME. Mais comment sais-tu qu'il s'agit de Louise? Tu peux être recommandé au duc; il peut te désirer pour son orchestre.

MILLER *saisit sa canne*. Que la pluie de soufre de Sodome te... L'orchestre! oui, entremetteuse, tu y gémiras les notes de dessus, et mon bâton représentera la basse. (*Il se jette sur une chaise.*) Dieu du ciel!

LOUISE *s'assied pâle comme la mort*. Mon père, ma mère, pourquoi suis-je tout à coup si effrayée?

MILLER *se lève*. Mais que ce buveur d'encre passe seulement une fois à portée de mon bras! qu'il passe devant moi... soit dans ce monde, soit dans l'autre... si je ne lui broie pas à la fois l'âme et le corps, si je ne lui écris pas sur la peau les dix commandements de Dieu, et le *Pater* et tous les livres de Moïse, tellement qu'on en verra les marques au jour de la résurrection des morts...

LA FEMME. Oui, jure et fais du vacarme. Cela conjurera-t-il le diable? Aide-nous, Seigneur Dieu! Comment sortir de cet embarras? que faire? quel parti prendre? Père Miller, parle donc... (*Elle court en gémissant à travers la chambre.*)

MILLER. Je veux à l'instant aller chez le ministre. Je lui parlerai moi-même; je lui déclarerai... Tu savais cela avant moi; tu aurais pu m'en avertir. Cette fille aurait pu se rendre à nos avis; il était temps encore... Mais non... elle s'est laissé prendre à l'hameçon... et toi, tu as jeté du bois sur le feu. Eh bien! prends garde à ta peau d'entremetteuse, et avale ce que tu as préparé! Je prends ma fille sous le bras, et je passe la frontière.

SCÈNE V.

FERDINAND *entre effrayé et hors d'haleine.*
Les précédents.

FERDINAND. Mon père est-il venu?
LOUISE, *avec frayeur.* Son père! Dieu tout-puissant!
LA FEMME, *joignant les mains.* Le président! c'en est fait de nous!
MILLER *rit avec amertume.* Dieu soit loué! Dieu soit loué! voici la fête qui commence.
FERDINAND *court vers Louise et la serre avec force dans ses bras.* Tu es à moi, quand l'enfer et le ciel se mettraient entre nous!
LOUISE. Ma mort est assurée... Parle; tu as prononcé un nom terrible. Ton père...
FERDINAND. Ce n'est rien, ce n'est rien; c'est fini. Tu es à moi; je suis à toi de nouveau. Oh! laisse-moi respirer sur ton sein; la crise a été affreuse!
LOUISE. Laquelle? tu me fais mourir!
FERDINAND *se recule et la regarde avec expression.* Il y a eu un moment, Louise, où une figure étrangère se jetait entre toi et moi, où mon amour pâlissait devant

ma conscience, où ma Louise cessait d'être tout pour son Ferdinand. (*Louise tombe sur une chaise et se cache le visage. Ferdinand court à elle, la regarde en silence, puis la quitte tout à coup.*) Non, jamais, impossible! Milady, c'est trop demander; je ne puis te sacrifier cette innocente fille. Non, par le Dieu éternel, je ne puis violer le serment que j'ai fait, et qui éclate dans ses yeux languissants, comme la foudre du ciel! Regarde ici, milady; regarde ici, père cruel. Faut-il que j'égorge cet ange? faut-il que je fasse entrer l'enfer dans cette âme céleste? (*Avec fermeté.*) Je la conduirai devant le trône du juge suprême, et si mon amour est un crime, l'Éternel le dira. (*Il la prend par la main et la fait lever.*) Prends courage, ma bien-aimée; tu as vaincu; je reviens victorieux du combat le plus redoutable.

LOUISE. Non, non, ne me cache rien, rien; prononce l'effroyable sentence. Tu as nommé ton père, tu as nommé milady... Les frissons de la mort me saisissent... On dit qu'elle va épouser...

FERDINAND, *se jetant aux pieds de Louise.* M'épouser, moi, malheureuse!

LOUISE, *après un moment de silence, d'une voix tremblante et avec un calme douloureux.* Eh bien!... pourquoi donc ai-je peur?... Le vieux me l'avait souvent dit... et je n'avais jamais voulu le croire. (*Moment de silence. Elle se jette en sanglotant dans les bras de Miller.*) Mon père, voici ta fille qui te revient... Pardonne, mon père... Est-ce la faute de ton enfant, si ce rêve était si beau et si le réveil est si terrible?...

MILLER. Louise, Louise! oh! Dieu, elle est hors d'elle... Ma fille, ma pauvre enfant!... Malédiction sur le séducteur!... malédiction sur la femme qui a été l'entremetteuse!

LA FEMME *se jette en gémissant sur Louise.* Ma fille, ai-je mérité cette malédiction? Que Dieu vous pardonne, baron! Que vous a fait cet agneau pour que vous l'égorgiez?

FERDINAND, *s'élançant vers elle avec résolution.* Mais je veux traverser ces cabales, je veux rompre les chaînes du préjugé... Homme libre, je ferai mon choix, et ces âmes d'insectes trembleront devant l'œuvre gigantesque de mon amour. (*Il veut sortir.*)

LOUISE *le suit.* Reste, reste. Où veux-tu aller ?... Mon père, ma mère... il nous abandonne en ce moment d'angoisses !

LA FEMME *court après lui et le retient.* Le président va venir ici... Il maltraitera notre enfant... il nous maltraitera... monsieur de Walter, et vous nous abandonnez !...

MILLER, *avec un rire de fureur.* Il nous abandonne ! En vérité, pourquoi pas? elle lui a tout donné. (*Il prend la main du major et celle de Louise.*) Patience, monsieur! on ne sort de ma maison qu'en passant par là... Attends ton père, si tu n'es pas un coquin; raconte-lui comment tu t'es insinué dans le cœur de ma fille, traître!... ou par le ciel (*lui jetant sa fille avec violence*) il faudra que tu écrases auparavant cette pauvre faible créature que son amour pour toi dévoue à la honte !

FERDINAND *revient et se promène pensif.* Il est vrai que l'autorité du président est grande... Le droit paternel est un grand mot... le crime peut même se cacher sous ce mot... Il peut aller loin, bien loin... Mais il ne fera que pousser mon amour à l'extrémité... Viens, Louise, mets ta main dans la mienne. (*Il la saisit avec force.*) Aussi vrai que Dieu ne m'abandonnera pas à mon dernier soupir... le moment qui séparera ces deux mains rompra les derniers liens entre moi et la création.

LOUISE. J'ai peur. Ne me regarde pas; tes lèvres tremblent; tes yeux roulent d'une manière terrible.

FERDINAND. Non, Louise, je ne tremble pas. Ce n'est pas la folie qui parle par ma bouche; c'est la fermeté, ce précieux don du ciel dans le moment décisif où l'âme oppressée se fait jour par une force inouïe. Je t'aime, Louise; tu seras à moi, Louise. Maintenant, je vais trouver mon père. (*Il se précipite et rencontre le président.*)

SCÈNE VI.

LE PRÉSIDENT *avec plusieurs domestiques.*
Les précédents.

LE PRÉSIDENT *entrant*. Il est déjà là! (*Tous sont effrayés.*)

FERDINAND *recule d'un pas*. Dans la maison de l'innocence.

LE PRÉSIDENT. Où le fils apprend à désobéir à son père.

FERDINAND. Permettez-nous pourtant...

LE PRÉSIDENT *l'interrompt*. (*A Miller.*) Vous êtes le père?

MILLER. Miller, musicien de la ville.

LE PRÉSIDENT, *à la femme*. Et vous la mère?

LA FEMME. Hélas! oui, la mère.

FERDINAND, *à Miller*. Emmenez votre fille; elle va se trouver mal.

LE PRÉSIDENT. C'est un soin inutile; je la ferai revenir. (*A Louise.*) Combien y a-t-il de temps que vous connaissez le fils du président?

LOUISE. Je ne me suis jamais informée de son père. Depuis le mois de novembre, Ferdinand de Walter me recherche.

FERDINAND. Dites qu'il vous adore.

LE PRÉSIDENT. Vous a-t-il fait quelque promesse?

FERDINAND. La plus solennelle de toutes, en face de Dieu, il n'y a qu'un instant.

LE PRÉSIDENT, *en colère, à son fils*. On te fera aussi confesser ta folie. (*A Louise.*) J'attends votre réponse.

LOUISE. Il a juré de m'aimer.

FERDINAND. Et il tiendra son serment.

LE PRÉSIDENT. Dois-je t'ordonner de te taire?... Avez-vous accepté cette promesse?

LOUISE, *avec tendresse.* J'en ai fait une semblable.

FERDINAND. L'alliance est conclue.

LE PRÉSIDENT. Je ferai jeter l'écho dehors. (*Avec méchanceté à Louise.*) Il vous a toujours payée comptant?

LOUISE, *attentive.* Je ne comprends pas cette question.

LE PRÉSIDENT, *avec un rire méprisant.* Eh bien!... je veux seulement dire... chaque métier a, comme on dit, son salaire... et je pense que vous n'aurez pas gratuitement donné vos faveurs... ou peut-être n'avez-vous reçu que des à-compte?...

FERDINAND, *furieux.* Enfer! qu'est-ce que cela signifie?

LOUISE, *au major avec dignité.* Monsieur de Walter, à présent vous êtes libre.

FERDINAND. Mon père, la vertu impose le respect même sous les vêtements de la misère.

LE PRÉSIDENT, *avec un éclat de rire.* Plaisante prétention! le père doit respecter la catin de son fils!

LOUISE *tombe sur le sol.* O ciel et terre!

FERDINAND *s'avance sur le président avec une épée, mais la laisse aussitôt retomber.* Mon père, vous m'avez donné la vie; nous sommes quittes. (*Il repousse son épée dans le fourreau.*) Le diplôme de mon devoir filial est déchiré.

MILLER, *qui jusqu'alors s'est tenu à l'écart, s'avance en fureur, tantôt en grinçant des dents, et tantôt tremblant d'anxiété.* Excellence... l'enfant est l'œuvre du père... révérence parlant... Celui qui appelle la fille catin... donne un soufflet au père; et soufflet pour soufflet... c'est la taxe parmi nous... révérence parlant...

LA FEMME. Secourez-nous, Seigneur Dieu! Voilà le vieux qui s'emporte aussi. L'orage tombera à la fois sur nous tous.

LE PRÉSIDENT, *qui n'a entendu qu'à demi.* L'entremetteur s'en mêle-t-il aussi?... Nous vous dirons deux mots tantôt, monsieur l'entremetteur.

MILLER. Révérence parlant, je m'appelle Miller... si vous souhaitez entendre un adagio... Mais je ne me mêle pas des affaires de galanterie... Tant que la cour en aura le privilége, ce trafic ne viendra pas jusqu'à nous autres bourgeois... révérence parlant.

LA FEMME. Au nom du ciel, tu perds ta femme et ta fille !

FERDINAND. Vous jouez ici un rôle, mon père, pour lequel vous auriez fort bien pu vous passer de témoins.

MILLER *s'approche de lui avec plus de courage.* C'est de l'allemand intelligible... révérence parlant... Votre Excellence gouverne et administre le duché ; mais voici ma chambre... Mes compliments très-humbles, si jamais je vous porte une pétition ; mais un convive mal appris, je le jette à la porte... révérence parlant.

LE PRÉSIDENT, *pâle de colère.* Comment? qu'est-ce que c'est que cela? (*Il s'approche de lui.*)

MILLER *se retire doucement.* Monsieur, c'était mon opinion... révérence parlant.

LE PRÉSIDENT, *en fureur.* Ah! drôle, ton opinion te mènera à la maison de correction. Allez... faites venir les gens de la justice. (*Quelques valets sortent. Le président va et vient avec fureur à travers la chambre.*) Le père à la maison de correction, la mère au carcan avec sa catin de fille. La justice prêtera son bras à ma colère. Pour cette offense, ah! j'aurai une terrible satisfaction... Une telle canaille renverserait mes plans, brouillerait impunément le père avec le fils!... Ah! maudites gens! j'assouvirai ma haine dans votre ruine... Toute la race, père, mère, fille seront sacrifiés à ma vengeance!

FERDINAND, *s'avançant au milieu d'eux avec calme.* Non, ne craignez rien ; je suis là pour vous garder. (*Au président avec un ton soumis.*) Point de précipitation, mon père, Si vous avez quelque affection pour vous-même, point de violence! Il y a une région dans mon cœur où le nom de père n'a jamais pénétré... ne vous avancez pas jusque-là.

LE PRÉSIDENT. Tais-toi, vaurien, n'augmente pas encore ma colère!

MILLER, *sortant d'une profonde stupeur.* Veille sur ton enfant, femme, je cours trouver le duc... Le tailleur de la cour... c'est Dieu qui m'inspire cette idée; le tailleur de la cour prend des leçons de flûte près de moi... Je ne puis manquer d'arriver jusqu'au duc. (*Il veut sortir.*)

LE PRÉSIDENT. Jusqu'au duc, dis-tu? As-tu donc oublié que je suis moi-même le seuil par lequel il faut passer, ou se rompre le cou? Jusqu'au duc, imbécile! essaye-le quand tu seras enterré vivant dans un cachot, où la nuit fait les yeux doux à l'enfer, où tu ne reverras plus la lumière, où tu n'entendras plus aucun bruit. Alors fais sonner tes chaînes, et crie en gémissant : Ah! tout ceci m'était trop dû.

SCÈNE VII.

LES GENS DE LA JUSTICE, *les précédents.*

FERDINAND *court vers Louise, qui tombe à demi-morte dans ses bras.* Louise! Secourez-la, sauvez-la! la frayeur l'accable. (*Miller prend sa canne, enfonce son chapeau sur sa tête et se dispose à l'attaque. La femme se jette à genoux devant le président.*)

LE PRÉSIDENT, *aux gens de justice, en leur montrant ses décorations.* Prêtez-moi main-forte, au nom du duc... Jeune homme, éloigne-toi de cette fille... Évanouie ou non, quand elle aura le collier de fer au cou, on la réveillera à coups de pierre.

LA FEMME. Miséricorde, Excellence, miséricorde! miséricorde!

MILLER, *relevant sa femme.* Agenouille-toi devant

Dieu, vieille catin larmoyante... et non pas devant des misérables, puisque je suis déjà condamné à aller en prison.

LE PRÉSIDENT *se mord les lèvres.* Tu pourrais faire un mécompte, coquin! Il y a encore des places vides au gibet. (*Aux gens de justice.*) Faut-il vous le dire encore une fois? (*Les gens de justice s'avancent vers Louise.*)

FERDINAND *se place devant elle avec colère.* Qui veut s'avancer? (*Il tire son épée et se défend avec la poignée.*) Que nul d'entre vous ne s'avise de la toucher, à moins qu'il n'ait aussi vendu son crâne à la justice... (*Au président.*) Par égard pour vous-même, mon père, ne me poussez pas plus loin.

LE PRÉSIDENT, *d'un ton de menace, aux gens de justice.* Poltrons, si vous tenez à gagner encore votre pain!... (*Les gens de justice s'approchent de nouveau de Louise.*)

FERDINAND. Par la mort et par tous les diables, arrière! je vous le dis encore une fois. Ayez pitié de vous-même; ne me poussez pas à bout, mon père!

LE PRÉSIDENT, *en fureur.* Est-ce ainsi que vous remplissez votre devoir, coquins? (*Les gens de justice s'avancent avec plus d'ardeur.*)

FERDINAND. Eh bien! puisqu'il le faut!... (*Il tire son épée et blesse quelques hommes.*) Que la justice me pardonne!

LE PRÉSIDENT, *plein de colère.* Je veux voir si je sentirai aussi cette épée. (*Il prend Louise lui-même, et la remet à un sergent.*)

FERDINAND. Mon père, mon père, vous faites là une mordante pasquinade contre la Divinité, qui a si peu compris la nature de ses gens, qu'elle a fait d'un excellent valet de bourreau un mauvais ministre.

LE PRÉSIDENT, *avec sa suite.* Emmenez-la.

FERDINAND. Mon père, elle sera au carcan, mais avec le major, fils du président... Persistez-vous encore?

LE PRÉSIDENT. Le spectacle n'en sera que plus drôle. Allez...

FERDINAND. Mon père, je jette sur cette jeune fille mon épée d'officier. Persistez-vous encore?

LE PRÉSIDENT. Il ne convient pas à un homme qui va au carcan de garder l'épée à son côté. Allez, allez, vous connaissez ma volonté.

FERDINAND *arrache Louise aux gens de justice, la tient d'une main, et de l'autre agite son épée sur elle.* Mon père, plutôt que de vous laisser déshonorer mon épouse, je la tuerai. Persistez-vous encore?

LE PRÉSIDENT. Fais-le, si ton épée est assez aiguë.

FERDINAND *abandonne Louise et lève un regard terrible vers le ciel.* Dieu tout-puissant, tu en es témoin; j'ai employé tous les moyens humains... je veux en essayer un diabolique... Pendant que vous l'enverrez au carcan (*à l'oreille du président*), je raconterai dans la Résidence une certaine histoire, elle est intitulée *comment on devient* PRÉSIDENT.

(*Il sort.*)

LE PRÉSIDENT, *comme frappé de la foudre.* Qu'est-ce donc?... Ferdinand!... Laissez-la libre.

(*Il court après le major.*)

ACTE TROISIÈME.

SCÈNE I.

Un salon chez le président.

LE PRÉSIDENT, *le secrétaire* **WURM.**

LE PRÉSIDENT. Une maudite affaire en vérité.

WURM. C'est ce que je craignais, monseigneur. La contrainte irrite les natures exaltées, mais ne les convertit jamais.

LE PRÉSIDENT. J'avais une grande confiance dans ce projet. Je raisonnais ainsi : Quand la jeune fille sera déshonorée, il devra, en sa qualité d'officier, se retirer.

WURM. Excellent, sans doute ; mais il fallait en venir à la déshonorer.

LE PRÉSIDENT. Et pourtant, lorsque j'y réfléchis maintenant de sang-froid... je n'aurais pas dû me laisser imposer... C'est une menace qu'il n'a jamais pu faire sérieusement.

WURM. Ne croyez pas cela ; la passion irritée ne recule devant aucune folie. Vous me dites que le major s'est toujours montré fort irrévérencieux à l'endroit de votre direction. Je le crois. Les principes qu'il a rapportés de l'académie ne me plaisent que médiocrement. Que signifient ces rêves fantastiques de grandeur d'âme et de noblesse personnelle dans une cour, en un monde où la plus grande sagesse consiste à se faire habilement et en temps opportun grand ou petit ? Il est trop jeune et trop ardent pour prendre goût à cette marche lente et tortueuse de l'intrigue, et son ambition ne sera mise en mouvement que par ce qui est grand et aventureux.

LE PRÉSIDENT, *avec chagrin*. Mais de quel avantage ces sages observations peuvent-elles être pour notre affaire ?

WURM. Elles doivent indiquer à Votre Excellence la blessure et peut-être le remède. Il ne fallait jamais... permettez-moi de vous le dire, prendre un homme de ce caractère pour confident, ou s'en faire un ennemi. Il a horreur des moyens par lesquels vous vous êtes élevé. Peut-être le sentiment filial a-t-il jusqu'à présent retenu la langue du traître. Donnez-lui une occasion de la délier ; en combattant trop violemment ses passions, faites-lui croire que vous n'avez pas la tendresse d'un père, alors les devoirs du patriote l'emporteront dans son esprit. Et voyez, l'étrange fantaisie d'offrir à la justice une si insigne victime qui pourrait bien à elle seule avoir assez de prestige à ses yeux pour le porter à perdre son père lui-même.

LE PRÉSIDENT. Wurm ! Wurm ! vous me conduisez là au bord d'un épouvantable abîme !

WURM. Je vous en retirerai, monseigneur. Puis-je parler librement ?

LE PRÉSIDENT, *s'asseyant*. Comme un damné à son compagnon de damnation.

WURM. Ainsi, excusez-moi. Vous devez, il me semble, à la souplesse du courtisan votre position de président : pourquoi ne lui confieriez-vous pas aussi celle de père ? Je me rappelle encore avec quelle cordialité vous entraînâtes votre prédécesseur dans une partie de piquet, et comme vous lui fîtes boire amicalement, pendant la moitié de la nuit, du vin de Bourgogne, et c'était la nuit même où la grande mine devait partir et faire sauter le bonhomme en l'air. Pourquoi avez-vous révélé à votre fils son ennemi ? Jamais il n'aurait dû savoir que je connaissais ses relations d'amour. Vous auriez miné sourdement le roman du côté de la fille et conservé le cœur de votre fils ; vous auriez agi comme le général prudent qui n'attaque pas l'ennemi au cœur de son armée, mais qui jette la discorde dans ses rangs.

LE PRÉSIDENT. Comment fallait-il s'y prendre ?

WURM. De la manière la plus simple, et la partie n'est pas encore tout à fait perdue. Réprimez quelque temps en vous le sentiment du père ; ne vous mesurez pas avec une passion à laquelle chaque obstacle ne fait que donner plus de force. Laissez-moi le soin de lui faire éclore, par sa propre chaleur, le ver qui la rongera.

LE PRÉSIDENT. Je suis curieux...

WURM. Ou je comprends bien mal le thermomètre de l'âme, ou monsieur le major est terrible dans sa jalousie comme dans son amour. Donnez-lui des soupçons sur cette fille... vraisemblables ou non. Il suffit d'un grain de levain pour mettre le tout dans une fermentation destructive.

LE PRÉSIDENT. Mais où prendre ce grain?

WURM. Nous y voici. Avant tout, monseigneur, dites-moi à quel jeu vous expose la résistance prolongée du major... de quelle importance il est pour vous de clore ce roman avec la petite bourgeoise, et de conclure le mariage avec lady Milford?

LE PRÉSIDENT. Penses-tu encore le demander, Wurm? Il y va de mon influence si le mariage avec milady n'a pas lieu, et de ma tête si je contrains le major.

WURM, *allègrement*. Maintenant, accordez-moi la faveur de m'entendre... Avec monsieur le major nous employons la ruse, avec la jeune fille nous appelons tout votre pouvoir à notre secours. Nous lui dictons un billet doux adressé à une tierce personne, et faisons de la bonne manière tomber ce billet entre les mains du major.

LE PRÉSIDENT. Quelle folle idée! comme si elle pouvait se résoudre si vite à écrire son arrêt de mort!

WURM. Elle le fera, si vous me laissez la main libre. Je connais à fond son excellent cœur. Elle n'a que deux côtés vulnérables; c'est par là que nous livrerons assaut à sa conscience... l'un est son père, l'autre le major. Nous laissons le dernier complétement en dehors du jeu, et nous agissons d'autant plus hardiment avec le musicien...

LE PRÉSIDENT. Par exemple!

WURM. D'après ce que Votre Excellence m'a raconté de la scène qui a eu lieu dans la maison, il n'y aurait rien de plus facile que de menacer le père d'un procès criminel. La personne du favori et du garde des sceaux est en quelque sorte l'ombre de la majesté; les offenses envers l'une sont les crimes envers l'autre..... Du moins, avec cet épouvantail que je me charge de bâcler, je puis faire passer le pauvre diable par le trou d'une aiguille.

LE PRÉSIDENT. Mais l'affaire ne pourrait-elle pas devenir sérieuse.

WURM. Pas le moins du monde... seulement assez pour mettre la famille dans l'embarras. Nous mettons le père à l'ombre ; pour rendre l'inquiétude encore plus pressante, on pourrait bien en faire autant de la mère... puis nous parlons d'accusation capitale, d'échafaud, de détention perpétuelle, et faisons de la lettre de la fille l'unique condition de leur délivrance.

LE PRÉSIDENT. Bien, bien, je comprends.

WURM. Elle aime son père... pour ainsi dire jusqu'à la passion. Le danger de sa vie, de sa liberté tout au moins.... les reproches de conscience qu'elle se fera à cet égard.... l'impossibilité de posséder le major, enfin le trouble de sa pauvre tête dont je me charge moi-même... cela ne peut manquer. . elle tombera dans le piége.

LE PRÉSIDENT. Mais mon fils ne le saura-t-il pas à l'instant? n'en deviendra-t-il pas plus furieux?

WURM. Laissez-moi ce soin, monseigneur. Le père et la mère ne seront pas remis en liberté avant que toute la famille ait fait le serment formel de garder le secret sur cette affaire et de confirmer notre supercherie.

LE PRÉSIDENT. Un serment! Que peut-on attendre d'un serment, imbécile?

WURM. Rien parmi nous, monseigneur; tout parmi cette espèce d'hommes.... Et voyez comme en nous y prenant ainsi nous arrivons tous deux à notre but? La jeune fille perd l'amour du major et sa réputation de vertu. Le père et la mère prennent un ton radouci, et peu à peu, subjugués par une aventure de cette sorte, ils trouveront à la fin que c'est un acte de commisération de ma part que de réhabiliter leur fille en lui donnant ma main.

LE PRÉSIDENT *rit et secoue la tête.* Oui, coquin, je m'avoue vaincu. Cette trame est d'une finesse satanique... l'écolier a surpassé son maître... Maintenant, la question est de savoir à qui le billet sera adressé, et avec qui nous la ferons soupçonner d'entretenir une liaison.

WURM. Nécessairement avec quelqu'un qui a tout à gagner ou tout à perdre à la résolution de monsieur votre fils.

LE PRÉSIDENT, *après quelque réflexion.* Je ne vois que le maréchal.

WURM *hausse l'épaule.* Il ne serait vraiment pas de mon goût, si je m'appelais Louise Miller.

LE PRÉSIDENT. Et pourquoi pas? En vérité je t'admire! une garde-robe éblouissante... une atmosphère d'eau de mille fleurs et d'ambre... pour chaque parole stupide une poignée de ducats... et tout cela ne pourrait pas corrompre la délicatesse d'une fille bourgeoise!... O mon bon ami... la jalousie n'est pas si scrupuleuse... J'envoie chercher le maréchal. (*Il sonne.*)

WURM. Pendant que Votre Excellence lui parlera et fera coffrer le musicien, je vais rédiger ledit billet doux.

LE PRÉSIDENT *s'approche de son pupitre.* Tu me l'apporteras dès qu'il sera fait. (*Wurm sort. Le président s'asseoit à sa table. Un valet de chambre entre. Le président se lève et lui donne un papier.*) Qu'on porte sur-le-champ au tribunal cet ordre d'arrestation, et qu'un autre d'entre vous aille prier le maréchal de venir chez moi.

LE VALET DE CHAMBRE. Son Excellence descend à l'instant de voiture.

LE PRÉSIDENT. Encore mieux... Vous direz qu'on exécute ces ordres avec précaution, et qu'on ne fasse pas de bruit.

LE VALET DE CHAMBRE. Très-bien, monseigneur.

LE PRÉSIDENT. Vous entendez? que tout se passe sans bruit!

LE VALET DE CHAMBRE. Très-bien, monseigneur.

(*Il sort.*)

SCÈNE II.

LE PRÉSIDENT, LE MARÉCHAL *de la cour.*

LE MARÉCHAL, *l'air affairé.* Je viens en passant, mon cher. Comment allez-vous ? comment vous trouvez-vous ?... Ce soir... le grand opéra de Didon... le plus beau feu d'artifice... toute une ville en flammes... Vous viendrez la voir brûler, n'est-ce pas ?

LE PRÉSIDENT. Il y a dans ma maison assez de feux d'artifice qui menacent de faire sauter mon pouvoir en l'air... Vous venez fort à propos, mon cher maréchal, pour me donner un conseil et m'aider dans une affaire qui peut ou nous pousser tous deux, ou nous ruiner complétement. Asseyez-vous.

LE MARÉCHAL. Vous me faites peur, mon bon.

LE PRÉSIDENT. Comme je vous le dis, nous pousser ou nous ruiner complétement. Vous savez mon projet sur milady et le major. Vous comprenez que ce mariage était indispensable pour assurer notre fortune à tous deux... Tout peut s'écrouler, Kalb ; mon Ferdinand ne veut pas...

LE MARÉCHAL. Il ne veut pas ! il ne veut pas ! J'ai déjà annoncé la nouvelle dans toute la ville ; ce mariage est dans la bouche de tout le monde !

LE PRÉSIDENT. Vous courez risque de passer aux yeux de toute la ville pour un étourdi. Il en aime une autre.

LE MARÉCHAL. Vous plaisantez ! est-ce là un obstacle ?

LE PRÉSIDENT. Pour cette tête obstinée, c'est l'obstacle le plus insurmontable.

LE MARÉCHAL. Comment, il serait assez fou pour repousser ainsi sa fortune ?

LE PRÉSIDENT. Demandez-le lui, et vous verrez ce qu'il vous répondra.

LE MARÉCHAL. Mais, mon Dieu, que peut-il donc répondre ?

LE PRÉSIDENT. Qu'il veut découvrir au monde entier le crime par lequel nous nous sommes élevés, produire nos fausses lettres et nos fausses quittances, et nous livrer tous deux au glaive de la justice... Voilà ce qu'il peut répondre.

LE MARÉCHAL. Êtes-vous fou ?

LE PRÉSIDENT. Voilà ce qu'il a répondu, ce qu'il était déjà dans l'intention d'exécuter. J'ai à peine réussi à l'en détourner par ma profonde soumission... Que dites-vous de cela ?

LE MARÉCHAL, *avec un air benêt*. Ma raison s'y perd.

LE PRÉSIDENT. Cela pourrait encore aller ; mais mes espions viennent de m'annoncer que le grand échanson de Bock doit demander la main de milady.

LE MARÉCHAL. Vous me rendrez fou ! Qui dites-vous ? de Bock, dites-vous ? Savez-vous que nous sommes ennemis mortels, et savez-vous pourquoi ?

LE PRÉSIDENT. Voilà le premier mot que j'en entends dire.

LE MARÉCHAL. Mon cher, vous allez l'apprendre, et tout votre corps en frémira... Vous souvenez-vous encore du bal de la cour ?... il y a de cela vingt-et-un ans... vous savez, celui où l'on dansa la première anglaise, et où la cire brûlante qui coulait du lustre tomba sur le domino du comte de Murschaum ?... Ah Dieu ! vous devez encore vous en souvenir !

LE PRÉSIDENT. Qui pourrait oublier de pareilles choses ?

LE MARÉCHAL. Nous y voici. Dans la chaleur de la danse, la princesse Amélie perd sa jarretière... tout le monde, comme vous le concevez bien, est en mouvement... De Bock et moi nous étions encore gentilshommes de la chambre... nous nous traînons à travers toute la salle pour chercher la jarretière... Enfin je l'aperçois... De Bock me remarque... de Bock s'élance, me l'arrache des mains... je vous demande ! Il la porte à la princesse, et me souffle le compliment... Qu'en dites-vous ?

LE PRÉSIDENT. L'impertinent!...

LE MARÉCHAL. Il me le souffle!... Je fus sur le point de me trouver mal... Une telle malice ne s'est jamais vue. Enfin je me remets, je m'approche de son altesse, et je lui dis : Madame, de Bock a été assez heureux pour présenter la jarretière à votre altesse royale, mais celui qui le premier a aperçu cette jarretière jouit en silence et se tait.

LE PRÉSIDENT. Bravo! maréchal, bravissimo!

LE MARÉCHAL. Et se tait. Mais j'en garderai rancune à de Bock jusqu'au jugement dernier... Le plat et rampant flatteur!... Et ce n'était pas assez... au moment où nous nous précipitions tous deux par terre sur la jarretière, de Bock fait tomber toute la poudre du côté droit de ma coiffure, et me voilà abîmé pour le reste du bal.

LE PRÉSIDENT. Et voilà l'homme qui épousera la Milford, et qui deviendra le premier personnage de la cour.

LE MARÉCHAL. Vous m'enfoncez un poignard dans le cœur. Il deviendra... il deviendra... Pourquoi le deviendra-t-il? où en est la nécessité?

LE PRÉSIDENT. Parce que mon Ferdinand ne veut pas, et qu'aucun autre ne se présente.

LE MARÉCHAL. Mais ne connaissez-vous donc aucun moyen de forcer la résolution du major? aucun moyen si bizarre, si désespéré qu'il soit? Qu'y a-t-il de désagréable dans le monde qui ne nous paraisse excellent pour chasser ce maudit de Bock?

LE PRÉSIDENT. Je ne connais qu'un seul moyen, et il dépend de vous.

LE MARÉCHAL. Il dépend de moi? et c'est?...

LE PRÉSIDENT. De brouiller le major avec sa bien-aimée.

LE MARÉCHAL. De le brouiller? Comment entendez-vous cela? et que puis-je faire?

LE PRÉSIDENT. Tout est sauvé dès que nous aurons

jeté à ses yeux quelques soupçons sur la jeune fille.

LE MARÉCHAL. Le soupçon qu'elle vole, je suppose?

LE PRÉSIDENT. Comment pourrait-il le croire? Mais... qu'elle ait des relations avec un autre.

LE MARÉCHAL. Et cet autre?

LE PRÉSIDENT. Ce serait vous.

LE MARÉCHAL. Quoi! moi? Est-elle noble?

LE PRÉSIDENT. A quoi sert? quelle idée!... La fille d'un musicien.

LE MARÉCHAL. Une bourgeoise! alors cela ne va pas. Comment!...

LE PRÉSIDENT. Cela ne va pas? plaisanterie! Quel homme sous le ciel peut avoir l'idée de demander à deux jolies joues fraîches une généalogie?

LE MARÉCHAL. Mais pensez-donc! un homme marié... et ma réputation à la cour?

LE PRÉSIDENT. C'est autre chose. Pardonnez-moi; je ne savais pas qu'il fût plus important pour vous d'avoir des mœurs irréprochables que de l'influence. Brisons là-dessus.

LE MARÉCHAL. Soyez raisonnable, baron; ce n'est pas ainsi que je l'entendais.

LE PRÉSIDENT, *froidement*. Non, non! vous avez parfaitement raison. Du reste, je suis fatigué, je laisse aller les choses. Je souhaite beaucoup de bonheur au premier ministre de Bock. Il y a encore d'autres États de par le monde; je prierai le duc de recevoir ma démission.

LE MARÉCHAL. Et moi? Il vous est bien aisé de parler, à vous; vous êtes un savant; mais moi... mon Dieu! que suis-je, si son altesse m'abandonne.

LE PRÉSIDENT. Un bon mot d'avant-hier, la mode de l'an passé.

LE MARÉCHAL. Je vous en conjure, cher, tendre... étouffez cette pensée, je ferai tout ce que vous voudrez.

LE PRÉSIDENT. Voulez-vous prêter votre nom pour un rendez-vous que cette Miller vous donnerait par écrit?

LE MARÉCHAL. Je jure Dieu que je le prêterai.

LE PRÉSIDENT. Et laisser tomber quelque part son billet de façon à ce qu'il arrive aux yeux du major?

LE MARÉCHAL. Par exemple, à la parade, où je pourrais le laisser tomber comme par hasard, en tirant mon mouchoir de ma poche.

LE PRÉSIDENT. Et vous soutiendrez devant le major votre rôle d'amoureux?

LE MARÉCHAL. Mort de ma vie! je lui laverai la tête, et j'apprendrai à ce petit monsieur à convoiter mon amoureuse.

LE PRÉSIDENT. Cela va à merveille. La lettre sera écrite aujourd'hui; venez chez moi ce soir pour la prendre et arranger votre rôle avec moi.

LE MARÉCHAL. Dès que j'aurai fait quinze visites de la plus grande importance. Pardonnez-moi si je vous quitte à l'instant. (*Il sort.*)

LE PRÉSIDENT *sonne*. Maréchal! je compte sur votre habileté.

LE MARÉCHAL. Ah! mon Dieu! vous me connaissez.

SCÈNE III.

LE PRÉSIDENT, WURM.

WURM. Le musicien et sa femme ont été heureusement arrêtés et sans bruit. Votre Excellence veut-elle lire la lettre?

LE PRÉSIDENT, *après l'avoir lue*. Parfait! parfait! mon cher secrétaire. Le maréchal a aussi mordu... Un poison comme celui-ci pourrait empester la santé elle-même. Maintenant va-t-en travailler le père et chauffe-moi la fille. (*Ils sortent de différents côtés.*)

SCÈNE IV.

Une chambre dans la maison de Miller.

LOUISE, FERDINAND.

LOUISE. Cesse, je t'en prie: je ne crois plus à aucun

jour de bonheur; toutes mes espérances sont anéanties.

FERDINAND. Et les miennes ont grandi. Mon père est furieux; mon père dirigera contre nous toutes ses batteries; il me forcera à devenir un fils dénaturé. Que m'importe, mon devoir filial: la rage et le désespoir arracheront de moi l'affreux secret de son meurtre. Le fils livrera son père aux mains du bourreau. Le péril est extrême, et il faut qu'il soit extrême pour que mon amour ose faire ce pas de géant. Écoute, Louise! une pensée grande et démesurée comme ma passion s'élève dans mon âme... Toi, Louise, et moi et l'amour; le ciel entier n'est-il pas là, et as-tu besoin de quelque chose de plus?

LOUISE. Arrête! rien de plus! Je tremble de ce que tu vas dire.

FERDINAND. Si nous n'avons plus rien à attendre du monde, pourquoi donc mendier son suffrage, pourquoi se hasarder là où il n'y a rien à gagner et tout à perdre? Ces yeux ne brilleront-ils pas du même éclat, s'ils se reflètent dans les flots du Rhin, ou de l'Elbe, ou de la mer Baltique? Là où Louise m'aimera, là est ma patrie. La trace de tes pas dans les sables du désert sauvage vaut mieux pour moi que les cathédrales de mon pays. Regretterons-nous la splendeur des villes? Partout où nous irons, Louise, il y a un soleil qui se lève et qui se couche; c'est un spectacle qui fait pâlir les plus belles œuvres de l'art. Nous ne vénérerons plus Dieu dans un temple; mais la nuit déroulera autour de nous son religieux effroi; les changements de la lune nous prêcheront la pénitence, et une pieuse église d'étoiles priera avec nous. Nous n'épuiserons pas les entretiens de l'amour; non, un sourire de ma Louise pourrait en être le sujet pendant un siècle, et le rêve de ma vie finira avant que je sache jusqu'où va cette larme.

LOUISE. Et n'as-tu pas d'autre devoir que ton amour?

FERDINAND *l'embrasse*. Le plus sacré c'est ton repos.

LOUISE, *très-sérieuse*. Alors tais-toi et laisse-moi...

J'ai un père qui n'a pour tout bien que sa fille unique...
qui demain aura soixante ans, et qui est poursuivi par
la vengeance de ton père.

FERDINAND, *avec vivacité*. Il nous accompagnera.
Ainsi, plus d'obstacles, chère. Je cours échanger en
or tout ce que j'ai de précieux. Je prélève une somme
d'argent sur mon père. Il est permis de dépouiller un
voleur, et ses trésors ne sont-ils pas le prix du sang de
la patrie? Cette nuit, à une heure, une voiture s'arrê-
tera ici; je vous y jette et nous fuyons.

LOUISE. Et la malédiction de ton père nous suivra...
Une malédiction, insensé, que le meurtrier lui-même
ne prononce pas sans qu'elle soit exaucée; une malédiction, qui s'attacherait à nos pas comme un spectre
impitoyable et nous chasserait de mer en mer... Non,
mon bien-aimé; s'il faut un crime pour te conserver,
j'ai encore la force de te perdre.

FERDINAND, *immobile et balbutiant d'un air sombre*.
En vérité!

LOUISE. Te perdre!... oh! il y a dans cette pensée une
horreur sans bornes; elle est si affreuse qu'elle peut
traverser l'âme immortelle et faire pâlir un visage res-
plendissant de bonheur... Ferdinand!... te perdre! Mais
on ne perd que ce qu'on a possédé, et ton cœur appartient à ta condition. Mes prétentions étaient un sacrilége, je les abandonne en tremblant.

FERDINAND, *le visage altéré, et se mordant la lèvre inférieure*. Tu les abandonnes?

LOUISE. Non. Regarde-moi, cher Walter; ne grince
pas ainsi amèrement des dents. Viens, laisse-moi ravi-
ver par mon exemple ton courage mourant; laisse-moi
être l'héroïne de cette crise... rendre à son père un fils
égaré, renoncer à une union que l'état de la société
rend impossible, et qui renverserait l'ordre éternel,
l'ordre général. C'est moi qui suis coupable... Des
vœux téméraires et insensés se sont élevés dans mon
cœur... mon malheur est une punition... Mais laisse-

moi la douce et flatteuse illusion que c'est moi qui fais un sacrifice... Veux-tu m'envier cette jouissance? (*Dans sa distraction, Ferdinand a saisi avec colère un violon et essayé d'en jouer. Puis il en brise les cordes, jette l'instrument par terre et pousse un éclat de rire.*) Walter! Dieu du ciel! que fais-tu donc? remets-toi! Cette heure-ci demande de la fermeté; c'est l'heure de la séparation. Tu as un cœur, cher Walter, je le connais... Ton amour est ardent comme la vie, et sans bornes comme l'infini... donne-le à une noble et digne créature... elle n'aura rien à envier aux plus heureuses femmes. (*Comprimant ses larmes.*) Tu ne me verras plus... La pauvre fille trompée dans son espoir pleurera sa douleur dans des murs solitaires, et personne ne s'inquiétera de ses larmes... Mon avenir est vide et mort... mais de temps à autre je respirerai encore les fleurs flétries du passé. (*Elle détourne le visage et lui tend une main tremblante.*) Adieu, monsieur de Walter.

FERDINAND, *sortant de sa stupeur.* Je fuis, Louise. En vérité, ne veux-tu pas me suivre?

LOUISE *s'asseoit dans le fond de la chambre, et se cache le visage dans les deux mains.* Mon devoir m'ordonne de rester et de souffrir.

FERDINAND. Tu me trompes, serpent; tu es ici enchaînée par quelque autre raison.

LOUISE, *avec le ton de la plus profonde douleur.* Gardez cette pensée, elle vous rendra peut-être moins malheureux.

FERDINAND. Le devoir glacial auprès de l'amour brûlant!... Et je me laisserais éblouir par ce conte d'enfant!... Un amant t'enchaîner!... Malheur à toi et à lui, si mes soupçons se confirment.

(*Il sort à la hâte.*)

SCÈNE V.

LOUISE, *seule.* (*Elle reste un instant immobile et muette sur sa chaise, puis se lève et regarde avec effroi autour d'elle.*) Où peuvent être mes parents? Mon père avait promis d'être de retour dans quelques minutes, et voilà cinq terribles heures qu'il est loin... S'il lui était arrivé un accident... Quelle émotion! Pourquoi suis-je oppressée? (*Wurm entre dans la chambre, et reste dans le fond sans qu'elle le voie.*) Ce n'est rien de réel... ce ne sont que les affreuses images produites par un songe agité. Quand une fois la frayeur est entrée dans notre âme, les yeux croient voir des spectres dans chaque coin.

SCÈNE VI.

LOUISE *et le secrétaire* WURM.

WURM *s'approche*. Bonsoir, mademoiselle.

LOUISE. Dieu! qui parle ici? (*Elle se retourne, aperçoit le secrétaire et recule effrayée.*) Horrible! horrible! Voilà mon pressentiment qui va se réaliser de la manière la plus fatale! (*Au secrétaire avec un regard plein de mépris.*) Vous cherchez peut-être le président? Il n'est plus ici.

WURM. Mademoiselle, je vous cherche.

LOUISE. Je suis surprise alors que vous n'alliez pas sur la place du marché.

WURM. Pourquoi là précisément?

LOUISE. Pour détacher votre fiancée du pilori.

WURM. Mademoiselle Miller, vous avez là un injuste soupçon.

LOUISE, *l'interrompant*. Qu'y a-t-il pour votre service?

WURM. Je suis envoyé par votre père.

LOUISE, *effrayée*. Par mon père! Où est mon père?

WURM. Il est où il ne voudrait pas être.

LOUISE. Au nom de Dieu, vite! Il me vient un triste pressentiment... où est mon père?

WURM. Dans la tour, si vous voulez le savoir.

LOUISE, *jetant un regard au ciel.* Encore cela! encore cela!... Dans la tour? et pourquoi dans la tour?

WURM. Par ordre du duc.

LOUISE. Du duc!

WURM. Par suite de l'offense faite à sa majesté dans la personne de son représentant.

LOUISE. Comment? comment? O Dieu tout-puissant!

WURM. Il a résolu de punir cette offense sur le coupable.

LOUISE. Cela me manquait encore... Oui sans doute, après mon amour pour le major, il y avait encore une émotion dans mon cœur... elle ne pouvait être épargnée... Offense à sa majesté... Providence céleste... sauvez, sauvez ma foi chancelante... Et Ferdinand?

WURM. Il épousera lady Milford, ou il sera maudit et déshérité.

LOUISE. Horrible alternative! Et pourtant, pourtant il est plus heureux... il n'a pas un père à perdre... Il est vrai que de n'en pas avoir est une assez grande condamnation... Mon père coupable de lèse-majesté!.. mon amant maudit, déshérité ou forcé d'épouser milady! vraiment c'est admirable! Une scélératesse parfaite est aussi une perfection... Non! il manquait encore quelque chose. Où est ma mère?

WURM. Dans la maison de force.

LOUISE, *avec un sourire de douleur.* A présent, c'est complet... complet... Et maintenant je serai libre... dégagée de tout devoir... privée des larmes et de la joie... abandonnée par la Providence... Je n'ai plus besoin de rien. (*Après un horrible silence.*) Avez-vous peut-être encore quelque nouvelle à m'annoncer?... Parlez donc ; je puis tout entendre.

WURM. Vous savez ce qui est arrivé.

LOUISE. Non pas, qu'arrivera-t-il encore? (*Elle regarde le secrétaire de haut en bas.*) Pauvre homme! tu fais là un triste métier. Il est impossible qu'il te rende jamais heureux. C'est une terrible chose que de faire des malheureux ; mais ce qu'il y a de plus terrible, c'est de leur annoncer, c'est de leur chanter le chant sinistre du hibou, de rester là quand le cœur tremble et saigne sous le dard de fer de la nécessité, et de voir le chrétien douter de son Dieu... Dieu du ciel !... Quand chaque larme d'angoisse que tu vois tomber te serait payée par une tonne d'or... je ne voudrais pas être toi... Que peut-il encore arriver ?

WURM. Je ne sais pas.

LOUISE. Vous ne voulez pas le savoir. Ce ténébreux message recule devant le son des mots ; mais dans le calme sépulcral de votre visage le spectre apparaît à mes yeux. Qu'y a-t-il encore ?... Vous avez dit tantôt que le duc voulait punir le coupable. Qu'appelez-vous le coupable ?

WURM. Ne me demandez rien de plus.

LOUISE. Écoute, homme : tu as été à l'école du bourreau ; sans cela comment t'entendrais-tu à promener lentement la barre de fer sur les membres qui se rompent, et à tenir le coup de grâce suspendu sur le cœur palpitant ? Quel sort est réservé à mon père ? La mort est dans les paroles que tu prononces en riant. Comment puis-je découvrir ce que tu caches en toi ? Parle ; laisse tout à la fois tomber sur moi le fardeau écrasant. Quel sort est réservé à mon père ?

WURM. Un procès criminel.

LOUISE. Qu'est-ce que cela? Je suis une fille simple et ignorante : je ne comprends pas vos effroyables mots latins. Qu'appelez-vous un procès criminel ?

WURM. Un procès où il va de la vie ou de la mort.

LOUISE, *avec fermeté.* Je vous remercie. (*Elle court dans la chambre voisine.*)

WURM. Où allez-vous?... Cette folle voudrait... elle... Diable !... pourtant elle n'oserait pas... Je cours après elle... je suis responsable de sa vie. (*Il la suit.*)

LOUISE *revient enveloppée dans son mantelet.* Excusez-moi, monsieur le secrétaire, je vais fermer la porte.

WURM. Où courez-vous donc ?

LOUISE. Chez le duc.

WURM. Comment ? où ? (*Il la retient, effrayé.*)

LOUISE. Chez le duc. Ne m'entendez-vous pas ? Chez le duc, qui veut faire prononcer sur la vie ou la mort de mon père. Non, il ne le veut pas... Mais cela se fait parce que quelques scélérats le veulent. Il n'interviendra dans tout ce procès de lèse-majesté que pour y apposer sa royale signature.

WURM, *avec un éclat de rire.* Chez le duc ?

LOUISE. Je sais de quoi vous riez. Je ne trouverai là encore nulle compassion, n'est-ce pas ? Dieu de miséricorde... je ne trouverai que de l'aversion... de l'aversion pour mes cris. On m'a dit que les grands du monde ne savent pas et ne veulent pas savoir ce que c'est que le malheur. Moi je lui dirai ce que c'est que le malheur ; je le lui peindrai dans toutes les tortures de la mort ; je lui ferai entendre, par des gémissements qui pénétreront jusqu'à la moelle de ses os, ce que c'est que le malheur ; et lorsqu'à ce tableau ses cheveux se dresseront sur sa tête, je veux, en finissant, lui crier aux oreilles qu'à l'heure de la mort les poumons des dieux de la terre commencent aussi à râler, et qu'au jour du jugement dernier les rois et les mendiants seront passés au même crible. (*Elle veut sortir.*)

WURM, *d'un air d'affection méchante.* Oui, allez, allez. Vous ne pouvez certainement rien faire de plus raisonnable. Je vous conseille d'aller, et je vous donne ma parole que le duc vous recevra bien.

LOUISE *s'arrête tout à coup.* Comment dites-vous ?... Vous me donnez vous-même ce conseil. (*Elle revient.*) Hum ! à quoi me résoudre ? Il faut qu'il y ait là quelque chose d'affreux, puisque cet homme me le conseille. D'où savez-vous que le prince me recevra bien ?

WURM. Parce qu'il ne le fera pas pour rien.

LOUISE. Pas pour rien? A quel prix pourrait-il mettre un acte d'humanité?

WURM. La belle suppliante est un prix assez...

LOUISE, *stupéfaite et d'une voix éclatante.* Juste Dieu!

WURM. Et pour sauver un père, vous ne trouverez pas, j'espère, que cette taxe soit trop élevée.

LOUISE *va de long en large, hors d'elle-même.* Oui, oui, c'est vrai. Vos grands sont séparés de la vérité, ils en sont séparés par leurs propres vices comme par des épées de chérubins. Que le Dieu puissant vienne à ton secours, mon père! Ta fille peut mourir pour toi, mais elle ne peut pécher.

WURM. Ce sera une singulière nouvelle pour le pauvre homme abandonné... Ma Louise, me disait-il, m'a perdu; ma Louise me sauvera... Je cours, mademoiselle, lui porter votre réponse. (*Il fait semblant de vouloir sortir.*)

LOUISE *court après lui et le retient.* Restez, restez. Patience! Quelle prestesse a ce satan, dès qu'il s'agit de mettre un homme au désespoir!... Je l'ai perdu, je dois le sauver. Parlez; donnez moi un avis. Que puis-je, que dois-je faire?

WURM. Il n'y a qu'un moyen.

LOUISE. Et cet unique moyen?

WURM. Votre père le désire aussi.

LOUISE. Mon père... Ce moyen?

WURM. Je crois, est facile.

LOUISE. Je ne connais rien de plus difficile que la honte.

WURM. Si vous voulez rendre le major libre...

LOUISE. De son amour. Vous moquez-vous de moi?... Dépend-il de moi d'ordonner là où je fus contrainte?

WURM. Ce n'est pas là ce que j'entendais, mademoiselle. Il faut que le major se retire de lui-même et volontairement.

LOUISE. Il ne le fera pas.

WURM. Cela vous semble ainsi. Se serait-on adressé à

ACTE III, SCÈNE VI.

vous, si vous seule n'aviez pas entre les mains un secours efficace ?

LOUISE. Puis-je le forcer à me haïr ?

WURM. Nous essayerons. Asseyez-vous.

LOUISE, *confuse*. Homme, quel projet couves-tu ?

WURM. Asseyez-vous. Écrivez ; voici une plume, du papier et de l'encre.

LOUISE *s'assenit dans le plus grand trouble*. Que faut-il écrire ?... à qui dois-je écrire ?

WURM. Au bourreau de votre père.

LOUISE. Ah ! comme tu t'entends à mettre les âmes à la torture !... (*Elle prend une plume.*)

WURM *dicte*. « Monseigneur » (*Louise écrit d'une main tremblante*), « trois jours insupportables sont passés... « sont passés... et nous ne nous sommes pas vus... »

LOUISE, *étonnée, pose sa plume*. Pour qui cette lettre ?

WURM. Pour le bourreau de votre père.

LOUISE. O mon Dieu !

WURM. « Prenez-vous-en au major... au major qui me « surveille tout le jour comme un argus. »

LOUISE *se lève*. Scélératesse telle qu'on n'en a encore point vu ! Pour qui cette lettre ?

WURM. Pour le bourreau de votre père.

LOUISE, *joignant les mains*. Non, non, non ! C'est une tyrannie. O ciel ! punis, selon sa nature d'homme, l'homme qui t'offense. Mais pourquoi me serrer entre ces deux terreurs ? pourquoi me bercer entre la mort et l'infamie ? pourquoi me mettre sur le cou ce diable altéré de sang ? Faites ce que vous voudrez ; je n'écrirai jamais cela.

WURM *prend son chapeau*. Comme vous voudrez, mademoiselle ; c'est tout à fait comme il vous plaira.

LOUISE. Comme il me plaira, dites-vous ; comme il me plaira ! Va, barbare, suspends un malheureux au-dessus de l'abîme de l'enfer, exige de lui quelque chose, et blasphème Dieu, et demande-lui si cela lui plaît... Oh ! tu sais trop bien que notre cœur est attaché à des impulsions naturelles comme à des chaînes... A présent, tout m'est égal ; dictez. Je ne pense plus à rien ; je cède aux ruses de l'enfer. (*Elle s'asseoit pour la seconde fois.*)

WURM. « Qui tout le jour me surveille comme un argus. » Avez-vous mis ?

LOUISE. Continuez, continuez.

WURM. « Hier, le président était chez nous. C'était une » plaisante chose que de voir comme le bon major se » débattait pour défendre mon honneur. »

LOUISE. O bien, bien ! magnifique ! Continuez.

WURM. « J'eus recours à l'évanouissement... à l'éva- » nouissement, afin de ne pas éclater de rire. »

LOUISE. O ciel !

WURM. « Mais bientôt ce masque me deviendra in- » supportable... insupportable. Si seulement je pouvais » m'échapper. »

LOUISE *s'arrête, se lève, va et vient, la tête penchée comme si elle cherchait quelque chose sur le sol, puis elle s'asseoit de nouveau et écrit.* M'échapper !...

WURM. « Demain il est de service. Saisissez le mo- » ment où il me quittera, et venez à l'endroit que vous » savez... » Avez-vous écrit : « Que vous savez ? »

LOUISE. J'ai tout écrit.

WURM. « Dans l'endroit que vous savez, retrouver » votre tendre Louise. »

LOUISE. Il y manque encore l'adresse.

WURM. « A monsieur le maréchal de Kalb. »

LOUISE. Éternelle Providence ! un nom aussi étranger à mon oreille que ces lignes infâmes sont étrangères à mon cœur. (*Elle se lève, regarde en silence ce qu'elle a écrit, puis le donne au secrétaire, et lui dit d'une voix épuisée.*) Prenez, monsieur... c'est mon nom sans tache, c'est Ferdinand... c'est tout le bonheur de ma vie que je remets entre vos mains.... Il ne me reste rien.

WURM. Oh ! non, ne vous désespérez pas, chère demoiselle ; je m'intéresse à vous cordialement... Peut-être !... qui sait? je pourrais bien passer par-dessus certaines choses... en vérité ! Par Dieu !... j'ai pitié de vous.

LOUISE *le regarde fixement.* N'achevez pas, monsieur, vous êtes sur le point de faire un souhait épouvantable.

WURM *lui prend la main et veut la baiser.* Supposons que ce fut cette gentille main !... Qu'en pensez-vous, mademoiselle?

LOUISE, *avec grandeur.* Je t'étranglerais la nuit de mes noces, et j'embrasserais ensuite avec joie la roue. (*Elle veut sortir et revient.*) Est-ce fini, monsieur? la colombe peut-elle à présent prendre son vol?

WURM. Encore une petite formalité, mademoiselle. Vous allez reconnaître avec moi et faire serment que vous avez écrit cette lettre de votre plein gré.

LOUISE. O Dieu ! Dieu ! Et c'est ton nom qui sert de sceau à l'œuvre de l'enfer ! (*Wurm l'emmène.*)

ACTE QUATRIÈME.

SCÈNE I.

Un salon chez le président.

FERDINAND, *une lettre ouverte à la main, entre précipitamment par une porte. Un* VALET DE CHAMBRE *entre par une autre.*

FERDINAND. Le maréchal est-il venu ici ?

LE VALET DE CHAMBRE. Monsieur le major, monsieur le président vous a demandé.

FERDINAND. Mille tonnerres ! le maréchal n'est-il pas venu ici?

LE VALET DE CHAMBRE. Monsieur le maréchal est là-haut, à la table de pharaon.

FERDINAND. Qu'il vienne ici, au nom de l'enfer !

(*Le valet de chambre sort.*)

SCÈNE II.

FERDINAND, *seul.* (*Il parcourt la lettre, tantôt immobile de surprise, tantôt courant avec fureur.*) C'est impossible ! impossible ! cette enveloppe céleste ne cache pas un cœur si diabolique !... Et cependant, cependant... quand tous les anges descendraient pour garantir son innocence ! quand le ciel et la terre, quand la création et le Créateur s'avanceraient ensemble pour garantir son innocence !... c'est son écriture... Trahison monstrueuse, inouïe, telle que l'humanité n'en a jamais vu une semblable !.. C'était donc pour cela qu'on s'opposait si opiniâtrement au projet de fuir !... c'était pour cela... O Dieu !... A présent je m'éveille, à présent tout se découvre. Voilà pourquoi on renonçait avec tant d'héroïsme à mon amour ; et peu s'en est fallu que ce fard céleste ne me trompât moi-même. (*Il court à travers la chambre, puis s'arrête.*) Entrer si avant dans mon cœur ! répondre à chaque sentiment hardi, à chaque émotion secrète et timide, à chaque ardente agitation... saisir mon âme dans sa vibration la plus délicate et la plus indéfinissable... m'évaluer dans mes larmes, m'accompagner jusqu'au sommet escarpé de la passion, et me rencontrer encore au bord de l'abîme qui donne le vertige... Dieu ! Dieu ! et tout cela n'était que grimace... grimace ! Oh ! si le mensonge a une couleur si attrayante, comment se fait-il qu'aucun démon n'ait encore pénétré par lui dans le royaume du ciel ? Quand je lui montrai les périls de notre amour, avec quelle perfidie persuasive la fausse créature pâlit, avec quelle dignité victorieuse elle écrasait l'imprudent sarcasme de mon père ! et dans le mo-

ment même cette femme se sentait pourtant coupable !
Quoi ! n'a-t-elle pas même subi l'épreuve de feu de la
vérité ? L'hypocrite ! ne s'est-elle pas évanouie ? Quel
langage trouveras-tu donc à présent, ô émotion de
l'âme ? les coquettes s'évanouissent aussi. Comment te
justifieras-tu, ô innocence ? les catins s'évanouissent.
Elle sait ce qu'elle a fait de moi. Elle a vu le fond de
mon âme. Dans la rougeur de notre premier baiser,
mon cœur s'est montré à elle dans mes yeux, et elle ne
sentait rien. Elle ne sentait peut-être que le triomphe
de son art. Lorsque dans mon heureuse ivresse je
croyais posséder en elle le ciel tout entier ; lorsque mes
désirs les plus impétueux se taisaient, et que dans mon
esprit il n'y avait pas d'autre pensée que l'éternité et
cette jeune fille, Dieu ! elle ne sentait rien, rien que le
succès de ses projets, rien, que l'hommage rendu à ses
charmes, rien, sinon que j'étais trompé !

SCÈNE III.

LE MARÉCHAL, FERDINAND.

LE MARÉCHAL *arrive sur la pointe des pieds.* Vous avez
manifesté le désir de me voir, mon cher ?

FERDINAND, *à part.* De rompre le cou à un coquin.
(*Haut.*) Maréchal, cette lettre doit être tombée de votre
poche à la parade. (*Avec un sourire amer.*) Et c'est
moi qui ai eu le bonheur de la trouver.

LE MARÉCHAL. Vous ?

FERDINAND. Par un plaisant hasard. Prenez-vous-en
au Tout-Puissant.

LE MARÉCHAL. Vous voyez comme j'en suis effrayé.

FERDINAND. Lisez, lisez ! (*S'éloignant de lui.*) Si je ne
réussis pas dans le rôle d'amant, je serai peut-être plus
heureux dans celui d'entremetteur. (*Pendant que le
maréchal lit, Ferdinand s'approche de la muraille et
prend deux pistolets.*)

LE MARÉCHAL *jette la lettre sur la table et veut s'éloigner.* Malédiction !

FERDINAND *le prend par le bras et le ramène.* Patience, cher maréchal. La chose me paraît agréable, et je veux ma récompense pour l'avoir trouvée.

LE MARÉCHAL *recule effrayé.* Vous serez raisonnable, mon cher.

FERDINAND, *d'une voix forte et terrible.* C'en est plus qu'il ne faut pour envoyer un misérable comme toi dans l'autre monde. (*Il lui présente un pistolet et tire ensuite un mouchoir de poche.*) Tenez, prenez le bout de ce mouchoir ; je l'ai reçu de la courtisane.

LE MARÉCHAL. Sur ce mouchoir? Êtes-vous fou? A quoi pensez-vous?

FERDINAND. Prends le bout de ce mouchoir, te dis-je ; autrement tu tirerais de travers, poltron !... Comme tu trembles, poltron ! Tu devrais, poltron, remercier le ciel de ce que pour la première fois quelque chose entrera dans ton cerveau. (*Le maréchal veut s'échapper.*) Doucement, on ne s'en va pas ainsi. (*Il le retient et tire le verrou de la porte.*)

LE MARÉCHAL. Dans cette chambre, baron?

FERDINAND. Comme si cela valait la peine d'aller faire avec toi une promenade sur les ramparts. Ici, le coup n'en résonnera que mieux, et c'est bien la première fois que tu auras fait du bruit dans le monde... Tire.

LE MARÉCHAL *s'essuie le front.* Et vous voulez ainsi exposer votre vie précieuse, jeune présomptueux !

FERDINAND. Tire, te dis-je ! je n'ai plus rien à faire dans ce monde.

LE MARÉCHAL. Mais moi j'ai beaucoup à faire... mon très-cher.

FERDINAND. Toi, coquin? Comment? toi ! Oui, tu dois être la cheville ouvrière dans un lieu où les hommes sont rares ; t'allonger et te rapetisser sept fois en un instant, comme le papillon cloué par une épingle ; enregistrer tous les voyages de ton maître à la garde-robe, et servir comme un cheval de louage à porter son esprit. C'est bien ; je t'emmène avec moi comme une bête curieuse. Tu seras là-bas comme un singe apprivoisé ; tu pourras danser au bruit des gémissements des damnés, apporter, obéir, et avec tes manières de cour égayer l'éternel désespoir.

LE MARÉCHAL. Tout ce que vous ordonnerez, monsieur, et comme il vous plaira... mais écartez les pistolets.

FERDINAND. Comme le voilà, cet enfant de la douceur ! Il est là pour faire honte au sixième jour de la création ; comme si un contrefacteur de Tubingue avait voulu reproduire en lui l'œuvre du Tout-Puissant... Quel dommage pourtant, quel éternel dommage pour l'once de cervelle mise dans ce crâne ingrat. Cette seule once aurait pu d'un singe faire un homme, tandis qu'elle n'est là qu'un affront à la raison... Et elle a partagé son cœur avec cet homme !... Monstrueux !... impardonnable !... Un drôle plus fait pour vous déshabituer du vice que pour vous y entraîner.

LE MARÉCHAL. O Dieu ! grâces te soient rendues ! voilà qu'il fait de l'esprit.

FERDINAND. Je veux le laisser pour ce qu'il est. On épargne bien une chenille, qu'il en soit de même pour lui. On le rencontre, on hausse l'épaule ; on admire peut-être la sage économie du ciel qui nourrit des créatures avec des ordures et du fumier, qui prépare un festin pour les corbeaux sur la potence, et pour les courtisans dans les cours de la royauté. Enfin, on s'étonne de l'habile administration de la Providence qui dans le monde moral entretient des fourbes et des tarentules pour répandre le poison... Mais (*sa rage augmente*) que l'insecte ne vienne pas en rampant s'attacher à mes fleurs, où je l'écrase tout entier.

LE MARÉCHAL, *à part et tâchant de respirer.* O mon Dieu ! que ne suis-je loin d'ici, à cent milles, à Bicêtre, près Paris... pourvu que je ne fusse pas près de cet homme !

FERDINAND. Misérable! si tu as terni sa pureté, si tu as cherché la volupté là où je ne trouvais qu'un sujet d'adoration, si tu t'es livré à la débauche là où je m'élevais jusqu'à Dieu... (*il se tait, puis d'une voix terrible*), coquin, il vaudrait mieux pour toi fuir dans l'enfer que de rencontrer ma colère dans le ciel. Jusqu'où en es-tu venu avec elle? confesse-le.

LE MARÉCHAL. Laissez-moi libre... je vous découvrirai tout.

FERDINAND. Oh! la galanterie avec cette jeune fille doit avoir plus de charmes encore que le rêve céleste avec une autre. Si elle voulait se laisser aller à l'égarement, si elle voulait, elle pourrait renverser la dignité de l'âme et dénaturer la vertu par la volupté. (*Au maréchal, en lui appuyant le pistolet sur la poitrine.*) Jusqu'où en es-tu venu avec elle? Dis-le ou je tire.

LE MARÉCHAL. Il n'y a rien... il n'y a rien du tout... Ayez seulement une minute de patience... On vous trompe...

FERDINAND. Et tu m'en rendras raison, scélérat! Où en es-tu venu avec elle? Réponds, ou tu es mort!

LE MARÉCHAL. Mon Dieu, mon Dieu!... je vous le dis... Écoutez-moi seulement... Son père... son propre père...

FERDINAND, *avec colère*. T'a vendu sa fille... Et où en es-tu venu avec elle?... Réponds, ou je t'égorge!

LE MARÉCHAL. Vous êtes fou; vous n'entendez pas. Je ne l'ai jamais vue, je ne la connais pas; je ne sais rien d'elle.

FERDINAND *recule*. Tu ne l'as jamais vue, tu ne la connais pas, tu ne sais rien d'elle. La Miller est perdue à cause de toi, et tu la renies trois fois en une seconde! Hors d'ici, canaille! (*Il lui donne un coup avec la crosse du pistolet et le chasse du salon.*) Ce n'est pas pour un homme comme toi que la poudre a été inventée.

SCÈNE IV.

FERDINAND, *après un long silence dans lequel ses traits prennent une expression terrible.* Perdu!... Oui, malheureuse! je le suis, et tu l'es aussi. Oui, grand Dieu! si je suis perdu, tu l'es aussi. Juge du monde, ne me la reprends pas. Cette fille est à moi; pour elle, j'ai abandonné ton monde, j'ai renoncé à toutes les magnificences de ta création. Laisse-moi cette jeune fille, juge du monde! Des millions d'âmes soupirent après toi; tourne de leur côté un regard de compassion... Laisse-moi celle-là seule, juge du monde!... (*Il joint les mains.*) Le riche, le puissant Créateur pourrait-il me refuser une âme qui du reste est devenue la plus misérable de sa création?... Cette fille est à moi... je fus son dieu, je deviens son mauvais ange. (*Il jette de côté un regard effaré.*) Toute une éternité attaché avec elle sur la roue des damnés... mes yeux prenant racine dans ses yeux, mes cheveux dressés sur ma tête contre ses cheveux, nos lamentations confondues ensemble, et alors lui redemander ma tendresse et lui répéter ses serments. Dieu! Dieu! cette union est épouvantable... mais éternelle.

(*Il veut sortir. Le président entre.*)

SCÈNE V.

LE PRÉSIDENT *et* FERDINAND.

FERDINAND *recule.* Oh!... mon père!

LE PRÉSIDENT. C'est très-bien que nous nous rencontrions, mon fils. J'ai quelque chose d'agréable à t'annoncer, mon cher fils, quelque chose qui te surprendra certainement. Asseyons-nous.

FERDINAND *le regarde fixement.* Mon père! (*Il va à lui avec une grande émotion et lui prend la main.*) Mon père! (*Il s'agenouille devant lui.*) O mon père!

LE PRÉSIDENT. Qu'as-tu, mon fils? Lève-toi; ta main est brûlante et tu trembles!

FERDINAND, *avec une chaleureuse émotion*. Pardon de mon ingratitude, mon père. Je suis un réprouvé; j'ai méconnu votre bonté. Vous aviez sur moi des intentions si paternelles... Oh! Vous aviez une âme prophétique... A présent c'est trop tard. Pardon, pardon Votre bénédiction, mon père!

LE PRÉSIDENT, *affectant un air d'innocence*. Lève-toi, mon fils; songe que tu me parles par énigmes.

FERDINAND. Cette Miller! mon père... Oh! vous connaissez l'homme. Votre colère était alors si juste, si noble, si généreuse, si paternelle... Seulement elle s'était méprise sur le moyen... Cette Miller!...

LE PRÉSIDENT. Ne me torture pas, mon fils; je maudis ma rigueur. Je suis venu pour t'en demander pardon.

FERDINAND. Pardon à moi!... Je mérite la malédiction. Votre mécontentement était de la sagesse; votre dureté était une compassion céleste... Cette Miller, mon père!....

LE PRÉSIDENT. Est une noble et aimable fille. Je rétracte mes soupçons précipités; elle a conquis mon estime.

FERDINAND *se lève agité*. Quoi! vous aussi, vous aussi, mon père!... Une créature pure comme l'innocence, n'est-ce pas, mon père? et il est bien naturel de l'aimer?

LE PRÉSIDENT. Sans doute, et c'est un crime de ne pas l'aimer.

FERDINAND. C'est une chose inouïe, monstrueuse... Vous lisez pourtant si bien dans les cœurs! Vous la regardiez avec les yeux de la haine... Hypocrisie sans exemple... Cette Miller, mon père...

LE PRÉSIDENT. Elle est digne d'être ma fille. Sa vertu lui tient lieu d'ancêtres, et sa beauté de fortune. Mes principes cèdent à ton amour... Qu'elle soit à toi!

FERDINAND *se précipite hors de la chambre.* Cela me manquait encore!... Adieu, mon père!
(Il sort.)
LE PRÉSIDENT *le suit.* Reste! Reste! où cours-tu?
(Il sort.)

SCÈNE VI.

Un riche salon chez milady.

MILADY *et* SOPHIE.

MILADY. Ainsi tu l'as vue? elle viendra?

SOPHIE. A l'instant. Elle va s'habiller en toute hâte.

MILADY. Ne me dis rien d'elle... Chut!... Je tremble comme une criminelle de voir cette heureuse fille dont le cœur s'accorde si cruellement dans ses sensations avec le mien... Comment a-t-elle pris l'invitation?

SOPHIE. Elle a paru étonnée, puis elle s'est mise à réfléchir: elle me regardait avec de grands yeux et se taisait. Je me préparais déjà à recevoir ses excuses, lorsqu'en me jetant un regard surprenant, elle m'a répondu: Votre maîtresse m'ordonne aujourd'hui ce que je lui voulais demander demain.

MILADY, *inquiète.* Laisse-moi, Sophie, plains-moi: si c'est une femme ordinaire, j'en rougirai, et si c'est quelque chose de plus, j'en serai au désespoir.

SOPHIE. Mais, milady... ce n'est pas là une disposition convenable pour recevoir une rivale. Souvenez-vous de ce que vous êtes; appelez à votre secours votre naissance, votre rang, votre pouvoir. Il faut chez vous que la fierté du cœur augmente encore l'éclat superbe de votre aspect.

MILADY, *distraite.* Que dit cette folle?

SOPHIE, *avec malice.* Ou bien est-ce par hasard que vos diamants les plus précieux brillent aujourd'hui sur vous? Est-ce par hasard que vous avez pris vos vêtements les plus riches, que votre antichambre fourmille d'heiduques et de pages, et que vous recevez la petite bourgeoise dans le plus magnifique salon de votre palais?

MILADY, *allant et venant. Avec amertume.* C'est odieux! c'est intolérable! Les femmes ont des yeux de lynx pour voir les faiblesses des femmes. Mais comme il faut que je sois tombée bas pour être ainsi comprise par une telle créature!

UN VALET DE CHAMBRE *entre.* Mademoiselle Miller!

MILADY, *à Sophie.* Va, retire-toi. (*D'un ton menaçant en voyant hésiter Sophie.*) Va, je te l'ordonne! (*Sophie sort. Milady fait un tour dans la salle.*) Bien, très-bien! cette agitation me sied. Me voilà comme je désirais être. (*Au valet de chambre.*) Faites entrer cette demoiselle. (*Le valet de chambre sort. Elle se jette sur un sofa, et prend un air de noblesse et d'abandon.*)

SCÈNE VII.

LOUISE MILLER *s'avance timidement et reste à une grande distance de milady.* MILADY *a le dos tourné, mais elle examine attentivement Louise dans une glace placée en face d'elle. Après un moment de silence.*

LOUISE. Madame, j'attends vos ordres.

MILADY *se tourne vers Louise et lui fait un signe de tête froid et hautain.* Ah! ah! vous voilà... Sans doute, mademoiselle... une certaine... Comment donc vous appelle-t-on?

LOUISE, *un peu piquée.* Mon père se nomme Miller, et madame a envoyé chercher sa fille.

MILADY. Bien, bien, je me rappelle; la pauvre fille du musicien dont il était question dernièrement. (*Silence... A part.*) Elle est très-intéressante, et cependant ce n'est pas une beauté. (*Haut, à Louise.*) Approche, mon enfant. (*A part.*) Des yeux habitués aux larmes. Que je les aime ces yeux-là! (*Haut.*) Plus près... encore, ma chère enfant; je crois que tu me crains?

LOUISE *avec élévation, et d'un ton décidé.* Non, milady, je méprise le jugement de la foule.

MILADY, *à part.* Voyez donc!... Ce ton de bravade, elle l'a pris de lui. (*Haut.*) On vous a recommandée à moi, mademoiselle. On dit que vous avez quelque instruction et du savoir-vivre. Eh bien, je veux le croire. Pour rien au monde je ne voudrais taxer de mensonge un si zélé protecteur !

LOUISE. Je ne connais personne, madame, qui ait pu se donner la peine de me chercher une protectrice.

MILADY, *embarrassée.* La peine pour la cliente ou la protectrice?

LOUISE. Ceci, madame, est au-dessus de ma portée.

MILADY. Il y a là plus de malice que cette figure ouverte ne peut en faire supposer. Ainsi, vous vous appelez Louise? Et quel âge ? si on ose vous le demander.

LOUISE. Seize ans passés.

MILADY *se lève avec vivacité.* Voilà le grand mot lâché, seize ans!... Le premier mouvement de la passion... le premier son argentin sortant d'un clavier vierge... Rien n'est plus séduisant... Assieds-toi; tu me plais, ma chère fille... Et lui qui aime aussi pour la première fois!... Est-ce un miracle que les rayons de l'aube se rencontrent? (*Avec amitié et lui prenant la main.*) C'est convenu, ma chère, je ferai ta fortune... Ce n'est rien, rien qu'un rêve doux et fugitif. (*Frappant sur la joue de Louise.*) Ma Sophie se marie; tu auras sa place. Seize ans. Cela ne peut durer.

LOUISE *lui baise respectueusement la main.* Je vous remercie, madame, de votre offre comme si je pouvais l'accepter.

MILADY, *en colère.* Voyez la grande dame!... Ordinairement les jeunes filles de votre condition s'estiment heureuses quand elles trouvent une place. Où la précieuse veut-elle donc aller? Ces doigts sont-ils trop mignons pour travailler? Est-ce ce petit bout de figure qui vous rend si fière?

LOUISE. Ma figure, madame, ne vient pas plus de moi que ma condition.

MILADY. Ou bien vous imaginez-vous peut-être que cela durera toujours?... Pauvre créature! celui qui t'a mis cette idée dans la tête, quel qu'il soit, s'est moqué de toi et de lui-même. Tes joues n'ont pas été dorées au feu. Ce que ton miroir te représente comme quelque chose de robuste et d'éternel n'est qu'un vain oripeau qui tôt ou tard restera dans la main de ton adorateur... Que faire alors?

LOUISE. Plaindre l'adorateur qui achetait un diamant parce qu'il le croyait enchâssé dans l'or.

MILADY, *sans vouloir faire attention à ces paroles.* Une jeune fille de votre âge a toujours à la fois deux miroirs, le miroir réel et son admirateur. La complaisante souplesse du dernier corrige la rude franchise de l'autre. Celui-là indique une vilaine trace de petite vérole... bien au contraire, dit l'autre, c'est la fossette des grâces. Et vous, bonnes filles, vous ne croyez qu'au langage de celui-ci. Vous sautez de l'un à l'autre jusqu'à ce que vous confondiez les deux témoignages... Pourquoi me regardez-vous ainsi?

LOUISE. Pardon, madame, j'étais au moment de m'apitoyer sur ces magnifiques pierreries, qui ne se doutent pas du zèle avec lequel leur maîtresse prêche contre la vanité.

MILADY, *rougissant.* Point de digression... je vous prie! Si vous n'êtes pas arrêtée par les promesses de votre figure, qui pourrait donc vous empêcher d'accepter une position qui est la seule où vous puissiez apprendre à connaître le monde et ses manières, la seule où vous puissiez vous délivrer de vos préjugés bourgeois?

LOUISE. Et aussi de mon innocence bourgeoise, milady?

MILADY. Sotte objection! Le roué le plus effronté n'ose pas nous faire une proposition offensante, si nous-mêmes ne l'y encourageons. Montrez-vous telle que vous êtes; ayez de l'honneur, de la dignité, et je déclare votre vertu à l'abri de toute épreuve.

LOUISE. Pardonnez-moi, madame, si j'ose en douter. Les palais de certaines dames sont souvent le théâtre des plaisirs les plus effrénés. Qui pourrait soupçonner chez la fille du pauvre musicien assez d'héroïsme, oui, d'héroïsme pour se jeter au milieu de la peste tout en redoutant la contagion? Qui pourrait s'imaginer que lady Milford entretient à ses frais un éternel ver rongeur de sa conscience, qu'elle prodigue des sommes considérables pour avoir l'avantage de rougir de honte à chaque instant? Je suis franche, madame. Vous serait-il agréable de me voir quand vous partiriez pour quelque divertissement? Ne vous serais-je pas insupportable quand vous en reviendriez? Oh! il vaut mieux, il vaut mieux que de larges horizons nous séparent... que des mers coulent entre nous... Voyez, milady, il peut vous arriver des heures de réflexion et une minute d'épuisement. Le serpent du remords peut pénétrer dans votre sang, et alors quel martyre pour vous de lire sur le visage de votre servante ce calme serein qui est la récompense de l'innocence et d'un cœur pur! (*Elle recule d'un pas.*) Encore une fois, madame, je vous demande pardon.

MILADY, *dans une grande agitation.* Il est insupportable qu'elle me dise cela! plus insupportable qu'elle ait raison! (*Elle s'avance vers Louise et la regarde fixement.*) Ma fille, tu ne me tromperas pas; les opinions ne parlent pas avec tant de chaleur. Derrière ces maximes il y a un intérêt passionné qui te rend horrible l'idée d'être à mon service, et qui donne tant de feu à ton langage... et cet intérêt (*d'un air de menace*) je le découvrirai.

LOUISE, *avec abandon et noblesse.* Et quand vous le découvririez, et quand d'un coup de talon méprisant vous éveilleriez le vermisseau auquel le Créateur a donné pourtant un aiguillon pour se défendre contre les mauvais traitements... milady, je ne redoute pas votre vengeance... Le pauvre criminel placé sur l'échafaud infâme sourirait à la ruine du monde... Mon malheur est monté si haut que ma franchise même ne peut rien y ajouter. (*Après un moment de silence, très-sérieusement.*) Vous voulez m'arracher à la poussière où je suis née ; je ne veux pas analyser cette bonté suspecte. Je demanderai seulement ce qui a pu porter milady à me regarder comme une folle qui rougirait de son état ; ce qui a pu lui donner le droit de s'offrir à faire ma fortune, avant de savoir si je voudrais recevoir ma fortune de ses mains? J'avais à tout jamais abdiqué mes prétentions aux joies de ce monde... j'avais pardonné au bonheur sa fuite rapide... pourquoi me rappeler de nouveau ce bonheur ? La Divinité elle-même alors dérobe ses splendeurs au regard de ses créatures, de crainte que le premier d'entre les Séraphins ne s'effraye ensuite de ses propres ténèbres, pourquoi les hommes veulent-ils être si cruellement compatissants? D'où vient, milady, qu'au milieu de votre bonheur tant vanté, vous sollicitiez l'envie et l'admiration de la misère? Son désespoir est-il donc nécessaire à votre distraction? Oh! laissez-moi plutôt l'aveuglement qui seul me réconcilie avec ma barbare destinée. L'insecte se trouve aussi heureux dans une goutte d'eau que si c'était un hémisphère. Il est satisfait et joyeux jusqu'à ce qu'on vienne lui parler de l'océan où se jouent les flottes et les baleines... Mais vous voulez me savoir heureuse? (*Après un moment de silence, elle s'approche de milady et l'interrompant brusquement.*) Etes-vous heureuse, milady? (*Celle-ci, étonnée, s'éloigne. Louise la suit, et mettant la main sur son cœur.*) Ce cœur a-t-il aussi la gaîté qu'annonce votre situation? Et si nous pouvions en ce moment échanger cœur contre cœur, destinée contre destinée... et si dans mon innocence d'enfant je m'adressais à votre conscience, si je vous interrogeais comme une mère, voudriez-vous faire cet échange?

MILADY *se jette, très-émue, sur un sofa.* Inouï! incroyable! Non, ma fille, non, tu n'as pas apporté cette grandeur au monde, et pour ton père elle est trop ingénue. Ne me mens pas; j'écoute en ce moment la leçon d'un autre maître.

LOUISE *la regarde fixement.* J'aurais droit de m'étonner, milady, que vous n'eussiez pas encore pensé à cet autre maître, et cependant vous m'aviez déjà trouvé une autre condition.

MILADY *se lève subitement.* C'est à ne pas y tenir!... Oui, je ne veux rien te cacher... oui, je le connais... Je sais tout... j'en sais plus encore que je n'en voudrais savoir... (*Elle s'arrête tout à coup, puis avec une vivacité qui va peu à peu jusqu'à l'égarement.*) Mais ose malheureuse, ose encore l'aimer à présent et être aimée de lui... Que dis-je?... ose penser à lui, ose être une de ses pensées. Je suis puissante, malheureuse... terrible... Aussi vrai que Dieu existe, tu es perdue...

LOUISE, *avec fermeté.* Sans ressource, milady, aussitôt que vous l'aurez forcé à vous aimer.

MILADY. Je te comprends... Mais il ne m'aimera pas. Je veux surmonter cette passion honteuse, maîtriser mon cœur et écraser le tien... Je veux jeter entre vous des rocs et des abîmes, entrer comme une furie dans votre ciel... Mon nom, tel qu'un fantôme menaçant, vous éloignera l'un de l'autre et vous ravira vos baisers... Ta jeunesse florissante se flétrira dans ses bras, et tu deviendras comme une momie. Je ne puis pas être heureuse avec lui, mais toi tu ne le seras pas non plus. Entends-tu, misérable? Détruire le bonheur est aussi un bonheur.

LOUISE. Un bonheur, milady, que l'on vous a déjà enlevé. Ne calomniez point votre propre cœur; vous n'êtes pas capable d'accomplir les menaces que vous venez de proférer. Vous n'êtes pas capable de tourmenter une créature qui ne vous a pas fait d'autre mal que de sentir comme vous. Mais je vous aime, milady, à cause de cet emportement.

MILADY, *après s'être remise.* Où suis-je? où étais-je? Qu'ai-je laissé voir, et à qui l'ai-je laissé voir? O Louise, âme noble, grande, divine, pardonne à ma fureur! je ne toucherai pas un de tes cheveux, mon enfant. Désire, exige; je veux te porter dans mes bras, être ton amie, ta sœur... Tu es pauvre... vois... (*Elle prend quelques brillants.*) Je veux vendre cette parure, vendre mes robes, mes chevaux, mes voitures... Tout sera à toi... mais renonce à lui.

LOUISE *recule étonnée.* Se moque-t-elle de mon désespoir, ou n'aurait-elle réellement pris aucune part à cette action barbare? Oh! je pourrais encore me donner l'apparence de l'héroïsme, et donner à mon impuissance des airs de mérite. (*Elle s'arrête pensive, puis s'approche de milady, prend sa main et la regarde fixement d'un air expressif.*) Prenez-le donc, milady. Je vous abandonne volontairement un homme que l'on a arraché de mon cœur saignant avec les tenailles de l'enfer... Peut-être ne le savez-vous pas vous-même, milady, mais vous avez ravi le ciel à deux amants, vous avez séparé deux cœurs unis l'un à l'autre par Dieu, écrasé une créature qui s'élevait vers lui comme vous, qu'il avait comme vous créée pour le bonheur, qui, comme vous, chantait sa gloire et qui ne la célébrera plus jamais, milady! La dernière lutte du vermisseau que l'on écrase éveille l'attention du Tout-Puissant; il ne peut pas lui être indifférent qu'on égorge les âmes qu'il tient dans ses mains. A présent, il est à vous; à présent, milady, prenez-le, courez dans ses bras, conduisez-le à l'autel. Seulement, n'oubliez pas qu'entre vos baisers de fiançailles apparaîtra le spectre d'une suicidée... Dieu sera miséricordieux... je n'ai pas d'autre appui...   (*Elle sort précipitamment.*)

SCÈNE VIII.

MILADY, *seule, tremblante et hors d'elle, le regard tourné*

ACTE IV, SCÈNE VIII.

vers la porte par laquelle est sortie la Miller, sort enfin de sa stupeur. Qu'était-ce? que s'est-il passé? que disait la malheureuse? O ciel! j'entends encore retentir à mon oreille ces paroles terribles, ces paroles déchirantes et maudites : Prenez-le. Quoi? malheureuse! Le présent de ta mortelle agonie, l'effroyable legs de ton désespoir!... Dieu! Dieu! suis-je tombée si bas? ai-je été si précipitamment renversée du trône de ma fierté, que j'attende, avec la convoitise de la faim, ce que la générosité d'une mendiante me jettera dans sa dernière lutte avec la mort?... Prenez-le... Elle dit cela d'un ton... et elle y joint un regard!... Ah! Émilie, avais-tu donc franchi pour cela les dernières limites de ton sexe? Est-ce pour que le splendide édifice de ton honneur s'écroulât devant la sublime vertu d'une fille bourgeoise, est-ce pour cela que tu as recherché ce nom de grande dame Anglaise?... Non, orgueilleuse infortunée... non... Émilie Milford peut rougir, mais elle ne se laissera jamais avilir... J'ai aussi la force de renoncer... (*Elle va et vient d'un pas majestueux.*) A présent, cesse de te montrer faible et souffrante... Adieu, douces et riantes images de l'amour!... Que la grandeur d'âme soit désormais mon guide. Ce couple d'amants est perdu, si Milford n'anéantit pas ses prétentions et ne renonce pas au cœur du prince. (*Après un moment de silence.*) C'en est fait... le terrible obstacle est levé... tous les liens sont brisés entre le duc et moi, et cet amour fougueux est arraché de mon cœur... Vertu, je me jette dans tes bras... reçois dans son repentir ta fille Émilie... Ah! que je me sens bien! Comme je me trouve tout à la fois légère et élevée! Je veux aujourd'hui descendre du faîte de ma grandeur avec la majesté du soleil qui s'abaisse. Que ma puissance meure avec mon amour, et que mon cœur seul m'accompagne dans mon orgueilleux exil! (*Elle va vers une table d'un air décidé.*) A présent tout va se terminer, à présent même, avant que les charmes de ce jeune homme aimé ne renouvellent les combats sanglants de mon cœur. (*Elle s'asseoit et commence à écrire.*)

SCÈNE IX.

MILADY, *un* **VALET DE CHAMBRE**, **SOPHIE**, **LE MARÉCHAL** *et des* **DOMESTIQUES**.

LE VALET DE CHAMBRE. Monsieur le maréchal de Kalb est dans l'antichambre, chargé d'une commission du duc.

MILADY, *animée par ce qu'elle écrit*. La marionnette sérénissime va se démener. En vérité, l'idée est assez drôle pour troubler un cerveau d'altesse... Sa cour va tournoyer... et tout le pays entrer en fermentation.

LE VALET DE CHAMBRE et SOPHIE. Le maréchal, milady.

MILADY *se tourne*. Qui? comment?... Ah! tant mieux... Ces sortes de gens sont mis au monde pour porter le sac. Qu'il soit le bienvenu! (*Le valet de chambre sort.*)

SOPHIE *s'approche avec inquiétude*. Si je ne craignais, milady, si ce n'était pas une témérité?... (*Milady continue à écrire.*) La Miller s'est précipitée hors de l'antichambre... Vous êtes brûlante... vous vous parlez à vous-même... (*Milady continue à écrire.*) J'ai peur... que va-t-il arriver?

LE MARÉCHAL *entre, fait mille révérences à milady, qui a le dos tourné. Lorsqu'elle l'aperçoit, il s'approche, se place derrière sa chaise, cherche à prendre le bord de son vêtement et y dépose un baiser respectueux.*) Son altesse sérénissime...

MILADY *jette du sable sur la lettre et la relit*. Il m'accusera d'une noire ingratitude... J'étais abandonnée... il m'a tirée de la misère... de la misère... Effroyable échange... Déchire ton compte, séducteur... mon éternelle honte le paye avec usure.

LE MARÉCHAL, *après avoir vainement tourné autour de milady*. Milady me paraît un peu distraite... J'aurai donc la témérité d'oser me permettre... (*Très-haut.*)

Son altesse sérénissime m'envoie demander à milady s'il y aura ce soir Wauxhall, ou comédie allemande?

MILADY *se lève en souriant*. Un des deux, mon cher. En attendant, portez au duc cette carte pour dessert. Toi, Sophie, ordonne qu'on attelle mes chevaux et que tous mes gens se rassemblent dans cette salle.

SOPHIE. O ciel! quel pressentiment j'éprouve! Que va-t-il arriver?

LE MARÉCHAL. Vous êtes animée, madame.

MILADY. Eh bien! monsieur le maréchal, voilà une place vacante. C'est un bon temps pour les entremetteurs. (*Le maréchal jette sur la lettre un regard de doute.*) Lisez, lisez ; je ne veux pas que le contenu de cette lettre reste entre quatre yeux.

LE MARÉCHAL lit. *Pendant ce temps, les domestiques se rassemblent dans le fond de la salle.* « Monseigneur, un
» contrat que vous avez si facilement rompu ne peut
» plus me lier. Le bonheur de vos États était la condi-
» tion de mon amour. L'erreur a duré trois ans. Le
» bandeau tombe de mes yeux. J'ai horreur des té-
» moignages, des faveurs arrosées par les larmes de
» vos sujets. Donnez à votre contrée en larmes un
» amour auquel je ne puis plus répondre, et apprenez
» d'une princesse anglaise à compatir aux douleurs de
» votre peuple allemand. Dans une heure j'aurai tra-
» versé la frontière. Jeanne Norfolk. »

TOUS LES DOMESTIQUES *murmurent tout bas avec surprise*. Traversé la frontière!

LE MARÉCHAL *pose avec effroi la lettre sur la table*. Que le ciel m'en préserve, ma noble dame! La personne qui porterait cette lettre risquerait son cou aussi bien que celle qui l'a écrite.

MILADY. C'est là ton inquiétude, excellent homme? Je sais, hélas! que toi et tes semblables, de pareils récits les étranglent. Je serais d'avis que l'on mît ce billet dans un pâté, afin que son altesse le trouvât sur son assiette.

LE MARÉCHAL. Ciel! Cette hardiesse! Oseriez-vous? Avez-vous bien pensé, milady, dans quelle disgrâce vous allez tomber?

MILADY *se tourne vers ses gens, et leur parle avec une profonde émotion.* Vous êtes étonnés, mes bons amis, et vous attendez avec anxiété la solution de cette énigme. Approchez, mes chers. Vous m'avez servie honnêtement et avec zèle, vous avez consulté mes regards plus souvent que ma bourse; votre obéissance était votre passion, et mes bontés faisaient votre orgueil. Le sentiment de votre fidélité se joindra au souvenir de mon abaissement. La triste destinée a fait de mes jours les plus sombres, vos jours de bonheur. (*Avec des larmes dans les yeux.*) Je vous quitte, mes enfants... Lady Milford n'est plus, et Jeanne Norfolk est trop pauvre pour acquitter sa dette... Que mon trésorier partage entre vous ma cassette!... Ce palais appartient au duc... Le plus pauvre d'entre vous sortira d'ici plus riche que sa maîtresse. (*Elle leur tend la main, que tous l'un après l'autre baisent avec ardeur.*) Je vous comprends, mes amis... Adieu, adieu pour toujours! (*Elle comprime ses sanglots.*) J'entends la voiture qui s'avance. (*Elle veut s'éloigner. Le maréchal lui barre le chemin.*) Pauvre homme! tu es toujours là.

LE MARÉCHAL, *qui pendant tout ce temps a eu les yeux fixés sur le billet d'un air piteux.* Et ce billet! il faut que je le remette entre les augustes mains de son altesse sérénissime!

MILADY. Pauvre homme! Oui, entre ses augustes mains, et tu diras à ses augustes oreilles que, puisque je ne puis aller nu-pieds à Notre-Dame-de-Lorette, je travaillerai à la journée pour me purifier de la honte de l'avoir gouverné. (*Elle sort à la hâte. Tous les autres se séparent très-émus.*)

ACTE CINQUIÈME.

La chambre du musicien; le soir.

SCÈNE I.

LOUISE *est assise en silence dans un coin obscur de la chambre, la tête appuyée sur son bras. Après un grand et profond silence,* MILLER *s'approche avec une lanterne à la main, regarde avec inquiétude, sans voir Louise, puis met son chapeau et sa lanterne sur la table.*

MILLER. Elle n'est pas ici non plus... pas ici. J'ai été dans toutes les rues, j'ai vu toutes mes connaissances, j'ai demandé à toutes les portes... nulle part on n'a vu mon enfant. (*Après un moment de silence.*) Patience, pauvre malheureux père! Attends jusqu'à demain, peut-être ton unique fille flottera-t-elle sur le rivage. Dieu! Dieu! si mon cœur était attaché avec trop d'idolâtrie à cet enfant!... Le châtiment est rude... Père tout-puissant... bien rude... Je ne veux pas murmurer, mais le châtiment est bien rude... (*Il se jette avec douleur sur une chaise.*)

LOUISE, *dans un coin.* Tu fais bien, pauvre vieillard, apprends à souffrir encore.

MILLER *se lève.* Es-tu là, mon enfant? es-tu là? Mais pourquoi seule et sans lumière?

LOUISE. Je ne suis pas si seule. C'est lorsque tout est sombre autour de moi que je revois ce qui me plaît le mieux.

MILLER. Que Dieu te garde! Il n'y a que le ver rongeur de la conscience qui veille avec le hibou. Les coupables et les méchants esprits craignent la lumière.

LOUISE. L'éternité aussi, mon père, parle aux âmes sans appui.

MILLER. Enfant! enfant! quels sont ces discours?

LOUISE *se lève et s'avance*. J'ai subi un pénible combat; vous le savez, mon père. Dieu m'a donné la force; le combat est fini. Mon père, on a coutume de dire que notre sexe est faible et fragile. Ne le croyez plus. Une araignée nous effraye, mais nous pressons, en jouant, dans nos bras le monstre hideux de la destruction. Ecoutez cette nouvelle, mon père; votre Louise est gaie.

MILLER. Ma fille, je voudrais t'entendre gémir; j'en serais plus satisfait.

LOUISE. Comme je serai plus rusée que lui, mon père! comme je tromperai le tyran!... L'amour est plus fin que la méchanceté, et il est plus hardi. Il ne le savait pas, cet homme, avec sa sinistre étoile sur la poitrine... Oh! ils sont adroits aussi longtemps qu'ils n'ont à s'occuper que de la tête; mais, dès qu'ils veulent prendre le cœur, les méchants deviennent sots... Il croyait mettre le sceau à sa fourberie par un serment. Un serment, mon père, lie bien les vivants, mais la mort rompt les chaînes de fer d'une promesse sacrée. Ferdinand connaîtra sa Louise... Mon père, voulez-vous vous charger de ce billet? voulez-vous avoir cette bonté?

MILLER. A qui s'adresse-t-il, ma fille?

LOUISE. Singulière question! L'infini et mon cœur n'ont pas entre eux assez de place pour l'unique pensée *de lui*... A quel autre pourrais-je donc écrire?

MILLER, *inquiet*. Écoute, Louise, je veux décacheter la lettre.

LOUISE. Comme vous voudrez, mon père, mais vous n'en serez pas plus avancé. Ces lignes ne sont là que comme des corps morts et ne vivent qu'aux yeux de l'amour.

MILLER *lit*. « Tu es trahi, Ferdinand. Une scélèra-

» tesse sans exemple a rompu le lien de nos cœurs;
» un serment terrible enchaîne ma langue, et ton
» père a posté partout des espions... Mais si tu as du
» courage, mon bien-aimé... je connais un troisième
» lieu où l'on n'est retenu par aucun serment et où
» nul espion ne peut nous entendre. » (*Miller s'arrête
et la regarde d'un air sérieux.*)

LOUISE. Pourquoi me regardez-vous ainsi? Lisez tout, mon père!

MILLER. « Mais il faut que tu aies assez de courage
» pour entrer dans une route sombre où tu ne seras
» éclairé que par Louise et Dieu. Pour arriver là, il
» faut seulement que tu sois tout amour, que tu laisses
» derrière toi toutes tes espérances et tes désirs fou-
» gueux. Tu n'as besoin que de ton cœur : le veux-tu?
» Alors par quand l'horloge des Carmélites sonnera
» minuit... Si tu as peur... efface le nom de fort que
» l'on donne à ton sexe... car une jeune fille t'a fait
» honte... » *Miller pose le billet, regarde longtemps
devant lui avec un regard de douleur, puis se tourne
vers elle et lui dit d'une voie douce et brisée.*) Et ce troisième lieu, ma fille?

LOUISE. Vous ne le connaissez pas, mon père? réellement, vous ne le connaissez pas? C'est étrange. Ce
lieu est assez dépeint pour qu'on le trouve. Ferdinand
le trouvera.

MILLER. Hum! parle plus clairement.

LOUISE. Je ne puis pas lui donner précisément un
nom aimable... Ne vous effrayez pas, mon père, si je
lui en donne un odieux... Ce lieu, oh! pourquoi l'a-
mour ne lui a-t-il pas trouvé un nom? Je lui aurais
donné le plus beau de tous. Ce troisième lieu, mon
cher père... mais laissez-moi tout dire... ce troisième
lieu s'appelle le tombeau.

MILLER, *tombant sur une chaise.* O mon Dieu!

LOUISE *va à lui et le soutient.* Non, mon père; c'est
seulement la terreur qui s'attache à ce mot. Eloignez-

la, et vous avez un lit nuptial où l'aurore déroule ses tapis dorés, où le printemps répand des guirlandes de fleurs. Il n'y a qu'un pêcheur larmoyant qui ait pu appeler la mort un squelette. C'est un doux et aimable enfant, au visage rose comme le dieu de l'amour, mais moins trompeur ; un génie silencieux et secourable qui offre son bras à l'âme fatiguée du pélerin, qui la fait monter sur les degrés du temps, lui ouvre le magique palais de l'éternelle splendeur, lui fait un signe amical et disparaît.

MILLER. Quel projet as-tu donc, ma fille? Veux-tu porter ta propre main sur toi?

LOUISE. Ne parlez pas ainsi, mon père. Quitter une société où l'on ne me supporte pas... m'élancer vers un lieu dont je ne veux pas rester exilée plus longtemps... est-ce là un péché?

MILLER. Le suicide, ma fille, est le plus affreux de tous les péchés... le seul dont on ne puisse plus se repentir, car la mort et le crime arrivent à la fois.

LOUISE, *avec un regard effrayé*. Horrible! mais cela n'ira pas si vite. Je m'élancerai dans le fleuve, mon père, et, en coulant à fond, j'invoquerai la miséricorde du Dieu tout-puissant.

MILLER. C'est-à-dire que tu te repentiras du vol aussitôt que tu auras mis le vol en sûreté. Ma fille! ma fille! prends garde de te jouer de Dieu quand tu as plus que jamais besoin de lui... Oh! tu es allée là bien loin! bien loin... tu as renoncé à la prière, et le Dieu miséricordieux a retiré sa main de toi...

LOUISE. Mon père, est-ce donc un crime que d'aimer?

MILLER. Si tu aimes Dieu, jamais ton amour ne deviendra un crime... Tu m'as accablé, mon unique enfant... tu m'as fait pencher vers le tombeau ; mais je ne veux pas aggraver encore le fardeau qui pèse sur ton cœur. Ma fille, je parlais tout-à-l'heure, je croyais être seul... tu m'as entendu. Et pourquoi voudrais-je te le cacher plus longtemps ! tu fus mon idole. Ecoute, Louise ! si tu as encore dans ton cœur de la place pour le sentiment d'un père... tu fus tout pour moi. Maintenant tu veux anéantir mon bien ; et moi aussi j'ai tout à perdre. Tu le vois, mes cheveux commencent à blanchir ; voici venir à peu près pour moi le temps où les pères recueillent l'intérêt du capital qu'ils ont mis dans le cœur de leurs enfants : veux-tu trahir mon espoir, Louise?... veux-tu perdre tout l'avenir et tout le bien de ton père?

LOUISE *lui baise la main avec une violente émotion.* Non, mon père ; je m'en vais hors de ce monde avec une grande dette, et je l'acquitterai dans l'éternité avec usure.

MILLER. Prends garde, mon enfant, de te tromper dans tes calculs. (*Sérieusement et avec solennité.*) Nous nous reverrons encore là-bas... Vois comme tu deviens pâle !... Ma Louise comprend elle-même que je ne pourrai plus aller la chercher dans cet autre monde, parce que je ne m'y élancerai pas aussitôt qu'elle. (*Louise tombe dans ses bras saisie de terreur. Il la presse avec ardeur sur son sein et continue d'une voix suppliante.*) O ma fille ! ma fille ! ma fille déjà tombée, déjà perdue peut-être ! réfléchis aux paroles sérieuses de ton père ; je ne peux pas veiller sur toi. Si je t'enlève au couteau, tu peux te tuer avec une aiguille ; si je te préserve du poison, tu peux t'étrangler avec un collier de perles... Louise, Louise... je ne puis que t'avertir... Veux-tu en venir à ce point que ton illusion trompeuse ne s'évanouisse à tes yeux que sur le pont terrible qui rejoint le temps à l'éternité?... Oseras-tu te présenter devant le trône de celui qui sait tout, et mentir, et lui dire, tandis que tes regards coupables chercheront ton idole mortelle : « Mon Créateur, je viens ici pour l'amour de toi. » Et si cette fragile idole de ton imagination, vermisseau comme toi, se tourne aux pieds de ton juge, traite de mensonge ta confiance impie, et soumet tes espérances déçues à la miséricorde éternelle que le malheureux ose à peine implorer pour lui-même, que penseras-tu alors?... (*avec plus d'expression*) alors!... infortunée (*il la tient avec force, la regarde fixement, puis la quitte tout à coup.*) A présent, je ne sais plus rien. (*Elevant sa main droite.*) Me voilà devant toi, Dieu juste! je ne puis plus rien pour cette âme; fais ce que tu voudras. Offre à cet élégant jeune homme un sacrifice qui fera pousser des cris de joie aux démons et éloignera de toi tes bons anges... Va... prends le fardeau de tous tes péchés... prends aussi ce dernier, le plus affreux de tous, et si le poids est trop léger, ma malédiction le complétera... Voici un couteau... perce-toi le cœur et (*Il s'éloigne et sanglote*) le cœur de ton père.

LOUISE *se lève et court après lui.* Arrêtez! arrêtez, ô mon père! Se peut-il que la tendresse soit une contrainte plus barbare encore que la tyrannie? que dois-je faire?... je ne puis... que dois-je faire?

MILLER. Si les baisers de ton major sont plus brûlants que les larmes de ton père, meurs.

LOUISE, *après un violent combat.* Mon père, voici ma main. Je veux... Dieu! Dieu!... que fais-je? que veux-je faire?... Mon père, je vous le jure..... malheur à moi! malheur..... coupable de quelque côté que je me tourne! Eh bien! donc, mon père, qu'il en soit ainsi!... Ferdinand! Dieu me voit... puissé-je anéantir ainsi son dernier souvenir... (*Elle déchire la lettre.*)

MILLER, *ivre de joie, se jette à son cou.* C'est ma fille!... Regarde; tu perds un amant, mais tu rends un père heureux. (*Il l'embrasse en riant et en pleurant*) Enfant, enfant, je ne méritais pas d'avoir dans ma vie un jour comme celui-ci. Dieu sait comment, moi, pauvre homme, je possède cet ange... ma Louise! mon paradis... O Dieu! je comprends peu l'amour; mais que ce soit un tourment d'y renoncer... ah! je le comprends bien.

LOUISE. Mais quittons cette contrée, mon père, quittons cette ville où mes compagnes se raillent de moi, où c'en est fait pour toujours de ma réputation... Allons-nous-en loin, loin, bien loin de ce lieu où tant de vestiges me parlent de la félicité perdue... Allons aussi loin qu'il est possible...

MILLER. Où tu voudras, ma fille ! Le pain du bon Dieu croît partout, et, grâce à lui, mon violon trouvera partout des oreilles. Oui, abandonnons tout ; je mettrai en musique l'histoire de ta douleur, et je chanterai la complainte de la fille qui s'est laissé déchirer le cœur pour honorer son père. Nous nous en irons avec cette ballade mendier de porte en porte, et l'aumône nous sera agréable à recevoir de la main de ceux qui pleureront.

SCÈNE II.

FERDINAND, *les précédents.*

LOUISE *l'aperçoit, et se jette au cou de Miller en poussant un cri.* Dieu ! le voilà ! je suis perdue !

MILLER. Où ? qui ?

LOUISE *lui montre le major en détournant le visage, et s'attache plus fortement à son père.* Lui ! lui-même ! jetez un regard autour de vous, mon père, il est là pour m'égorger.

MILLER *le regarde et recule.* Comment, vous ici, baron ?

FERDINAND *s'approche lentement, s'arrête devant Louise et fixe sur elle un regard pénétrant. Après un moment de silence.* Conscience surprise ! merci ! ton aveu est terrible, mais il est prompt et certain... et m'épargne des tortures... Bonsoir, Miller.

MILLER. Mais, au nom du ciel, que voulez-vous, baron ? Qui vous amène ici ? Pourquoi cette surprise ?

FERDINAND. J'ai connu un temps où l'on énumérait toutes les secondes de la journée, où le désir de me voir tenait le cœur suspendu au balancier trop lent de la pendule, et où l'on comptait les battements de ses artères jusqu'à ce que j'arrivasse. Comment se fait-il qu'à présent ma visite soit une surprise?

MILLER. Allez, allez, baron; s'il reste encore dans votre cœur une étincelle d'humanité, si vous ne voulez pas faire mourir celle que vous prétendez aimer, fuyez, ne restez pas ici une minute de plus. La bénédiction est sortie de ma maison du jour où vous y avez mis le pied. Vous avez appelé le malheur sous ce toit où auparavant tout était contentement. N'êtes-vous pas encore satisfait? Voulez-vous fouiller les blessures qui nous ont été faites par le malheur que ma fille unique a eu de vous connaître?

FERDINAND. O père admirable! je viens dans ce moment même annoncer à ta fille une joyeuse nouvelle.

MILLER. De nouvelles espérances sans doute pour un nouveau désespoir... Va, messager de malheur, ton visage nuit à ta marchandise!

FERDINAND. Il m'apparaît donc enfin le but de tous mes vœux! Lady Milford, qui était le plus terrible obstacle à mon amour, vient de quitter à l'instant le pays; mon père approuve mon choix. Le destin cesse de nous poursuivre. Une étoile de bonheur se lève... Maintenant, je viens accomplir ma promesse et conduire ma fiancée à l'autel.

MILLER. L'entends-tu, ma fille? l'entends-tu se railler de tes espérances déçues? Oh! vraiment, baron, c'est une belle chose que de voir le séducteur exercer ainsi son esprit sur son crime.

FERDINAND. Tu crois que je plaisante! Sur mon honneur, ces paroles sont vraies comme l'amour de ma Louise, et je les veux tenir comme elle a tenu ses serments... Je ne sais rien de plus sacré... Doutes-tu encore? La joie ne colore pas encore les joues de ma belle épouse... c'est étrange! Il faut que le mensonge soit ici la monnaie courante, puisque la vérité trouve si peu de crédit. Vous vous méfiez de mes paroles, mais vous croirez sans doute à ce témoignage écrit. (*Il jette à Louise la lettre adressée au maréchal. Louise l'ouvre et tombe par terre pâle comme la mort.*)

MILLER, *sans la regarder*. Que signifie ceci, baron ? je ne vous comprends pas.

FERDINAND *le conduit près de Louise*. Celle-ci m'a bien mieux compris.

MILLER *tombe près d'elle*. O Dieu ! ma fille.

FERDINAND. Pâle comme la mort. A présent elle me plaît, ta fille. Jamais elle ne fut si belle, ta pieuse et honnête fille... avec cette figure de cadavre... Le souffle du jugement dernier qui efface le vernis de tout mensonge a fait disparaître le fard à l'aide duquel cette créature artificieuse aurait trompé les anges de lumière... C'est sa figure dans sa plus grande beauté ! c'est sa figure vraie pour la première fois !... Laisse-moi lui donner un baiser. (*Il veut aller à elle.*)

MILLER. Arrière, va-t'en ! Ne t'attaque pas au cœur d'un père. Enfant ! Je n'ai pu la préserver de tes caresses, mais je la garantirai de tes offenses.

FERDINAND. Que veux-tu vieillard ? je n'ai rien à faire avec toi. Ne te mêle pas à un jeu où la partie est si évidemment perdue. Ou bien peut-être en sais-tu plus que je ne supposais. As-tu prêté la sagesse de tes soixante-dix ans aux galanteries de ta fille, et souillé ta respectable tête en faisant le métier d'entremetteur ?... Oh ! si cela n'est pas, malheureux vieillard, incline-toi et meurs... il en est temps encore... Tu peux t'endormir dans un doux songe, en te disant : Je fus un heureux père... Un instant plus tard, tu rejetterais dans son infernale patrie cette vipère envenimée, tu maudirais le présent que tu as reçu et celui qui te l'a fait, et tu descendrais dans la tombe en maudissant la Divinité. Parle, malheureuse, as-tu écrit cette lettre ?

MILLER, *à Louise.* Au nom du ciel! ma fille, n'oublie pas! n'oublie pas!

LOUISE. Oh! cette lettre, mon père!

FERDINAND. Qu'elle soit tombée dans de mauvaises mains... béni soit le hasard; il a fait plus que la sage raison et a mieux agi ce jour-là que l'esprit des plus adroits... Le hasard, dis-je... Oh! si la Providence est là quand les moineaux tombent, pourquoi pas quand un démon doit être démasqué? Je veux une réponse, as-tu écrit cette lettre?

MILLER, *à Louise, avec des supplications.* Sois ferme, ma fille, sois ferme. Seulement cet unique oui, et tout est terminé.

FERDINAND. C'est drôle, très-drôle! Le père aussi trompé! tous trompés. Et voyez comme elle est là, l'indigne! Sa langue même lui refuse obéissance pour ce dernier mensonge. Jure par Dieu, par la terrible vérité, as-tu écrit cette lettre?

LOUISE, *après un violent combat pendant lequel elle échange plusieurs regards, répond avec fermeté.* Je l'ai écrite.

FERDINAND *s'arrête avec effroi.* Louise, non! Aussi vrai que mon âme existe, tu mens. L'innocence avoue parfois sur le chevalet du bourreau des crimes qu'elle n'a jamais commis. J'ai mis trop de violence dans ma demande... N'est-ce pas, Louise, tu n'as fait cet aveu que parce que ma question était violente?

LOUISE. J'ai avoué ce qui est vrai.

FERDINAND. Non, dis-je! non, non, tu ne l'as pas écrite! Ce n'est pas là ton écriture... et quand cela serait, il n'est pas plus difficile de contrefaire une écriture que de perdre un cœur. Dis-moi la vérité, Louise, ou plutôt, non, non, ne le fais pas; tu pourrais dire oui, et je serais perdu. Un mensonge, Louise, un mensonge! Oh! si tu en connaissais un! si tu pouvais le prononcer avec ton visage d'ange, persuader mon oreille et mes yeux quand même tu devrais indignement tromper mon cœur ! Oh ! Louise, toute vérité pourrait dès ce moment sortir de la création, et le bon droit incliner sa tête altière et faire des courbettes de courtisan. (*D'une voix tremblante.*) As-tu écrit cette lettre?

LOUISE. Sur Dieu, sur l'éternelle vérité, oui !

FERDINAND, *après un moment de silence, avec l'expression de la plus profonde douleur.* Femme ! femme ! le visage avec lequel tu es là devant moi... Donne avec ce visage le paradis, tu ne trouveras pas même un acheteur dans l'empire des damnés. Si tu savais ce que tu étais pour moi, Louise !... Impossible ! non ! tu n'as pas su que tu étais tout pour moi : tout, c'est un pauvre méprisable mot; mais l'éternité a de la peine à le contenir; il renferme la création entière... Tout ! et se jouer de ce mot aussi criminellement ! Oh ! c'est horrible !

LOUISE. Vous avez mon aveu, M. de Walter, je me suis condamnée moi-même. Allez, quittez une maison où vous avez été si malheureux.

FERDINAND. Bien ! bien ! je suis tranquille. On dit aussi d'un coin de terre où la peste a passé qu'il est tranquille... Je suis tranquille. (*Après un moment de réflexion.*) Encore une prière, Louise, la dernière. Ma tête est brûlante de fièvre ; j'ai besoin de rafraîchissements ; veux-tu me préparer un verre de limonade?

SCÈNE III.

FERDINAND et MILLER; *tous deux se promènent sans dire un mot à travers la chambre.*

MILLER *s'arrête et regarde le major avec tristesse.* Cher baron, sera-ce un adoucissement à votre chagrin si je vous dis que je vous plains cordialement ?

FERDINAND. Laissons cela, Miller. (*Il fait encore quelques pas.*) Miller, je me rappelle à peine comment je vins dans votre maison... pour quel motif?

MILLER. Comment, monsieur le major? vous vouliez prendre auprès de moi des leçons de flûte ; ne vous en souvenez-vous plus?

FERDINAND. Je vis ta fille. (*Après un moment de silence.*) Mon cher, tu ne m'as point tenu parole. Tu devais donner du calme dans mes heures de solitude ; tu m'as trompé, tu m'as vendu des scorpions. (*Il voit le mouvement de Miller.*) Non, ne t'en vas pas, vieillard! (*Il l'embrasse avec émotion.*) Tu n'es pas coupable.

MILLER, *s'essuyant les yeux.* Le Dieu qui sait tout le sait.

FERDINAND, *allant et venant, plongé dans de sombres pensées.* Dieu joue avec nous d'une façon étrange, incompréhensible. Des fardeaux terribles sont souvent suspendus à des fils minces et imperceptibles. L'homme savait-il qu'en mangeant cette pomme il trouverait la mort?... hum! le savait-il? (*Il va et vient avec violence, puis prend la main de Miller.*) Je t'ai payé tes leçons de flûte trop cher, et tu n'y gagnes rien, et tu y perds peut-être tout. (*Il s'éloigne de lui.*) Malheureuse flûte! cette idée ne me fut-elle jamais venue!

MILLER *cherche à cacher son émotion.* Cette limonade se fait bien longtemps attendre. Je veux aller voir, si vous me le permettez.

FERDINAND. Cela ne presse pas, cher Miller. (*Il murmure entre ses dents.*) Surtout pas pour le père... Reste! que voulais-je donc te demander?... Ah! oui! Louise est-elle ton unique fille? n'as-tu pas d'autres enfants?

MILLER, *avec chaleur.* Je n'en ai pas d'autres, baron, et je n'en désire pas d'autres. Ma fille est juste ce qu'il faut pour occuper mon cœur de père... Tout ce que j'ai d'amour vaillant, je l'ai placé sur ma fille.

FERDINAND, *très-ébranlé.* Ah! voyez donc si la boisson est prête, cher Miller!

(*Miller sort.*)

SCÈNE IV.

FERDINAND, *seul.* Son unique enfant! conçois-tu cela, meurtrier? Son unique, meurtrier! son unique, entends-tu? Et cet homme n'a rien au monde que son instrument et son unique enfant; tu veux le lui enlever! Enlever! enlever à un mendiant son dernier denier!... Jeter aux pieds du paralytique ses béquilles brisées... Comment! aurai-je aussi le cœur de faire cela?... Et quand il reviendra, ne pouvant pas s'attendre à perdre toute la somme de joie que lui donne cette fille, qu'il entrera ici, qu'il verra cette fleur couchée, flétrie, morte, écrasée, cette dernière, cette unique, cette suprême espérance! Ah! et il sera là, devant elle; et la nature entière n'aura plus pour lui un souffle de vie, et son regard effaré plongera vainement dans l'immensité déserte! il cherchera Dieu et ne le trouvera plus, et s'en reviendra sans avoir rien découvert... Dieu! Dieu! mais mon père n'a aussi qu'un fils unique, un fils unique. Ce n'est pourtant pas son unique richesse... (*Après un moment de silence.*) Mais quoi! que perd-il donc? Une fille pour laquelle les sentiments les plus sacrés de l'amour n'étaient qu'un jouet, pourrait-elle rendre son père heureux? Non! elle ne le peut, elle ne le veut pas, et je mérite des remerciments pour écraser la vipère avant qu'elle blesse son père lui-même.

SCÈNE V.

MILLER, *qui revient,* et **FERDINAND.**

MILLER. Vous allez être servi de suite, baron. La pauvre créature est là, dehors, qui verse des larmes à en mourir. Elle vous donnera des larmes à boire dans votre limonade.

FERDINAND. Tant mieux, quand il n'y aurait que des larmes... Mais, puisque nous avons parlé tout-à-l'heure de musique. Miller (*il tire une bourse*), je suis encore ton débiteur.

MILLER. Comment! comment! Laissez cela, baron. Pour qui me prenez-vous? C'est entre bonnes mains. Ne me faites pas cet affront. Ce ne sera pas, s'il plaît à Dieu, la dernière fois que nous nous reverrons.

FERDINAND. Qui sait? Prends-là, c'est en cas de vie et de mort.

MILLER, *souriant*. Oh! quant à ce dernier cas, baron, je pense qu'on n'a nulle inquiétude à avoir avec vous.

FERDINAND. C'est pourtant un risque. Ne sais-tu pas l'histoire de bien des jeunes gens tombés avant l'âge, des jeunes gens et des jeunes filles, enfants de l'espérance, illusions de leurs pères déçus? Ce que l'âge ou la douleur ne peut faire, un coup de foudre souvent l'accomplit... Ta Louise non plus n'est pas immortelle.

MILLER. C'est Dieu qui me l'a donnée.

FERDINAND. Je te le dis, elle n'est pas immortelle. Cette fille est encore la prunelle de tes yeux; tu es attaché à cette fille de cœur et d'âme; sois prévoyant, Miller; il n'y a qu'un joueur désespéré qui mette tout sur une même carte. On traite d'imprudent le marchand qui met toute sa fortune sur un navire. Écoute-moi! songe à cet avis. Mais pourquoi ne pas prendre cet argent?

MILLER. Comment, monsieur! toute cette bourse énorme? A qui pensez-vous?

FERDINAND. A ma dette. Voilà. (*Il jette la bourse sur la table; les pièces d'or tombent.*) Je ne puis garder cela une éternité.

MILLER, *stupéfait*. Comment! Grand Dieu! ce n'est pas là le son de l'argent. (*Il s'approche de la table, et crie avec effroi.*) Au nom du ciel, baron, que faites-vous? que voulez-vous? C'est une distraction. (*Il joint les mains.*) Il y a là, ou je suis ensorcelé, ou que Dieu me damné ! je tiens là du vrai or jaune, de l'or du bon Dieu. Non, satan ! non, satan ! tu ne m'attraperas pas !

FERDINAND. Est-ce du vin vieux ou nouveau que tu as bu ?

MILLER. Mille tonnerres ! regardez donc là, de l'or !

FERDINAND. Eh bien ! après ?

MILLER. Au nom du diable ! je vous dis, je vous prie, je vous prie par le nom de Dieu le Christ ! de l'or !

FERDINAND. C'est vraiment quelque chose d'inouï.

MILLER, *après un moment de silence, va à lui avec émotion.* Monseigneur, je vous préviens que je suis un pauvre honnête homme : dans le cas où vous voulez m'associer à quelque méchante action... car Dieu sait qu'on ne gagne pas tant d'argent par des voies honnêtes.

FERDINAND, *ému.* Sois tranquille, cher Miller, tu as depuis longtemps gagné cet argent-là, et Dieu me préserve de vouloir acheter avec cela ta bonne conscience.

MILLER, *sautant comme un fou.* C'est à moi donc, c'est à moi ! avec l'assentiment et la volonté du bon Dieu, c'est à moi ! (*Il court vers la porte et s'écrie.*) Ma femme ! ma fille ! victoire ! arrivez ! (*Il revient.*) Mais, Dieu de bonté, comment en suis-je venu tout à coup à posséder ce monstrueux trésor ? comment l'ai-je mérité, comment l'ai-je gagné ?

FERDINAND. Ce n'est pas avec tes leçons de musique, Miller... Avec cet or, je te paye (*il s'arrête saisi d'effroi*), je te paye... (*avec douleur*) le rêve malheureux de trois mois que je dois à votre fille.

MILLER *lui serre la main.* Monseigneur, si vous étiez un pauvre petit bourgeois, et que ma fille ne vous aimât pas, je la tuerais. Mais maintenant que j'ai tout et vous rien, il me faudra vous restituer toute cette joie. — Eh !...

FERDINAND. Que cela ne t'inquiète point, mon cher, je pars, et dans le pays où je compte m'établir, cet argent n'a point de valeur.

MILLER, *les yeux fixés sur l'argent et avec ravissement.* Ainsi, c'est donc à moi, c'est à moi!... Je regrette pourtant que vous partiez. Eh! attendez un peu ce que je vais faire à présent. Quelles bonnes joues je vais avoir. (*Il dépose son chapeau et le jette à travers la chambre.*) Mes leçons de musique peuvent aller se promener: je ne fumerai plus que du tabac des Trois-Rois, n° 5, et le diable m'emporte si au spectacle je m'asseois encore aux places à douze sous. (*Il veut sortir.*)

FERDINAND. Restez. Taisez-vous, et cachez votre argent. Taisez-vous encore ce soir, et faites-moi le plaisir de ne plus donner de leçons de musique.

MILLER, *avec plus de chaleur, le saisit par l'habit, et lui dit avec joie.* Monsieur, et ma fille? (*Il le lâche.*) Ce n'est pas l'argent qui fait l'honneur; non, ce n'est pas l'argent. Que je mange des pommes de terre ou du coq de bruyère, quand on est rassasié, on est rassasié, et cette redingote sera toujours bonne, tant que le soleil du bon Dieu ne se montrera pas à travers les trous. Des guenilles sont bonnes pour moi. Mais c'est sur ma fille que la bénédiction doit tomber, et tout ce qui lui plaira elle l'aura.

FERDINAND. Silence! oh! silence!

MILLER, *toujours avec chaleur.* Elle apprendra le français à fond, le menuet et le chant, de telle sorte qu'on en parlera dans les journaux. Elle aura un bonnet comme la fille du conseiller, et une robe à queue, comme cela s'appelle, et on parlera à quatre lieues à la ronde de la fille du musicien.

FERDINAND *lui prend la main avec agitation.* Rien de plus, rien de plus, au nom du ciel! Tais-toi, tais-toi encore aujourd'hui. C'est le seul remercîment que je te demande.

SCÈNE VI.

LOUISE, *avec la limonade; les précédents.*

LOUISE, *les yeux rouges de larmes et d'une voix trem-*

ACTE V, SCÈNE VI.

blante, *présente au major le verre sur une assiette*. Vous direz si elle n'est pas assez forte.

FERDINAND *prend le verre, le pose et se tourne vers Miller*. Ah! je l'avais presque oublié. Oserais-je vous demander quelque chose, cher Miller? Voulez-vous me rendre un petit service?

MILLER. Mille au lieu d'un. Que désirez-vous?

FERDINAND. On m'attendra à dîner; par malheur je suis dans une très-mauvaise disposition; il m'est tout à fait impossible de voir du monde. Voulez-vous bien aller chez mon père et lui faire mes excuses?

LOUISE, *effrayée, reprend aussitôt*. Je puis bien faire cette course.

MILLER. Ainsi, il faudrait voir le président?

FERDINAND. Non pas lui-même. Vous vous acquitterez de cette commission auprès d'un valet de chambre. Je vous donne ma montre pour prouver que vous venez de ma part... Je serai encore ici quand vous reviendrez... Vous attendrez une réponse.

LOUISE, *très-inquiète*. Ne puis-je pas me charger de tout cela?

FERDINAND, *à Miller qui va sortir*. Attendez, encore un mot. Voici une lettre pour mon père, qui m'a été remise ce soir cachetée... Peut-être des affaires pressantes. Vous ferez tout cela en même temps.

MILLER. Très-bien, baron!

LOUISE *s'attache à lui dans une horrible anxiété*. Mais, mon père, je pourrais bien me charger de tout cela.

MILLER. Tu es seule, ma fille, et il fait nuit sombre.

(*Il sort.*)

FERDINAND. Éclaire ton père, Louise. (*Pendant qu'elle accompagne Miller avec la lumière, il s'approche de la table et jette du poison dans la limonade.*) Oui, il faut qu'elle meure, il le faut. Les puissances supérieures me font par leurs signes comprendre le terrible oui. La vengeance du ciel y souscrit, son bon ange l'abandonne.

SCÈNE VII.

FERDINAND et LOUISE.

Elle revient lentement avec la lumière, la dépose sur la table, s'asseoit du côté opposé au major, la tête baissée, et de temps à autre lui jetant un regard craintif. Il est debout à l'autre côté et regarde fixement devant lui. Long moment de silence.

LOUISE. Voulez-vous m'accompagner, monsieur de Walter? je jouerai un air sur le piano. (*Elle ouvre le piano. Ferdinand ne lui donne aucune réponse. Silence.*) Vous me devez ma revanche aux échecs. Voulez-vous faire une partie, monsieur de Walter? (*Nouveau silence.*) Monsieur de Walter, le portefeuille que j'avais promis de vous broder, je l'ai commencé; voulez-vous en voir le dessin? (*Nouveau silence.*) Oh! je suis très-malheureuse!

FERDINAND. Cela pourrait être vrai.

LOUISE. Cela n'est pas ma faute, monsieur de Walter, si je soutiens si mal la conversation.

FERDINAND, *à part, avec un sourire amer*. Que peux-tu faire avec mon extrême réserve?

LOUISE. Je savais bien qu'à présent nous ne nous convenons plus. Aussi ai-je été effrayée, je l'avoue, quand vous avez fait sortir mon père. Monsieur de Walter, je pense que ce moment nous sera à tous les deux insupportable. Voulez-vous me permettre d'aller chercher quelques personnes de ma connaissance?

FERDINAND. Oui, fais cela. J'en irai aussi chercher quelques-unes de la mienne.

LOUISE *le regarde avec embarras*. Monsieur de Walter!

FERDINAND, *d'un ton de sarcasme*. Sur mon honneur, c'est la plus ingénieuse idée qu'un homme puisse avoir dans cette situation. Nous ferions un amusement de cet ennuyeux tête-à-tête, et à l'aide de certaines galanteries nous nous vengerions des chagrins de l'amour.

LOUISE. Vous êtes de bonne humeur, monsieur de Walter.

FERDINAND. Extraordinairement de bonne humeur! au point de faire courir après moi les petits garçons sur la place. Non, en vérité, Louise, ton exemple me sert de leçon. Il faut que tu sois mon institutrice. Ceux-là sont fous qui parlent d'amour éternel. L'éternelle uniformité nous répugne ; le changement seul assaisonne le plaisir. Tope, Louise ; j'en suis. Nous courons de roman en roman ; nous roulons de bourbier en bourbier : toi d'un côté, moi de l'autre. Peut-être retrouverai-je dans une maison de filles le repos que j'ai perdu. Peut-être, après nos joyeuses aventures, nous rencontrerons-nous de nouveau avec la plus agréable surprise. Nous serons devenus comme des squelettes, et nous nous reconnaîtrons, comme dans les comédies, à cet air de famille qu'aucun enfant de cette race ne peut renier. Alors nous verrons que de la honte et du dégoût il peut résulter une harmonie à laquelle l'amour le plus tendre ne peut atteindre.

LOUISE. Oh ! jeune homme, jeune homme ! tu es déjà malheureux, veux-tu donc mériter de l'être ?

FERDINAND, *en colère, murmure entre ses dents.* Je suis malheureux ! Qui te l'a dit ? Femme, tu es trop mauvaise pour éprouver toi-même une émotion. Comment pourrais-tu juger le sentiment d'un autre ? Malheureux, dit-elle ; ah ! ce mot pourrait ranimer ma fureur dans le tombeau... Je devais être malheureux, elle le savait. Mort et damnation ! elle le savait, et pourtant elle m'a trahi... Vois, serpent... c'était là ta seule chance de pardon... Tes paroles causent ta mort... Jusqu'à présent je pouvais te ménager en attribuant ton crime à ton ignorance ; par mon mépris tu échappais presque à ma vengeance. (*Il saisit avec vivacité le verre.*) Ainsi tu n'as pas été si légère... Tu n'as pas été si sotte... Tu étais un démon. (*Il boit.*) Cette limonade est fade comme ton âme. Essaye.

LOUISE. O ciel! ce n'est pas sans raison que je craignais cette scène.

FERDINAND, *d'un ton impérieux.* Essaye.

Louise prend le verre à regret et boit. Au moment où elle porte le verre à ses lèvres, Ferdinand pâlit, s'éloigne tout à coup et va se mettre au fond de la chambre.

LOUISE. La limonade est bonne.

FERDINAND, *sans se retourner et en frissonnant.* Je souhaite qu'elle te fasse du bien..

LOUISE, *après avoir posé le verre sur la table.* Oh! si vous saviez, Walter, comme vous insultez cruellement mon âme!

FERDINAND. Hum!

LOUISE. Un temps viendra, Walter...

FERDINAND *se rapproche.* Oh! nous n'avons plus rien à faire avec le temps.

LOUISE. Où la soirée d'aujourd'hui tombera lourdement sur votre cœur.

FERDINAND *commence à marcher à grands pas et avec inquiétude. Il ôte son écharpe, son épée, et les jette loin de lui.* Adieu, service des princes.

LOUISE. Mon Dieu! comment vous trouvez-vous?

FERDINAND. J'ai chaud et je suis oppressé... Je veux me mettre à mon aise.

LOUISE. Buvez, buvez; cette boisson vous rafraîchira.

FERDINAND. Certainement... Cette catin a bon cœur. Elles sont toutes comme cela.

LOUISE, *courant dans ses bras avec amour.* Parler ainsi à ta Louise, Ferdinand!

FERDINAND *la repousse.* Va-t'en, va-t'en! Loin de moi ces doux et charmants regards... Je succombe... Viens à moi avec ton épouvante monstrueuse, serpent; jette-toi sur moi, reptile... Déroule à mes yeux tes hideux anneaux; lève ta tête contre le ciel... Montre-toi aussi horrible que tu le fus jamais au sortir de l'abîme...

seulement que je ne voie plus l'ange! que je ne voie plus l'ange! Il est trop tard... A présent, il faut l'écraser comme une vipère... ou le désespoir... Par pitié!...

LOUISE. Oh! en être venus là!

FERDINAND, *la regardant de côté.* Cette belle œuvre de l'artiste céleste... qui pourrait croire?... qui devrait croire?... (*Il lui prend la main et l'élève vers le ciel.*) Je ne veux pas t'interroger, Dieu créateur... Mais pourquoi avoir mis ton poison dans un vase si beau?... Comment le vice peut-il se montrer avec cette douceur céleste?... Oh! c'est étrange!

LOUISE. Écouter tout cela et être forcée de se taire!..

FERDINAND. Et cette douce voix mélodieuse!... Comment des cordes brisées peuvent-elles rendre un son si pur? (*Il la regarde avec amour.*) Tout cela si beau, si bien proportionné, si divinement parfait!... OEuvre du Créateur dans une de ses heures de faveur! Comme si le monde n'avait été formé que pour amener le Créateur à produire ce chef-d'œuvre!... Et Dieu ne se serait trompé que pour l'âme! Pouvait-il laisser sans défaut ce phénomène de la nature, ou bien s'est-il aperçu que son ciseau venait de produire un ange, et, pour réparer son erreur, il lui a donné en toute hâte un cœur d'autant plus mauvais?

LOUISE. O criminelle opiniâtreté! Plutôt que d'avouer sa précipitation, il s'en prend au ciel.

FERDINAND *se jette en pleurant dans ses bras.* Encore une fois, Louise, encore une fois, comme au jour de notre premier baiser, quand tu balbutiais le nom de Ferdinand, quand tes lèvres brûlantes me dirent pour la première fois : Toi!... oh! il me semblait que le germe d'une joie infinie, inexprimable, reposait dans ce moment comme la fleur dans son bourgeon. L'éternité se déroulait sous nos yeux comme un beau jour de mai; des millions d'années légères et dorées passaient devant notre âme comme des jeunes mariées... Alors j'étais heureux... Oh! Louise, Louise, Louise, pourquoi as-tu agi ainsi envers moi?

LOUISE. Ne pleurez pas, ne pleurez pas, Walter. Votre douleur serait plus juste envers moi que votre emportement.

FERDINAND. Tu te trompes. Ce ne sont pas des larmes; ce n'est pas cette chaude et voluptueuse rosée qui coule comme un baume sur les blessures de l'âme et qui remet en mouvement la sensibilité... ce sont des pleurs froids et solitaires... c'est le terrible, l'éternel adieu de mon amour. (*Avec une effrayante solennité en laissant tomber sa main sur la tête de Louise.*) Ce sont des pleurs que je verse sur ton âme, Louise, sur la Divinité, dont la bonté infinie s'est égarée cette fois, et qui perd le plus beau de ses ouvrages. Oh! il me semble que la création entière devrait prendre le deuil et être confuse de ce qui se passe dans son sein. C'est une chose assez ordinaire de voir les hommes succomber et perdre le paradis; mais quand la peste exerce ses ravages parmi les anges, il faut que la nature entière pousse un cri de consternation.

LOUISE. Ne me poussez pas à la dernière extrémité, Walter. J'ai de la force d'âme autant qu'une autre, mais il faut qu'elle soit soumise à une épreuve humaine... Un mot encore, et puis séparons-nous... Un destin effroyable a mis la confusion dans le langage de votre cœur. S'il m'était permis d'ouvrir la bouche, Walter, je pourrais te dire des choses, je pourrais... Mais le sort cruel enchaîne ma langue et mon amour, et il faut que je me laisse traiter par toi comme une fille sans honneur.

FERDINAND. Te sens-tu bien, Louise?

LOUISE. Pourquoi cette question?

FERDINAND. C'est que je serais affligé pour toi que tu quittasses le monde avec le mensonge sur les lèvres.

LOUISE. Je vous en conjure... Walter...

FERDINAND, *dans une violente agitation*. Non, non, cette vengeance serait trop satanique; non, que Dieu m'en garde. Je ne veux pas pousser la vengeance jusque dans l'autre monde. Louise, as-tu aimé le maréchal? Tu ne sortiras plus de cette chambre.

LOUISE. Demandez ce que vous voudrez ; je ne réponds plus rien. (*Elle s'asseoit.*)

FERDINAND. Songe à ton âme immortelle, Louise... As-tu aimé le maréchal? as-tu aimé le maréchal? Tu ne sortiras plus de cette chambre.

LOUISE. Je ne réponds plus rien.

FERDINAND *se jette à ses pieds dans la plus violente émotion*. Louise, as-tu aimé le maréchal? Avant que ce flambeau soit consumé... tu paraîtras devant Dieu...

LOUISE *se lève avec effroi*. Jésus!... qu'est-ce donc ?... Ah! je me sens très-mal. (*Elle retombe sur sa chaise.*)

FERDINAND. Déjà!... O femmes, éternelle énigme! vos muscles délicats supportent le crime qui dévore l'humanité dans ses racines, et un misérable grain d'arsenic vous renverse...

LOUISE. Du poison... du poison!... O Seigneur Dieu!

FERDINAND. Je le crains. Ta limonade a été assaisonnée dans l'enfer; en la buvant, tu as bu la mort.

LOUISE. La mort, la mort! Dieu de miséricorde! du poison dans la limonade et la mort!... Oh! prends pitié de mon âme, Dieu de compassion!

FERDINAND. Voilà l'essentiel. C'est aussi la prière que je lui adresse.

LOUISE. Et ma mère... mon père! Sauveur du monde! Mon pauvre père perdu!... N'y a-t-il plus de salut? Si jeune encore et point de salut, et qu'il faut que je parte!...

FERDINAND. Point de salut: il faut que tu partes. Mais sois tranquille ; nous ferons le voyage ensemble.

LOUISE. Et toi aussi, Ferdinand? Du poison, Ferdinand... du poison de ta main? O Dieu, pardonne-lui... Dieu de clémence, délivre-le de ce péché!

FERDINAND. Songe à régler ton compte... je crains qu'il ne soit en mauvais état.

LOUISE. Ferdinand, Ferdinand!... Oh! à présent, je ne peux plus me taire... La mort... la mort rompt tous les serments!... Ferdinand!... le ciel et la terre n'ont rien de plus malheureux que toi... Je meurs innocente, Ferdinand.

FERDINAND, *effrayé.* Que dit-elle là? On n'a pourtant pas coutume de se charger d'un mensonge en partant pour ce voyage.

LOUISE. Je ne mens pas, je ne mens pas. Je n'ai menti qu'une fois dans le cours de ma vie... Ah! je sens un froid de glace courir dans mes veines... Quand j'écrivis la lettre au maréchal...

FERDINAND. Ah! cette lettre!... Dieu soit loué! je reprends toute ma fermeté.

LOUISE. *Sa langue s'appesantit, ses doigts se roidissent.* Cette lettre... Prépare-toi à écouter un mot abominable... Ma main écrivit ce que réprouvait mon cœur... Ton père l'a dictée. (*Ferdinand, immobile et comme pétrifié, après un moment de silence, tombe tout à coup comme frappé par la foudre.*) Oh! déplorable erreur!... Ferdinand... on m'a contrainte... Pardonne; ta Louise aurait préféré la mort... mais mon père... le danger... Ils ont agi de fourberie!

FERDINAND, *d'une voix terrible.* Dieu soit loué! je ne sens pas encore l'effet du poison. (*Il tire son épée.*)

LOUISE, *s'affaiblissant de plus en plus.* Malheur! Que veux-tu faire? C'est ton père.

FERDINAND, *dans un accès de rage.* Meurtrier et père d'un meurtrier! Il faut qu'il soit de la partie, afin que le juge du monde ne châtie que le coupable. (*Il veut sortir.*)

LOUISE. Mon Sauveur pardonne en mourant. Grâce pour toi et pour lui!... (*Elle meurt.*)

FERDINAND *se retourne, voit son dernier mouvement, et tombe avec douleur à genoux devant elle.* Arrête! arrête! Ne m'échappe pas, ange du ciel! (*Il prend sa main et la laisse retomber.*) Froide, froide et humide! Son âme s'est envolée. (*Il se lève.*) Dieu de ma Louise... grâce, grâce pour le plus insensé des meurtriers! ce fut sa dernière prière. Comme elle est belle et ravissante! La mort attendrie a respecté ce visage adoré. Cette douceur n'était pas un vain masque; elle subsiste dans la mort. (*Après un moment de silence.*) Mais comment? pourquoi ne sens-je rien? La force de ma jeunesse peut-elle me sauver? Peine inutile! ce n'est pas là ce que je veux. (*Il saisit le verre.*)

SCÈNE VIII.

FERDINAND, LE PRÉSIDENT, WURM *et des domestiques se précipitent dans la chambre avec effroi; viennent ensuite* MILLER, *le peuple et les gens de justice, qui se tiennent dans le fond.*

LE PRÉSIDENT, *la lettre de Ferdinand à la main.* Mon fils, que signifie cela? Je ne pourrais jamais croire...

FERDINAND *jette le verre à ses pieds.* Eh bien! regarde, assassin!

LE PRÉSIDENT *chancelle, tous sont épouvantés; silence terrible.* Mon fils, pourquoi m'as-tu fait cela?

FERDINAND, *sans le regarder.* Oui, vraiment, j'aurais dû d'abord demander à l'homme d'État si ce coup s'arrangeait avec ses cartes. La ruse qui devait rompre le lien de notre cœur par la jalousie était, je l'avoue, d'une finesse admirable. Un maître avait fait le calcul. Mais c'est dommage seulement que l'amour en colère n'obéisse pas à vos ressorts comme une poupée de bois.

LE PRÉSIDENT *promène ses regards sur ceux qui l'entourent.* N'y a-t-il personne ici qui pleure sur un père inconsolable?

MILLER *s'écrie derrière la scène :* Laissez-moi entrer! Au nom de Dieu, laissez-moi!

FERDINAND. Cette fille est une sainte... un autre doit

plaider pour elle... (*Il ouvre la porte à Miller, qui entre avec le peuple et les gens de justice.*)

MILLER, *dans une horrible angoisse.* Mon enfant! mon enfant!... Du poison, a-t-on dit... est entré ici... Ma fille, où es-tu?

FERDINAND. (*Il le mène entre le cadavre de Louise et le président.*) Je suis innocent. Rends grâce à celui-ci!

MILLER *tombe par terre.* O Jésus!

FERDINAND. Je ne vous dirai que peu de mots, mon père, ils commencent à avoir du prix pour moi. Ma vie m'a été perfidement escroquée, et escroquée par vous. Comment me montrerai-je devant Dieu? J'en tremble. Mais je n'ai jamais été un misérable. Quel que soit mon arrêt éternel, qu'il ne retombe pas sur elle seule! mais j'ai commis un meurtre (*avec une voix terrible*), un meurtre dont tu ne voudrais pas que je sois seul responsable devant le juge du monde; j'en rejette solennellement sur toi la plus grande, la plus effroyable part. Vois toi-même comment tu pourras te justifier. (*Le conduisant près de Louise.*) Tiens, barbare, repais-toi du fruit de ton habileté. La mort a écrit ton nom sur ce visage, et les anges exterminateurs le liront. Qu'une créature pareille à cette femme tire les rideaux de ton lit quand tu dormiras, et pose sur toi sa main glacée! Qu'une figure comme celle-ci se tienne devant ton âme quand tu mourras, et dissipe ta dernière prière! Qu'une figure comme celle-ci soit sur ton tombeau quand tu ressusciteras, et près de Dieu quand il te jugera. (*Il s'évanouit; les domestiques le soutiennent.*)

LE PRÉSIDENT, *avec une émotion violente, élève le bras vers le ciel.* Juge du ciel, ne me demande pas compte de ces âmes à moi, pas à moi, mais à cet homme. (*Il désigne Wurm.*)

WURM. A moi? à moi?

LE PRÉSIDENT. A toi, maudit, à toi, satan!... C'est toi qui m'as donné ce conseil de vipère... C'est à toi d'en répondre: je m'en lave les mains.

WURM. Moi? (*Il rit d'un rire effroyable.*) C'est drôle, c'est drôle. Je sais donc aussi maintenant de quelle manière les démons se remercient... A moi? imbécile scélérat! Etait-ce mon fils? étais-je ton maître?... A moi d'en répondre! Ah! par la vue de ce cadavre qui glace la moelle de mes os, j'accepte cette responsabilité. Je veux être perdu, mais tu le seras avec moi... Allons, allons, crie au meurtre dans les rues, éveille la justice. Gens de justice, liez-moi, emmenez-moi loin d'ici; je découvrirai des secrets qui feront dresser les cheveux sur la tête de ceux qui les entendront.

LE PRÉSIDENT *le retient.* Tu ne feras pas cela, insensé!

WURM *lui frappe sur l'épaule.* Je le ferai, camarade, je le ferai... Je suis fou... c'est vrai... c'est ton ouvrage... et je veux à présent agir comme un fou. Allons bras dessus bras dessous à l'échafaud, bras dessus bras dessous en enfer : cela me flattera, coquin, d'être damné avec toi. (*On l'emmène.*)

MILLER, *qui, pendant tout ce temps, est resté la tête penchée sur le sein de Louise, plongé dans une douleur muette, se lève rapidement, et jette la bourse aux pieds du major.* Empoisonneur, garde ton argent maudit; voulais-tu par là m'acheter mon enfant? (*Il se précipite loin de la chambre.*)

FERDINAND, *d'une voix brisée.* Suivez-le, il est au désespoir; rendez-lui cet argent : c'est le prix de mon effroyable reconnaissance. Louise, Louise... je viens... Adieu... laissez-moi expirer près de cet autel.

LE PRÉSIDENT, *sortant de sa stupeur.* Mon fils Ferdinand, ne laisseras-tu pas tomber un regard sur un père désespéré. (*Le major est placé près de Louise.*)

FERDINAND. Ce dernier regard appartient au Dieu de miséricorde.

LE PRÉSIDENT *tombe à ses pieds dans un tourment horrible.* Les créatures et le Créateur m'abandonnent; ne recevrai-je pas un regard pour ma dernière consolation? (*Ferdinand lui tend la main; le président se lève.*) Il m'a pardonné. (*Aux autres.*) Maintenant je suis votre prisonnier. (*Il sort, les gens de justice le suivent; le rideau tombe.*)

FIN DU PREMIER VOLUME.

TABLE.

	Pages.
Notice sur Schiller	1
Les Brigands	43
La Conjuration de Fiesque	187
L'Intrigue et l'Amour	315

Abbeville. — Imp. Jeunet.

www.ingramcontent.com/pod-product-compliance
Lightning Source LLC
Chambersburg PA
CBHW050903230426
43666CB00010B/2002